Berufliche Inklusion von Menschen
mit Behinderung

Lizenz zum Wissen.

Sichern Sie sich umfassendes Wirtschaftswissen mit Sofortzugriff auf tausende Fachbücher und Fachzeitschriften aus den Bereichen: Management, Finance & Controlling, Business IT, Marketing, Public Relations, Vertrieb und Banking.

Exklusiv für Leser von Springer-Fachbüchern: Testen Sie Springer für Professionals 30 Tage unverbindlich. Nutzen Sie dazu im Bestellverlauf Ihren persönlichen Aktionscode C0005407 auf *www.springerprofessional.de/buchkunden/*

Jetzt 30 Tage testen!

Springer für Professionals.
Digitale Fachbibliothek. Themen-Scout. Knowledge-Manager.

- Zugriff auf tausende von Fachbüchern und Fachzeitschriften
- Selektion, Komprimierung und Verknüpfung relevanter Themen durch Fachredaktionen
- Tools zur persönlichen Wissensorganisation und Vernetzung

www.entschieden-intelligenter.de

Springer für Professionals

Stephan A. Böhm · Miriam K. Baumgärtner
David J. G. Dwertmann
(Hrsg.)

Berufliche Inklusion von Menschen mit Behinderung

Best Practices aus dem ersten Arbeitsmarkt

Herausgeber
Stephan A. Böhm
Universität St. Gallen (HSG)
Center for Disability and Integration
St. Gallen, Schweiz

David J. G. Dwertmann
Cornell University, ILR School
Department of Human Resource Studies
Ithaca, NY, USA

Miriam K. Baumgärtner
Universität St. Gallen (HSG)
Center for Disability and Integration
St. Gallen, Schweiz

Die Beiträge geben ausschließlich die Meinung der Autoren wieder und stimmen nicht zwangsläufig mit der Meinung der Herausgeber überein.

ISBN 978-3-642-34783-2 ISBN 978-3-642-34784-9 (eBook)
DOI 10.1007/978-3-642-34784-9

Die Deutsche Nationalbibliothek verzeichnet diese Publikation in der Deutschen Nationalbibliografie; detaillierte bibliografische Daten sind im Internet über http://dnb.d-nb.de abrufbar.

Springer Gabler
© Springer-Verlag Berlin Heidelberg 2013
Das Werk einschließlich aller seiner Teile ist urheberrechtlich geschützt. Jede Verwertung, die nicht ausdrücklich vom Urheberrechtsgesetz zugelassen ist, bedarf der vorherigen Zustimmung des Verlags. Das gilt insbesondere für Vervielfältigungen, Bearbeitungen, Übersetzungen, Mikroverfilmungen und die Einspeicherung und Verarbeitung in elektronischen Systemen.

Die Wiedergabe von Gebrauchsnamen, Handelsnamen, Warenbezeichnungen usw. in diesem Werk berechtigt auch ohne besondere Kennzeichnung nicht zu der Annahme, dass solche Namen im Sinne der Warenzeichen- und Markenschutz-Gesetzgebung als frei zu betrachten wären und daher von jedermann benutzt werden dürften.

Umschlagabbildung: Das Copyright liegt bei Dieter Schmidt und Ina Zwingmann (2012).

Gedruckt auf säurefreiem und chlorfrei gebleichtem Papier

Springer Gabler ist eine Marke von Springer DE. Springer DE ist Teil der Fachverlagsgruppe Springer Science+Business Media
www.springer-gabler.de

Vorwort des Vorsitzenden des Vorstands der Bundesagentur für Arbeit (Deutschland)

Liebe Leserinnen und Leser,

der demografische Wandel und die Globalisierungsprozesse sowie die Europäisierung verändern unsere Gesellschaft nachhaltig. Wir werden kontinuierlich weniger, älter und vielfältiger. So wird auch die Belegschaft in Unternehmen und Verwaltungen zunehmend heterogener. Diese Diversität zeigt sich in unterschiedlichen demografischen Charakteristika, wie beispielsweise dem Alter, dem kulturellen Hintergrund oder dem Behinderungsstatus der Beschäftigten, aber auch in ihren unterschiedlichen Perspektiven und Erfahrungen. Um weiterhin attraktiv für Arbeitnehmer und Arbeitnehmerinnen zu bleiben und zugleich wettbewerbsfähig und innovativ auf dem Markt agieren zu können, wird es für Unternehmen immer wichtiger, die Ressourcen der Belegschaft gezielt zu fördern und zu nutzen sowie die Verschiedenartigkeit der Mitarbeiter und Mitarbeiterinnen als Chance zu begreifen. Damit dies gelingt, ist ein aktives Diversity-Management unerlässlich.

Trotz der Aktualität und Notwendigkeit scheint Diversity-Management jedoch in den meisten europäischen Unternehmen und Verwaltungen bis heute lediglich ein Schlagwort zu sein. Besonders auffällig erscheint dies bei Menschen mit Behinderung. Während die Gender-Debatte gerade mit Blick auf die Besetzung von Leitungs- und Führungsfunktionen in den Fokus der Öffentlichkeit rückt, und auch die Bedeutung der älteren Arbeitnehmer und Arbeitnehmerinnen zunehmend erkannt wird, führt die aktive Integration von Menschen mit Behinderung in den ersten Arbeitsmarkt noch ein Schattendasein.

Bedenkt man, dass Menschen mit Behinderung mit einer Anzahl von fast 650 Mio. die weltgrößte Minderheit (WHO 2011) darstellen, so wird deutlich, dass die Inklusion dieser relevanten Bevölkerungsgruppe kein Randthema sein darf, sondern als integraler Bestandteil einer modernen Unternehmensstrategie begriffen werden muss.

Eine Hauptursache für die bisherige mangelhafte Inklusion von Menschen mit Behinderung in Unternehmen sind Vorurteile über eine generell geringere Leistungsfähigkeit. Durch Arbeitsplatzanpassungen, flexible Arbeitszeitmodelle, berufsbegleitende Maßnahmen sowie den Einsatz verschiedener technischer Hilfsmittel wirken sich Behinderungen in vielen Fällen jedoch nicht negativ auf den Arbeitsprozess aus. Die betriebliche Praxis zeigt: Leistungsunterschiede von Beschäftigten mit und ohne Behinderung sind kaum feststellbar, wenn diese an einem Arbeitsplatz entsprechend ihrer Qualifikation eingesetzt werden. Die Bundesagentur für Arbeit kann hier mit einer Schwerbehindertenquote von aktuell 9,7 % (2012) auf zahlreiche positive Beispiele blicken. Sie entwickelte als Unterzeichnerin der deutschen Charta der Vielfalt einen strategischen und integrativen Ansatz zur Förderung von Chancengleichheit, der die Handlungsfelder der Gleichstellungspolitik für Frauen und Männer, Chancen für Behinderte und Rehabilitanden, Förderung von Menschen mit Migrationshintergrund, Altersstrukturpolitik, Vereinbarkeit von Beruf und Privatleben sowie sexueller Orientierung impliziert. Die Förderung von Menschen mit Behinderung ist hierbei ein wichtiges Handlungsfeld mit jahrzehntelanger Tradition. Durch ihr ganzheitliches Diversity-Management stellt die Bundesagentur für Arbeit bereits heute die Weichen für eine erfolgreiche, integrative und auf Inklusion ausgerichtete Zukunft. Sie positioniert sich damit als wettbewerbsfähige Arbeitgeberin.

Auch in anderen Organisationen sollte ein Umdenken im Sinne eines modernen Diversity-Ansatzes stattfinden. Statt der Defizite eines Mitarbeiters oder einer Mitarbeiterin mit Behinderung sollten deren Stärken und Potenziale sowie Erfahrungen in den Mittelpunkt der Betrachtung gerückt werden. Der Blick auf individuelle Stärken jedes Einzelnen bewirkt nicht nur bei Beschäftigten mit Behinderung einen klaren Fortschritt, sondern spiegelt eine positive Grundhaltung eines Unternehmens oder einer Verwaltung wider: Die konsequente Umsetzung des Diversity-Ansatzes führt bei allen Beschäftigten zu besseren individuellen Entfaltungsmöglichkeiten, erhöhter Produktivität, einem deutlich von Wertschätzung geprägten positiven Betriebsklima und somit zu vielfältigen betriebswirtschaftlichen Vorteilen.

Es ist an der Zeit, dass Unternehmen und Verwaltungen diese Vorteile erkennen und die Potenziale einer von Vielfalt geprägten Belegschaft und insbesondere von Beschäftigten mit Behinderung gezielt nutzen. Es gilt, Vorurteile abzubauen, Stereotype zu vermeiden und Berührungsängste zu überwinden, die bei vielen Arbeitgebern die eigentlichen Ursachen für ihre skeptische Haltung gegenüber der erfolgreichen betrieblichen Inklusion von Menschen mit Behinderung darstellen.

Ziel dieses Buches ist es, durch Best-Practice-Beispiele aus dem ersten Arbeitsmarkt zu inspirieren und zum Nachahmen anzuregen. Es ist mein persönliches Anliegen, dass sich zukünftig mehr Unternehmen für die berufliche Inklusion einsetzen, da ich davon überzeugt bin, dass man durch die Beschäftigung von Menschen mit Behinderung nicht nur menschlich und sozial, sondern auch wirtschaftlich profitiert. In Anlehnung an das Motto des vom Center for Disability and Integration durchgeführten „ComToAct-Awards" bitte ich Sie: Zeigen Sie, dass es geht und engagieren Sie sich für eine weitergehende berufliche Inklusion von Menschen mit Behinderung!

Nürnberg, im Frühling 2013   Frank-Jürgen Weise
Vorsitzender des Vorstands der Bundesagentur für Arbeit

Geleitwort des ehemaligen US-Präsidenten

Wir müssen den Sinn dessen, was es heißt, behindert zu sein, verändern. Der Status eines Menschen mit Behinderung soll künftig in den Status eines Befähigten verwandelt werden. Wir müssen zeigen, wie sehr wir auch die Mitmenschen mit Behinderung und ihre Fähigkeiten in unserer Gesellschaft brauchen.

Es ist wichtig, dass wir aufhören, uns nur darauf zu konzentrieren, dass Menschen eine Behinderung haben. Wir sollten uns vielmehr auf ihre Fähigkeiten konzentrieren. Nichts ist für mich eindeutiger, als dass man sich um Menschen mit Behinderung kümmern muss, ganz gleich welcher Art sie ist. Wir müssen dafür die Denkweise der Gesellschaft ändern. Wir müssen Menschen mit Behinderung zu Menschen mit Fähigkeiten machen und die Opfer zu Ermächtigten. Wir müssen die Umstände ändern, in denen sie leben und ihnen die Möglichkeit geben, sich und ihr Leben zu verbessern. Ich bin davon überzeugt, dass wir mit der Inklusion von Menschen mit Behinderung auch einen höheren Standard des wirtschaftlichen Wachstums und des Wohlstandes erreichen können.

Es ist die Pflicht eines jeden Landes, das ernstgenommen werden will, dass es die menschlichen Fähigkeiten und die Leistung seiner Bürger stärkt. Der Mensch sollte für jede Regierung an erster Stelle stehen. Kein Land kann überleben, ohne dies zu realisieren. Und es ist dumm, Menschen mit Behinderung nicht in diesen Prozess mit einzugliedern und zu fördern. In Anbetracht des großen Potenzials von Menschen mit Behinderung müssen wir ihnen die Chance geben, sich in die Gesellschaft einzubringen und das erfordert mehr bewusste Arbeit in diese Richtung. Die Haltung in der Welt gegenüber Menschen mit Behinderung ist wirklich äußerst wichtig. Wir sollten in unserem Fortschritt keine Person unberührt lassen, sollten jedem erlauben voranzukommen und sich weiterzuentwickeln.

Der Gedanke eines jeden Menschen mit Behinderung ist nicht, was er verloren hat, sondern was er noch hat. Deshalb sollten auch wir nicht über die vielen tausend Dinge nachdenken, die man nicht mehr tun kann, sondern über jene tausend Dinge, die man künftig noch tun kann. Wir haben noch viel zu lernen, [...], denn wir haben alle irgendeine Art von Behinderung. Es ist eine unbewusste Arroganz zu denken, dass die Menschen mit einer offensichtlichen Behinderung weniger wert sind als sie es tatsächlich sind. Wir müssen unsere Haltung ändern. Dieses Zentrum der Forschung zur Integration von Menschen mit Behinderung, das Center for Disability and Integration, hat entschieden, diese Haltung zu ändern.

Bill Clinton

Auszüge aus der Rede des ehemaligen US-Präsidenten Bill Clinton anlässlich der Eröffnung des Center for Disability and Integration (CDI-HSG), Universität St. Gallen, 5. November 2009.

Vorwort der Herausgeber

Am 3. Mai 2008 ist das Übereinkommen der Vereinten Nationen über die Rechte von Menschen mit Behinderung in Kraft getreten. Dieses internationale Vertragsinstrument konkretisiert die Rechte von Menschen mit Behinderung im Hinblick auf ihre Chancengleichheit und Inklusion in der Gesellschaft. Sowohl Deutschland als auch Österreich haben das Abkommen ratifiziert, in der Schweiz steht dies noch aus.

In Artikel 27 (Abs. 1) dieses Abkommens erkennen die Vertragsstaaten „das gleiche Recht von Menschen mit Behinderungen auf Arbeit an; dies beinhaltet das Recht auf die Möglichkeit, den Lebensunterhalt durch Arbeit zu verdienen, die in einem offenen, integrativen und für Menschen mit Behinderungen zugänglichen Arbeitsmarkt und Arbeitsumfeld frei gewählt oder angenommen wird." Um diese Zielsetzung zu erreichen, verpflichten sich die Vertragsstaaten u. a., jegliche behinderungsbedingte Diskriminierung im Arbeitsmarkt zu unterbinden sowie Menschen mit Behinderung aktiv bei der Ausbildung, Arbeitssuche und beim Arbeitserhalt zu unterstützen.

Leider lässt sich feststellen, dass dieses hehre Ziel bisher wenig mit der beruflichen Realität von Menschen mit Behinderung zu tun hat. Vielmehr belegen aktuelle Statistiken, dass die Wahrscheinlichkeit, auf dem Arbeitsmarkt inaktiv zu sein, für Menschen mit Behinderung in etwa doppelt so hoch ist wie für Menschen ohne Behinderung (Europäische Kommission, 2011[1]). Hierfür sind mit Sicherheit vielfältige Gründe verantwortlich, die in ihrer Komplexität an dieser Stelle nicht abschließend dargestellt werden können. Vielmehr versucht dieses Buch, einen besonders bedeutsamen Ansatzpunkt herauszugreifen und diesen vertieft darzustellen: Ohne Arbeitsplätze – bzw. ohne Arbeitergeber, die geeignete Arbeitsplätze bereitstellen – wird sich die Beschäftigungsquote von Menschen mit Behinderung nicht nachhaltig erhöhen lassen. Daher wollen wir aufzeigen, welche

---

[1] Europäische Kommission. (2011). Verfügbar unter http://ec.europa.eu/social/main.jsp?catId=429 andlangId=en [Abrufdatum 07.07.2011].

Wege von Unternehmen schon heute beschritten werden, um eine erfolgreiche Inklusion im ersten Arbeitsmarkt zu ermöglichen.

Die Idee zur Herausgabe dieses Buchs entstand im Jahr 2011. Damals wurde zum ersten Mal der Commitment To Action (ComToAct) Award verliehen, welchen das Center for Disability and Integration (CDI-HSG) an der Universität St. Gallen ins Leben rief. Diese Auszeichnung ehrt Unternehmen aus Deutschland, der Schweiz und Österreich für die Entwicklung und Umsetzung von vorbildlichen Wegen der Inklusion von Menschen mit Behinderung in den ersten Arbeitsmarkt (http://www.cdi.unisg.ch/de/Veranstaltungen/ComToActSymposium). Ein wichtiges Kriterium, anhand dessen die Güte der Projekte bewertet wurde, ist die Übertragbarkeit auf andere Unternehmen. Insgesamt gingen 41 Bewerbungen ein, die allesamt hoch interessante und erfolgreiche Inklusionsbeispiele darstellen. Um über den Wettbewerb hinaus etwas Bleibendes zu schaffen und dieses Wissen für möglichst viele zugänglich zu machen, entschieden wir uns, dieses Buch als Sammlung von Best-Practice-Beispielen herauszugeben. Neben den vielen Teilnehmern am damaligen Wettbewerb sprachen wir auch weitere Unternehmen an, welche uns durch ihre erfolgreichen Inklusionsaktivitäten bekannt waren. So trugen wir gemeinsam mit den Unternehmen mehr als 20 Praxisbeispiele aus dem ersten Arbeitsmarkt zusammen, die wir hier gebündelt vorstellen.

Wir hoffen, dass wir Menschen mit Behinderung durch die positiven Beispiele in diesem Buch weiter ermutigen, die Suche nach einem Job aufzunehmen und sich bewusst zu sein, wie viel sie trotz oder gerade wegen ihrer Behinderung leisten und beitragen können. Wir appellieren zudem an Unternehmen, sich die Erfolgsgeschichten trotz möglicher Schwierigkeiten zum Vorbild zu nehmen. In diesem Buch sind Organisationen verschiedener Größe, aus unterschiedlichen Industrien und Ländern vertreten, denen es jeweils gelingt, Menschen mit vielfältigen Behinderungen zu inkludieren.

Dieses Buch soll jedoch über die Präsentation von Best-Practice-Beispielen hinaus auch die Möglichkeit zum Austausch eröffnen. Fast jedes neue Projekt wird mit Widerständen zu kämpfen haben und hier werden neben möglichen Lösungen auch Ansprechpartner genannt. Firmen können untereinander oder auch über das Center for Disability and Integration(CDI-HSG) miteinander in Kontakt treten. Ein solcher Austausch stellt einen weiteren wichtigen Nutzen dieses Buches dar. Wir hoffen, dass alle Beteiligten an einem Strang ziehen und dass dieses Buch einen Beitrag zur besseren Inklusion von Menschen mit Behinderung in den Arbeitsmarkt und somit in die Gesellschaft leistet.

Ein solches Buchprojekt lässt sich nicht ohne die tatkräftige Mithilfe zahlreicher Personen realisieren. An dieser Stelle möchten wir zunächst unseren Autoren danken, die mit großem persönlichem Einsatz und zusätzlich zu ihren beruflichen Verpflichtungen herausragende Beiträge beigesteuert haben. Diese sind innovativ, praxiserprobt und übertragbar und machen das Buch auf diese Weise zu einer einzigartigen Sammlung von Best-Practice-Beispielen zur beruflichen Inklusion von Menschen mit Behinderung. Besonderer Dank gilt ferner Frank-Jürgen Weise, Vorsitzender des Vorstands der Bundesagentur für Arbeit, für das Verfassen des Geleitworts sowie Stefan Ritler, Vizedirektor des Schweizerischen Bundesamts für Sozialversicherungen und Leiter des Geschäftsfeldes Invalidenversicherung, für die Übernahme des Schlussworts. Eine ganz besondere Ehre war zudem die Eröffnung unseres Forschungscenters durch den ehemaligen Präsidenten der Vereinigten Staaten von Amerika, Bill Clinton, am 5. November 2009. Auszüge aus seiner Rede in St. Gallen haben wir in diesem Buch noch einmal abgedruckt. Zudem möchten wir uns bei der Stiftung MyHandicap sowie ihrem Präsidenten Joachim Schoss bedanken, ohne dessen Engagement unsere Forschung an der Universität St. Gallen nicht möglich wäre.

Von studentischer Seite möchten wir uns bei Nina Kayser, Julia Kensbock und Janik Porzelt für ihre engagierte Mitarbeit bei der Vorbereitung und Editierung dieses Buches bedanken. Unser Dank gilt ferner Ina Zwingmann und Dieter Schmidt für das Design des Titelbildes. Abschließend möchten wir Janina Sobolewski, Kay Stoll, Dipti Kamble, Barbara Bethke und Frank Tumele vom Springer-Verlag für die kompetente und angenehme Betreuung dieses Buchvorhabens danken.

St. Gallen, im Frühling 2013

Stephan A. Böhm
Miriam K. Baumgärtner
David J. G. Dwertmann

Inhaltsverzeichnis

Teil I Rahmenbedingungen einer erfolgreichen Arbeitsmarkt-Inklusion

1 **Modernes Personalmanagement als Schlüsselfaktor der beruflichen Inklusion von Menschen mit Behinderung** 3
Stephan A. Böhm, Miriam K. Baumgärtner und David J. G. Dwertmann

2 **Unterschiedliche Politikansätze zur Arbeitsmarkt-Integration von Menschen mit Behinderung: Eine volkswirtschaftliche Perspektive** 23
Eva Deuchert und Helge Liebert

3 **Rewards and Compensation von Menschen mit Behinderung: Eine ethische Perspektive** 45
Nils Jent und Regula Dietsche

4 **Bewusstseinsbildung als Voraussetzung erfolgreicher Inklusion** 65
Volker Ravenhorst

Teil II Rekrutierung

5 **Bewerbung auf dem ersten Arbeitsmarkt – die Initiative „Jobs für Behinderte – Behinderte für Jobs" (St. Gallen/Wil)** 77
Fabian Neubauer und Albert E. Frieder

6 **Rekrutierung und Integration von Mitarbeitern mit Behinderung bei der Globetrotter Ausrüstung GmbH (Hamburg)** 85
Katharina Benson und Achim Ciolek

Teil III Arbeitsplatzgestaltung/-anpassung

7 Mitarbeiter mit Asperger-Syndrom in der Informatikbranche – das Konzept der Asperger Informatik AG (Zürich) 101
Susan Conza und Isabela Juric

8 Das Integrationsmanagement der AUDI AG (Ingolstadt) 113
Tobias Munzel und Thomas Neuhaus

9 Das Best Western Hotel Am Straßberger Tor der Fortbildungsakademie der Wirtschaft (FAW) gGmbH (Plauen) – das Konzept eines Integrationshotels 121
Corina Gerling

10 Die Arbeitsplatzlösung PS@Work als integratives Element und unternehmerischer Erfolg der Elumo GmbH (Münster) 137
Miriam Chávez Lambers

Teil IV Arbeitszeitmodelle

11 Entwicklung innovativer Arbeitszeitmodelle: Stadt Weiden, Gemeinde Schoppernau & Getränkehandel Alfi 151
Janik Porzelt

Teil V Weiterbildung und Karrieremanagement

12 Potenziale von Menschen mit Behinderung erkennen, fördern und einsetzen – Das ganzheitliche Personalmanagement der Bundesagentur für Arbeit (Nürnberg) 169
Beatrix Behrens und Michael Kühn

13 SBB anyway-solutions (Bern) – Gelungene berufliche Reintegration bei den Schweizerischen Bundesbahnen 183
Adrian Lottenbach und Elmar Perroulaz

14 ProBAs – Projekt zur Weiterqualifikation schwerbehinderter Bachelor-Absolventen des Paul-Ehrlich-Instituts (Langen) 195
Annetraud Grote

Teil VI Gesundheitsmanagement

15 Das Gesundheitsmanagement der BASF SE (Ludwigshafen) 211
Christoph Oberlinner

Teil VII Führung und Kultur

16 Das „Humanprogramm" von bauMax (Klosterneuburg) – eine systematische Zusammenarbeit mit lokalen Behindertenorganisationen 225
Michael Fembek

17 Vielfalt als zentrale Unternehmensphilosophie bei Dow Chemicals (Zürich) . 237
John Carton und Rachel Lee

18 Call Yachol – „Von der Parole bis zur Realisierung" (Tel-Aviv) 251
Shirit Saks-Haim und Inbal Keha

19 Diversity-Management bei equalizent (Wien) – Wertschätzung von Vielfältigkeit als Strategie des kulturellen Wandels 273
Monika Haider

20 Gelebte Partnerschaft – Mitarbeiter mit Handicap bei Bertelsmann (Gütersloh) 291
Perdita Müller

Teil VIII Supported Employment und externe Integrationsdienstleister

21 Maßnahmen und Konzepte am Beispiel des Supported Employment der Psychiatrischen Universitätsklinik Zürich 303
Micheline Huber und Wolfram Kawohl

22 Integration von Menschen mit psychischen Erkrankungen in den allgemeinen Arbeitsmarkt nach dem Modell Supported Employment am Beispiel dreischiibe (St. Gallen/Herisau) 315
Martina Schubert

23 Napra Forgó (Ungarn) – Wiedereingliederung von Menschen mit Behinderung durch das „Arbeitsteam-Modell" 331
Rita Héjj

24 Fortbildungsakademie der Wirtschaft (Hamburg) – Beratung mit Arbeitgeberorientierung 343
Manfred Otto-Albrecht und Hans-Günther Ritz

Schlusswort des Vizedirektors des Bundesamtes für Sozialversicherungen, Leiter Geschäftsfeld Invalidenversicherung (Schweiz) 363

Autorenprofile 365

Autorenverzeichnis

Miriam K. Baumgärtner Center for Disability and Integration (CDI-HSG), Universität St. Gallen (HSG), Rosenbergstrasse 51, 9000 St. Gallen, Schweiz
E-Mail: miriam.baumgaertner@unisg.ch

Dr. Beatrix Behrens Bundesagentur für Arbeit (BA), Regensburger Straße 104, 90478 Nürnberg, Deutschland
E-Mail: beatrix.behrens@arbeitsagentur.de

Katharina Benson Globetrotter Ausrüstung, Bargkoppelstieg 10–14, 22145 Hamburg, Deutschland
E-Mail: katharina.benson@globetrotter.de

Prof. Dr. Stephan A. Böhm Center for Disability and Integration (CDI-HSG), Universität St. Gallen (HSG), Rosenbergstrasse 51, 9000 St. Gallen, Schweiz
E-Mail: stephan.boehm@unisg.ch

John Carton Dow Europe GmbH, Bachtobelstrasse 3, 8810 Horgen, Schweiz
E-Mail: jpc1803@gmail.com

Miriam Chávez Lambers elumo GmbH, Mendelstraße 11, 48149 Münster, Deutschland
E-Mail: miriam.chavez@elumo.net

Achim Ciolek Hamburger Arbeitsassistenz, Schulterblatt 36, 20357 Hamburg, Deutschland
E-Mail: ciolek@hamburger-arbeitsassistenz.de

Susan Conza Asperger Informatik AG, Zehntentrotte 6, 8712 Stäfa, Schweiz
E-Mail: info@asperger-informatik.ch

Prof. Dr. Eva Deuchert Center for Disability and Integration (CDI-HSG), Universität St. Gallen (HSG), Rosenbergstrasse 51, 9000 St. Gallen, Schweiz
E-Mail: eva.deuchert@unisg.ch

Regula Dietsche Center for Disability and Integration (CDI-HSG) und IFPM Diversity Center, Universität St. Gallen (HSG), Rosenbergstrasse 51, 9000 St. Gallen, Schweiz
E-Mail: regula.dietsche@unisg.ch

Dr. David J. G. Dwertmann Cornell University, ILR School, Department of Human Resource Studies, 194 Ives Faculty Building, Ithaca, NY, 14853-3901, USA
E-Mail: dd497@cornell.edu

Dr. Michael Fembek bauMax AG, Essl Foundation, Aufeldstraße 17–23, 3400 Klosterneuburg, Österreich
E-Mail: michael_fembek@baumax.com

Dr. Albert E. Frieder Stiftung MyHandicap, Werkstrasse 1, 9500 Wil/St.Gallen, Schweiz
E-Mail: albert.frieder@myhandicap.ch

Corina Gerling Fortbildungsakademie der Wirtschaft (FAW) gGmbH, Berufliches Trainingszentrum (BTZ), Straßberger Straße 27–29, 08527 Plauen, Deutschland
E-Mail: corina.gerling@faw.de

Annetraud Grote Paul-Ehrlich-Institut, Paul-Ehrlich-Straße 51–59, 63225 Langen, Deutschland
E-Mail: annetraud.grote@pei.de

Monika Haider equalizent Schulung und Beratung GmbH, Obere Augartenstraße 20, 1020 Wien, Österreich
E-Mail: monika.haider@equalizent.com

Rita Héjj Ministerium für gesellschaftliche Ressourcen, Budapest, Ungarn
E-Mail: hejjrita@gmail.com

Micheline Huber Supported Employment, Zentrum für Soziale Psychiatrie der Klinik für Psychiatrie, Psychotherapie und Psychosomatik, Psychiatrische Universitätsklinik Zürich, Militärstrasse 8, 8021 Zürich, Schweiz
E-Mail: micheline.huber@puk.zh.ch

Prof. Dr. Nils Jent Center for Disability and Integration (CDI-HSG) und IFPM Diversity Center, Universität St. Gallen (HSG), Rosenbergstrasse 51, 9000 St. Gallen, Schweiz
E-Mail: nils.jent@unisg.ch

Isabela Juric Asperger Informatik AG, Zehntentrotte 6, 8712 Stäfa, Schweiz
E-Mail: info@asperger-informatik.ch

Prof. Dr. med. Wolfram Kawohl Zentrum für Soziale Psychiatrie der Klinik für Psychiatrie, Psychotherapie und Psychosomatik, Psychiatrische Universitätsklinik Zürich, Militärstrasse 8, 8021 Zürich, Schweiz
E-Mail: wolfram.kawohl@puk.zh.ch

Inbal Keha Call Yachol, P.O. Box 5263, Rishon Lezion 75151, Israel
E-Mail: inbal.keha1@gmail.com

Michael Kühn Bundesagentur für Arbeit (BA), Regensburger Straße 100, 90478 Nürnberg, Deutschland
E-Mail: michael.kuehn@arbeitsagentur.de

Rachel Lee Dow Europe GmbH, Bachtobelstrasse 3, 8810 Horgen, Schweiz
E-Mail: cmlee@dow.com

Helge Liebert Center for Disability and Integration (CDI-HSG), Universität St. Gallen (HSG), Rosenbergstrasse 51, 9000 St. Gallen, Schweiz
E-Mail: helge.liebert@unisg.ch

Adrian Lottenbach SBB anyway-solutions, Parkterrasse 14, 3000 Bern 65, Schweiz
E-Mail: adrian.lottenbach@sbb.ch

Perdita Müller Bertelsmann SE & Co. KGaA, Carl-Bertelsmann-Straße 270, 33311 Gütersloh, Deutschland
E-Mail: perdita.mueller.ksbv@bertelsmann.de

Tobias Munzel AUDI AG, 85045 Ingolstadt, Deutschland
E-Mail: tobias.munzel@audi.de

Fabian Neubauer University College London und Center for Disability and Integration (CDI-HSG)
E-Mail: fabineubauer@gmx.ch

Thomas Neuhaus AUDI AG, 85045 Ingolstadt, Deutschland
E-Mail: thomas.neuhaus@audi.de

PD Dr. Christoph Oberlinner Abteilung Arbeitsmedizin und Gesundheitsschutz der BASF SE, 67056 Ludwigshafen, Deutschland
E-Mail: christoph.oberlinner@basf.com

Manfred Otto-Albrecht Fortbildungsakademie der Wirtschaft (FAW) gGmbH, Spohrstraße 6, 22083 Hamburg, Deutschland
E-Mail: manfred.otto-albrecht@faw.de

Elmar Perroulaz SBB anyway-solutions, Parkterrasse 14, 3000 Bern 65, Schweiz
E-Mail: elmar.perroulaz@sbb.ch

Janik Porzelt Masterstudent Universität St. Gallen (HSG) und Center for Disability and Integration (CDI-HSG), Rorschacherstrasse 56, 9000 St. Gallen, Schweiz
E-Mail: janik.porzelt@unisg.ch

Volker Ravenhorst Arbeitsgemeinschaft der Schwerbehindertenvertretungen in der Hamburger Wirtschaft (ARGE SBV - Hamburger Wirtschaft), Besenbinderhof 60, 20097 Hamburg, Deutschland
E-Mail: volker.ravenhorst@arge-sbv.de

Hans-Günther Ritz Behörde für Arbeit, Soziales, Familie und Integration, Amt für Familie, Stabsstelle Stadtprojekte, FS-S 45, Hamburger Straße 37, 22083 Hamburg, Deutschland
E-Mail: dr.ritz@daybyday.de

Shirit Saks–Haim Call Yachol, P.O. Box 5263, Rishon Lezion 75151, Israel
E-Mail: shirit.sh@gmail.com

Martina Schubert Obvita, Berufliche Integration, Bruggwaldstrasse 53, 9000 St. Gallen, Schweiz
E-Mail: martina.schubert@obvita.ch

Teil I
Rahmenbedingungen einer erfolgreichen Arbeitsmarkt-Inklusion

Modernes Personalmanagement als Schlüsselfaktor der beruflichen Inklusion von Menschen mit Behinderung

Stephan A. Böhm, Miriam K. Baumgärtner und David J. G. Dwertmann

Inhaltsverzeichnis

1.1	Motivation von Unternehmen zur Beschäftigung von Menschen mit Behinderung	4
1.2	Handlungsfelder des Personalmanagements	6
1.3	Ausgestaltung der zentralen Handlungsfelder des Personalmanagements	7
	1.3.1 Rekrutierung	8
	1.3.2 Arbeitsplatzgestaltung/-anpassung	9
	1.3.3 Arbeitszeitmodelle	11
	1.3.4 Weiterbildung und Karrieremanagement	12
	1.3.5 Gesundheitsmanagement	13
	1.3.6 Führung und Kultur	14
	1.3.7 Supported Employment und externe Integrationsdienstleister	16
1.4	Zusammenfassung	18
	Literatur	20

S. A. Böhm (✉) · M. K. Baumgärtner
Center for Disability and Integration (CDI-HSG), Universität St. Gallen (HSG),
Rosenbergstrasse 51, 9000 St. Gallen, Schweiz
E-Mail: stephan.boehm@unisg.ch

M. K. Baumgärtner
E-Mail: miriam.baumgaertner@unisg.ch

D. J. G. Dwertmann
Cornell University, ILR School, Department of Human Resource Studies, 194 Ives Faculty Building,
Ithaca, NY, 14853-3901, USA
E-Mail: dd497@cornell.edu

> **Zusammenfassung**
>
> In diesem Kapitel wird die Bedeutung von Menschen mit Behinderung für den ersten Arbeitsmarkt beleuchtet. Ausgehend von der Situation einer bisher unzureichenden Inklusion werden Wege aufgezeigt, wie das moderne Personalmanagement einen wertvollen Beitrag zur Erhöhung der Beschäftigungsquote im ersten Arbeitsmarkt leisten kann. Hierbei werden sechs zentrale Handlungsfelder identifiziert: *Rekrutierung, Arbeitsplatzgestaltung/-anpassung, Arbeitszeitmodelle, Weiterbildung und Karrieremanagement, Gesundheitsmanagement* sowie *Führung und Kultur*. Des Weiteren wird das Feld *Supported Employment und externe Integrationsdienstleister* beschrieben. Die Best-Practice-Beispiele der jeweiligen Handlungsfelder, die den Inhalt der weiteren Kapitel dieses Herausgeberbandes darstellen, werden überblicksartig zusammengefasst.

1.1 Motivation von Unternehmen zur Beschäftigung von Menschen mit Behinderung

Mit ungefähr einer Milliarde bzw. 15 % der Weltbevölkerung stellen Menschen mit Behinderung die größte aller Minderheiten dar, die nach Prognosen der WHO zudem weiter wachsen wird (WHO 2011). Fast zehn Millionen Menschen mit Behinderung lebten Ende des Jahres 2009 in Deutschland (Statistisches Bundesamt 2011). Dies entspricht 11,7 % der Gesamtbevölkerung. Die Zahlen aus der Schweiz und Österreich sind von der relativen Größenordnung her vergleichbar. Obwohl das Auftreten von Behinderungen in diesen drei Ländern keine Randerscheinung darstellt, ist bezüglich der Inklusion von Menschen mit Behinderung in die Gesellschaft und in den ersten Arbeitsmarkt noch ein weiter Weg zu beschreiten. Die Beschäftigungsquoten von Menschen mit Behinderung betragen lediglich etwas über 40 % in Deutschland und rund 50 % in der Schweiz und in Österreich (OECD 2010). Die Wahrscheinlichkeit, auf dem Arbeitsmarkt inaktiv zu sein, ist für Menschen mit Behinderung doppelt so hoch wie für Menschen ohne Behinderung (Europäische Kommission 2011). Die Arbeitslosigkeit von Menschen mit Behinderung und die daraus entstehenden Kosten üben einen hohen Druck auf die sozialen Sicherungssysteme aus. Hinzu kommt, dass sich Arbeitslosigkeit negativ auf den psychischen und körperlichen Gesundheitszustand der Betroffenen auswirkt (Wanberg 2012). Dies führt wiederum zu einem weiteren gesundheitlichen Abwärtstrend sowie zu steigenden Kosten für das Gesundheitssystem.

Über die Notwendigkeit hinaus, die sozialen Sicherungssysteme zu entlasten, ist die berufliche Inklusion von Menschen mit Behinderung auch für Unternehmen wesentlich, da sie es sich zukünftig nicht länger leisten können, auf diese wichtige Gruppe potenzieller Beschäftigter zu verzichten. Diese Aussage basiert auf vielfältigen Gründen. Im Folgenden werden die wichtigsten skizziert.

Erstens werden die meisten Personen nicht mit einer Behinderung geboren, sondern entwickeln diese während ihres Berufslebens (WHO 2011). Somit sind ältere Personengruppen innerhalb der Gruppe der Menschen mit Behinderung überrepräsentiert, da sich gesundheitliche Risiken wie Krankheiten, Unfälle und chronische Erkrankungen über die Lebensspanne akkumulieren. Unternehmen investieren durch gezielte Maßnahmen wie beispielsweise Weiterbildungen in ihre Mitarbeiter[1], die darüber hinaus mit zunehmender Firmenzugehörigkeit immer mehr erfahrungsbasiertes Wissen und firmenspezifische Kompetenzen in die Arbeitsprozesse einbringen können. Erfahrene Mitarbeiter aufgrund einer Behinderung zu verlieren, können und sollten sich Unternehmen nicht leisten.

Zweitens wird die Anzahl gut qualifizierter Nachwuchsfachkräfte aufgrund der demografischen Entwicklung abnehmen. In der Literatur wird der daraus resultierende Trend als „War for Talents" beschrieben (Michaels et al. 2001). Dieser Begriff betitelt den verstärkten Wettbewerb der Unternehmen, gut ausgebildete Fach- und Führungskräfte für sich zu gewinnen. Der prognostizierte Mangel an Nachwuchskräften wird dazu führen, dass die Potenziale „alternativer" demografischer Gruppen, wie beispielsweise älterer Mitarbeiter oder Mitarbeiter mit Behinderung, gezielt genutzt werden sollten, um über eine ausreichend qualifizierte Belegschaft zu verfügen.

Drittens zeigt die Forschung, dass Diversität in Arbeitsgruppen unter bestimmten Rahmenbedingungen positive Effekte hat (Van Knippenberg und Schippers 2007). Dazu gehören eine höhere Innovationsfähigkeit, Bandbreite an Perspektiven, Anzahl und Qualität der entwickelten Ideen sowie Leistung. In diesem Zusammenhang sprechen Wissenschaftler von einem „Business Case for Diversity" (Robinson und Dechant 1997) sowie einem „Business Case for Disability Management" (Curtis und Scott 2004; Harder und Scott 2005), um auszudrücken, dass das erfolgreiche Management von Vielseitigkeit einen positiven Einfluss auf die Firmenleistung hat. Dementsprechend betrachten Jackson und Alvarez (1992) den adäquaten Umgang mit Vielfalt als einen strategischen Imperativ für den Erfolg eines Unternehmens. So erbringt beispielsweise eine aktuelle Studie den Nachweis, dass ein Klima, in dem Vielfalt wertgeschätzt wird, einen positiven Effekt auf die Kundenzufriedenheit hat, die eine zentrale unternehmerische Erfolgskennzahl darstellt (McKay et al. 2011). Somit hat die Wahrnehmung, dass ein Arbeitgeber faire Personalpraktiken anwendet und unterrepräsentierte Mitarbeiter einbindet, nicht nur soziale, sondern auch finanzielle Implikationen.

Viertens sind Menschen mit Behinderung eine große demografische Gruppe möglicher Kunden und stellen somit einen wichtigen Markt für Unternehmen dar. Wissenschaftler und Unternehmen betonen die Notwendigkeit, Kundenbedürfnisse zu verstehen (z. B. Jackson und Alvarez 1992). Eine in diesem Zusammenhang vielversprechende Strategie ist es, Mitarbeiter zu beschäftigen, welche die Kunden widerspiegeln und ihre Bedürfnisse kennen, in diesem Fall Mitarbeiter mit Behinderung.

Fünftens stehen Unternehmen im Interesse der Öffentlichkeit. Es wird von ihnen im Rahmen der sog. „Corporate Social Responsibility" erwartet, gesellschaftliche Normen, ethische Standards und Werte zu erfüllen. Somit haben sie eine soziale Verantwortung, sich Mitarbeitern mit Behinderung gegenüber fair zu verhalten, sie nicht zu diskriminieren und sie sogar aktiv zu rekrutieren (Markel und Barclay 2009).

---

[1] Aus Gründen der besseren Lesbarkeit verwenden wir in diesem Buch in der Regel die männliche Form für Personenbezeichnungen. Selbstverständlich beziehen sich die Ausführungen jedoch auf beide Geschlechter.

Schließlich müssen sich Unternehmen in vielen Bereichen mit gesetzlichen Forderungen, Menschen mit Behinderungen zu beschäftigen, auseinander setzen (Lalive et al. 2013). So müssen Arbeitgeber in Deutschland und Österreich eine bestimmte Anzahl von Stellen mit Menschen mit Behinderung besetzen.

Die genannten Gründe machen deutlich, dass die Inklusion von Menschen mit Behinderung nicht nur eine gesellschaftliche und sozialpolitische, sondern ebenso eine betriebswirtschaftliche Notwendigkeit darstellt. Diese spiegelt sich jedoch in vielen Unternehmen noch nicht in konkreten Maßnahmen wider. Oft scheitert die Inklusion von Menschen mit Behinderung an Berührungsängsten und mangelndem Wissen. Ein Bereich, der die wichtigen Weichen für eine erfolgreiche Inklusion stellt, ist das Personalmanagement.

1.2 Handlungsfelder des Personalmanagements

Als zentrale Stelle für Mitarbeiter in Unternehmen kommt den Personalabteilungen eine wichtige Rolle für die Inklusion von Menschen mit Behinderung zu. Oftmals werden hier Konzepte und Lösungen entwickelt, um flexibel auf die Bedürfnisse von einzelnen Mitarbeitern einzugehen. Per Definition haben Menschen mit Behinderung bestimmte Einschränkungen, die aber oftmals durch entsprechende Hilfsmittel ausgeglichen werden können (Cleveland et al. 1997; Colella 2001). Das Personalmanagement hat zum einen die Möglichkeit, Lösungen zu entwickeln, die dann von den beteiligten Personen (jeweilige Abteilung, Führungskraft, Mitarbeiter mit Behinderung, Kollegen) mitgetragen werden müssen (Colella et al. 2004). Zum anderen hat es aber auch die Aufgabe, bereits die Voraussetzungen zur Akzeptanz dieser Lösungen durch ein entsprechendes Organisationsklima oder eine Team- und Unternehmenskultur zu schaffen (Schur et al. 2009; Shore et al. 2011).

Die Bestandteile des modernen HR-Managements werden je nach Quelle unterschiedlich definiert. Gewisse Aspekte wie beispielsweise die Personalauswahl, Personalentwicklung und Personalplanung werden in nahezu jeder Definition eingeschlossen. Viele „modernere" Konzepte fassen die Aufgaben des HR-Managements jedoch breiter. Aus diesen breiteren Konzeptionen (z. B. Kolb et al. 2010) ergeben sich eine Vielzahl von Aufgaben, die für die Inklusion von Menschen mit Behinderung relevant sind. Hierzu zählen u. a. die Arbeitsgestaltung (z. B. in Bezug auf Ergonomie sowie flexible Arbeitszeiten und -orte), entsprechende Anreizsysteme (u. a. in Bezug auf Entgeltsysteme oder Sozialleistungen) sowie Überlegungen zur Mitarbeiterführung und Mitarbeitermotivation.

Weitere Ansatzpunkte bzw. Handlungsfelder ergeben sich u. a. aus der Forschung zur Beschäftigung älterer Mitarbeiter. Hier haben unterschiedliche Autoren Handlungsfelder definiert, welche sie als zentral für die erfolgreiche (Weiter-)Beschäftigung von

Mitarbeitern über 50 Jahre ansehen (u. a. Armstrong-Stassen und Templer 2006; Naegele und Walker 2011; Patrickson und Hartmann 1995). Hierzu zählen u. a. die Felder altersneutrale Rekrutierung und Weiterbildung, Karrieremanagement, Gesundheitsmanagement sowie Führung und Kultur. Da ältere Mitarbeiter und Mitarbeiter mit Behinderung oftmals vor ähnlichen Herausforderungen stehen bzw. ähnliche Bedürfnisse haben (und Alter und Behinderung zudem hoch korrelieren), bietet sich auch ein Rückgriff auf diese Modelle an.

Gesamthaft haben wir auf Basis unserer Forschung am Center for Disability and Integration der Universität St. Gallen sechs Handlungsfelder identifiziert, welche wir als bedeutsam für die nachhaltige berufliche Inklusion von Menschen mit Behinderung einschätzen. Dies sind: *Rekrutierung, Arbeitsplatzgestaltung/-anpassung, Arbeitszeitmodelle, Weiterbildung und Karrieremanagement, Gesundheitsmanagement sowie Führung und Kultur.* Diese Felder decken sich zudem mit den Bewerbungen für den „Commitment To Action (ComToAct) Award", einem Preis für die Entwicklung und Umsetzung von vorbildlichen Wegen der Inklusion von Menschen mit Behinderung in den ersten Arbeitsmarkt (http://www.cdi.unisg.ch/de/Veranstaltungen/ComToActSymposium.aspx). Als zusätzliches Feld ging aus den Bewerbungen und unserer Erfahrung der Bereich *Supported Employment und externe Integrationsdienstleister* hervor. Die hierdurch resultierenden sieben Felder bilden neben dem Einleitungskapitel die Grobstruktur des vorliegenden Buches. Im Folgenden werden diese sieben Felder näher beschrieben und es wird ein kurzer Überblick über die jeweiligen Best-Practice-Beispiele gegeben.

1.3 Ausgestaltung der zentralen Handlungsfelder des Personalmanagements

Unternehmen sowie deren Personalmanagement bewegen sich nicht im luftleeren Raum, sondern sind in einen institutionellen Kontext eingebunden, welcher erheblich darüber mitentscheiden kann, ob und in welchem Ausmaß Menschen mit Behinderung beschäftigt werden. Zu diesem Kontext zählen u. a. der Staat mit seinen gesetzlichen Regelungen sowie die Gesellschaft mit ihren jeweiligen Einstellungen und Verhaltensweisen. Die Ausgestaltung eines erfolgreichen Personalmanagements ist nur möglich, wenn diesen Rahmenbedingungen Rechnung getragen wird, wie unsere Autoren in drei einleitenden Kapiteln aufzeigen.

Wie eingangs bereits angesprochen, sind Staaten sowie speziell deren Sozialversicherungen daran interessiert, die Beschäftigung von Menschen mit Behinderung zu fördern und damit direkte Kosten (z. B. Unterstützungs- und Rentenzahlungen) sowie indirekte Kosten (z. B. Krankheitskosten) zu senken. Eva Deuchert und Helge Liebert gehen in ihrem einleitenden Kapitel diesen Fragestellungen nach und untersuchen die Integrationspolitik in Deutschland, Österreich und der Schweiz. Dabei beleuchten sie u. a. die Auswirkungen von Antidiskriminierungsgesetzen, Beschäftigungsquoten, Arbeitgeberzuschüssen, Kündigungsschutz-Regeln sowie Rentensystemen und bieten damit einen profunden Überblick über die potenzielle Wirksamkeit staatlicher Inklusionspolitik.

In einem weiteren einleitenden Kapitel thematisieren Nils Jent und Regula Dietsche die Entlohnung von Mitarbeitern mit Behinderung. Sie zeigen auf, welche Bedeutung eine faire Honorierungspolitik für Menschen mit Behinderung hat und wie diese gestaltet werden kann. Zentral hierfür ist aus ihrer Sicht die gezielte Beachtung der komparativen Kompetenzen der Mitarbeiter, d. h. die Nutzung und Entlohnung von spezifischen Erfahrungen und Problemlösestrategien, die Mitarbeiter mit Behinderung in vielen Fällen gemacht bzw. entwickelt haben und die für Unternehmen einen echten Mehrwert darstellen.

In einem dritten einleitenden Beitrag zeigt Volker Ravenhorst auf, wie wichtig eine nachhaltige Bewusstseinsbildung für eine erfolgreiche betriebliche Inklusion ist. Diese stellt in vielen Fällen eine erste notwendige Bedingung dar, um ein flexibles Personalmanagement auszugestalten und langfristig erfolgreich Menschen mit Behinderung beschäftigen zu können. In seinem Beitrag beleuchtet der Autor hierbei insbesondere die Rolle der Schwerbehindertenvertretungen, die als Bindeglied zwischen Mitarbeitern mit Behinderung und dem Unternehmen fungieren und so wertvolle Sensibilisierungs- und Inklusionsarbeit leisten können.

1.3.1 Rekrutierung

Das Feld der Rekrutierung stellt einen ersten innerbetrieblichen, personalpolitischen Hebel dar, welcher zu einer nachhaltigen Inklusion von Menschen mit Behinderung beitragen kann und muss. Als „gute Praxis" kann dabei eine Rekrutierungsstrategie und -politik verstanden werden, welche Kandidaten mit Behinderung zur Bewerbung ermutigt, für Chancengleichheit im Bewerbungsprozess sorgt (und damit jegliche direkte oder indirekte Diskriminierung ausschließt) sowie eine gute Passung zwischen Bewerber und Stelle ermöglicht.

Nicht erst die anziehende Konjunktur hat zu der Erkenntnis geführt, dass gerade gut ausgebildete Fachkräfte schon heute eine begehrte Mangelware in vielen Unternehmen darstellen. Diese Lage wird sich durch den demografischen Wandel bzw. die gleichzeitige Alterung und Schrumpfung des Erwerbspersonenpotenzials noch deutlich verschärfen (Dychtwald et al. 2006; Kunisch et al. 2011). Gerade kleinere und mittlere Unternehmen ohne ausgeprägtes Arbeitgeberimage werden daher gezwungen sein, bisher vernachlässigte Gruppen aktiver anzusprechen und zu rekrutieren. Menschen mit Behinderung können hier eine sehr attraktive Bewerbergruppe darstellen, jedoch müssen die Bewerbungsprozesse entsprechend angepasst werden.

Eine gute Rekrutierungspraxis kann dabei u. a. auf die folgenden Methoden und Werkzeuge zurückgreifen:

- die Zusammenarbeit mit externen (Ausbildungs-)Institutionen für Menschen mit Behinderung, um schon früh geeignete Bewerber anzusprechen;

- die Gestaltung barrierefreier Anzeigen (online wie Print), die Menschen mit Behinderung aktiv zu einer Bewerbung auffordern bzw. ermutigen;
- diskriminierungsfreie Bewerbungsprozesse, z. B. in Form von leitfadengestützten Gesprächsformaten, die eine Ressourcenorientierung fördern und auf Kompetenzen, nicht auf Defizite, abzielen;
- die spezifische Schulung von Führungskräften und HR-Verantwortlichen zur Durchführung solcher barrierefreier Bewerbungsverfahren;
- das Anbieten von Schnuppertagen, Bewerberworkshops etc.

In ihrem Beitrag beschreiben die Autoren Fabian Neubauer und Albert Frieder die schweizerische Initiative **„Jobs für Behinderte – Behinderte für Jobs"**, die Menschen mit Behinderung beim Bewerbungsprozess für Stellen im ersten Arbeitsmarkt unterstützt. Hierbei wird die oben angesprochene Ressourcenorientierung eingenommen: Menschen mit Behinderung können ein Fähigkeitsprofil online erstellen, welches anschließend mit offenen Stellen bei Unternehmen abgeglichen wird. Flankiert wird dies durch eine umfangreiche Kommunikations- und Medienkampagne.

Auch Katharina Benson und Achim Ciolek thematisieren das Feld der Rekrutierung und beschreiben den Ansatz des Hamburger Outdoor-Ausrüsters **Globetrotter**. Dieser arbeitet seit mehr als 15 Jahren mit der Hamburger Arbeitsassistenz zusammen und integriert von dieser vermittelte Mitarbeiter mit Behinderung fest in ihre eigenen Teams und Arbeitsabläufe. Hierdurch entwickelten sich nicht zuletzt die Einstellungen und Sichtweisen der restlichen Belegschaft positiv weiter; das Thema der Diversität hat nachhaltig an Bedeutung gewonnen und ist Teil der Unternehmenskultur geworden.

1.3.2 Arbeitsplatzgestaltung/-anpassung

Ein zweiter Bereich, der einen starken Einfluss auf die berufliche Inklusion hat, ist die Arbeitsplatzgestaltung bzw. die Arbeitsplatzanpassung. Von „guter Praxis" kann hierbei immer dann gesprochen werden, wenn Arbeitsplätze so eingerichtet bzw. angepasst werden, dass Menschen mit körperlichen und sensorischen Einschränkungen produktiv arbeiten können und durch ihre Behinderung möglichst wenig eingeschränkt werden. Zudem sollten präventive Maßnahmen ergriffen werden, die (Folge-)Erkrankungen verhindern.

Relevant kann dies sowohl für Neueinstellungen als auch für bestehende Arbeitsverhältnisse sein, bei welchen Mitarbeiter u. a. durch Alterungsprozesse gewisse Leistungswandlungen erfahren, die bisherige Tätigkeiten erschweren oder verunmöglichen. Diese Anpassungen müssen individuell auf die jeweilige Behinderung und den Arbeitsplatz abgestimmt werden. Untersuchungen haben gezeigt, dass ein Großteil dieser Anpassungen sehr kostengünstig möglich ist. So zeigen Studien aus den USA, dass 71 % dieser Arbeitsplatzanpassungen weniger als 500 US-Dollar kosten, 20 % sogar kostenneutral sind (Bell 2007).

Beispiele für solche Arbeitsplatzanpassungen umfassen:

- ergonomische Maßnahmen, wie beispielsweise höhenverstellbare Tische oder Stehpulte;
- (IT-basierte) technische Unterstützung für Menschen mit sensorischen Einschränkungen (Braille-Zeile, Vergrößerungsprogramme für den PC, Induktionsschleifen etc.);
- Arbeitsplatzanpassungen im Produktionsbereich (z. B. Sitz-Arbeitsplätze oder Vermeidung von Überkopfmontage);
- Anpassungen in Bezug auf bestimmte Arbeitsprozesse (u. a. Gestaltung und Dokumentation von Prozessabläufen, die den Anforderungen bzw. Fähigkeiten von Menschen mit Behinderung Rechnung tragen);
- Möglichkeiten der flexiblen Arbeitsgestaltung (z. B. Home-Office).

Ein erstes eindrückliches Praxisbeispiel im Bereich Arbeitsplatzanpassungen beschreiben Susan Conza und Isabela Juric, die die Zürcher IT-Firma **Asperger Informatik** vorstellen. Asperger Informatik beschäftigt vorzugsweise Menschen mit dem Asperger-Syndrom, einer leichten Form des Autismus, und setzt diese für Aufgaben im Bereich Software-Testing und Webentwicklung ein. Hierbei wird wiederum eine starke Ressourcenorientierung verfolgt und die komparative Stärke der Mitarbeiter, d. h. deren außergewöhnliche Konzentrationsfähigkeit und analytische Begabung genutzt. Allerdings benötigen diese Mitarbeiter auch besondere Rahmenbedingungen, die durch Arbeitsplatzanpassungen (u. a. durch eine reizarme Umgebung und klare Prozessabläufe) sichergestellt werden müssen.

Ein weiteres, sehr weitgehendes Beispiel im Bereich der Arbeitsplatzanpassungen stammt aus dem bayerischen Ingolstadt. Die Autoren Tobias Munzel und Thomas Neuhaus beschreiben das Integrationsmanagement des Automobilunternehmens **Audi**, welches sich u. a. durch einen sehr klar strukturierten Prozess mit detaillierten Kennzahlen auszeichnet. Durch verschiedene Maßnahmen, die u. a. ergonomische Anpassungen, aber auch Weiterqualifizierungen umfassen, sollen Mitarbeiter mit Leistungswandlung schrittweise wieder an die Audi Standardleistung herangeführt werden.

Corina Gerling stellt das Beispiel des Best Western Hotels „Am Straßberger Tor" (Plauen) vor. Dieses Integrationshotel der **Fortbildungsakademie der Wirtschaft (FAW) gGmbH** beschäftigt Menschen mit und ohne Behinderung und arbeitet hierbei eng mit dem Beruflichen Trainingszentrum (BTZ) Plauen zusammen. Gemeinsam werden unterstützende Rahmenbedingungen geschaffen, die insbesondere die Inklusion von Mitarbeitern mit psychischen Behinderungen ermöglichen. So wird ein Maß an Kundenorientierung und Servicequalität erreicht, welches sich mit „normalen" Hotels jederzeit messen kann.

Abschließend beschreibt Miriam Chávez Lambers den Ansatz der **elumo GmbH** aus Münster, welcher es gelang, die vermeintliche Schwäche einer blinden Mitarbeiterin in eine Stärke zu verwandeln. Um ihr ein selbstständiges und effizientes Arbeiten zu ermöglichen, entwickelte die elumo GmbH gemeinsam mit ihrer blinden Mitarbeiterin die Softwarelösung PS@Work und förderte so die Integration der Angestellten in das Team. Die Maßnahme konnte problemlos auf unterschiedliche Arbeitsplätze blinder und sehbehinderter Menschen übertragen werden, so dass zugleich ein neues Produkt der elumo GmbH entstand, welches inzwischen erfolgreich vertrieben wird.

1.3.3 Arbeitszeitmodelle

Ein weiterer wichtiger Ansatzpunkt des Personalmanagements bezieht sich auf die Arbeitszeiten. Es gibt bestimmte Arbeitnehmergruppen, die einen flexiblen Umgang mit den Arbeitszeiten benötigen, um produktiv am Erwerbsleben teilnehmen zu können. Hierzu gehören oftmals auch Menschen mit Behinderung bzw. chronischen Erkrankungen, die beispielsweise durch Mobilitätseinschränkungen auf gewisse Verkehrsmittel angewiesen sind oder regelmäßige ärztliche Termine wahrnehmen müssen (z. B. Dialyse). „Gute Praxis" im Bereich der Arbeitszeitmodelle stellen daher Lösungen dar, die die spezifischen Bedürfnisse unterschiedlicher Mitarbeitergruppen berücksichtigen und für größtmögliche zeitliche Flexibilität sorgen, ohne hierbei die Unternehmensprozesse negativ zu beeinflussen.

Ausgestaltungsmöglichkeiten für solche flexiblen Arbeitszeitmodelle beinhalten unter anderem:

- Schaffung flexibler Arbeitszeiten durch Gleitzeit-Regeln;
- Teilzeitarbeit und Job-Sharing, bei welchen sich mehrere Personen einen Arbeitsplatz teilen;
- Jahresarbeitszeit und Arbeitszeitkonten, um Arbeitszeitspitzen ausgleichen zu können;
- Sabbaticals und Freistellungen, u. a. für Weiterbildungen, Kuren, die Betreuung von Angehörigen etc.

Janik Porzelt präsentiert in seinem Beitrag gleich drei unterschiedliche Best-Practice-Beispiele aus dem Bereich der Arbeitszeitmodelle. So setzt die Verwaltung der **Stadt Weiden in der Oberpfalz** auf ein funktionales Gleitzeitmodell, das Menschen mit und ohne Behinderung eine individuelle Tagesplanung ermöglicht. Hier können die Mitarbeiter an jedem Tag flexibel zwischen 6.45 Uhr und 19.00 Uhr arbeiten. Zudem können Arztbesuche, die behinderungsbedingt getätigt werden müssen, während der Dienstzeit absolviert werden. Die beiden anderen Beispiele skizzieren die Ansätze der **Gemeinde Schoppernau** sowie des Getränkehandels **Alfi** (beide aus Vorarlberg), die jeweils über ein sog. „Leasing-Modell" Menschen mit schwerer Mehrfach-Behinderung angestellt haben. Durch das „Verleasen" des Mitarbeiters an andere Partner-Unternehmen kann einerseits der Betreuungsbedarf der Mitarbeiter auf verschiedene Instanzen verteilt werden und andererseits der Umfang an einfacheren Tätigkeiten durch die Akkumulation in verschiedenen Organisationen erhöht werden.

1.3.4 Weiterbildung und Karrieremanagement

Sollen Mitarbeiter mit Behinderung langfristig erfolgreich im Unternehmen gehalten werden, so muss sichergestellt werden, dass sie die gleichen Aufstiegs- und Entwicklungschancen wie andere Mitarbeiter erhalten. Ein modernes Karrieremanagement ist zudem proaktiv und versucht Mitarbeiter so weiterzuentwickeln und einzusetzen, dass sie ihre jeweiligen Stärken bestmöglich an ihrem Arbeitsplatz einbringen können. In Fällen, in denen Mitarbeiter ihre bisherige Tätigkeit nicht mehr ausüben können, bedeutet Karrieremanagement auch, neue Aufgaben für die betreffenden Personen zu finden. „Karriere" muss insofern nicht immer einen hierarchischen Aufstieg bedeuten, sondern zielt letztlich auf eine möglichst gute Passung zwischen Mitarbeiter und Arbeitsaufgabe (z. B. im Rahmen einer Fach- oder Expertenlaufbahn) ab. „Gute Praxis" im Bereich Weiterbildung und Karrieremanagement stellen somit Maßnahmen dar, die für alle Mitarbeitergruppen Angebote bereithalten, proaktiv und strategisch erfolgen und dabei sowohl die Bedürfnisse der Mitarbeiter als auch des Unternehmens im Blick behalten und weder in ihrer Konzeption noch Umsetzung Diskriminierungspotenzial aufweisen.

Zu einem fortschrittlichen Weiterbildungs- und Karrieremanagement zählen u. a. die folgenden Elemente:

- Angebot von Trainings- und Entwicklungsmaßnahmen unabhängig von demografischen Charakteristiken (z. B. Training auch für ältere Mitarbeiter, Mitarbeiter mit Behinderung etc.);
- Nutzung diskriminierungsfreier Methoden zur Leistungsevaluation und zur Entwicklung darauf aufbauender Karriereperspektiven (u. a. angepasste Assessment-Center, ressourcenorientierte Mitarbeiter- und Jahresgespräche etc.);
- Konzeption und Durchführung diskriminierungsfreier Trainings- und Entwicklungsmaßnahmen (welche u. a. auf die Bedürfnisse von Mitarbeitern mit Behinderung Rücksicht nehmen);
- proaktives Karrieremanagement inkl. einer klaren Laufbahnplanung zur Sicherstellung einer guten Passung zwischen Mitarbeiter und Arbeitsaufgabe;
- Vermeidung von Früh-Verrentungen aufgrund von Krankheit oder Behinderung, stattdessen Weiterqualifizierung und/oder Arbeitsplatzwechsel.

Ein erstes Unternehmensbeispiel im Bereich Weiterbildung und Karrieremanagement stammt von der **Bundesagentur für Arbeit (BA**, Nürnberg) und wird von Beatrix Behrens und Michael Kühn beschrieben. Die Bundesagentur baute über die letzten Jahre ein demografiesensibles Personalmanagement auf, welches u. a. für Menschen mit Behinderung vielfältige Angebote bereithält. Beginnend mit der Rekrutierung fördert die BA die Kompetenzen des jeweiligen Mitarbeiters im Rahmen ihres Talentmanagements. Dreh- und Angelpunkt der beruflichen Fortentwicklung ist ein systematischer Leistungs- und Entwicklungsdialog zwischen Führungskraft und Mitarbeiter. Hier werden sowohl die individuelle Entwicklung abgestimmt als auch weitergehende Themen wie die Beziehung zwischen Führungskraft und Mitarbeiter offen angesprochen.

Einen ebenfalls erfolgreichen Ansatz stellen Adrian Lottenbach und Elmar Perroulaz von den **Schweizerischen Bundesbahnen (SBB)** vor. Die SBB gründete schon vor rund 10 Jahren den Geschäftsbereich „anyway-solutions", in welchem Mitarbeiter, die ihren angestammten Tätigkeitsbereich aus gesundheitlichen Gründen nicht mehr ausüben können, eine neue Aufgabe finden. Hierzu zählen beispielsweise Aufgaben in einer polyvalenten Werkstatt, Sattlerei, Wäscherei oder der Administration. Durch konstante Bezugspersonen, klar definierte und teilweise repetitive Arbeiten sowie flexible und individuelle Arbeitsplätze wird den vielfältigen Anforderungen der Mitarbeiter Rechnung getragen, die so ihre berufliche Laufbahn bei der SBB fortsetzen können.

Ein zusätzliches innovatives Modell zur Weiterqualifizierung von schwerbehinderten Bachelor-Absolventen wird schließlich vom **Paul-Ehrlich-Institut** (**PEI**, Langen) verfolgt und von Annetraud Grote beschrieben. Im Rahmen der Initiative „ProBAs" werden gezielt Bachelor-Absolventen mit Schwerbehinderung eingestellt, die im PEI im wissenschaftlichen oder administrativen Bereich eine Möglichkeit zur beruflichen Weiterbildung vor einem späteren Master-Studium erhalten. Die Teilnehmer haben die Möglichkeit, durch ein echtes „On-the-job-Training" wertvolle Erfahrungen für ihre Zukunft zu sammeln. Das PEI kann schon früh hoch qualifizierte Arbeitskräfte an sich binden und die Absolventen bei ihrer Weiterqualifizierung unterstützen.

1.3.5 Gesundheitsmanagement

Die Bedeutung eines aktiven Gesundheitsmanagements für den Erhalt der Arbeitsfähigkeit von Mitarbeitern ist heute unumstritten. Viele Unternehmen haben entsprechende Programme eingeführt. Dies hat positive Auswirkungen sowohl für den einzelnen Mitarbeiter (u. a. erhöhte Motivation und Arbeitszufriedenheit) (Conrad 1988; Daley und Parfitt 1996) als auch für das gesamte Unternehmen (u. a. durch reduzierte Absenzen) (Aldana 2001). Zu unterscheiden ist hierbei die Prävention (also die möglichst gesundheitsorientierte Gestaltung der Arbeit, z. B. durch ergonomische Maßnahmen), die Intervention (also das möglichst frühe Einschreiten im Falle von Krankheiten) sowie die Rehabilitation (d. h. die Wiedereingliederung im Falle von Unfall oder langfristiger Krankheit). „Gute Praxis" stellen Gesundheitsmanagement-Systeme dar, die gleichermaßen alle drei Felder berücksichtigen und gerade im Krankheitsfall auf eine „frühe Intervention" setzen, da mit der Anzahl der Krankheitstage die Chancen einer erfolgreichen Wiedereingliederung schwinden, während die Kosten überproportional ansteigen.

Unternehmen, welche ein modernes Gesundheitsmanagement einführen, setzen u. a. auf die folgenden Maßnahmen:

- Gleichzeitige Berücksichtigung und Angebot präventiver, intervenierender sowie rehabilitativer Maßnahmen;
- Berücksichtigung von physischen und psychischen Krankheiten bzw. Belastungen sowie Angebote in beiden Bereichen (u. a. systematische, firmenweite Gesundheitschecks, Angebot von Ergonomie und Stress-Management Seminaren etc.);

- Analyse von Belastungen (körperlich, psychisch etc.) am jeweiligen Arbeitsplatz, Abgleich mit den gesundheitlichen Ressourcen des jeweiligen Mitarbeiters, eventuell Intervention durch Umgestaltung des Arbeitsplatzes bzw. Versetzung des Mitarbeiters etc.;
- Förderung einer „Gesundheitskultur" im Unternehmen (u. a. durch gesundes Essen auf dem Firmenareal, Sport- und Fitnessangebote, Gestaltung von Aktionstagen wie „Brustkrebstag", „Diabetestag", Incentive-Programme für gesundheitsbewusstes Verhalten etc.);
- Förderung eines gesundheitsorientierten Führungsstils durch ein Training der Führungskräfte.

Wie solche Maßnahmen in der Praxis ausgestaltet werden können, zeigt exemplarisch Christoph Oberlinner auf, der das Gesundheitsmanagement beim Chemieunternehmen **BASF** (Ludwigshafen) vorstellt. Hierbei stellt er neue Ansätze zur innerbetrieblichen Prävention vor. Kernelemente sind neben der klassischen arbeitsmedizinischen Vorsorge neue Ansätze wie beispielsweise das Angebot regelmäßiger Gesundheits-Checks für alle Mitarbeiter des Unternehmens und anschließenden individuellen, zielgerichteten Präventions- und Interventionsmaßnahmen.

1.3.6 Führung und Kultur

Führung und eine offene, wertschätzende Unternehmenskultur haben starke positive Effekte auf den Erhalt der Arbeitsfähigkeit (Ilmarinen und Tempel 2002) sowie die Inklusion von Menschen mit Behinderung. Von Vorgesetzten erwartet werden kann hier u. a. ein Führungsverhalten, welches die Kompetenzen und Potenziale von Menschen mit Behinderung erkennt, diese bewusst fördert und nicht auf Defizite fokussiert. Auch die Schaffung funktionierender heterogener Teams gehört zu diesen Kernaufgaben. Im Bereich der Unternehmenskultur ist eine „inklusive Kultur" anzustreben, in welcher die Einzigartigkeit und der spezifische Beitrag des Individuums geschätzt werden, gleichzeitig aber allen Unternehmensmitgliedern ein hohes Zugehörigkeitsgefühl vermittelt wird (Shore et al. 2011). „Gute Praxis" im Bereich Führung und Kultur setzt damit bei der Verantwortung der einzelnen Führungskraft für die Entwicklung ihrer Mitarbeiter an und schlägt einen Bogen bis hin zur Gestaltung der sozialen Beziehungen zwischen allen Unternehmensmitgliedern. Insbesondere dem Top-Management kommt hierbei eine große Verantwortung zu, da durch die Sichtbarkeit seiner Handlungen und Verhaltensweisen eine Ausstrahlungskraft auf die restliche Organisation ausgeht (Kunze et al. 2013).

Unternehmen, welche bewusst die Entwicklung einer inklusiven Führungs- und Unternehmenskultur anstreben, setzen hierfür u. a. auf die folgenden Maßnahmen:

- Entwicklung eines inklusionsorientierten Führungs- und Unternehmensleitbilds;
- Durchführung von flächendeckenden Führungskräfte-Trainings zum Umgang mit Diversität bzw. zur Sicherstellung einer Ressourcen-Orientierung im Führungsverhalten;

- Einführung von 360-Grad-Feedback-Systemen zur Weiterentwicklung der Führungskultur;
- Durchführung von Mitarbeiterbefragungen zur Erhebung der Mitarbeiterzufriedenheit, des Führungsklimas etc.;
- gezielte Kultur-Entwicklungsmaßnahmen (Trainings, organisationsweite Veranstaltungen, persönliche und mediengestützte Kommunikation etc.).

Ein erstes Unternehmensbeispiel zur Ausgestaltung einer solchen vorbildlichen Führungs- und Unternehmenskultur steuert Michael Fembek vom Bauhandelsunternehmen **bauMax** (Klosterneuburg, Österreich) bei. Bei bauMax werden gezielt Menschen mit Behinderung aufgenommen, die sonst nicht im ersten Arbeitsmarkt tätig werden könnten. Im Zentrum des Ansatzes steht das „bauMax-Humanprogramm", welches aus der Zusammenarbeit der einzelnen bauMax-Märkte mit lokalen Behindertenorganisationen und -einrichtungen entstanden ist. Zentral bei bauMax ist die enge Verbindung des Engagements für Menschen mit Behinderung mit den Werten und der Kultur des Unternehmens.

Ein weiteres interessantes Beispiel beschreiben John Carton und Rachel Lee vom Unternehmen **Dow Chemical Company** (Horgen, Schweiz). Bei Dow wird das Thema Diversität und Inklusion nicht als Option verstanden, sondern als strategische Pflicht, welche wesentlich zur Innovationskraft des Unternehmens beiträgt. Um diese Potenziale von Heterogenität zur Entfaltung zu bringen, setzt Dow u. a. auf eine unterstützende Infrastruktur, eine formale D&I-Organisation, Training und Entwicklung, Plattformen für das Mitarbeiterengagement, externe Allianzen, klar formulierte wirtschaftliche Treiber des Geschäfts sowie eine umfassende Kommunikationsinfrastruktur.

Shirit Saks-Haim und Inbal Keha beschreiben den Ansatz des israelischen Call-Center-Betreibers **Call Yachol**, welcher beinahe ausschließlich Menschen mit Behinderung beschäftigt. Im Mittelpunkt steht das Können und der gemeinsame Beitrag zum Erfolg, nicht die individuelle Behinderung, religiöse Anschauung oder sexuelle Orientierung. Die Führungskräfte des Unternehmens werden regelmäßig geschult und zeigen ein hoch integratives, dennoch leistungsförderliches Führungsverhalten, welches einen starken Zusammenhalt und eine hohe Leistungsorientierung schafft. So ist es Call Yachol möglich, im regulären Wettbewerb mit anderen Anbietern zu konkurrieren und diese durch deutlich geringere Fluktuation und höhere Identifikation der Mitarbeiter sogar zu übertreffen.

Monika Haider stellt die österreichische Firma **equalizent Schulungs- und Beratungs GmbH** vor. Die Firma equalizent ist ein Kompetenz-, Schulungs- und Beratungszentrum für Gehörlosigkeit, Schwerhörigkeit, Gebärdensprache und Diversity-Management. Zentral für equalizent war ein mehrjähriger Organisationsentwicklungsprozess unter starker Einbeziehung der Mitarbeiter. Dabei handelte es sich um einen Prozess des kulturellen Wandels, bei dem die Wertschätzung und das Miteinander von vielfältigen Personen strategisch in die Wege geleitet wurden mit dem Ziel, Mitarbeiter mit und ohne Behinderung entsprechend ihrer Fähigkeiten und Lebenspläne im Unternehmen einzusetzen.

Den Abschluss des Kapitels zum Thema Führung und Unternehmenskultur bildet der Beitrag von Perdita Müller, die den Ansatz der **Bertelsmann SE & Co. KGaA** (Gütersloh) vorstellt. Die Anerkennung von Menschen mit Behinderung als vollwertige Arbeitskraft ist hier der geforderte und gewünschte „Normalfall", der tief in der Unternehmenskultur verankert ist. Das Medien-Unternehmen ist sich des hohen Anspruchs, den es sich selbst mit dieser Philosophie auferlegt hat, bewusst und hat schon vor Jahren entsprechende Strukturen geschaffen, um Menschen mit Behinderung in die Arbeitsprozesse auf allen Unternehmensebenen einzubeziehen.

1.3.7 Supported Employment und externe Integrationsdienstleister

Das letzte im Buch beschriebene Handlungsfeld ist nicht unmittelbar dem unternehmensinternen Personalmanagement zuzuordnen, darf jedoch aufgrund seiner hohen Relevanz für die Inklusion von Menschen mit Behinderung im ersten Arbeitsmarkt nicht fehlen. Job-Coachings, insbesondere nach dem Supported-Employment-Ansatz, und externe Integrationsdienstleister tragen maßgeblich dazu bei, dass Menschen mit Behinderung ihre Arbeitskraft im ersten Arbeitsmarkt einbringen können und bilden das Bindeglied zwischen Angebot und Nachfrage. Einerseits unterstützen betroffenenzentrierte Institutionen Personen mit Behinderung durch gezielte Maßnahmen dabei, im ersten Arbeitsmarkt Fuß zu fassen. Andererseits bieten externe Dienstleister Unternehmen Unterstützung bei der Beschäftigung von Menschen mit Behinderung an.

Der Supported-Employment-Ansatz hat sich insbesondere für die Personengruppe der Menschen mit psychischen Einschränkungen bewährt. Während Arbeitgeber häufig bereits gegenüber Mitarbeitern mit körperlichen Behinderungen Vorbehalte haben, gilt dies für Mitarbeiter mit psychischen Behinderungen noch deutlich stärker. Bei der Inklusion dieser Personengruppe gilt es somit, besonders viele Barrieren zu überwinden. Häufig gelten psychische Erkrankungen als weniger kontrollierbar. Zudem wurde festgestellt, dass Menschen mit psychischen Erkrankungen häufig zusätzliche Unterstützung benötigen, um eine Stelle im ersten Arbeitsmarkt zu finden und diese auch halten zu können. Traditionell dominierte bei der Wiedereingliederung von Menschen mit psychischen Erkrankungen ein Stufenmodell mit der Leitidee „first train, then place". Über arbeitsbezogene Trainings und die Beschäftigung in geschützten Werkstätten wurden die Betroffenen zunächst auf eine Stelle im ersten Arbeitsmarkt vorbereitet. Allerdings hat sich gezeigt, dass diese Vorbereitung häufig nicht vor den Problemen schützen konnte, die beim Übergang in den ersten Arbeitsmarkt auftreten. Gerade dieser Übergang in den ersten Arbeitsmarkt erwies sich als „Achillesferse" der Inklusion (Pfammatter et al. 2000). Daher dreht Supported Employment den traditionellen Ansatz in „first place, then train" um. Die Unterstützung hört mit Stellenantritt nicht auf. Vielmehr findet die Begleitung durch den Job-Coach so lange statt, bis sie nicht mehr notwendig ist.

Externe Integrationsdienstleister, die sich an Unternehmen richten, nehmen hingegen eine Arbeitgeberorientierung ein. Im Fokus steht die Verringerung der durch den Arbeitgeber zu tragenden Risiken. Dies kann zum Beispiel dadurch erfolgen, dass die Mitarbeiter beim Integrationsdienstleister angestellt bleiben. Ihre Dienstleistungen werden gezielt an externe Unternehmen verkauft, wobei alle Personalkosten durch den Integrationsdienstleister getragen werden. Auch die fachkundige Beratung sowie Bereitstellung von Dienstleistungen, deren Ziel die Unterstützung von Unternehmen bei der Beschäftigung von Menschen mit Behinderung ist, stellt eine erfolgreiche Strategie zur nachhaltigen Inklusion von Menschen mit Behinderung dar.

Im Rahmen des Themas *Supported Employment und externe Integrationsdienstleister* haben sich u. a. folgende Praktiken bewährt:

- Betrachtung der Inklusion von Menschen mit (psychischen) Behinderungen als langfristigen Prozess, der professionell begleitet werden muss;
- Anwendung des Supported-Employment-Modells bei der Inklusion von Menschen mit psychischen Behinderungen in den ersten Arbeitsmarkt;
- Zusammenarbeit und Dialog der im (Re-)Inklusionsprozess beteiligten Akteure (Job-Coach, Arbeitnehmer mit psychischer Behinderung, Arbeitgeber, Behandlungsteam, Versicherungsträger);
- Einbindung des Job-Coachs in die gesamtpsychiatrische Versorgung;
- gezielte Zusammenstellung gemischter Teams aus Menschen mit und ohne Behinderung im Sinne einer Ressourcenorientierung;
- Einsatz wirtschaftsnaher Dienstleister, die durch eine Arbeitgeberorientierung und unternehmensorientierte Kommunikation eine Brücke zwischen Behörden/Integrationsdienstleistern und Arbeitgebern schlagen; so können auch die Unternehmen für die Inklusion von Menschen mit Behinderung gewonnen werden, die (noch) nicht mit den staatlichen Integrationsdienstleistern zusammenarbeiten.

Micheline Huber und Wolfram Kawohl stellen den Supported-Employment-Ansatz der **Universitätsklinik Zürich** (PUK) vor. PUK stützt sich auf das „Individual Placement and Support" (IPS) Modell. Zentral bei diesem Ansatz ist die enge Einbindung des Job-Coachs in die gesamtpsychiatrische Versorgung, welche zu einer vergleichsweise hohen Erfolgsquote führt. Der Beitrag beschreibt, wie mit Hilfe eines Job-Coachs alle Stakeholder-Gruppen, die Stellensuchenden bzw. Arbeitnehmer mit Behinderung, Arbeitgeber, das Behandlungsteam sowie die Versicherungsträger, erfolgreich zusammenarbeiten, um ein gemeinsames Ziel, die Inklusion im ersten Arbeitsmarkt, zu erreichen.

Die **dreischiibe** (St. Gallen/Herisau) ist eine Institution zur beruflichen Rehabilitation und Integration von Menschen mit psychischen Erkrankungen. Die Institution bietet Abklärungs-, Ausbildungs- und Trainingsprogramme, geschützte Arbeitsplätze sowie ein Tageszentrum an. In ihrem Beitrag über die Anwendung des Supported-Employment-Ansatzes zeigt Martina Schubert Erfolgsfaktoren für eine gelingende Inklusion von Menschen mit psychischen Einschränkungen auf. Die Erstellung eines Fähigkeitsprofils, um eine Passung zwischen Person und Job sicherzustellen, ist genauso wichtig wie der Dialog mit Arbeitgebern, behandelnden Ärzten und Therapeuten sowie ein schnelles Krisenmanagement. Neben Grundregeln für die Inklusion von psychisch Erkrankten am

Arbeitsplatz nennt Martina Schubert auch Gründe, warum die Einstellung von Menschen mit psychischen Erkrankungen einen Mehrwert für Arbeitgeber liefern kann.

Rita Héjj stellt die ungarische gGmbH **Napra Forgó** vor, die sowohl für arbeitssuchende Menschen in benachteiligten Situationen als auch für Arbeitgeber Dienstleistungen anbietet. Ziel ist die Arbeitsrehabilitation im ersten Arbeitsmarkt. Bei Napra Forgó werden gemischte Arbeitsteams aus Menschen mit und ohne Behinderung zusammengestellt, deren Teamleistung an externe Unternehmen verkauft wird. Durch die gezielte Zusammenstellung können individuelle Einschränkungen ausgeglichen werden, indem jedes Teammitglied seinen Fähigkeiten entsprechend eingesetzt wird. Durch die Einnahme einer Ressourcen- statt einer Defizitorientierung werden Stärken im Sinne der komparativen Kompetenzen gezielt genutzt.

Im abschließenden Beitrag wird der Blickwinkel noch stärker hin zu einer Arbeitgeberorientierung verschoben. Die Perspektive einer sozialverantwortlichen Unternehmensberatung wird mit der eines Integrationsfachdienstes verknüpft. Manfred Otto-Albrecht und Hans-Günther Ritz stellen die **Fortbildungsakademie der Wirtschaft** aus Hamburg vor, die als wirtschaftsnaher Rehabilitationsdienstleister unter dem Namen BIHA kleine und mittelständische Arbeitgeber dabei unterstützt, schwerbehinderte Menschen zu beschäftigen. Hierbei kommt der strategischen Zusammenarbeit mit den Arbeitgeberverbänden und dem Integrationsamt eine zentrale Rolle zu. Durch zahlreiche Aktivitäten wie Beratungen, Moderationen, Prozessbegleitungen, Kooperationen, Veranstaltungsreihen und Trainings werden Unternehmen dabei unterstützt, geeignete Voraussetzungen und Unternehmensstrukturen zu schaffen.

1.4 Zusammenfassung

Ziel dieses Buches ist es, für Unternehmen und andere Organisationen anhand von Best-Practice-Beispielen Ideen und Lösungen für die berufliche Inklusion von Menschen mit Behinderung aufzuzeigen. Hierdurch möchten wir einen wichtigen Beitrag für Unternehmen, Menschen mit Behinderung und die Gesellschaft leisten.

Für Unternehmen und Organisationen gibt es verschiedenste Motivationen, Menschen mit Behinderung zu beschäftigen. Zum einen können sie durch die Erweiterung ihrer Zielgruppe bei der Rekrutierung den drohenden Mangel von Fachkräften abfedern (Dwertmann und Kunz 2012). Zudem entfallen durch die Beschäftigung von Menschen mit Behinderung Strafzahlungen, die in manchen Ländern wie etwa Deutschland anfallen, wenn nicht eine bestimmte Beschäftigungsquote erreicht wird. Des Weiteren zeigt die Forschung, dass die entstehenden, durch mehr Vielfalt geprägten Teams, oftmals durch einen breiteren Fundus an Wissen zu kreativeren und besseren Lösungen gelangen können als homogene Arbeitsgruppen (Horwitz und Horwitz 2007; Konrad 2003). Letztlich können und sollten Unternehmen die besonderen individuellen Stärken und Fähigkeiten von Menschen mit Behinderung zum beiderseitigen Vorteil gezielt nutzen.

Neben den Unternehmen profitieren auch Menschen mit Behinderung direkt von einer Anstellung. Die Teilnahme am Erwerbsleben sorgt tendenziell bei allen Menschen für positive psychische und physische Effekte (Wanberg 2012). Diese Effekte, beispielsweise eine geringere soziale Isolation, die reduzierte Gefahr in Armut zu leben sowie eine allgemein erhöhte Lebenszufriedenheit, scheinen jedoch für Mitglieder von Minderheiten, wie Menschen mit Behinderung, besonders stark ausgeprägt zu sein (Schur 2002). Aus diesem Grund sollte diesen Gruppen eine Teilnahme am Erwerbsleben ermöglicht werden.

Die Beiträge dieses Buches zeigen vielfältige Möglichkeiten auf, wie Menschen mit Behinderung erfolgreich im ersten Arbeitsmarkt beschäftigt werden können. Gemein ist diesen, dass sie auf die Fähigkeiten der Menschen abzielen, anstatt lediglich nach Schwächen zu suchen. Ein Schlüssel zu einem erfolgreichen HR Management ist die Passung von Mitarbeitern und Stelle entsprechend der Fähigkeiten und Anforderungen (Nerdinger et al. 2011). Diese Passung sollte auch bei Menschen mit Behinderung im Vordergrund stehen.

Generell benötigen Menschen mit Behinderung aufgrund ihrer speziellen Bedürfnisse eine gewisse Flexibilität. Eine solche Flexibilität in den Unternehmensprozessen zuzulassen, scheint jedoch nicht nur für Menschen mit Behinderung, sondern auch für andere Mitarbeitergruppen, wie etwa junge Mütter und Väter, ältere Mitarbeiter etc. vorteilhaft zu sein. Wenn es Unternehmen gelingt, diese Flexibilität herzustellen, so können sie damit positive Arbeitsbedingungen für alle Mitarbeiter schaffen und somit ihre Arbeitgeberattraktivität gezielt stärken. Gerade durch die technologischen Entwicklungen sind flexible Rahmenbedingungen, wie beispielsweise Home Office und Gleitzeit, häufig einfach zu verwirklichen.

Des Weiteren zeigt sich anhand der Beiträge, dass erfolgreiche Inklusion keine Frage der Unternehmensgröße oder des Industriesektors ist. In allen Bereichen kann, oftmals durch relativ kleine Veränderungen, viel erreicht werden. Zu wünschen wären sicherlich umfassende Konzepte, die sämtliche in diesem Buch vorgestellten Felder verknüpfen. Dadurch lassen sich nachhaltige Strukturen schaffen, welche die einzelnen HR-Aktivitäten synchronisieren und Synergien schaffen. So ist ein präventives Gesundheitsmanagement wichtig, um Erkrankungen vorzubeugen, eine diversitätsfreundliche Rekrutierung die Voraussetzung für ein vielfaltsfreundliches Unternehmensklima usw. Eine systematische Implementierung solcher Prozesse ist jedoch oft nur in vergleichsweise großen Firmen möglich. So ist gerade bei kleinen und mittelständischen Unternehmen auch ein gewisses Maß an Kreativität und Innovation bei der Schaffung von Arbeitsplätzen für Menschen mit Behinderung gefragt.

Zusammenfassend lässt sich feststellen, dass Unternehmen, die Menschen mit Behinderung einstellen, nicht nur die Chance haben, positive Effekte für das eigene Geschäft und das jeweilige Individuum zu kreieren, sondern auch für die Gesellschaft als Ganzes. Der Umgang mit Vielfalt und Andersartigkeit kann dazu beitragen, Barrieren aller Art abzubauen und offener auf andere Menschen zuzugehen. In unserer heutigen, zunehmend durch Diversität geprägten Welt, kann dies ein wichtiger Beitrag zu einem respektvollen Umgang miteinander und somit letztlich zu einer inklusionsorientierten Gesellschaft sein.

Literatur

Aldana, S. (2001). Financial impact of health promotion programs: A comprehensive review of the literature. *American Journal of Health Promotion, 15*, 296–320.

Armstrong-Stassen, M., & Templer, A. J. (2006). The response of Canadian public and private sector human resource professionals to the challenge of the aging workforce. *Public Personnel Management, 35*(3), 247–260.

Bell, M. P. (2007). *Diversity in organizations*. Mason: South-Western.

Cleveland, J. N., Barnes-Farrell, J., & Ratz, J. M. (1997). Accommodation in the workplace. *Human Resource Management Review, 7*, 77–108.

Colella, A. (2001). Coworker distributive fairness judgments of the workplace accommodations of employees with disabilities. *Academy of Management Review, 26*, 100–117.

Colella, A., Paetzold, R. L., & Belliveau, M. A. (2004). Factors affecting coworkers' procedural justice inferences of the workplace accommodations of employees with disabilities. *Personnel Psychology, 57*, 1–23.

Conrad, P. (1988). Worksite health promotion: The social context. *Social Science Medicine, 26*, 485–489.

Curtis, J., & Scott, L. R. (2004). Integrating disability management into strategic plans: Creating healthy organizations. *AAOHN Journal: Official Journal of the American Association of Occupational Health Nurses, 52*(7), 298–301.

Daley, A. J., & Parfitt, G. (1996). Good health-is it worth it? Mood states, physical well-being, job satisfaction and absenteeism in members and non-members of a British corporate health and fitness club. *Journal of Occupational and Organizational Psychology, 69*, 121–134.

Dwertmann, D. J. G., & Kunz, J. J. (2012). HR strategies for balanced growth. In G. Mennillo, T. Schlenzig, & E. Friedrich (Hrsg.), *Balanced growth: Finding strategies for sustainable development* (S. 137–161). Berlin: Springer.

Dychtwald, K., Erikson, T. J., & Morison, R. (2006). *Workforce crisis: How to beat the coming shortage of skills and talent*. Boston: Harvard Business School.

Europäische Kommission. (2011). http://ec.europa.eu/social/main.jsp?catId=429andlangId=en. Zugegriffen: 7. Juli 2011.

Harder, H. G., & Scott, L. R. (2005). *Comprehensive disability management*. London: Elsevier Churchill Livingstone.

Horwitz, S. K., & Horwitz, I. B. (2007). The effects of team diversity on team outcomes: A meta-analytic review of team demography. *Journal of Management, 33*(6), 987–1015.

Ilmarinen, J., & Tempel, J. (2002). *Arbeitsfähigkeit 2010 – Was können wir tun, damit Sie gesund bleiben?* Hamburg: VSA.

Jackson, S. E., & Alvarez, E. B. (1992). Working through diversity as a strategic imperative. In S. E. Jackson & E. B. Alvarez (Hrsg.), *Diversity in the workplace: Human resources initiatives* (S. 13–29). New York: Guilford.

Konrad, A. M. (2003). Special issue introduction: Defining the domain of workplace diversity scholarship. *Group & Organization Management, 28*(1), 4–17.

Kolb, M., Burkart, B., & Zundel, F. (2010). *Personalmanagement: Grundlagen und Praxis des Human Resource Managements*. Wiesbaden: Gabler.

Kunisch, S., Böhm, S. A., & Boppel, M. (Hrsg.) (2011). *From grey to silver – Managing the demographic change successfully*. Heidelberg: Springer.

Kunze, F., Böhm, S. A., & Bruch, H. (2013). Organizational performance consequences of age diversity: Inspecting the role of diversity-friendly HR policies and top managers' negative age stereotypes. *Journal of Management Studies, 50*(3), 413–442.

Lalive, R., Wuellrich, J.-P., & Zweimüller, J. (2013). Do financial incentives affect firms' demand for disabled workers? *Journal of the European Economic Association, 11*(1), 25–58.

Markel, K. S., & Barclay, L. A. (2009). Addressing the underemployment of persons with disabilities: Recommendations for expanding organizational social responsibility. *Employee Responsibilities and Rights Journal, 21*(4), 305–318.

McKay, P. F., Avery, D. R., Liao, H., & Morris, M. A. (2011). Does diversity climate lead to customer satisfaction? It depends on the service climate and business unit demography. *Organization Science, 22*(3), 788–803.

Michaels, E., Handfield-Jones, H., & Axelrod, B. (2001). *The war for talent*. Boston: Harvard Business.

Naegele, G., & Walker, A. (2011). Age management in organisations in the European Union. In M. Malloch, L. Cairns, K. Evans, & B. N. O'Connor (Hrsg.), *The Sage handbook of workplace learning* (S. 251–267). London: Sage.

Nerdinger, F. W., Blickle, G., & Schaper, N. (2011). *Arbeits- und Organisationspsychologie*. Berlin: Springer.

OECD. (2010). *Sickness, disability and work: Breaking the barriers – A synthesis of findings across OECD countries*. Paris: OECD Publishing.

Patrickson, M., & Hartmann, L. (1995). Australia's ageing population: Implications for human resource management. *International Journal of Manpower, 16*(5/6), 34–46.

Pfammatter, M., Hoffmann, H., Kupper, Z., & Brenner, H. D. (2000). Arbeitsrehabilitation bei chronisch psychisch Kranken. Eine Standortbestimmung. *Fortschritte Neurologie Psychiatrie, 68*(2), 61–69.

Robinson, G., & Dechant, K. (1997). Building a business case for diversity. *The Academy of Management Executive, 11*(3), 21–31.

Schur, L. (2002). The difference a job makes: The effects of employment among people with disabilities. *Journal of Economic Issues, 36*(2), 339–347.

Schur, L., Kruse, D., Blasi, J., & Blanck, P. (2009). Is disability disabling in all workplaces? Workplace disparities and corporate culture. *Industrial Relations, 48*(3), 381–410.

Shore, L. M., Randel, A. E., Chung, B. G., Dean, M. A., Ehrhart, K. H., & Singh, G. (2011). Inclusion and diversity in work groups: A review and model for future research. *Journal of Management, 37*(4), 1262–1289.

Statistisches Bundesamt. (2011). Fast 10 Mio. behinderte Menschen im Jahr 2009. Pressemitteilung Nr.187 vom 12.05.2011. https://www.destatis.de/DE/PresseService/Presse/Pressemitteilungen/2011/05/GenTable_201105.html?cms_gtp=120692_unnamed%253D2. Zugegriffen: 23. Aug. 2012.

Van Knippenberg, D., & Schippers, M. C. (2007). Work group diversity. *Annual Review of Psychology, 58*, 515–541.

Wanberg, C. R. (2012). The individual experience of unemployment. *Annual Review of Psychology, 63*(1), 369–396.

WHO. (2011). *World report on disability 2011*. Geneva: World Health Organization.

Unterschiedliche Politikansätze zur Arbeitsmarkt-Integration von Menschen mit Behinderung: Eine volkswirtschaftliche Perspektive

Eva Deuchert und Helge Liebert

Inhaltsverzeichnis

2.1	Einleitung	24
2.2	Integrationspolitik in Deutschland, Österreich und der Schweiz	26
	2.2.1 Antidiskriminierungsgesetze	26
	2.2.2 Beschäftigungsquoten	27
	2.2.3 Zuschüsse für Arbeitgeber	27
	2.2.4 Regeln für existierende Beschäftigungsverhältnisse	28
	2.2.5 Rentensysteme	28
2.3	Wirksamkeit von Integrationspolitik	30
	2.3.1 Gesetzliche Rahmenbedingungen	31
	2.3.1.1 Antidiskriminierungsgesetze	31
	2.3.1.2 Quotenregelungen	32
	2.3.1.3 Rentensysteme	34
	2.3.2 Spezielle Maßnahmen	37
	2.3.2.1 Supported Education/Employment	37
	2.3.2.2 Lohnzuzahlungen oder Einarbeitungszuschüsse	38
2.4	Zusammenfassung und Fazit	41
Literatur		41

E. Deuchert (✉) · H. Liebert
Center for Disability and Integration (CDI-HSG),
Universität St. Gallen (HSG), Rosenbergstrasse 51, 9000 St. Gallen, Schweiz
E-Mail: eva.deuchert@unisg.ch

H. Liebert
E-Mail: helge.liebert@unisg.ch

Zusammenfassung

Dieser Artikel erläutert und beurteilt die politischen Maßnahmen zur Integration von Menschen mit Behinderung in den Arbeitsmarkt aus ökonomischer Perspektive. Es wird eine Übersicht über den gesetzlichen Antidiskriminierungsschutz, verpflichtende Beschäftigungsquoten, Arbeitgeberanreize in Form von Beschäftigungszuschüssen, den Schutz bestehender Arbeitsverhältnisse sowie die Ausgestaltung der Rentensysteme im deutschsprachigen Raum gegeben. Die ökonomische Intuition hinter den verschiedenen Ansätzen wird erläutert. Abschließend erfolgt eine Beurteilung der Wirksamkeit dieser Maßnahmen unter Berücksichtigung neuerer Forschungsergebnisse.

2.1 Einleitung

Menschen mit Behinderung sind eine bedeutende Bevölkerungsgruppe. Die Weltgesundheitsorganisation schätzt, dass weltweit mehr als eine Milliarde Menschen (ca. 15 % der Weltbevölkerung) mit einer Form von Behinderung leben (WHO 2011). Allein in Deutschland lebten im Jahr 2009 laut Statistischem Bundesamt 9,6 Mio. Menschen mit einer anerkannten Behinderung. Durchschnittlich ist damit jeder neunte Einwohner (11,7 %) der Bundesrepublik betroffen. Zudem ist die Tendenz steigend: Gegenüber 2005 wurde 2009 ein Anstieg von 11 % registriert – knapp eine Million zusätzlich betroffene Personen (Statistisches Bundesamt 2011). Österreich und die Schweiz verzeichnen ähnliche Trends. Gleichzeitig ist die Integration von Menschen mit Behinderung in den Arbeitsmarkt allenfalls mangelhaft. Im OECD Durchschnitt liegt die Beschäftigungsquote von Menschen mit Behinderung lediglich bei knapp über 40 % (OECD 2010). Nur 41 % aller Personen mit Behinderung in Deutschland hatten einen Job im Jahr 2005 (Tab. 2.1). Die Beschäftigungsquoten in der Schweiz und Österreich waren mit rund 50 % nur geringfügig höher.

Für die meisten Betroffenen ist diese Situation wenig zufriedenstellend: Vom Arbeitsmarkt ausgeschlossen zu sein, bedeutet von weiten Teilen des gesellschaftlichen Lebens ausgeschlossen zu sein. Es geht einher mit dem Verlust der finanziellen Unabhängigkeit

Tab. 2.1 Kennzahlen zur Situation von Menschen mit Behinderung. (Quelle: OECD 2010)

	Anteil der Leistungsempfänger (2007)	Anteil Ausgaben am BIP (2007)	Beschäftigungsquote von Menschen mit Behinderung (2005)
Deutschland	4,4	1,1	41,0
Österreich	4,6	1,6	48,3
Schweiz	5,4	1,9	52,1

Anmerkungen: Alle Angaben in Prozent. Leistungsempfänger und Beschäftigungsquote angegeben als Anteil an der Bevölkerung im erwerbsfähigen Alter.

und der Möglichkeit, ein vollständig selbstbestimmtes Leben zu führen. Studien zeigen, dass die Abhängigkeit von Sozialleistungen mit Unzufriedenheit und schlechterer Gesundheit assoziiert ist (Clark und Oswald 1994; Tefft 2011).

Für Arbeitgeber ist die niedrige Beschäftigungsquote gleichermaßen unbefriedigend. Nur vergleichsweise wenige Menschen haben von Geburt an eine Behinderung,[1] die Mehrzahl der Betroffenen entwickelt diese erst im Laufe des Berufslebens. Wenn Betroffene ihre Arbeit vollständig niederlegen und sich in die Abhängigkeit staatlicher Leistungen begeben, bedeutet das für Unternehmen in der Regel den Verlust einer qualifizierten Arbeitskraft. Auch wenn die Erwerbsfähigkeit eines Menschen eingeschränkt ist, so ist eine Weiterbeschäftigung (zumindest in Teilzeit) häufig wünschenswert für das Unternehmen.

Insbesondere aber ist der Anstieg an Menschen mit Behinderung verbunden mit hohen volkswirtschaftlichen Kosten: Leistungen für Menschen mit Behinderung verzehren rund ein bis zwei Prozent des Bruttoinlandsprodukts im deutschsprachigen Raum (Tab. 2.1). Angesichts dieses enormen Umfangs und unter dem Druck einer weiterhin ansteigenden Zahl an Leistungsempfängern ist die Politik bestrebt, die Kosten zu reduzieren. Der effektivste Weg, dieses Ziel dauerhaft zu sichern, liegt in der Integration von Menschen mit Behinderung in den Arbeitsmarkt. Integrationspolitische Reformen sind daher von hoher Bedeutung.

Gemäß dem Prinzip „Rehabilitation vor Rente" haben insbesondere die Versicherungsträger und Arbeitsagenturen in den letzten Jahren verstärkt die Teilhabe von Menschen mit Behinderung am Arbeitsmarkt gefördert. Allein die Ausgaben für die Eingliederungshilfe in Deutschland beliefen sich auf rund 12,5 Mrd. € im Jahr 2008 (Statistisches Bundesamt 2010). Die Schweizer Invalidenversicherung verzeichnete 2010 Ausgaben von 1,7 Mrd. Franken für individuelle Maßnahmen (BSV 2010), die Behindertenhilfe in Österreich betrug 2009 rund 1,2 Mrd. € (Statistik Austria 2011). Angesichts der substanziellen Ausgaben und der Vielzahl an integrationspolitischen Möglichkeiten ist eine sorgfältige, wissenschaftlich fundierte Wahl der politischen Maßnahmenkombination unabdingbar. Nur so kann eine wirksame und kosteneffiziente Lösung gewährleistet werden.

Das Ziel dieses Kapitels ist es, eine Übersicht über die Integrationspolitik in Deutschland, Österreich und der Schweiz zu geben und Unterschiede aufzuzeigen, die Intuition hinter den verschiedenen Maßnahmen zu erläutern und letztendlich ihre Wirksamkeit anhand der Ergebnisse der ökonomischen Forschung zu beurteilen.

Der nächste Abschnitt stellt die Integrationspolitik in Deutschland, Österreich und der Schweiz vor und vergleicht sie. Im dritten Abschnitt werden die Integrationsmaßnahmen im Licht der Ergebnisse der volkswirtschaftlichen Forschung analysiert. Abschließend wird auf Probleme hingewiesen und ein vorläufiges Fazit gezogen.

---

[1] Zum Beispiel entfielen 2010 nur 5 % der Neubezüge an Renten der Schweizer Invalidenversicherung auf Menschen mit Geburtsgebrechen (BSV 2010).

2.2 Integrationspolitik in Deutschland, Österreich und der Schweiz

Zum Schutz der Rechte von Menschen mit Behinderung, zur Verbesserung ihrer beruflichen Perspektiven und zur Sicherung ihres Unterhalts hat die Politik verschiedene Maßnahmen implementiert. Der folgende Teil soll eine Übersicht über die Situation der Integrationspolitik in Deutschland, Österreich und der Schweiz geben. Eine vergleichende Übersicht aller drei Systeme wird vor allem dadurch erschwert, dass Leistungen für Menschen mit Behinderung oft von verschiedensten Trägern bereitgestellt werden. In Deutschland ist nicht nur die Rentenversicherung ein bedeutender Leistungsträger, sondern auch die Arbeitsagenturen und die Krankenkassen für Leistungen der beruflichen und medizinischen Rehabilitation, die Berufsgenossenschaften sowie die Integrations-, Sozial- und Jugendämter. In der Schweiz wird zwar der überwiegende Anteil der Leistungen durch die Invalidenversicherung erbracht und koordiniert, doch auch die Arbeitsvermittlungszentren und die Unfallversicherung sind beteiligt. In Österreich übernimmt unter anderem das Bundessozialamt viele Leistungen und ergänzt die Sozialversicherungsträger. Im Folgenden wird ein vergleichender Überblick über den gesetzlichen Antidiskriminierungsschutz, Maßnahmen zur Integration in den Arbeitsmarkt und die Prinzipien der Rentenzuteilung gegeben.

2.2.1 Antidiskriminierungsgesetze

Speziell zum Schutz der Rechte von Menschen mit Behinderung wurden in Deutschland, Österreich und der Schweiz Gesetze geschaffen, welche die gesellschaftliche Gleichstellung garantieren sollen. Die Diskriminierung von Menschen mit Behinderung durch den Staat ist in der Regel durch verfassungsrechtliche Gebote zur Gleichbehandlung und spezielle Gesetze für öffentliche Träger geregelt. Zur Regelung der Verhältnisse der Bürger untereinander wurden eigene Gesetze geschaffen, welche primär arbeitsrechtliche Relevanz haben. In Deutschland wurde zu diesem Zweck das Allgemeine Gleichbehandlungsgesetz (AGG) eingeführt, welches Benachteiligungen unter anderem aufgrund von Behinderungen explizit verbietet und zur Verwirklichung der Gleichstellung von Menschen mit Behinderung Rechtsansprüche gegenüber Arbeitgebern und anderen Privatpersonen einräumt. In Österreich hingegen sind diese Ansprüche im Bundesbehindertengleichstellungsgesetz (BGStG) geregelt und aus dem allgemeinen Gleichbehandlungsgesetz (GlBG) ausgegliedert. In der Schweiz existiert ebenfalls eine separate Regelung durch das Behindertengleichstellungsgesetz (BehiG). Diese Gesetze verbieten ausdrücklich Benachteiligungen aufgrund einer Behinderung bei der Einstellung, beim beruflichen Aufstieg und bei den Arbeitsbedingungen und garantieren sozialen Schutz sowie den Zugang zu Bildung und weiteren öffentlichen Gütern.

2.2.2 Beschäftigungsquoten

Um die Beschäftigungsquote von Menschen mit Behinderung zu erhöhen, wurden Arbeitgeber in Deutschland und Österreich gesetzlich dazu verpflichtet, Menschen mit Behinderung einzustellen. Arbeitgeber in Deutschland müssen gemäß § 71 SGB IX in Betrieben mit mindestens 20 Arbeitnehmern 5 % Menschen mit anerkannter Behinderung (Schwerbehinderte) beschäftigen. In Österreich schreibt § 3 des Behinderteneinstellungsgesetzes (BEinstG) eine Beschäftigungsquote von 4 % für Betriebe ab 25 Beschäftigten vor. Auch hier müssen Menschen mit staatlich anerkannter Behinderung, sogenannte „begünstigte Behinderte" (Grad der Behinderung von mindestens 50 %) eingestellt werden. Die Gesetzgebung in beiden Ländern sieht Strafzahlungen bei Nichteinhaltung dieser Quoten vor. Diese Ausgleichsabgaben sind abhängig von der Größe des Betriebs und können bis zu 260 € (Deutschland) bzw. 336 € (Österreich) monatlich pro nicht beschäftigter Person betragen. Gleichzeitig sind diese Abgaben in Deutschland strikt zweckgebunden, das heißt, sie dürfen nur für Leistungen verwendet werden, welche die Teilhabe von Menschen mit Behinderung am Arbeitsleben direkt fördern. In Österreich fließen die Abgaben in den sogenannten Ausgleichstaxfonds, welcher ebenfalls für Leistungen der beruflichen Integration von Menschen mit Behinderung aufkommt. Schweizer Arbeitgeber hingegen unterliegen keiner gesetzlichen Verpflichtung, Menschen mit Behinderung einzustellen. Die Einführung einer verpflichtenden Beschäftigungsquote als Teil der 6. IV Revision wurde 2010 im Nationalrat abgelehnt. Nur eine Minderheit der Parlamentarier und die Gewerkschaftsdachverbände hatten den Vorschlag unterstützt.

2.2.3 Zuschüsse für Arbeitgeber

In allen drei Ländern können Arbeitgeber Zuschüsse beanspruchen, wenn sie Arbeitnehmer mit Behinderung beschäftigen. Im Vordergrund stehen hier Beihilfen, welche anfängliche behinderungsbedingte Leistungseinschränkungen und Aufwände für die Arbeitsplatzanpassung ausgleichen und so einen positiven Einfluss auf die Einstellungsbereitschaft der Arbeitgeber haben sollen. In der Regel sind diese Art Zuschüsse daher zeitlich befristet. Der reguläre Eingliederungszuschuss (§ 218 Abs. 2 SGB III) in Deutschland muss bei der Agentur für Arbeit beantragt werden und sieht eine Förderhöhe von maximal 70 % des Arbeitsentgeltes für eine Dauer von bis zu 24 Monaten vor. In besonders betroffenen Fällen beträgt die reguläre Förderungsdauer bis zu 36 Monate (§ 219 SGB III) und kann bei Arbeitnehmern fortgeschrittenen Alters auf bis zu 96 Monate ausgeweitet werden. Gleichzeitig ist eine jährliche Minderung der Zuschüsse gemäß der Steigerung der Arbeitsleistung des Beschäftigten vorgesehen, mindestens aber zehn Prozentpunkte. Die entsprechende Leistung in Österreich ist die Entgeltbeihilfe des Bundessozialamts, welche bis zu 50 % des Bruttogehaltes abzüglich pauschal 50 % der Lohnnebenkosten betragen kann und auf maximal 700 € begrenzt ist. Die Entgeltbeihilfe kann jährlich neu beantragt werden. Außerdem kann bei Gründung eines neuen Dienstverhältnisses Integrationsbeihilfe von im Regelfall maximal 500 € monatlich für ein Jahr gezahlt werden. Dies ermöglicht die behinderungsgerechte Anpassung von Arbeitsplätzen oder die Übernahme von externen Schulungs- und Weiterbildungskosten. Bei der Einstellung einer Person mit Behinderung entfallen für den Arbeitgeber zudem unbefristet alle lohnsummengebundenen Steuern und Abgaben für diesen Mitarbeiter. Schweizer Arbeitgeber können ebenfalls bei der Invalidenversicherung einen Einarbeitungszuschuss beantragen, sofern die versicherte Person zu Beginn des Arbeitsverhältnisses noch nicht die zu erwartende Leistungsfähigkeit aufweist (begrenzt auf 80 % des zuletzt erzielten Erwerbseinkommens für maximal 180 Tage). Zur Minderung des finanziellen Risikos wird der Arbeitgeber zudem bei einem Rückfall des Arbeitnehmers innerhalb von zwei Jahren nach Beginn des Beschäftigungsverhältnisses für Beitragserhöhungen der obligatorischen beruflichen Vorsorge und der Krankentaggeldversicherung entschädigt. Natürlich ist diese Übersicht an Förderungsmaßnahmen nicht vollständig. In allen drei Ländern existiert eine Vielzahl an weiteren Zuschüssen verschiedener Träger für Menschen mit Behinderung, welche unter anderem die Schaffung von betrieblichen Ausbildungsverhältnissen, die Einstellung älterer Arbeitnehmer oder Langzeitarbeitsloser gezielt fördern sollen. Weiterhin können Arbeitnehmer selbst verschiedene Förderungen bei Aufnahme einer Beschäftigung beantragen.

2.2.4 Regeln für existierende Beschäftigungsverhältnisse

Darüber hinaus gibt es spezielle Regelungen für existierende Beschäftigungsverhältnisse von Arbeitnehmern mit Behinderung. So genießen Beschäftigte mit Behinderung in Deutschland und Österreich einen verschärften Kündigungsschutz. Dieser wurde eingeführt, um diskriminierenden Entlassungen vorzubeugen und Arbeitnehmer mit Behinderung zu schützen. In Deutschland ist laut § 85 SGB IX eine Kündigung nur mit Zustimmung des zuständigen Integrationsamtes möglich. Österreichische Arbeitgeber müssen ebenfalls gemäß § 8 BEinstG die Zustimmung des Behindertenausschusses beantragen. Mit dem erklärten Ziel, die Beschäftigung von Menschen mit Behinderung zu stärken, wurde diese Regelung in Österreich jedoch für neue Beschäftigungsverhältnisse ab Anfang 2011 ausgesetzt. Arbeitgeber sind grundsätzlich eher bereit, Arbeitnehmer mit Behinderung einzustellen, wenn sie die Möglichkeit haben, sich von Mitarbeitern, mit denen sie unzufrieden sind, einfacher zu trennen. Im Gegenzug wurden die Ausgleichsabgaben angehoben. Das Schweizer Recht hingegen sieht keinen besonderen Kündigungsschutz für Menschen mit Behinderung vor. Allein in Deutschland haben Arbeitnehmer mit Behinderung außerdem Anspruch auf fünf zusätzliche Tage Urlaub im Jahr.

2.2.5 Rentensysteme

Einer der wichtigsten Faktoren, der das Arbeitsangebot von Menschen mit Behinderung bestimmt, ist die Ausgestaltung des Rentensystems (Autor und Duggan 2003, 2006). Zum einen ist die Invalidenversicherung ein wichtiger Kostenträger für berufliche Rehabilitationsmaßnahmen. Es stellt sich daher die Frage, wann und wie die Invalidenversicherung eingreifen soll. Zum anderen sichert die Invalidenversicherung das Einkommen, falls eine Person aufgrund gesundheitlicher Beeinträchtigungen dem Arbeitsmarkt nicht mehr zur Verfügung steht. Wie jede andere Sozialversicherung auch, hat die Invalidenversicherung ein inhärentes Problem (Bound et al. 2004): Auf der einen Seite wünschen wir uns alle, dass unser Lebensstandard im Falle einer Invalidität abgesichert ist. Auf der anderen Seite birgt eine großzügige Versicherung jedoch das Risiko, dass die Versicherung ausgenutzt wird. Im extremsten Fall versuchen Menschen, für die keine Anspruchsgrundlage für Versicherungsleistungen besteht, trotzdem Versicherungsleistungen zu erhalten. Aber auch Menschen, die diese Leistungen zu Recht zugesprochen erhalten, haben bei einer Verbesserung ihres Gesundheitszustands einen geringeren Anreiz, die Invalidenversicherung wieder zu verlassen. Dieses Problem wird in der volkswirtschaftlichen Literatur als *Moral Hazard* bezeichnet. Ist dieses Problem ausgeprägt, so steht einem relativ hohen Zustrom von neuen Invalidenrenten ein relativ geringer Abfluss entgegen. Dies ist in der Realität zu beobachten. So sind beispielsweise in der Schweiz im Jahr 2010 verglichen mit dem Bestand des Vorjahres 6,1 % neue IV-Rentnerinnen und Rentner hinzugekommen, die Invalidenversicherung aus anderen Gründen als Tod oder Übertritt in die Altersversicherung verlassen haben jedoch lediglich 1 % der Leistungsbezieher (BSV 2010). Die Höhe der Renten und die Befristung von Ansprüchen haben daher einen bedeutenden Einfluss auf die Arbeitsbereitschaft von Menschen mit Behinderung.

Die Höhe einzelner Renten ist abhängig von der individuellen Beitragsdauer, dem zuvor erzielten Einkommen und dem Ausmaß der Minderung der Erwerbsfähigkeit. Insbesondere die Differenzierung, wie stark die Erwerbsfähigkeit einer Person durch ihre Behinderung gemindert ist und in welchem Ausmaß dadurch ein Anspruch auf Rente begründet ist, unterscheidet sich in den verschiedenen Ländern. In Deutschland erfolgt die Zuteilung einer (halben) Rente wegen teilweiser Erwerbsminderung, wenn die Arbeitsfähigkeit eines Menschen durch seine Behinderung auf drei bis unter sechs Stunden täglich sinkt. Eine Rente wegen voller Erwerbsminderung kann beansprucht werden, wenn die Erwerbsfähigkeit auf unter drei Stunden sinkt. Als Maßstab für die Ermessung der Arbeitsfähigkeit gelten grundsätzlich alle Tätigkeiten des allgemeinen Arbeitsmarkts, unabhängig vom erlernten Beruf. Die Schweizer Invalidenversicherung verwendet eine noch genauere Einstufung und unterscheidet je nach Invaliditätsgrad zwischen Viertel-, Halb-, Dreiviertel- und ganzen Renten. Anders als in Deutschland ist der Invaliditätsgrad jedoch nicht unabhängig von einem tatsächlichen Einkommensverlust, sondern wird bestimmt durch das Verhältnis zwischen hypothetischem und tatsächlichem Einkommen. Die österreichische Pensionsversicherungsanstalt hingegen wendet keine Abstufung der Pensionshöhe entsprechend dem Grad der Behinderung an. Eine Rente wird entweder voll zugesprochen, falls die Erwerbsfähigkeit unter 50 % des Entgelts einer gesunden Person in zumutbarer Tätigkeit fällt, oder gar nicht. Für Facharbeiter in einem gelernten Beruf gilt ausschließlich dieser Beruf als Maßstab, für ungelernte Arbeiter hingegen gelten alle Tätigkeiten des allgemeinen Arbeitsmarkts als zumutbar. Ähnlichen Berufsschutz genießen zudem ältere Arbeitnehmer mit langjähriger Beschäftigung.

Die finanziellen Anreize sind zudem häufig so gesetzt, dass Menschen ihre Rentenansprüche verlieren, wenn das zusätzliche Arbeitseinkommen oder der Umfang einer neu aufgenommenen Beschäftigung bestimmte Grenzen überschreiten. Analog zur Rentenzuteilung verliert ein Arbeitnehmer in Deutschland automatisch seine halbe Rente, wenn er mehr als drei Stunden pro Tag arbeitet, bei mehr als sechs Stunden verliert er die Rente vollständig – unabhängig davon wie hoch sein Zuverdienst tatsächlich ist. Dadurch, dass in der Schweiz die Rente gemäß dem Invaliditätsgrad bemessen wird und der Invaliditätsgrad direkt durch das tatsächlich erzielte Einkommen gemindert wird, bestehen auch hier wenig Anreize für Betroffene, eine (Teilzeit-)Beschäftigung aufzunehmen, da das zusätzlich erzielte Einkommen in der Regel in keinem Verhältnis zur Minderung der Rente steht. In Österreich ist ein sogenannter „pensionsunschädlicher Nebenverdienst" möglich. Bis zu einem Betrag von 1.050 € Gesamteinkommen (Erwerbseinkommen zuzüglich Bruttopension) monatlich erfolgt keine Kürzung der Pension, zwischen 1.050 und 2.100 € wird der Rentenbetrag schrittweise um maximal 50 % des Mehrverdienstes über 1.050 € gekürzt. Der Minderungsbetrag darf jedoch weder das Erwerbseinkommen noch 50 % der Pension übersteigen.

Auch das grundlegende Prinzip der Rentenzuteilung ist verschieden. Renten in Deutschland sind grundsätzlich Zeitrenten, eine Zuteilung erfolgt für maximal drei Jahre. Erst wenn eine befristete Zulassung über neun Jahre erfolgt ist und eine Besserung des Erwerbsfähigen unwahrscheinlich ist, kann eine unbefristete Zuteilung erfolgen. Falls Ansprüche nur aufgrund der Arbeitsmarktlage und konjunkturellen Situation entstehen, wird stets nur eine befristete Rente gewährt. Auch in Österreich wird nur eine auf maximal zwei Jahre befristete Rente gewährt. Unbefristete Ansprüche werden ebenfalls erst zuerkannt, wenn eine Verbesserung des Gesundheitszustandes nicht in Aussicht ist. Das Schweizer System hingegen kennt keine Zeitrenten, jedoch werden Rentenansprüche in regelmäßigen Abständen geprüft und gegebenenfalls angepasst.

2.3 Wirksamkeit von Integrationspolitik

Die Verbesserung der Arbeitsmarktchancen von Menschen mit Behinderung wird weitgehend als relevantes politisches Ziel anerkannt. Wie im vorherigen Abschnitt beschrieben, unterscheiden sich die hierbei verwendeten Ansätze in den einzelnen Ländern jedoch erheblich. Welcher dieser Ansätze funktioniert? Wie können Regierungen und Kostenträger die berufliche Integration von Menschen mit Behinderung am besten fördern? Wie können gesetzliche Rahmenbedingungen ausgestaltet werden, sodass der Invaliditätsfall hinreichend abgesichert ist, aber gleichzeitig ein effektiver Anreiz zur Integration von Menschen mit Behinderung auf Seiten der Betroffenen und auf Seiten der Unternehmen besteht? Und welche Maßnahmen sind empirisch nachweisbar wirksam? Die Beantwortung dieser Fragen ist letztendlich notwendig, um eine wirksame Integrationspolitik zu gestalten.

Generell spricht man von der Wirksamkeit einer Maßnahme, wenn dadurch ausgelöst ein bestimmter Erfolg erzielt wird. Dies ist zum Beispiel der Fall, wenn eine größere Anzahl von Betrieben Menschen mit Behinderung einstellen, weil sie gesetzlich dazu verpflichtet sind oder ansonsten Strafzahlungen leisten müssten. Die Wirksamkeit von Politikmaßnahmen empirisch nachzuweisen ist nicht trivial und ist entscheidend durch die Verfügbarkeit von zugrunde liegenden Daten bestimmt. Leider ist dies für die Evaluierung von Integrationspolitik häufig das entscheidende Hemmnis. Gesundheitsbezogene Daten sind besonders schützenswert und notwendige Daten stehen der Forschung häufig nicht zur Verfügung. Existierende Datenquellen (wie z. B. Umfragen, administrative Datensätze etc.) sind für viele Forschungsfragen nicht umfangreich oder aussagefähig genug. Es fehlen z. B. genaue Angaben zur Behinderung oder zu wahrgenommenen Maßnahmen. Es ist daher nicht überraschend, dass es derzeit relativ wenig Informationen darüber gibt, ob und welche Integrationspolitik überhaupt wirksam ist.

Der folgende Abschnitt fasst die Ergebnisse der ökonomischen Literatur kurz zusammen. Besonderes Augenmerk wird hier auf die Ausgestaltung von gesetzlichen Rahmenbedingungen sowie die Wirksamkeit von speziellen Maßnahmen zur beruflichen (Re-)Integration von Menschen mit Behinderung gelegt.

2.3.1 Gesetzliche Rahmenbedingungen

Die beruflichen Chancen von Menschen mit Behinderung werden nachhaltig von den gesetzlichen Rahmenbedingungen beeinflusst. Manche dieser Rahmenbedingungen beeinflussen direkt oder indirekt die Nachfrage nach Mitarbeitern mit einer Behinderung aus Sicht der Unternehmen. Hier sind z. B. stringente Antidiskriminierungsgesetze oder rechtliche Beschäftigungsverpflichtungen zu nennen. Andere Rahmenbedingungen hingegen beeinflussen das Arbeitsangebot von Menschen mit Behinderung. Hier wird in der politischen Diskussion und der volkswirtschaftlichen Forschung insbesondere auf die Ausgestaltung der Invalidenversicherung hingewiesen. Der bisherige Kenntnisstand zur Wirksamkeit dieser gesetzlichen Rahmenbedingungen soll im Folgenden beschrieben werden.

2.3.1.1 Antidiskriminierungsgesetze

Die meisten Industrienationen haben explizite Gesetzgebungen, die eine Diskriminierung von Menschen aufgrund des Geschlechts, der ethnischen Herkunft, Religion oder Behinderung verbieten. Die am weitesten ausgestalteten Antidiskriminierungsgesetze sind im angelsächsischen Raum (insbesondere in Großbritannien und den USA) zu finden. Der in den USA 1990 eingeführte „Americans with Disabilities Act" und der in Großbritannien 1995 in Kraft getretene „Disability Discrimination Act" verbieten die Diskriminierung von

Menschen mit Behinderung in Beschäftigung, Transport, Kommunikation und öffentlicher Verwaltung. Nach dieser Gesetzgebung dürfen Menschen mit Behinderung bei der Einstellung, beim beruflichen Aufstieg oder bei der Kündigung nicht benachteiligt werden. Zudem ist der Arbeitgeber verpflichtet, Arbeitsplätze in zumutbarer Weise so anzupassen, dass ein Mitarbeiter mit Behinderung seine Arbeitsaufgaben erfüllen kann.

Eine Vielzahl von empirischen Studien belegt, dass diese weitreichenden Antidiskriminierungsgesetze nicht zu einer Verbesserung der Beschäftigungschancen von Menschen mit Behinderung führen. Durch die Einführung dieser Gesetzgebung sind die Beschäftigungsquoten von Menschen mit Behinderung im Vergleich zu den Beschäftigungsquoten von Menschen ohne Behinderung nicht angestiegen (Bell und Heitmueller 2009; Jones 2009; Hotchkiss 2004; Beegle und Stock 2003). Eine Studie findet sogar, dass die relative Beschäftigungsquote von Menschen mit Behinderung gesunken ist (Acemoglu und Angrist 2001).

Wodurch sind diese ernüchternden Ergebnisse zu erklären? Die meisten Antidiskriminierungsgesetze verbieten zwar, Menschen mit Behinderung bei der Einstellung aktiv zu benachteiligen (der Nachweis einer Diskriminierung bei Einstellung ist vor Gericht jedoch ausgesprochen schwierig), erhöhen jedoch implizit die Kosten, Menschen mit Behinderung überhaupt einzustellen. In den USA z. B. ist es Aufgabe des Arbeitgebers, für eine zumutbare Arbeitsplatzanpassung zu sorgen. Wesentlich relevanter ist es jedoch, dass durch ein Antidiskriminierungsgesetz die Gefahr erhöht wird, von eigenen Mitarbeitern verklagt zu werden. Angesichts der hohen Kosten für Verfahrensführung und Vergleiche[2] schrecken viele Unternehmen davor zurück, Menschen mit Behinderung einzustellen (Acemoglu und Angrist 2001).

Man sollte die Ergebnisse der empirischen Literatur jedoch nicht überinterpretieren. Die Gewährung von einklagbaren Bürgerrechten ist eine richtige und wichtige Voraussetzung für ein selbstbestimmtes Leben von Menschen mit Behinderung. Lediglich die Hoffnung, dass diese Antidiskriminierungsgesetze auch die Beschäftigungschancen von Menschen mit Behinderung verbessern, erscheint im Licht der empirischen Literatur unbegründet.

2.3.1.2 Quotenregelungen

Generell lassen sich Quotenregelungen in zwei Kategorien einordnen. Zum einen gibt es freiwillige Quotenregelungen für unterschiedliche Sektoren oder Branchen. In Irland wurde z. B. mit dem „Disability Act" von 2005 eine Beschäftigungsquote von 3 % für öffentliche Arbeitgeber implementiert. Auch in der Schweiz wird derzeit eine ähnliche Lösung diskutiert: Bis zum Jahr 2015 sollen ein bis zwei Prozent der Arbeitsplätze in Bundesverwaltungen durch Menschen mit Behinderung besetzt werden. Weitreichender sind jedoch allgemeine Beschäftigungsverpflichtungen, wie sie z. B. in Deutschland oder Österreich zu finden sind. Hier sind alle Betriebe ab einer bestimmten Größe dazu verpflichtet, eine bestimmte Anzahl von Arbeitsplätzen mit Menschen mit Behinderung zu besetzen.

---

[2] Condon und Zolna (1997) geben z. B. durchschnittliche Verfahrenskosten von ca. $40.000 sowie durchschnittliche Vergleichssummen von ca. $167.000 an.

Insbesondere die in der Schweiz kürzlich geführte Diskussion zur Einführung einer allgemeinen Beschäftigungspflicht hat gezeigt, dass verpflichtende Beschäftigungsquoten einen schlechten Ruf haben. Eine 2009 veröffentlichte Studie der OECD äußerte sich z. B. ausgesprochen kritisch gegenüber einer Quotenregelung. Eines der Hauptprobleme sei es, dass Unternehmen versuchen würden, die Quotenregelung zu umgehen, z. B. indem bereits existierende Beschäftigungsverhältnisse im Sinne der Quote umgedeutet werden, ohne dass zusätzliche Beschäftigungsverhältnisse eingegangen werden (OECD 2009). Ein weiteres häufig genanntes Argument gegen eine Beschäftigungsquote ist, dass sich Arbeitgeber durch die Leistung von Strafzahlungen aus ihrer Verantwortung befreien können (Knöpfel 2011). Zu berücksichtigen ist hier jedoch, dass diese Diskussion aus wissenschaftlicher Sicht auf sehr dünnem Eis geführt wird. Generell gibt es nur wenig empirische Evidenz zur Wirkung, aber auch zur Wirkungslosigkeit von Quotenregelungen.[3]

Was sagen also die Daten? Betrachtet man die Situation in Deutschland im Jahr 2008, so zeigt sich, dass die meisten Arbeitgeber im öffentlichen Dienst ihre Beschäftigungsquote erfüllten (durchschnittliche Beschäftigungsquote 6,1 %), während dies in der privaten Wirtschaft nicht immer der Fall war. Die durchschnittliche Beschäftigungsquote lag hier bei 3,7 % (BIH 2010). Es gibt also einige Unternehmen, die sich aus ihrer Verantwortung „freikaufen". Aus dieser Beobachtung generell schlussfolgern zu wollen, dass eine Beschäftigungsverpflichtung unwirksam ist, ist jedoch zu kurz gegriffen. Grundsätzlich muss man sich fragen, wie hoch die Beschäftigungsquote ohne diese allgemeine Verpflichtung wäre.

Genau diese Frage stellt eine Studie von Lalive, Wuellrich und Zweimüller (2013), welche untersucht, ob österreichische Arbeitgeber auf eine Beschäftigungsverpflichtung reagieren. In Österreich gilt eine verpflichtende Beschäftigungsquote von einem Mitarbeiter mit Behinderung pro 25 Beschäftigte. Da ein Unternehmen ja kaum einen halben Mitarbeiter mit Behinderung einstellen kann, ist die Quote de facto auch erst für Unternehmen mit einer Größe von 25 Mitarbeitern bindend. Betrachtet man die Beschäftigungsquoten von Unternehmen mit weniger als 25 Mitarbeitern, so zeigt sich, dass auch hier bereits „begünstigte Behinderte" beschäftigt sind. Unternehmen beschäftigen Menschen mit einer Behinderung also auch unabhängig von einer Quote. Betrachtet man Unternehmen mit einer Mitarbeiterzahl von 25 und mehr, so zeigt sich, dass im Durchschnitt deutlich weniger „begünstigte Behinderte" beschäftigt sind, als durch die Beschäftigungspflicht vorgeschrieben ist. Einige Unternehmen kaufen sich also von ihrer Verpflichtung frei und leisten stattdessen eine Strafzahlung. Vergleicht man jedoch Unternehmen mit 24 Mitarbeitern (also Unternehmen für die gerade noch keine Beschäftigungsverpflichtung gilt) mit Unternehmen mit genau 25 Mitarbeitern (die also rein theoretisch einen „begünstigten Behinderten" einstellen müssten), so zeigt sich, dass letztere im Durchschnitt mehr Menschen mit Behinderung beschäftigen. Da sich Unternehmen mit 24 oder 25 Mitarbeitern außer in ihrer gesetzlichen Verpflichtung zur Beschäftigung von Menschen mit Behinderung in anderen Aspekten jedoch kaum unterscheiden, ist die

---

[3] So heißt es im OECD-Bericht z. B. „There is no robust evaluation available on any of the employment quota schemes in the countries reviewed." (OECD 2009, S. 25).

höhere Beschäftigung direkt auf eine Quotenregelung zurück zu führen. Die Größe des Effekts entspricht einer Beschäftigung in ca. 20 Unternehmen.

Dieser Effekt lässt sich auf einzelne Personengruppen aufteilen: Gut die Hälfte des Effekts stammt von Personen, die bevor sie den offiziellen Status eines „begünstigten Behinderten" erlangten, bereits in diesem Unternehmen angestellt waren. 42 % des Effekts kommen von Menschen, die zum Zeitpunkt, als der Status erworben wurde, bei anderen Arbeitgebern gearbeitet haben und die verbleibenden 8 % resultieren von Personen, die zu diesem Zeitpunkt arbeitslos waren. Bedeutet dies nun, dass Unternehmen tatsächlich existierende Beschäftigungsverhältnisse im Sinne der Quote umdeuten? Dies geht aus diesen Ergebnissen nicht eindeutig hervor. Zum einen ist es möglich, dass Mitarbeiter vom Arbeitgeber motiviert werden, einen Status zu beantragen (gegeben der Tatsache, dass für diese Mitarbeiter dann aber auch ein stringenter Kündigungsschutz gilt, scheint dies jedoch eher unwahrscheinlich), zum anderen ist es möglich, dass qualifizierte Mitarbeiter mit Behinderung von anderen Firmen abgeworben werden. In diesem Falle würde die Quotenregelung lediglich zu einer Umschichtung von Arbeitsplätzen führen, aber keine zusätzlichen Beschäftigungen generieren. Generell scheint es jedoch nicht überraschend, dass der Effekt überwiegend durch Personen getrieben wird, die bereits beschäftigt sind. Die meisten Betroffenen haben nicht von Geburt an eine Behinderung, sondern diese entsteht während des Erwerbslebens. Es ist daher auch möglich, dass existierende Arbeitsplätze für Menschen mit Behinderung verloren gegangen wären, wenn es die Quote nicht gegeben hätte. Dies wäre z. B. der Fall, wenn Unternehmen den Mitarbeiter ohne die Quotenregelung entlassen hätten. Neudeklarationen und Abwerbungen machen daher nicht zwangsweise mehr als 90 % des beobachtbaren Effekts aus. Insbesondere die Tatsache, dass auch einige Menschen aus der Arbeitslosigkeit heraus durch die Quotenregelung eine Beschäftigung aufgenommen haben, deutet daher sehr wohl darauf hin, dass ebenfalls zusätzliche Stellen geschaffen werden und es zu keiner reinen Umschichtung kommt.

Eine Quotenregelung scheint im Licht der empirischen Evidenz daher besser zu wirken, als weitgehend angenommen wird. Trotzdem kann eine Quotenregelung alleine nicht der Weisheit letzter Schluss sein. Die beobachteten Beschäftigungseffekte sind moderat und viele Unternehmen nehmen eine Strafzahlung in Kauf, um ihre Quote nicht erfüllen zu müssen. Zu berücksichtigen ist hier jedoch, dass genau diese Strafzahlungen dazu verwendet werden, um andere Integrationsprojekte zu finanzieren. Dies bedeutet, dass auch diese Unternehmen durch ihre Strafzahlungen zu einer besseren beruflichen Integration von Menschen mit Behinderung beitragen.

2.3.1.3 Rentensysteme

Bislang wurde die Wirksamkeit von Integrationspolitik lediglich aus Sicht der Arbeitgeber diskutiert. Ein Arbeitsmarkt, wie jeder andere Markt auch, besteht jedoch aus Angebot und Nachfrage. Es muss daher ebenfalls überlegt werden, inwiefern die relativ geringen Beschäftigungsquoten von Menschen mit Behinderung auf ein fehlendes Arbeitsangebot zurückzuführen sind.

Wie bereits erwähnt besteht eines der Grundprobleme der Rentenversicherung darin, dass einem relativ hohen Zustrom an neuen IV-Rentnern ein relativ geringer Abfluss gegenüber steht. Wie kann man diesem Problem entgegenwirken? Prinzipiell gibt es hierfür zwei Möglichkeiten (Autor und Duggan 2006): Erstens, durch die Reduzierung der Anzahl von neuen IV-Renten, z. B. durch eine stringentere Überprüfung der Voraussetzungen für IV-Leistungen oder der Anwendung von frühzeitigen Maßnahmen zur Verhinderung einer IV-Rente. In vielen Ländern gilt daher das Motto „Reha vor Rente". Zweitens, durch die Reduzierung des Bestands von bestehenden Renten durch eine verstärkte (Wieder-) Eingliederung von Rentnerinnen und Rentnern.

Generell versuchen viele Länder, den Zustrom an neuen Renten zu stoppen. In der Schweiz wurden z. B. regionalärztliche Dienste als Mittel zur besseren Beurteilung der medizinischen Voraussetzungen für Leistungen der Invalidenversicherung eingeführt. Diese ergreifen ebenfalls Maßnahmen zur Früherfassung und Frühintervention. Durch solch präventive Mittel wird die Erfassung und Wiedereingliederung beim ersten Anzeichen einer möglichen Invalidität erleichtert. In der Politik werden die seit spätestens 2003 sinkenden Zahlen von Neurenten als Beleg für die Wirksamkeit dieser Reformen gedeutet. Von einem wissenschaftlichen Standpunkt ist die Wirksamkeit jedoch unklar. Eine Wirkungsevaluierung der regionalärztlichen Dienste scheiterte am Fehlen von aussagefähigen Daten (Wapf und Peters 2007). Die Evaluierung der Wirksamkeit von Früherfassung und Frühinterventionen steht derzeit noch aus.

In der internationalen Literatur sind jedoch Beispiele bekannt, bei welchen durch eine stringentere Überprüfung der Anspruchsgrundlage und des Eingliederungspotenzials die Anzahl von neuen Anmeldungen für Invalidenrenten gesenkt (de Jong et al. 2011) und die Beschäftigung von Menschen mit Behinderung erhöht werden konnte (Mitra 2009). Es gibt generell relativ wenig gesicherte Informationen zur Wirksamkeit von Früherfassung und Frühinterventionen, jedoch weist ein Pilotversuch aus Schweden auf die potenziellen Gefahren dieser Maßnahme hin (Engström et al. 2012). In Schweden sind Früherfassungsgespräche für Personen mit längeren Krankheitsepisoden verpflichtend. In einem Modellversuch wurde getestet, ob ein noch früheres Eingreifen zu besseren Reintegrationsergebnissen führt. Für eine zufällig ausgewählte Gruppe von Personen wurde der Zeitpunkt dieser Gespräche um ca. 6 Wochen vorgezogen. Das überraschende Ergebnis dieses Pilotversuchs ist, dass der Zulauf in die Invalidenversicherung bis zu 20 % höher ist, wenn diese Gespräche früher geführt werden. Manche Menschen haben also durch diese frühzeitigen Gespräche einen Pfad in die Invalidenversicherung betreten, den sie ohne das Früherfassungsgespräch gar nicht wahrgenommen hätten. Eine Erklärung hierfür könnte sein, dass Versicherte und Arbeitgeber das Gefühl erhalten, die Invalidenversicherung sei eine bessere Alternative als die berufliche Rehabilitation.

Auch versuchen mittlerweile viele Länder, Menschen aus der Rente heraus wieder in den Arbeitsmarkt zu integrieren. In der Schweiz sollen z. B. mit der 6. IV-Revision sogenannte „Eingliederungsorientierte Rentenrevisionen" eingeführt werden. Derzeit werden lediglich in gewissen Abständen Renten-Revisionsverfahren (Überprüfung der Anspruchsgrundlage) anhand der zugrunde liegenden Akten durchgeführt, was im Grundsatz dem

Gedanken entspricht, dass Renten lebenslänglich zugesprochen werden. Insbesondere der starke Zustrom von IV-Renten wegen psychischer Krankheiten erforderte jedoch ein Umdenken. Die Reform soll bewirken, dass in regelmäßigen Zeitabständen das Eingliederungspotenzial von IV-Rentnerinnen und Rentnern überprüft wird, sodass bei einer Verbesserung der Gesundheit eine Reintegration in den Arbeitsmarkt angestrebt werden kann. In Deutschland fand dieses Umdenken bereits früher und weitaus radikaler statt. Mit der Rentenreform von 2001 wurden die Dauer-Renten zu Gunsten von Zeitrenten abgeschafft. Nur wenn eine Verbesserung der Gesundheit unwahrscheinlich ist, kann die Rente auf Dauer gewährt werden. Auch in Österreich erfolgt die Zuteilung der Rente in der Regel für einen befristeten Zeitraum von maximal zwei Jahren. Eine unbefristete Zuerkennung erfolgt ebenfalls nur, falls eine Verbesserung des Gesundheitszustandes nicht zu erwarten ist.

Generell gibt es keine eindeutigen Hinweise darauf, ob diese Reformen tatsächlich zu einer Erhöhung der Beschäftigung von Menschen mit Behinderung und zu einer Verringerung der Renten führen. Die internationale Literatur äußert sich hier ausgesprochen kritisch (Autor und Duggan 2006). Dies ist insbesondere durch die Evaluierungsergebnisse zweier Programme im angelsächsischen Raum zu erklären: In den USA wurde mit dem Ticket-to-Work-Programm versucht, den Bestand der Invalidenversicherung durch die Verteilung von Gutscheinen für berufliche Rehabilitationsmaßnahmen zu reduzieren. Darüber hinaus wird versucht, durch die Ausweitung der staatlichen Krankenversicherung („Medicaid") existierende Anreize für den Verbleib in der Invalidenrente zu verringern.[4] Die Ergebnisse dieses Programms sind jedoch eher ernüchternd. Es wurden zumindest zu Beginn des Programms nur relativ wenige Gutscheine überhaupt eingelöst (Stapleton et al. 2008; Thornton et al. 2004), was darauf hindeutet, dass das Interesse der Rentnerinnen und Rentner an einer Reintegration gering ist. Auch hat die Ausweitung der staatlichen Krankenversicherung kaum zu positiven Beschäftigungseffekten geführt (Gettens 2009). Das in Großbritannien implementierte Pathway-to-Work-Programm besteht aus zwei Komponenten: Zum einen müssen Versicherte kurz nach Beginn des Leistungsanspruchs an mehreren Arbeitsmarktberatungen teilnehmen. Sie haben hier ebenfalls die Möglichkeit, berufliche Eingliederungsmaßnahmen zu erhalten. Zum anderen wird ein finanzieller Anreiz von 40 Pfund pro Woche für einen Zeitraum von maximal 12 Monaten gewährt, wenn eine Erwerbstätigkeit von mindesten 16 Stunden pro Woche aufgenommen wird und das Bruttoeinkommen weniger als 15.000 Pfund beträgt. Die Ergebnisse der Evaluierung legen nahe, dass lediglich für Personen, die erst seit Kurzem Leistungen beziehen und die Versicherung ohnehin wieder verlassen hätten, ein positiver Effekt gemessen werden kann (Adam et al. 2010).

Basierend auf der existierenden Literatur erscheint das Bestreben, Menschen aus der Rente heraus in den Arbeitsmarkt zu integrieren, daher ein ausgesprochen schwieriges Unterfangen zu sein. Sei es nun deswegen, weil der Arbeitsmarkt diese zusätzlichen Ar-

---

[4] Viele Personen verlieren durch die Aufnahme einer Erwerbsbeschäftigung ihre Krankenversicherung, was häufig als wichtige Barriere zur Aufnahme einer Beschäftigung angesehen wurde.

beitskräfte gar nicht aufnehmen kann oder will, finanzielle Anreize fehlen, oder auch weil die Bereitschaft und Fähigkeit von Menschen mit Behinderung zur Wiedereingliederung zunehmend nachlässt, je länger sie Leistungen der Invalidenversicherung beziehen. Hingegen scheint die Reduzierung von Neurenten durch ein frühzeitiges Eingreifen und durch eine Überprüfung des Erwerbspotenzials zu besseren Ergebnissen zu führen. Hier besteht jedoch die Gefahr eines zu frühen Eingreifens, welche nicht unterschätzt werden sollte.

2.3.2 Spezielle Maßnahmen

Behinderungen sind ein extrem heterogenes Phänomen. Zum einen gibt es unterschiedliche Formen von Behinderungen, wie körperliche, geistige und psychische Behinderungen, die stark in ihrer Art und ihrem Ausmaß der Beeinträchtigung variieren können. Zum anderen unterscheiden sich Menschen darin, wie sie einerseits selbst mit ihrer Behinderung umgehen und andererseits, wie das Umfeld auf eine gesundheitliche Beeinträchtigung reagiert (WHO 2002). Individuelle Probleme erfordern daher individuelle Maßnahmen. Durch diese Heterogenität fällt es jedoch enorm schwer, die Wirksamkeit verschiedener Maßnahmen zu evaluieren. Es gibt kaum standardisierte Angebote. Selbst wenn versicherungstechnisch Maßnahmenkategorien gebildet werden, ist es kaum zu beurteilen, wie die einzelnen Anbieter diese Maßnahmen umsetzen. Es ist daher nicht sehr überraschend, dass wir derzeit kaum gesicherte Informationen darüber haben, welche Maßnahmen überhaupt wirksam sind. Hier sind lediglich zwei prominente Ausnahmen zu nennen: Unterstütze Ausbildung und Beschäftigung („Supported Education/Employment") sowie Lohnzuzahlungen oder Einarbeitungszuschüsse.

2.3.2.1 Supported Education/Employment
Das traditionelle Reha-Verständnis arbeitet nach dem Motto „First train, then place". Menschen mit gesundheitlichen Beeinträchtigungen sollen vor der eigentlichen Wiedereingliederung erst mithilfe geeigneter Maßnahmen für den Arbeitsmarkt fit gemacht werden. Hier bestehen jedoch zwei Probleme: Zum einen besteht die Gefahr, dass Menschen beruflich gesehen „zu Tode rehabilitiert" werden, das heißt, dass der geeignete Moment zur Wiedereingliederung verpasst wird. Je länger sich eine Person außerhalb des Arbeitsmarkts befindet, desto schwieriger wird eine Wiedereingliederung. Zum anderen besteht die Gefahr, dass an den Bedürfnissen des Arbeitsmarktes „vorbei rehabilitiert" wird. Trainingsmaßnahmen in einem geschützten Bereich erlauben die Abbildung der Realität nur bis zu einem bestimmten Bereich.

Um diesen Problemen entgegen zu wirken, wurde im angelsächsischen Bereich die Methode der „Supported Education/Employment" als Alternative zum klassischen Reha-Verständnis entwickelt. Hier wird versucht, Betroffene möglichst schnell in den ersten Arbeitsmarkt einzugliedern, sobald die gesundheitliche Verfassung dies zulässt. Die Idee ist, dass der Betroffene in einem realistischen Umfeld lernt, mit etwaigen behinderungsbedingten Einschränkungen umzugehen. Dem Betroffenen als auch dem Betrieb wird ein Job-Coach zugeteilt, der allen Beteiligten des Prozesses zur Seite steht, bei Schwierigkeiten vermittelt und die Lösungssuche begleitet. Eine Vielzahl von wissenschaftlichen Modellversuchen belegt die Wirksamkeit dieses Modells. Besonders hervorzuheben ist hier der Pilotversuch „Verzahnte Ausbildung", der in Deutschland gemeinsam von der METRO Group und dem Bundesministerium für Arbeit und Soziales durchgeführt wurde. Bei diesem Projekt kooperieren der Betrieb sowie Bildungsträger und Berufsschule bei der Ausbildung von Jugendlichen mit Lernbehinderung. Der Schwerpunkt der praktischen Ausbildung findet im Betrieb des ersten Arbeitsmarkts statt. Die wissenschaftliche Begleitevaluierung belegt, dass Absolventinnen und Absolventen nach Beendigung der Ausbildung mehr als doppelt so häufig in einer regulären Beschäftigung sind als vergleichbare Personen, die ihre Ausbildung in einem geschützten Arbeitsumfeld absolviert haben (Seyd et al. 2007).

Es gibt unterschiedliche Ansätze, um den Erfolg dieser Integrationsmethode zu erklären: Zum einen ist es möglich, dass die Produktivität steigt, da die Ausbildung in einer realistischen Arbeitsumgebung stattfindet. Zum anderen ist auch möglich, dass diese Form der beruflichen Rehabilitation Vorurteile zukünftiger Arbeitgeber reduziert, weil aus einer Bewerbung nicht zwangsweise hervorgehen muss, ob eine Ausbildung im Rahmen einer unterstützen Berufsausbildung absolviert wurde. Schließlich könnte es auch möglich sein, dass der frühe Kontakt mit besonders „sozial verantwortlichen" Arbeitgebern die Chance erhöht, dass die Person nach Abschluss der formalen Ausbildung vom Lehrbetrieb übernommen wird.

Auch wenn die Wirksamkeit dieser Rehabilitationsmethode für den Betroffenen relativ eindeutig belegt ist, gibt es in der praktischen Umsetzung jedoch ein entscheidendes Hemmnis. Arbeitgeber sind aktiv an dieser Rehabilitationsmethode beteiligt und müssen sich daher bereit erklären, hieran auch teilzunehmen. Diese Bereitschaft wurde in der Schweiz mit Hilfe einer Unternehmensbefragung getestet (Deuchert et al. 2013). Hierzu wurden Ausbildungsverantwortlichen kaufmännischer Lehrbetriebe konstruierte Fallbeispiele von Lernenden vorgelegt, die sie zur Ausbildung innerhalb von Supported Education annehmen oder ablehnen konnten. Obwohl insgesamt mehr als 20 % der Profile akzeptiert wurden, ist davon auszugehen, dass diese Ergebnisse durch die hypothetische Situation verzerrt sind. Korrigiert man diese Verzerrung und berücksichtigt man zudem noch die Rücklaufquote (nur 35 % der angefragten Unternehmen haben sich an der Umfrage beteiligt), kann die tatsächliche Akzeptanz bis auf 3 % sinken.

Diese Ergebnisse belegen, dass zum jetzigen Zeitpunkt eine breite Einführung von Supported Education/Employment wahrscheinlich an der fehlenden Bereitschaft der Unternehmen, Menschen mit besonderen Bedürfnissen auszubilden, scheitert. Unklar ist, welche zusätzlichen Maßnahmen (wie z. B. Informationskampagnen, finanzielle Anreize oder Beschäftigungsverpflichtungen) notwendig sind, um diese Bereitschaft zu erhöhen.

2.3.2.2 Lohnzuzahlungen oder Einarbeitungszuschüsse

Die Beschäftigung von Menschen mit Behinderung ist häufig mit finanziellen Förderungen verbunden. Die Motivation für diese finanziellen Zuwendungen ist einfach: Behinderungsbedingte Mehrkosten bei der Einarbeitung sowie eventuelle Leistungseinbußen sollen

2 Unterschiedliche Politikansätze zur Arbeitsmarkt-Integration

		Finanzieller Anreiz	
		Beschäftigung von MmB	Keine Beschäftigung
Kein Anreiz	Beschäftigung von MmB	Unwirksam Kosten (Mitnahmeeffekte)	Kontraproduktiv Keine Kosten
	Keine Beschäftigung	Wirksam Kosten	Unwirksam Keine Kosten

Abb. 2.1 *Mögliche Wirkung finanzieller* Anreize für die Beschäftigung von Menschen mit Behinderung

ausgeglichen werden, damit Unternehmen einen effektiven Anreiz haben, mehr Menschen mit Behinderung zu beschäftigen. Dennoch lohnt es sich, einmal strukturiert über die möglichen Effekte nachzudenken. Was würde passieren, wenn ein und dasselbe Unternehmen entweder einen Anspruch oder eben keinen Anspruch auf diese finanziellen Anreize hat, wenn es einen Mitarbeiter mit Behinderung einstellt? In welchen Fällen sind die finanziellen Anreize wirksam, in welchen Fällen entstehen Kosten? Abbildung 2.1 stellt die Situation schematisch da. Es gibt zwei Szenarien: Entweder gibt es finanzielle Anreize, einen Menschen mit Behinderung einzustellen (z. B. in Form eines staatlichen Zuschusses), oder es gibt keine. Ein Unternehmen kann in beiden Situationen eine Person mit Behinderung entweder einstellen, oder dies nicht tun. Abhängig davon, wie sich das Unternehmen in beiden Situationen verhält, entscheidet sich, ob die Maßnahme wirksam ist und ob Kosten für den Leistungsträger (in der Regel den Staat) anfallen.

Generell erhofft sich der Kostenträger, dass es möglichst viele Unternehmen gibt, die ohne finanzielle Anreize keine Menschen mit Behinderung (MmB) einstellen würden, dies jedoch dank der finanziellen Anreize tun würden (linker unterer Quadrant). Durch die finanzielle Unterstützung für die Firmen entstehen für den Leistungsträger Kosten, jedoch sollte die zusätzliche Beschäftigung diesen Aufwand rechtfertigen. Möglich ist allerdings auch, dass es Unternehmen gibt, die mit oder ohne finanzielle Anreize keine Menschen mit Behinderung einstellen würden (rechter unterer Quadrant). Bei diesen Unternehmen sind finanzielle Anreize zwar unwirksam, es entstehen aber wenigstens keine zusätzlichen Kosten für den Staat. Problematisch sind allerdings diejenigen Firmen, die bereits ohne finanzielle Anreize wie Einarbeitungszuschüsse Menschen mit Behinderung einstellen würden. Einige dieser Firmen würden dies auch mit Anreizen tun (linker oberer Quadrant). Auch bei diesen Unternehmen ist der zusätzliche Anreiz wirkungslos. Wenn der Kostenträger jedoch nicht genau unterscheiden kann, ob diese Unternehmen ohnehin Menschen mit Behinderung eingestellt hätten, besteht die Gefahr, dass Kosten für den Staat durch reine Mitnahmeeffekte entstehen (die finanzielle Unterstützung wird beansprucht). Noch problematischer ist es jedoch, wenn es Unternehmen gibt, die zwar ohne finanzielle Anreize Menschen mit Behinderung eingestellt hätten, dies jedoch mit diesen Anreizen nicht mehr tun (rechter oberer Quadrant). Auf den ersten Blick erscheint diese Situation unrealistisch. Warum sollte ein Unternehmen keine Mitarbeiter mit Behinderung einstellen, nur weil es nun dafür finanziell entschädigt wird? Dies ist jedoch abhängig davon, wie die Subventionen verteilt werden. Generell erscheint die Situation unwahrscheinlich, wenn Unternehmen diese Leistungen selbst beantragen müssen. Aber was ist, wenn die Subventionen nur für bestimmte Personen vergeben werden und sich diese Personen als Subventionsempfänger auf dem Arbeitsmarkt bewerben? Der Arbeitgeber hat generell nur unvollständige Informationen zu der tatsächlichen Leistungsfähigkeit eines Bewerbers. Die Information, dass ein Kostenträger einen Lohnzuschuss für diese Person bereitstellt, könnte dann vom Arbeitgeber als Signal für eine geringe Leistungsfähigkeit interpretiert werden. Der Betroffene wird dann unter Umständen genau wegen dieses Signals nicht eingestellt.

Letztendlich ist es eine empirische Fragestellung, ob diese Form von Lohnsubvention tatsächlich wirkungsvoll ist und die hierfür entstehenden Kosten gerechtfertigt. In Dänemark wurden Subventionen für Personen mit besonders schweren Behinderungen evaluiert (Gupta und Larsen 2010). Die Ergebnisse aus Dänemark implizieren deutlich positive Beschäftigungseffekte. Jedoch ist hier zu berücksichtigen, dass die Evaluierung auf Selbsteinschätzungen der Schwere der Behinderung basiert und diese Einschätzungen höchst fehleranfällig sind. Die offizielle Anspruchsberechtigung auf staatliche Leistungen kann von der eigenen Einschätzung sehr stark abweichen (Johansson und Skedinger 2009).

In den meisten Fällen ist es kaum möglich, eine geeignete Kontrollgruppe von Arbeitsplatzsuchenden zu finden, die keinen Zugang zu diesen Subventionen hat. Sind diese Subventionen bereits eingeführt, lassen sie sich daher kaum evaluieren. In den USA wurden daher in den 1970er und 80er Jahren kontrollierte Feldexperimente durchgeführt.[5] Hierbei handelt es sich um Pilotprogramme, bei denen nicht für jeden Bewerber Subventionen beantragt werden können und die Zuteilung zufällig erfolgt. Potenzielle Bewerber erhalten einen Gutschein, den ein zukünftiger Arbeitgeber einlösen kann. Während einige dieser Studien (leicht) positive Beschäftigungseffekte identifizieren (Bell und Orr 1994; Dubin und Rivers 1993; Woodbury und Spiegelman 1987), findet eine Studie negative Effekte, was auf eine starke (negative) Signalwirkung einer möglichen Lohnzuzahlung hindeutet (Burtless 1985).

Die Überlegungen dieses Abschnitts und die empirische Literatur verdeutlichen, dass trotz der intuitiv positiven Wirkung von Lohnzuzahlungen oder Einarbeitungszuschüssen die Gefahren dieser Maßnahmen nicht unterschätzt werden sollten und dass die Wirkung wahrscheinlich abhängig davon ist, wie die Subventionsschemen implementiert sind: Können die Subventionen generell für alle Mitarbeiter mit Behinderung beantragt werden, besteht die Gefahr, dass erhöhte Kosten durch reine Mitnahmeeffekte entstehen. Entscheidet der Kostenträger jedoch individuell, ob für einen Bewerber eine Lohnzuzahlung oder ein Einarbeitungszuschuss gewährt wird, besteht die Gefahr einer negativen Signalwirkung. Generell sollte daher vor einer gesetzlichen Implementierung genau überprüft werden, ob diese Maßnahmen wie gewünscht wirken und die mit ihnen verbundenen Kosten rechtfertigen.

---

[5] Die primäre Zielgruppe waren hier jedoch Arbeitslose und Empfänger von Wohlfahrtsleistungen.

2.4 Zusammenfassung und Fazit

Politikansätze zur Integration von Menschen mit Behinderung unterscheiden sich stark in den einzelnen Ländern. Die volkswirtschaftliche Forschung zur Wirksamkeit dieser Integrationspolitik ist noch in den Anfängen. Eine abschließende Wertung der einzelnen Politikansätze ist daher beim derzeitigen Stand der Forschung noch nicht möglich.

Die Wirkung von Einzelaspekten lässt sich jedoch bereits absehen. So kann man z. B. davon ausgehen, dass Antidiskriminierungsgesetze alleine zu keiner Verbesserung der Arbeitsmarktchancen von Menschen mit Behinderung führen. Auch zeigen erste Ergebnisse, dass eine Beschäftigungsverpflichtung wahrscheinlich besser ist als ihr Ruf. Jedoch sollten die Ergebnisse aus Österreich in Ländern mit anderen gesetzlichen Rahmenbedingungen (z. B. in Deutschland oder Frankreich, wo ebenfalls verpflichtende Beschäftigungsquoten gelten) überprüft werden.

Unumstritten ist, dass die Ausgestaltung der Invalidenversicherung einen entscheidenden Einfluss auf die Integration von Menschen mit Behinderung hat. Zum einen wird hier gemäß dem Motto „Reha vor Rente" versucht, die Resterwerbsfähigkeit zu erfassen und mit Hilfe von speziellen Maßnahmen zu fördern. Nur wenn dies nicht erfolgreich ist, wird eine Rente zugesprochen. Unklar ist hier jedoch, welche dieser Maßnahmen tatsächlich wirksam sind und zu besseren Reintegrationsergebnissen führen. Zum anderen wird mittlerweile verstärkt danach gestrebt, vom Konzept der „Rente auf Lebenszeit" abzurücken und Menschen aus der Invalidenrente heraus wieder in den Arbeitsmarkt zu integrieren. Dies erscheint jedoch ungleich schwerer, was zwei Modellstudien aus den USA und Großbritannien eindeutig belegt haben. Mit welchen Mitteln und Maßnahmen diese Personengruppen wieder in der Arbeitsmarkt eingegliedert werden können und wie hier wirkungsvolle Anreize auf Seiten der Arbeitnehmer und Arbeitgeber gesetzt werden können, liegt nach wie vor weitgehend im Dunkeln. Hier wird es in der Zukunft eine gemeinsame Aufgabe von Politik und Wissenschaft sein, effiziente und finanziell tragbare Konzepte zu entwickeln, um dieses Ziel zu erreichen.

Literatur

Acemoglu, D., & Angrist, J. D. (2001). Consequences of employment protection? The case of the Americans with disabilities act. *Journal of Political Economy, 109*(5), 915–957.

Adam, S., Bozio, A., & Emmerson, C. (2010). *Reforming disability insurance in the UK: Evaluation of the pathways to work programme.* London: Insitute for Fiscal Studies.

Autor, D., & Duggan, M. (2003). The rise in the disability rolls and the decline in unemployment. *Quarterly Journal of Economics, 118*(1), 157–205.

Autor, D., & Duggan, M. (2006). The growth in the social security disability rolls: A fiscal crisis unfolding. *Journal of Economic Perspectives, 20*(3), 71–96.

Beegle, K., & Stock, W. (2003). The labor market effects of disability discrimination laws. *Journal of Human Resources, 38*(4), 806–859.

Bell, D., & Heitmueller, A. (2009). The disability discrimination act in the UK: Helping or hindering employment among the disabled? *Journal of Health Economics, 28*(2), 465–480.

Bell, S. H., & Orr, L. L. (1994). Is subsidized employment cost effective for welfare recipients? Experimental evidence from seven state demonstrations. *Journal of Human Resources, 29*(1), 42–61.

BIH. (2010). *BIH Jahresbericht 2009/2010*. Bundesarbeitsgemeinschaft der Integrationsämter.

Bound, J., Cullen, J., Nichols, A., & Schmidt, L. (2004). The welfare implications of increasing disability insurance benefit generosity. *Journal of Public Economics, 88*(12), 2487–2514.

BSV. (2010). *IV-Statistik*. Bern: BSV.

Burtless, G. (1985). Are targeted wage subsidies harmful? Evidence from a wage voucher experiment *Industrial and Labor Relations Review, 39*(1), 105–114.

Clark, A. E., & Oswald, A. J. (1994). Unhappiness and unemployment. *The Economic Journal, 104*(424), 648–659.

Condon, D., & Zolna, S. (1997). Stakes on the rise of EPL insurance. *National Underwriters Property & Casualty – Risk & Benefits Management, 101*(37), 20, 92–93.

De Jong, P., Lindeboom, M., & van der Klaauw, B. (2011). Screening disability insurance applications. *Journal of the European Economic Association, 9*(1), 106–129.

Deuchert, E., Kauer, L., & Meisen Zannol, F. (2013). Would you train me with my mental illness? Evidence from a discrete choice experiment. *Journal of Mental Health Policy and Economics, 16*, 67–80.

Dubin, J. A., & Rivers, D. (1993). Experimental estimates of the impact of wage subsidies. *Journal of Econometrics, 56*(1–2), 219–242.

Engström, P., Hägglund, P., & Johansson, P. (2012). Early interventions and disability insurance: Experience from a social experiment. Working Papers Series: Institute for Evaluation of Labour Market and Education Policy No 2012:9.

Gettens, J. W. (2009). *Medicaid expansions: The work and program participation of people with disabilities*. Waltham: Brandais University.

Gupta, D. D., & Larsen, M. (2010). Evaluating labour market effects of wage subsidies for the disabled – The Danish flexjob scheme. *Working Paper 07:2010*. Danish National Centre for Social Research.

Hotchkiss, J. L. (2004). A closer look at the employment impact of the Americans with disabilities act. *Journal of Human Resources, 39*(4), 887–911.

Johansson, P., & Skedinger, P. (2009). Misreporting in register data on disability status: Evidence from the Swedish Public Employment Service. *Empirical Economics, 37*(2), 411–34.

Jones, M. (2009). The employment effect of the disability discrimination act: Evidence from the health survey for England. *Labour, 23*(2), 349–69.

Knöpfel, R. (2011). Integrationsquote – Lösung oder Problem? Ein Äpfel-und-Birnen-Vergleich über Grenzen hinweg. *Vortrag an der Plenarversammlung der IV-Stellen-Konferenz*. Zug.

Lalive, R., Wuellrich, J.-P., & Zweimüller, J. (2013). Do financial incentives affect firms' demand for disabled workers? *Journal of the European Economic Association, 11*(1), 25–58.

Mitra, S. (2009). Disability screening and labor supply: Evidence from South Africa *American Economic Review, 99*(2), 512–516.

OECD. (2009). *Sickness, disability and work keeping on track in the economic downturn*. Stockholm: Organisation for Economic Co-operation and Development.

OECD. (2010). *OECD Factbook 2010: Economic, Environmental and Social Statistics*. OECD Publishing.

Seyd, W., Schulz, K., & Vollmers, B. (2007). *Verzahnte Ausbildung METRO Group mit Berufsbildungswerken, Abschlussbericht der wissenschaftlichen Begleitung*. Hamburg: Bundesministerium für Arbeit und Soziales.

Stapleton, D., Livermore, G., Thornton, C., O'Day, B., Weathers, R., Harrison, K., et al. (2008). *Ticket to work at the crossroads: A solid foundation with an uncertain future*. Princeton: Mathematica Policy Research.

Statistik Austria. (2011). *Statistisches Jahrbuch Österreichs*. Wien: Bundesanstalt Statistik Österreich.
Statistisches Bundesamt. (2010). *Statistisches Jahrbuch 2010*. Wiesbaden: Statistisches Bundesamt.
Statistisches Bundesamt. (2011). *Statistisches Jahrbuch 2011*. Wiesbaden: Statistisches Bundesamt.
Tefft, N. (2011). Insights on unemployment, unemployment insurance, and mental health. *Journal of Health Economics, 30*(2), 258–264.
Thornton, C., Livermore, G., Stapleton, D., Kregel, J., Silva, T., O'Day, B., et al. (2004). *Evaluation of the ticket to work program initial evaluation report*. Washington: Mathematica Policy Research.
Wapf, B., & Peters, M. (2007). *Evaluation der regionalen ärztlichen Dienste (RAD)*. Bern: BSV.
WHO. (2002). *Towards a common language for functioning, disability and health*. Geneva: World Health Organization.
WHO. (2011). *World Health Statistics*. Geneva: World Health Organization.
Woodbury, S. A., & Spiegelman, R. G. (1987). Bonuses to workers and employers to reduce unemployment: Randomized trials in Illinois. *American Economic Review, 77*(4), 513–30.

Rewards and Compensation von Menschen mit Behinderung: Eine ethische Perspektive

3

Nils Jent und Regula Dietsche

Inhaltsverzeichnis

3.1	Einleitung	47
	3.1.1 Orientierung am Idealtypus	47
	3.1.2 Internes Honorierungskonzept für alle	48
	3.1.3 Disability und Honorierung	49
3.2	Problemstellung	50
	3.2.1 Was ist honorierungswirksame Leistung	50
	3.2.2 Defizitorientierung	51
3.3	Lösungsansatz	51
	3.3.1 Honorierung auf der Basis des Diversity-Paradigmas	51
	3.3.2 Komparative Kompetenz als eine Honorierungskomponente	53
	3.3.3 Wie Kultur die Honorierung beeinflusst	55
	3.3.4 Honorierung der Zukunft	58
	3.3.5 Innovationsproblem	61
3.4	Controlling der Honorierung	61
3.5	Fazit	62
Literatur		63

N. Jent (✉) · R. Dietsche
Center for Disability and Integration (CDI-HSG) und IFPM Diversity Center,
Universität St. Gallen (HSG), Rosenbergstrasse 51, 9000 St. Gallen, Schweiz
E-Mail: nils.jent@unisg.ch

R. Dietsche
E-Mail: regula.dietsche@unisg.ch

Zusammenfassung

In praktisch allen modernen Rechtsstaaten finden sich Gesetze, Richtlinien und Grundsätze zur Antidiskriminierung von Personen zumindest in der immateriellen Dimension. Niemand darf heute wegen seines Alters, seines Geschlechts oder einer Behinderung diskriminiert werden. Antidiskriminierung ist jedoch nicht auf die immaterielle Dimension (Stichwort Chancengleichheit) eingeschränkt, sondern erfasst auch die materielle Dimension. Noch immer verdienen Frauen mit den tollkühnsten Begründungen weniger als Männer, ganz zu schweigen von jenen Arbeitskräften mit Behinderung. Um dem Antidiskriminierungsgebot tatsächlich zu genügen, muss es deshalb unabdingbares Ziel für die Unternehmen sein, ihre Honorierungspolitik in nicht-diskriminierender Weise zu gestalten. Soziale Daten wie Geschlecht, Alter, Nationalität oder eben auch eine Behinderung, dürfen weder offen noch versteckt zu einer Minderung des Salärs führen. Denn die Tatsache, dass ein Mitarbeiter z. B. behindert ist, muss nicht zwingend mit einer Leistungsminderung einhergehen, die eine Gehaltsminderung tatsächlich rechtfertigt. Überhaupt gilt es, stets zu definieren, wie eng Leistung definiert ist, sowie, woran diese gemessen und womit sie verglichen wird. Um in diesem Zusammenhang stehende unerwünschte Effekte zu vermeiden, braucht es griffige Diversity-Konzepte, welche nicht die Entlohnung per se lösen müssen, jedoch diskriminierungsfreie Grundlagen bieten, in der Kultur verankert und entsprechend gelebt werden. Dies, damit die vielfältigen Managementprozesse sich gezielt gestalten lassen. In der materiellen Dimension der innerbetrieblichen Antidiskriminierung gibt es also Innovationsbedarf. Eine dieser Innovationen ist die Berücksichtigung der sogenannten komparativen Kompetenzen. Kompetenzen also, die im Zusammenhang mit dem einen Menschen jeweils prägendsten sozialen Datum stehen, wie zum Beispiel einer Behinderung. Der besondere Erfahrungshintergrund, den eine Behinderung mit sich bringt, die damit zusammenhängenden Bewältigungs- und Kompensationsstrategien sowie die spezifische Problemlösungswahrnehmung sind HR-Potenziale, die das fachliche Know-how und die Teamrollenkompetenz ergänzen – dadurch ergibt sich für die Unternehmung ein weiterer Faktor der Wertschöpfung aus den Human-Ressourcen. So gesehen kann eine Behinderung zu einer strategischen Erfolgsposition werden – und solche werden in der Wirtschaft in der Regel gut bis sehr gut entlohnt! Die Beachtung der komparativen Kompetenzen ist jedoch nicht nur als ein möglicher, neuer Erfolgsfaktor zu verstehen, sondern verhilft den Unternehmungen durch das Einbinden in die Honorierungskonzepte, wirksam und transparent nun auch der materiellen Antidiskriminierung beispielsweise von behinderten Mitarbeitern nachzukommen.

> „Diversity" oder „soziale Diversität" bezeichnet ganz grundsätzlich die Vielfalt innerhalb der Zusammensetzung eines soziodemografischen Systems, wie z. B. einer Gesellschaft oder eines Unternehmens. Um diese Vielfalt zu beschreiben und zu

differenzieren, werden Kategorien wie Geschlecht, Alter, Ethnie, Behinderung, sexuelle Orientierung gebildet. Diversity an sich ist aber noch keine Strategie. Müller und Sander (2009) halten fest: „Erst durch den bewussten Umgang mit Diversity – mit Diversity Management – kann Vielfalt als Chance und Ressource sowohl des Unternehmens wie der einzelnen Mitarbeiter erfolgen" (S. 7).

3.1 Einleitung

In der Arbeitswelt gilt die Entlohnung nach wie vor als „heilige Kuh". Über Löhne spricht man nicht. So das Credo außerhalb von Gewerkschaften. Die häufig feststellbare Intransparenz der Lohnsysteme und die personalisierte Entlohnung tragen das ihre dazu bei, dass der Lohn ein Tabuthema ist. Doch allein schon aus ökonomischen und sozialpolitischen Aspekten sollte darüber gesprochen werden. Noch bedeutsamer wird diese Diskussion im Zusammenhang mit Arbeitskräften mit einer Behinderung.

3.1.1 Orientierung am Idealtypus

In der Arbeitswelt richten sich die Löhne in aller Regel nach dem Schwierigkeitsgrad der Tätigkeit, ihren entsprechenden Belastungen, der Qualifikation und Erfahrung der Mitarbeiter, dem aktuellen Marktwert auf dem Arbeitsmarkt sowie der individuellen Leistung und den finanziellen Möglichkeiten des arbeitgebenden Unternehmens. Basierend auf diesen einzelnen Komponenten berechnen die Unternehmen einen funktionsbezogenen Lohn. Dabei besteht meist ein mehr oder minder großer Spielraum innerhalb einer klar definierten Bandbreite. Die Nachvollziehbarkeit für den einzelnen Mitarbeiter ist häufig nicht vorhanden. Der dadurch entstehende Interpretationsspielraum fördert den Eindruck von Willkür. Genau dies baut jenes Potenzial auf, mit welchem dem Lohnsystem diskriminierende Muster zugeschrieben werden. Ob begründet oder nicht, schädlich für das Unternehmen sind derartige Auffassungen auf jeden Fall. Darum muss es unabdingbares Ziel für die Unternehmen sein, ihre Honorierungspolitik in nicht-diskriminierender und transparenter Weise zu gestalten und entsprechend zu kommunizieren. Soziale Daten wie Geschlecht, Alter, Nationalität oder eben auch eine Behinderung dürfen weder offen noch versteckt zu einer Minderung des Salärs führen. Denn die Tatsache, dass ein Mitarbeiter z. B. behindert ist, muss nicht zwingend eine Leistungsminderung zur Folge haben. Dies gilt insbesondere bei vorliegender Behinderung auch für das häufig bemühte Scheinargument des so genannten „Minderleisters". Eine verminderte Leistungsfähigkeit ist nicht gleichzusetzen mit einer veränderten Leistungsfähigkeit! Tritt eine Behinderung ein, ist es aus Unternehmenssicht nachvollziehbar, dass in Bezug auf eine bestimmte Funktion eine Minderleistung diagnostiziert wird. Aus Sicht des Individuums jedoch verschieben sich die Leistungsbereiche einfach. Ist z. B. eine Person durch eine Querschnittlähmung plötzlich auf den Rollstuhl angewiesen, so ist es nachvollziehbar, dass diese Person nicht mehr als

Dachdecker fungieren kann. Durch die veränderte Situation wird sich der Kompetenzbereich jedoch verschieben und es werden neue Kompetenzen erworben. Durch das bewusste Fokussieren auf die verbleibenden Fähigkeiten kann es sogar sein, dass die Leistungsfähigkeit des Betroffenen zugenommen hat. Deshalb wäre es dienlicher, konsequent von einer veränderten Leistungsfähigkeitsbereitschaft zu sprechen. Dies nicht aus rhetorischen Aspekten, sondern vielmehr deshalb, weil die Sprache das Denken determiniert und dadurch die Handlungen in einem Unternehmen beeinflusst. Um die unerwünschten Effekte im Zusammenhang mit Behinderung zu vermeiden, braucht es griffige Diversity-Konzepte, welche nicht die Entlohnung per se lösen, jedoch diskriminierungsfreie Grundlagen bieten, in der Kultur verankert und entsprechend gelebt werden, damit die vielfältigen Managementprozesse sich diskriminierungsfrei gestalten lassen. Ein Managementprozess ist ein sachbezogener Ablauf, bei dem Geschäftsprozesse beeinflusst werden. Die Budgetierung sowie weitere kostengetriebene Aspekte bilden nur eines von vielen Steuerungswerkzeugen im Management. Weitere Werkzeuge sind die Personalführung in allen Facetten, die Gestaltung von Arbeitsprozessen oder die Steuerungselemente, wie Sitzungen oder Berichte. Hierbei gilt es im Rahmen von übergreifenden Diversity-Konzepten, die Maxime der Gleichwertigkeit zu setzen. Die Prozesse sind derart zu gestalten, dass Mitarbeiter nicht gleichartig sein müssen; jedoch aber immer gleichwertig behandelt werden. Der Teufel liegt bekanntlich im Detail. Wann und warum kann eine Behinderung im Rahmen von Honorierungsfragen zu (wahrgenommener oder tatsächlicher) Diskriminierung führen? Was muss vermieden werden bzw. welche Grundannahmen und welche Basiswerte müssen verankert sein, um zielführende Systeme im Sinne einer adäquaten, ethisch vertretbaren Honorierungspolitik festzulegen?

3.1.2 Internes Honorierungskonzept für alle

Im Regelfall werden innerhalb von Unternehmen spezifische Stellenprofile entwickelt. Dabei gilt leider nach wie vor die Maxime der Funktionsorientierung. Individuelle Kompetenzen der Mitarbeiter kommen dabei nur wenig zum Tragen. Letztlich folgt die Person der Stelle und nicht die Stelle der Person. Dadurch ist zwar vordergründig die gewünschte Aufgabe gut erfüllt, hintergründig verschenkt das Unternehmen jedoch eine „Black Box" an nicht erhobenen Kompetenz-Schätzen. Kompetenzen liegen brach oder entwickeln sich unbeachtet während der Stellenbekleidung weit über das starre Stellenprofil hinaus oder noch schlimmer, es werden auf dem Markt Kompetenzen eingekauft, obwohl sie im Unternehmen bereits unbemerkt vorhanden sind. Dies ist ein altbekanntes Phänomen. Ansätze, wie das Wissensmanagement oder die Instrumente zur Erfassung der individuellen Kompetenzen, versuchen gezielt gegenzusteuern. Betreffend Arbeitskräfte mit Behinderung kann diese Systemimmanenz dennoch nicht länger als aktuell gängige Managementpraxis akzeptiert und die Veränderungserfordernis ad acta gelegt werden. Zumal dieser Ansatz im Kern diskriminierendes Gedankengut einkapselt, welches wie ein internes Depot dauernd latent Giftstoffe in das System der Honorierungsgerechtigkeit abgibt. Menschen mit einer Behinderung entsprechen in ihrem Kompetenzprofil oft nicht exakt den Anforderungen eines Stellenprofils – die Funktion kann also nur gemindert erfüllt werden. Dies, nicht aufgrund der Tatsache, dass sich diese Menschen die erforderlichen Kompetenzen nicht aneignen wollen, sondern vielmehr aufgrund der Tatsache, dass sich Kompetenzportfolios derart starr zusammensetzen, dass Menschen mit Behinderung im Rahmen des ursprünglichen Anforderungsprofils nicht partizipieren können. Beispielsweise ist es für einen Blinden unmöglich, die Inneneinrichtung eines Raumes visuell zu beurteilen. Dafür aber sind viele Blinde erwiesenermaßen befähigt, die Raumharmonie über die verbliebenen Sinne besser als Sehende zu beurteilen. Doch diese Kompetenz wird nicht abgeholt. Im Zusammenhang mit Menschen mit Behinderung ist es ausgesprochen wichtig, ihre andersartigen Kompetenzen – auch wenn diese nicht dem Normaltypus entsprechen – zu erkennen und in Ergänzung zur Norm bewusst einzusetzen, damit Menschen mit Behinderung am Arbeitsleben zielgerichtet und erfolgsorientiert partizipieren können und ihre Spezifika als Mehrwert genutzt werden können.

3.1.3 Disability und Honorierung

Arbeitskräfte mit Behinderung können in der Regel nicht so einfach wie Arbeitskräfte ohne Behinderung ein unflexibles Stellenprofil ausfüllen. Häufig behindern starre Stellenprofile Menschen mit Behinderung zusätzlich. Mitarbeiter mit Behinderung sind entsprechend darauf angewiesen, ihre vorhandenen Kompetenzen angemessen einsetzen und möglicherweise auch durch eine Behinderung neu erworbene Kompetenzen zugunsten des Unternehmens wirken lassen zu können. Dabei kann es sich um Kompetenzen handeln, die für Menschen ohne eine Behinderung gar nicht vorstellbar sind. Somit sind behinderungsbedingte, komparative Kompetenzen auch nicht in einem regulären Stellen- oder Funktionsbetrieb aufzufinden. Diese wichtigen und nutzbringenden Kompetenzen fallen in den herkömmlichen Systemen nicht ins Gewicht. Dafür tun es die nicht vorhandenen Kompetenzen aufgrund einer Behinderung umso mehr. Letztlich manifestiert sich ein defizitorientierter Ansatz der Honorierung, welcher alles andere als diskriminierungsfrei ist. Diese Feststellung kann jedoch nicht isoliert erfolgen. Vielmehr geht es darum, zu überlegen, wie die primären Aufgaben eines Unternehmens unter Berücksichtigung dieser bisher nicht genutzten Kompetenzen nach wie vor erfüllt werden können. Es bleibt eine unwiderrufliche Tatsache, dass Mitarbeiter, welche ihre angestammte Aufgabe nicht mehr zu 100 % wahrzunehmen vermögen, eine monetär zu beziffernde Lücke in Bezug auf die angestammte Tätigkeit hinterlassen. Folglich muss durch die entsprechende Nutzung der komparativen Kompetenzen behinderter Mitarbeiter der gleiche monetäre Wert kompensiert oder neu generiert werden, damit das Unternehmen durch die Schaffung einer diskriminierungsfreien Kultur nicht mit langfristig höheren Kosten rechnen muss. Eine konkrete Idee bietet sich an, komparative Kompetenzen in Innovationszirkeln einzusetzen. Radikale Innovationen entstehen bekanntlich oft an den Schnittstellen von verschiedenen Disziplinen. Dies würde dafür sprechen, Mitarbeiter mit bestimmten Leistungseinbußen aus verschiedenen Linien innerhalb eines Unternehmens gezielt zusammenzubringen und zur Generierung von Innovationspotenzial zweckorientiert einzubinden.

3.2 Problemstellung

Es macht durchaus Sinn, das Entgelt an der Leistung auszurichten – sowohl bei Arbeitskräften mit, als auch bei solchen ohne Behinderung. Typische Personalkonzepte präferieren jedoch einen ganz bestimmten Typus Arbeitskraft. Entsprechend ist der Kriterienkatalog der Personalbeurteilungsinstrumente auf diesen Typus ausgerichtet oder die Kriterien sind so vereinfachend und entpersonalisiert festgelegt, dass individuelle Besonderheiten, welche die Leistungserbringung durchaus tangieren, schlicht und einfach ausgeblendet bleiben. Dadurch kommen die Kompetenzen der Mitarbeiter nicht allesamt und gleichwertig zum Tragen.

3.2.1 Was ist honorierungswirksame Leistung

In der Regel gilt die Maxime „gleicher Lohn für gleiche Arbeit und Leistung". Ziel dieser Maxime soll sein:

- das Herstellen der Lohngerechtigkeit;
- das Stärken der Leistungsorientierung.

Entsprechend korreliert eine höhere Arbeitsleistung mit einem höheren Entgelt. Dabei stellt sich unmittelbar die Frage, welche Handlungen und Tätigkeiten als Leistung definiert sind und entsprechend als lohnwirksame Komponente gemessen werden. Insbesondere Arbeitskräfte mit Behinderung erhalten oftmals nicht die Chance, ihr Leistungspotenzial auszuschöpfen, da den Rahmenbedingungen zur Leistungserbringung kaum jenes Gewicht zukommt, dass sie in Bezug zur Behinderung tatsächlich haben. Folgende Rahmenbedingungen sind für Menschen mit einer Behinderung wichtig:

- Anpassungsfähige und flexible Arbeitsplatzgestaltung;
- Personenorientierte, sich mitverändernde Aufgabenbündelung;
- Teamarbeit-/Teamaufgabe;
- Entfaltungsraum für komparative Kompetenzen;
- Flexibilisierung der Arbeitszeit;
- Abkehr vom fremd definierten Arbeitsgrad hin zum selbstverantwortlichen Leistungserbringungsgrad;
- Entkoppelung der Honorierung vom starren Stellenprofil hin zu flexiblen Aufgabenbündelungen. Die Salärsysteme honorieren weder die Stelle noch die Funktion, sondern die tatsächliche Aufgabenerfüllung.

Durch die fehlende Verknüpfung der Leistungserbringung mit den genannten sieben Rahmenbedingungen ergibt sich für jegliche Behinderung die Auffassung von Leistungsminderung. Durch die Ausrichtung der Stellenprofile an einem definierten Idealtypus, werden auch die notwendigen Aufgaben mit den entsprechenden Kompetenzen für einen idealtypischen Mitarbeiter gebündelt. Dabei kommen die komparativen Kompetenzen nicht zum Tragen und ein Mitarbeiter mit Behinderung wird das Sollprofil für einen idealtypischen Mitarbeiter nicht erreichen können. Dies führt automatisch dazu, dass Behinderung als eine Leistungsminderung taxiert wird. Einem solchen Verständnis liegt ein defizitorientiertes Menschenbild der Unternehmenskultur zu Grunde. Darüber müssen Reflexionen stattfinden und entsprechende Maßnahmen hinsichtlich der Kulturgestaltung und der Beurteilungsinstrumente ergriffen werden, wenn Mitarbeiter mit Behinderung sinnvoll in die Arbeitsprozesse eingebunden werden sollen. Denn lassen sich nicht jederzeit die Rahmenbedingungen dergestalt verändern, dass selbst Menschen ohne Behinderung in ihrer Leistungserbringung schwer behindert werden und der Grenzertrag ihrer Arbeit praktisch gegen Null abfällt?

3.2.2 Defizitorientierung

Nach wie vor liegt der Fokus bei der Personaleinstellung darauf, spezifische Stellenprofile bestmöglich zu besetzen. Dabei müssen sich Menschen mit Behinderung oftmals einem fiktiven Vergleichsprozess stellen, indem sie rechtfertigen, argumentieren und mit oft unhaltbarem Mehreinsatz überzeugen müssen, dass sie bestimmte Aufgaben analog eines idealtypischen Mitarbeiters bewältigen können. Die Defizitkultur ist erkennbar an Wörtern wie „trotzdem", aber auch dadurch, dass sich die Arbeitskräfte mit Behinderung veranlasst sehen, die Behinderung durch Mehreinsatz zu kompensieren. Demgegenüber lässt sich eine ressourcenorientierte Kultur an Wörtern wie „gerade weil" erkennen. „Können Sie trotz Rollstuhl die Kunden bedienen?" – Wäre da nicht die folgende Frage unternehmerischer ausgerichtet und diskriminierungsfreier: „Was können Sie speziell gut in unser Unternehmen einbringen, gerade weil Sie eine andere Lebensgeschichte haben?". Ökonomisch interessanter als die „Disabilities" sind die „Abilities" aufgrund der Andersartigkeit. Diese bleiben jedoch dem Blick durch die „Normbrille" oft verborgen.

3.3 Lösungsansatz

Proaktive Lösungen der Entlohnungspolitik folgen dem Diversity-Paradigma und berücksichtigen die komparativen Kompetenzen der Mitarbeiter. Daraus generiert sich ein Nutzen für das arbeitsgebende Unternehmen sowie für die Mitarbeiter.

3.3.1 Honorierung auf der Basis des Diversity-Paradigmas

Jeder Mensch verfügt aufgrund seiner Herkunft, seines Alters oder anderer Prägungen über besondere Fähigkeiten, die es in der konkreten Situation der Arbeitspartnerschaft gezielt zu nutzen gilt. Der zusätzliche Nutzen dieser besonderen Befähigten sowie der brachliegenden Talente kann für ein Unternehmen zu einem Wettbewerbsvorteil oder zum Desaster werden. Das „3-Säulen-Konzept des Managing Diversity" (Jent 2003) hilft, indem Vielfalt und Andersartigkeit nicht zufällig zum Erfolgsmodell der Lebensfähigkeit von soziotechnischen Systemen werden. „Von der Verschiedenartigkeit lernen und mit Verschiedenartigkeit gewinnen" – diese Zielsetzung ist das Kernstück von Managing Diversity. Jeder Mensch ist gewissermaßen ein Kaleidoskop sozialer[1] und persönlicher Daten.[2] Diese beiden Datentypen beschreiben einerseits den Menschen in seiner individuellen Persönlichkeit, die ihn einzigartig machen, und setzen ihn andererseits einfacher zu einer soziodemografischen Gruppe in Beziehung, mit der er gruppentypische Merkmale gemeinsam aufweist. Einzelne Merkmale, insbesondere auf der Basis sozialer Daten, können allerdings zur Grundlage von Diskriminierung werden. Es bildet sich ein Stereotyp. Ein solcher kann z. B. heißen: „Menschen mit Behinderung sind nicht so intelligent" oder „Menschen aus dem Ausland sind faul". Die Gefahr liegt in der herkömmlichen Auffassung von Vielfalt und Verschiedenartigkeit als ein lästiges Problem und als Wettbewerbsnachteil, die es beide zu eliminieren gilt.

„Managing Diversity" baut dagegen auf einem anderen Verständnis auf: Vielfalt und Verschiedenartigkeit werden als Wettbewerbsvorteil sowie als Herausforderung gesehen, um sehr viel schneller und effektiver mit Veränderungen im unternehmensrelevanten Umfeld umgehen zu können. Neu an dieser Herangehensweise ist der „neutrale" Blickwinkel auf die vorhandenen Unterschiede zwischen den Mitarbeitern eines Unternehmens. Ins Zentrum der Bedeutung rücken die daraus resultierenden Unterschiede in Bezug auf Kommunikationsform, Handlungsmuster und Wertesetzung. Dies kann nur durch einen nachhaltigen und langfristigen Sensibilisierungsprozess aller Beteiligten erreicht werden. Ein solcher wiederum kann eine Organisation nur durchdringen, wenn alle Beteiligten diesen top-down vorleben (via Schlüsselstellen). Eine zentrale Voraussetzung liegt in der Abkehr des „defizitorientierten Ansatzes". Dieser geht nämlich davon aus, dass eine vorhandene „naturbedingte" Benachteiligung durch besondere Fördermaßnahmen ausgeglichen werden soll. Die Fördermaßnahme entspricht also einer Art Sondermaßnahme zur Anpassung an einen vordefinierten Standard, gleichsam also zur Beseitigung eines Mangels im Vergleich zu diesem Standard. Der vordefinierte Standard wiederum orientiert sich am idealtypischen Mitarbeiter. Dieser entspricht einem Stereotyp, einer Kombination aus sozialen Daten. Je nichtidealtypischer die Mitarbeiter sind (z. B. mit einer körperlichen Behinderung), desto unangepasster sind entsprechend auch die herkömmlichen Werkzeuge der Personalarbeit und desto ausgeprägter sind die Förderungsprogramme. Bei der Rekrutierung gelten die idealtypischen Mitarbeiter als die erstgesuchten und beim Outplacement

---

[1] Zu den sozialen Daten werden auszugsweise gezählt: Geschlecht, Lebensalter, Nationalität, Gesundheitszustand, Zivilstand, Religion, sozialer Hintergrund (vgl. Jent 2003, S. 19).
[2] Zu den Persönlichkeitsdaten werden auszugsweise gezählt: Einstellung, Intelligenz, Begabung, Interessen, Motivstruktur, Rollenstärke (vgl. Jent 2003, S. 19). Die Persönlichkeit ist die Gesamtheit aller Persönlichkeitseigenschaften eines Menschen (vgl. Asendorpf 1999).

verhält es sich umgekehrt. Bei diesem negativen Kreislauf handelt es sich nicht nur um eine Diskriminierung, sondern auch um einen organisationalen Verzicht auf besondere Befähigungen. Diese besonderen Befähigungen werden als die komparativen Kompetenzen bezeichnet (Straubhaar 1996). Zur Veranschaulichung einer komparativen Kompetenz kann folgendes Beispiel gelten: Blinde Menschen weisen überdurchschnittlich häufig einen sehr ausgeprägten Orientierungssinn aus und können sich in neuen räumlichen und sozialen Anordnungen äußerst schnell zurechtfinden. Dabei nehmen sie Veränderungen nicht über den visuellen Kanal auf, sondern über alle Sinne, die in der entwickelten Kombination mitunter mehr sein können als der eine Sinn für das optische Sehen. Dies führt dazu, dass sie eine zu den sehenden Menschen ergänzende Perspektive über eine räumliche oder soziale Situation abgeben können. Komparative Kompetenzen finden sich insbesondere bei Menschen mit einer Behinderung häufig stark ausgeprägt, um im soziotechnischen Miteinander bestehen zu können.

3.3.2 Komparative Kompetenz als eine Honorierungskomponente

Die komparativen Kompetenzen bilden sich aufgrund von bestimmten sozialen Daten heraus und können nutzbringend eingesetzt werden. Das 3-Säulen-Konzept bildet eine Grundlage zur Nutzung eben dieser Kompetenzen. Die erste Säule, jene der normativen Dimension, besagt, dass die Personalpolitik von der Unterscheidung zwischen idealtypischen und nichtidealtypischen Mitarbeitern absehen soll. Auf der Basis eines fest zu verankernden personalpolitischen Grundsatzes zur Antidiskriminierung wird beim Diversity-Ansatz über das Set von sozialen Daten, die so genannten Mitarbeiterkategorien, neu bestimmt. Die individuelle Zuordnung zu einer Mitarbeiterkategorie erfolgt immer selbstbestimmt, niemals fremdbestimmt; und zwar aufgrund jenes sozialen Datums eines Menschen, durch welches dieser im Kontext von Situation, Aufgabe und Lebensabschnitt seine persönlich stärkste komparative Befähigung einbringen kann. Mitarbeiterkategorien sind als gleichwertig, aber nicht als gleichartig zu betrachten. In Verbindung mit dem Grundsatz zur Antidiskriminierung erlaubt die Definierung von Mitarbeiterkategorien entsprechend das fluide Erhalten der Vielfalt und das gezielte Nutzen der Verschiedenartigkeit.

Die zweite Säule, jene der strategischen Dimension, setzt voraus, dass Personalstrategien so gestaltet werden, dass der globale Personalbestand nun tatsächlich nach soziodemografischen Kriterien in Mitarbeiterkategorien diversifiziert wird. Sinn und Zweck davon ist es, die auf sozialen Daten beruhenden komparativen Kompetenzen – zusätzlich zu den traditionellen Kompetenzen – sichtbar zu machen. Durch das Sichtbarwerden der bisher verborgenen und unbeachtet gebliebenen komparativen Kompetenzen erfahren insbesondere die bislang als nichtidealtypisch eingestuften Träger eine bedeutende Aufwertung bei der Beachtung, Einbindung und Anerkennung. Kurz: Vielfalt erfährt in der Wahrnehmung und in den Einstellungen eine begründete Aufwertung, da sie beim Diversity-Management, im Gegensatz zum defizitorientierten Ansatz, mit der Gewinnung zusätzlicher Kompetenzen für das Unternehmen einhergeht. Diesen komparativen Kompetenzen ist eigen, dass sie aus einem Mix aus sowohl performance-hemmenden „Bads" als auch performancesteigernden „Goods" (Potenzialfaktoren) bestehen. Das für das Diversity-Management typische Design der gezielt zusammengesetzten Arbeitspartnerschaft zielt entsprechend darauf ab, die „Goods" zu akkumulieren sowie die „Bads" möglichst wenig zum Tragen kommen zu lassen. Soll Vielfalt einen Nutzen stiften, so drängt sich dementsprechend der Teamansatz auf, der unabdingbarer Bestandteil der Strategie des Diversity-Managements ist. Dabei gilt es zu berücksichtigen, dass nicht aufgrund eines sozialen Datums wiederum eine Stereotypisierung hinsichtlich der Kompetenzen stattfindet. Ein soziales Datum per se ist kein Garant für den Erwerb einer komparativen Kompetenz, oder für ihre immer gleich dominante Ausprägung. Nicht jeder Mensch mit einer Behinderung hat im gleichen Maße spezifische komparative Kompetenzen. Eine lineare Zuschreibung solcher würde zu einer Überbevorzugung und somit zu einer positiven Diskriminierung führen. Unwiderrufliches Ziel muss die persönliche vertiefte Auseinandersetzung mit den individuellen Kompetenzen sein. Informell erworbene Kompetenzen müssen entsprechend kommuniziert und aus der Praxis mit konkreten Beispielen validiert werden. Erst dadurch kann sich ein Mitarbeiter mit einer Behinderung entsprechend qualifizieren und es entsteht ein Nutzen für das Unternehmen. Durch die aufgabenbezogene Selbstzuordnung zu einer Mitarbeiterkategorie ist somit in der Kategorie der Mitarbeiter mit Behinderung zu erwarten, dass komparative Kompetenzen im Zusammenhang mit Behinderung tendenziell gehäuft zu finden sind. Generieren komparative Kompetenzen von Mitarbeitern mit Behinderung bei einer Aufgabenstellung einen zu erwartenden Zusatznutzen, so erfährt die Suche nach den erwünschten Kompetenzen eine Beschleunigung, wenn zuerst die entsprechende Mitarbeiterkategorie abgeprüft wird. Aufgrund der individuumsspezifischen Persönlichkeitsprofile entbindet das allerdings nicht, die beste Eignung gezielt abzuklären. Darin unterscheidet sich der Evaluationsprozess der komparativen Kompetenzen im Dienst der Aufgabe also nicht wesentlich vom normalen Selektionsverfahren, macht aber die tendenzielle Zuordnung spezifischer komparativer Kompetenzen bewusst und schneller greifbar.

Die dritte Säule, jene der operativen Dimension, verlangt nach dem Prinzip „structure follows personality" des Diversity-Managements. Hierbei geht es um Personalinstrumente, welche es Mitarbeitern ermöglichen, ihre komparativen Kompetenzen sinnstiftend und motivierend einzubringen. Im Sinne eines zusätzlichen Nutzens sind die Instrumente so auszugestalten, dass dem Prinzip des „Stakeholder-added-value" folgend, alle Anspruchsgruppen profitieren, d. h. das Unternehmen ebenso wie die Mitarbeiter selbst. Entsprechend lösen sich bei einer konsequenten Umsetzung von Diversity-Management auf der operativen Ebene die starr definierten Stellen zu einer idealerweise völligen Flexibilisierung der Arbeitsorganisation auf. Solcherart lassen sich Anforderungen und Aufgabenbündel exakt definieren, welche der situativen Leistung und den Bedürfnissen der einzelnen Arbeitskraft optimal folgen. Das Produkt bleibt. Einzig die Arbeitsprozesse werden dadurch in flexible Aufgabenbündelungen geschnürt, damit jeder Mitarbeiter möglichst auf Dauer in seinem optimalen Leistungserbringungsgrad zu arbeiten in der Lage ist. Auf diese Weise ist es auch bei Arbeitskräften mit Behinderung möglich, das

Leistungspotenzial umfassend auszuschöpfen. Die operativen Instrumente regeln, koordinieren und lenken diesen Optimierungsprozess für sämtliche Ebenen der Zusammenarbeit und Vernetzung.

Quintessenz des neuen Verständnisses des Nichtdiskriminierungsgrundsatzes als „Gleichwertigkeit ungleich Gleichartigkeit" ist ein doppelter zusätzlicher Gewinn für das Unternehmen aus der Schaffung eines Mehrwerts durch beide soziodemografischen Zielgruppen: Einen kleineren zusätzlichen Mehrnutzen durch die einstigen idealtypischen Mitarbeiter und einen bedeutenden zusätzlichen Mehrnutzen durch das große Heer vormals nichtidealtypischer Mitarbeiter.

3.3.3 Wie Kultur die Honorierung beeinflusst

Die Kultur eines Unternehmens basiert auf den impliziten, vielfach geteilten und getragenen Werten (Schein 2006). Diese wiederum wirken sich auf die zu generierenden Instrumente elementar aus. Folglich ist es wichtig, im Zusammenhang mit der Personalhonorierung von Menschen mit einer Behinderung die Unternehmenskultur zu betrachten. Zentral in den meisten Unternehmenskulturen sind die Hierarchien. Entsprechend wird dem Individuum ein Mehr oder Weniger an Kompetenz zugeschrieben. Statussymbole, wie die Hierarchiestufe im Organigramm, generieren Einfluss. Dies ist leicht nachvollziehbar und gewissermaßen auch zielführend. Schwieriger wird es hinsichtlich der Mitarbeiter mit Behinderung. Durch ihre Andersartigkeit entstehen auch andere Fähigkeiten. Dafür gibt es in der Unternehmenskultur jedoch in aller Regel schlicht keinen internen Markt. Zudem werden bei der Vergabe von unternehmensinternen „zusätzlichen Zückerchen", wie Status, Einfluss, Bonus, Hierarchiezugehörigkeit, Funktionsstufe etc., diese Fähigkeiten nicht berücksichtigt. Die Kompetenzerfassungssysteme richten sich am Normaltypus aus. Gerade für Menschen mit einer Behinderung – aber auch für alle anderen – wäre es sinnvoll und wünschenswert, die individuellen Kompetenzen stärker zu berücksichtigen und dafür Werkzeuge zur Verfügung zu stellen. Dabei darf nicht das bloße Ausfüllen von weiteren Werkzeugen, wie z. B. Kompetenzmodellen, im Vordergrund stehen. Viel zentraler muss der dahinter liegende Prozess zur Erfassung der persönlichen Kompetenzen gewichtet werden. Es wird zunehmend unerlässlich, dass Mitarbeiter ihr persönliches Alleinstellungsmerkmal, der so genannte USP (unique selling proposition) herausfinden und auch benennen können. Unterschiedliche Kompetenzen – ob formell oder informell erworben – müssen gleich gewichtet werden. Diesbezüglich gibt es verschiedene Kompetenzmessverfahren. Eine Möglichkeit, bei welcher der persönliche Prozess stark gewichtet wird, bildet das so genannte „CH-Q" – das Schweizerische Qualifikationsprogramm zur Berufslaufbahn. Zusammen mit Partnern in der Schweiz und im Ausland engagiert sich die Gesellschaft „CH-Q" für die Entwicklung und Etablierung von Gesamtlösungen in der Kompetenzentwicklung und im Management von individuellen Kompetenzen. Zur Verwirklichung dieser Zielsetzung und zur Schaffung einer weiterführenden Kompetenzkultur erarbeitet die Gesellschaft Grundlagen, Strategien und Rahmenbedingungen. In den Aktivitäten kann sie auf die direkte oder indirekte Unterstützung durch Behörden, Verbände und Institutionen auf nationaler und regionaler Ebene zählen. Die internationale Ausrichtung im europäischen Raum ist ebenfalls sichergestellt (Gesellschaft CH-Q 2011). Darauf basierend können Honorierungskonzepte erarbeitet werden, welche transparent sind und sich an den individuellen Kompetenzen orientieren. Dies mit dem Resultat, dass Gleichwertigkeit nicht von der Gleichartigkeit abhängt, und somit eine individuumsorientierte, aufgabensetgebundene Honorierung möglich wird. Dies entspricht nun auch vollumfänglich dem „Swiss Code of Ethics". Darin wird durch eines der sieben Prinzipien festgelegt, dass die Verteilung von Gütern und Lasten und die Wiedergutmachung von Schäden an Kriterien auszurichten sind, die gegenüber allen gerechtfertigt werden können. Danach handelt unter anderem gerecht, wer bei der Vergabe von Aufträgen, Aufgaben, Positionen, Privilegien sowie bei der Festlegung von Entschädigungen, ein Verfahren wählt, dessen Auswahl- und Entscheidungskriterien objektiv gerechtfertigt und nachvollzogen werden können. Der „Swiss Code of Ethics" ist eine Initiative aus Schweizer Wirtschaftskreisen. Ziel ist es, einen praxisrelevanten „Code of Ethics" vorzuweisen, zu welchem sich in der Schweiz tätige Unternehmen freiwillig verpflichten. Die Initiative stützt sich auf die Überzeugung, dass ethisch korrektes unternehmerisches Handeln Vertrauen schafft und auf Dauer dem Erfolg der Unternehmen dient (Verein Swiss Code of Ethics 2011). Gestützt auf diesen „Swiss Code of Ethics" ist im Konzept des CH-Q eine gangbare Möglichkeit zu sehen, wie die bei Menschen mit Behinderung häufig überdurchschnittlich stark, aber ebenso häufig unbewusst entwickelten komparativen Kompetenzen bewusst und benennbar gemacht und als Alleinstellungsmerkmal zu den traditionellen Muss-Kompetenzen gleichwertig verwertet, in ihrer Zweckdienlichkeit bewertet und letztlich verteilungsgerecht honoriert werden können (Abb. 3.1).

Die von Deutschland her postulierte, in unseren Köpfen weitverbreitet verankerte Segregation in „Normalleister" und „Minderleister" drückt nicht nur ein abwertendes Menschenbild gegenüber Menschen mit Behinderung aus, was an sich schon diametral zu den Antidiskriminierungsrichtlinien der EU steht, sondern fokussiert auf die Limitationen von Behinderung. Diese Fokussierung deckt ein janusköpfiges Verständnis von Leistung auf. Unser Leistungsverständnis geht im Grunde immer noch auf die erste Hälfte des 20. Jahrhunderts zurück, als beispielsweise Henry Ford die Massenproduktion etablierte (Ford 2012). Nämlich auf die zählbaren Produktionseinheiten. Je mehr davon, desto höher die Leistung. Wie aber bewertet sich Denkleistung? Kann beispielsweise ein Ingenieur nach getaner Tagesarbeit tatsächlich konkret aufzeigen, dass sein „Denkoutput" einen exakt zu beziffernden Wert hat? Ist die Leistung des Ingenieurs wirklich so viel wert, wie diese den Arbeitgeber kostet? Bereits an diesem Beispiel wird deutlich, wie schwammig die Begrifflichkeit und Bewertbarkeit von Leistung ist. Letztlich gibt es einfach „Leistung". Und diese erfüllt die gestellten Erwartungen, oder eben nicht. Die Erwartung hingegen ist eine wenig objektive Konstruktion. Sie stützt sich zudem auf das, was bekannt ist und ist von Arbeitgeber sowie Arbeitnehmer stark subjektiv und mitunter sehr unterschiedlich geprägt. Die Auffassung von Minderleistung von Mitarbeitern mit Behinderung ist eine vereinfachende Konstruktion, die erlaubt, die Defizitorientierung zu legitimieren und beizubehalten. „Unser Arbeitskollege ist erblindet. Seitdem ist er verlangsamt, ein Minderleister also und zumindest ökonomisch nicht mehr tragbar." Dass Erblindung in aller

3 Rewards and Compensation von Menschen mit Behinderung

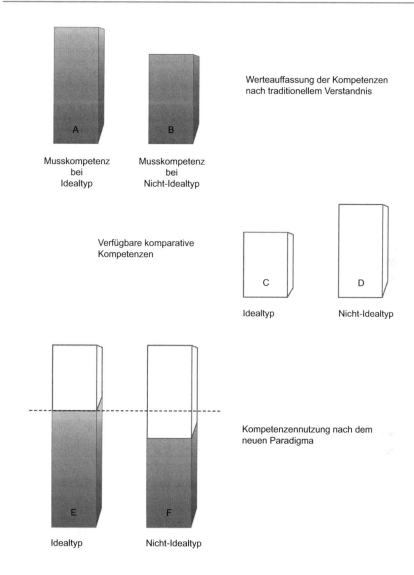

Abb. 3.1 Kompetenzsäulen. (Quelle: Jent 2003)

Regel entschleunigt oder gar Tätigkeitsausübungen verunmöglicht, wird auch kein Betroffener leugnen. Das sind die „Bads", die uns sofort auffallen, da wir sie mit dem Normwert unserer eigenen Alltagserfahrung vergleichen. Sind wir befähigt, unsere Perspektive der Alltagserfahrung zu weiten, lassen sich jedoch auch mögliche „Goods" einer Blindheit ausmachen. Diese können beispielsweise sein: Überdurchschnittliche punktuelle Konzentrationsfähigkeit und überdurchschnittlich lange Konzentrationsphasen. Überspitzt: Sie verkehren nun ihrerseits eine „Normalleistung" in eine „Minderleistung". Dies nämlich durch den Vorteil, dass keinerlei optische Reizüberflutung, derer das Gehirn andauernd ausgesetzt ist, die Konzentrationsfähigkeit mindert, schnell abbaut oder punktuell gar gänzlich aufhebt. Diese, mit Blindheit häufig korrelierende komparative Kompetenz gilt es individuell abzuprüfen und wenn sie ausgeprägt genug angelegt ist, entsprechend für Aufgaben gezielt einzusetzen und zu nutzen. Dem Mitarbeiter ist, im Fall einer Leistungswandlung, eine individuell zu definierende, begleitete Prozesszeit einzuräumen, damit sich aufgrund der Leistungswandlung neue komparative Kompetenzen ausbilden und zum Bewusstsein gebracht werden können. Letztlich kann ein „Weniger" an herkömmlichem Leistungsportfolio teilweise oder gar vollumfänglich mit der komparativen Kompetenz kompensiert werden. Die Sichtbarkeit solcher Prozesse führt im optimalen Fall zu einer Re-Definition des unternehmensinternen Leistungskonstrukts. Ansonsten werden weiterhin Ressourcen verschleudert. Eine Verschleuderung, welche bisher zu wenig erkannt wird und deren Kern in einer defizitär orientierten Denkweise begründet liegt. Dies ist fatal für das Unternehmen selbst sowie für die betroffenen Mitarbeiter.

Letztlich ist es eine Frage der Werthaltung und Einstellung des Arbeitgebers, ob bei einem leistungswandelnden Ereignis der betroffene Mitarbeiter vom Leister zum Minderleister, mit den entsprechenden Salärierungskonsequenzen, gemacht wird; oder aber, ob sich der Arbeitgeber zur Vielfalt und Differenz seiner Mitarbeiter bekennt und in diesem Kontext neben den traditionellen Fach-, Führungs- und Sozialkompetenzen nun auch die komparativen Kompetenzen anerkennt, abprüft, in den Arbeitsprozess einbaut sowie verteilungsgerecht honoriert. Verpflichtet sich der Arbeitgeber zu Letzterem, löst sich die Diskussion um Leister und Minderleister auf; es gibt nur noch eine Art der Leistung, die aufgabenbezogen Quantität, Qualität und Erfüllungszeit zueinander gewichtet und den Leistungslohn definiert. Bei einem holistischen Verständnis von Leistung weitet sich also der enge Bezug des Leistungslohns auf Quantität und starr vorgegebenem Stellenprofil hin zu einer breiteren und verteilungsgerechten Auslegung, die komparative Kompetenzen inkludiert und sich an individuumspezifischen Aufgabenbündelungen orientiert. Dennoch gilt auch hier: Reichen die komparativen Kompetenzen nicht aus, um die Leistungsdifferenz auch nach neuem Verständnis zu kompensieren, ist die sozialromantische Schiene zu meiden, da durch diese letztlich alle verlieren.

3.3.4 Honorierung der Zukunft

Die Honorierung der Zukunft gestaltet sich insbesondere auch für Menschen mit einer Behinderung visionsorientiert und konkurrenzfähig und muss auf entsprechenden Richtlinien basieren (Hilb 2009):

3 Rewards and Compensation von Menschen mit Behinderung

Interne Verteilungsgerechtigkeit

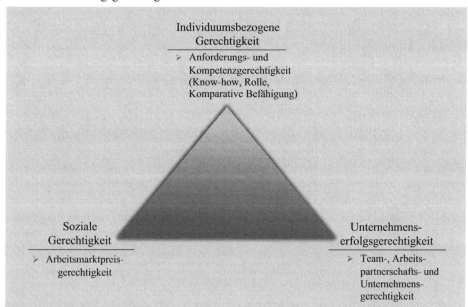

Abb. 3.2 Das Magische Dreieck der Verteilungsgerechtigkeit nach Hilb. (2009, S. 96)

- Die Honorierungspolitik soll nicht-diskriminierend sowie
- an den komparativen bzw. den individuellen Kompetenzen orientiert sein und dadurch letztlich
- ein ökonomisches Ziel auf Basis der Grundstrategie des Unternehmens verfolgen.

Als Grundmodell für eine visionäre und innovative Entlohnung dient das magische Gleichgewichtsdreieck der Verteilungsgerechtigkeit nach Hilb (2009, S. 96). Dieses verdeutlicht, dass das Ziel darin besteht, dass jeder Mitarbeiter sich intern und extern sowie team- und unternehmenserfolgsgerecht fair honoriert fühlt. Bei der Betrachtung der verschiedenen Eckpunkte des besagten Dreiecks fällt unschwer auf, dass zwischen diesen einzelnen Komponenten viele Konflikte bzw. Spannungsfelder bestehen (Abb. 3.2).

Die Magie besteht nun darin, eine Optimierung dieser Konflikte bzw. Spannungsfelder hin zu einem dynamischen Gleichgewicht anzustreben. Durch die Disability-Brille betrachtet, erhöhen sich die Konflikte nochmals drastisch. Die soziale Gerechtigkeit kann sich im Zusammenhang mit Arbeitskräften mit Behinderung nicht etablieren. Dies, weil ein Arbeitsmarkt für die Disability-Gruppe schlicht inexistent ist. Der eklatante Mangel der Partizipationsmöglichkeiten an der Stellenbesetzung für Menschen mit einer Behinderung verunmöglicht den erforderlichen Mechanismus von Angebot und Nachfrage und somit die Herausbildung eines Marktwertes. Diese Aussage beinhaltet explizit nicht die subtile Suggestion der Bildung spezifischer Arbeitsstellen für Menschen mit Behinderung. Diese stellen nämlich einen ökonomischen Unsinn dar, fokussieren sie doch fälschlicherweise auf die Behinderung. Dies schafft keinen Mehrwert, sondern generiert mehr Kosten als Gewinn. Ein Mehrwert generiert sich ausschließlich dadurch, dass die komparativen Kompetenzen berücksichtigt werden und in die Kompetenzbewertung einfließen. Werden dagegen spezifische Stellen für Menschen mit Behinderung geschaffen, spielen die Kompetenzen eine untergeordnete Rolle und die behinderungsspezifischen komparativen Kompetenzen kommen nicht mehr zum Tragen (diese kommen einzig in der unmittelbaren Zusammenarbeit mit einer Arbeitskraft ohne Behinderung zur Wirkungsentfaltung). Zentral ist dann die Behinderung. Dies entspricht einem defizitorientierten Ansatz. Dagegen ist es beispielsweise zielführend, im Selektionsverfahren eines Unternehmens zusätzlich zu den üblichen Assessoren eine blinde Assessorin einzusetzen, welche die komparative Kompetenz hat, über die Stimmmodulation und deren Veränderung innerhalb eines Gesprächs, Rückschlüsse auf die Persönlichkeitsstruktur ziehen zu können. Durch solche ergänzenden Befähigungen entsteht für das Unternehmen ein Zusatznutzen durch die Behinderung. Aber auch, wenn kein unmittelbarer Zusatznutzen feststellbar ist, birgt die Partizipationsmöglichkeit für Menschen mit einer Behinderung am ersten Arbeitsmarkt zentrale ökonomische Chancen. Audi beispielsweise hat erkannt, dass die Produktionsstraßen ergonomisch und adaptierbar konzipiert sein müssen (siehe Kap. 8). Dies ist grundlegende Voraussetzung zur Partizipation – auch für die gesuchten Fachspezialisten mit Behinderung. Für jene kostenintensiven Fachspezialisten ohne Behinderung wiederum bietet die Ergonomie nebst den präventiven und damit leistungserhaltenden Möglichkeiten die Voraussetzung, Arbeitsschritte ermüdungsfreier, effizienter und qualitativ besser zu tätigen. Es handelt sich hierbei um einen indirekten Mehrwert, welcher aus dem Faktum Behinderung und/oder durch Impulse von Mitarbeitern mit Behinderung generiert wird. Folglich ist ersichtlich, dass auch Audi nicht aus sozialromantischen Gründen, sondern rein ökonomisch getrieben im weiteren Sinn des Disability-Managements aktiv ist. Und dies durchaus nicht nur zum eigenen Nutzen, sondern auch zu jenem der Mitarbeiter. Für eine Honorierung der Zukunft muss zwangsläufig die differenzierte Diversity-Brille aufgesetzt werden. Analoge Feststellungen konnten bereits im Thema Familienfreundlichkeit sowie Generationenfreundlichkeit gemacht werden. Die rein monetäre Belohnung ist zwar Basisvoraussetzung, doch ab einem bestimmten Punkt verschiebt sich die individuelle Kosten-Nutzen-Rechnung zugunsten anderer Anreizsysteme. So können für Eltern beispielsweise verlängerter Vaterschaftsurlaub bzw. Mutterschaftsurlaub oder auch das Zugeständnis von mehreren freien Tagen bei Krankheit der Kinder zum lohnenden Benefit werden. Für ältere Mitarbeiter stellt sich oftmals die Frage nach neuen Arbeitsmodellen, z. B. Teilzeit, Jahresarbeitszeit oder auch neue Funktionsmöglichkeiten wie Mentorentätigkeiten. Solche und weitere Anreize sind sehr zweckdienlich und erhöhen die Freiheitsgrade für die Mitarbeiter. Voraussetzung ist, dass der Anreiz zielgruppenspezifisch konzipiert ist und die Relationen unter den verschiedenen Möglichkeiten transparent und nachvollziehbar sind. So braucht es für jede Zielgruppe spezifische nichtmonetäre Entlohnungskomponenten. Nebst dem Aspekt, dass für Menschen mit einer Behinderung Dimensionen wie Familienfreundlichkeit oder Generationenfreundlichkeit ebenfalls wichtig sind, wäre es sinnvoll und innovativ, das Cafeteria-System (Dicke und Schulte 1986) spezifisch auf die Zielgruppe der Mitarbeiter mit Behinderung auszurichten. Die Komponenten könnten in Zusammenarbeit mit einer Vertretergruppe von

Menschen mit Behinderung erarbeitet werden. Beispielsweise könnten sich bei vorliegender Behinderung interne Fahrdienste nutzen lassen oder für Mitarbeiter mit einer schweren Behinderung ein Pool von Personen zur Verfügung steht, die befähigt sind, in kleinerem Umfang Assistenzleistungen zu erbringen. Zum Beispiel könnte dies eine Tagungsbegleitung sein oder auch eine spezifische Ansprechperson aus dem Bereich IT für Arbeitsplatzfragen. Cafeteria-Systeme dürfen jedoch nicht überreizt werden, da sie der Pensionskassen-Unwirksamkeit unterliegen (d. h. sie erhöhen die spätere Pension nicht). Solche Lohnkomponenten benachteiligen, falls sie einen signifikanten Gehaltsanteil ausmachen, den Lohnempfänger in Bezug auf dessen Altersvorsorge.

3.3.5 Innovationsproblem

Zu Recht lässt sich die Frage stellen, wie sich derartige innovative Ansätze in der Praxis umsetzen lassen. Es erscheint als Illusion, bei jedem Mitarbeiter mit einer Behinderung unmittelbar ein solches Maß an komparativen Kompetenzen zu entdecken, dass die Kosten-Nutzen-Rechnung bereits vor dem notwendigen Kulturwandel schon wieder aufgeht. Genauso erscheint es als Illusion, die Funktion vom Stellenprofil zu lösen, um personenorientiert flexible Aufgabenbündel zu schnüren. Die Praxis zeigt jedoch, dass der bunte Unternehmensalltag sich letztlich kaum in reinen Theorien abbilden und schon gar nicht steuern lässt. Das echte Neue, die Innovation, entsteht dabei eher selten und oft zufällig. Der Erhaltungsmechanismus der Unternehmen erschafft sich laufend wieder aus alten Elementen („es ging schon immer so"). Es bedarf schon einer deutlichen Irritation, um substanziell Neues zu ermöglichen (Bergmann und Daub 2008). Auch wenn der sozialpolitische Druck zur Inklusion von Mitarbeitern mit Behinderung in die Arbeitsprozesse eine solche Irritation sein mag, so richtet sich dieser Artikel hier nicht darauf aus, alle Innovationsprobleme gedanklich vorweg lösen zu wollen. Letztlich geht es insbesondere auch darum, die Wahrnehmungsmuster, Normen, Werte und Ideologien aus einer anderen Perspektive zu betrachten und entsprechende neue Toleranz- und Entwicklungsräume zu prüfen. Auch in Bezug auf die herrschenden Honorierungskonzepte.

3.4 Controlling der Honorierung

Bei allen Ansätzen, Konzepten und Instrumenten für eine gerechte Honorierung spielt das Controlling eine entscheidende Rolle. Kontrollinstrumente müssen sich auf ökonomisch-statistische Analyse-Methoden stützen. Zentraler Bestandteil kann dabei die Methode der Regressionsanalyse sein. Unter gewissen Voraussetzungen (ausreichende Firmengröße, ausreichender Anteil an Menschen mit Behinderung) lässt sich ein solches Verfahren auch auf einzelne Unternehmen anwenden. Die Methode erlaubt es, den Einfluss verschiedener Faktoren auf den Lohn zu messen:

In der standardisierten Analyse wird ermittelt, welcher Teil der Lohndifferenz zwischen Mitarbeitern ohne Behinderung und Mitarbeitern mit Behinderung durch persönliche

Qualifikationsmerkmale (Ausbildung, Dienstalter und potenzielle Erwerbserfahrung; sogenannte „Humankapitalfaktoren") oder durch Unterschiede in den arbeitsplatzbezogenen Faktoren (berufliche Stellung sowie Anforderungsniveau) erklärt werden kann, und welcher Anteil auf die Behinderung zurückzuführen ist. Der Lohn kann von weiteren objektiven Erklärungsfaktoren beeinflusst werden, die in der standardisierten Analyse nicht berücksichtigt werden. Deshalb müsste eine so genannte Toleranzschwelle von 5 % festgelegt werden. Konkret ausgedrückt: Es wird davon ausgegangen, dass ein Unternehmen, unter Berücksichtigung nutzenwirksamer und entsprechend honorierter komparativer Kompetenzen, Lohngleichheit zwischen Menschen mit und ohne Behinderung erreicht hat, wenn das Ergebnis der festgestellten behindertenspezifischen (nicht erklärbaren) Lohnungleichheit kleiner als die festgelegte Toleranzschwelle von 5 % ist bzw. nicht signifikant darüber liegt. Dies verhindert, dass ein Unternehmen ungerechtfertigt zur Rechenschaft gezogen wird. Erst wenn der festgestellte Unterschied zwischen Menschen mit und ohne Behinderung signifikant über der Toleranzschwelle liegt, wird Lohnungleichheit angenommen. In diesem Fall soll die Situation mit dem entsprechenden Unternehmen weiter abgeklärt werden. Bleibt eine systematische, nicht zu erklärende Lohnungleichheit zwischen Menschen mit und ohne Behinderung bestehen, hat dies entsprechende Sanktionen zur Konsequenz. In der Schweiz wurde ein analoges Instrument (Logib) vom Eidgenössischen Departement des Innern in Bezug auf die Lohngleichheit von Männern und Frauen bereits entwickelt und den Unternehmen kostenlos zur Verfügung gestellt (Eidgenössisches Büro für die Gleichstellung von Frau und Mann 2011). Analoges ist auch denkbar in Bezug auf die Hilb'sche Verteilungsgerechtigkeit bei den Mitarbeitern mit sowie jenen ohne Behinderung.

3.5 Fazit

Innovative und zukunftsweisende Honorierungsmodelle berücksichtigen die individuellen komparativen Kompetenzen von Menschen mit einer Behinderung. Dafür ist die Implementierung von zielgerichteten Diversity-Konzepten mit Wirkung auf die Unternehmenskultur unerlässlich. Insbesondere wird es als zielführend erachtet, sogenannte Cafeteria-Systeme spezifisch für Menschen mit einer Behinderung zu adaptieren und im mehr oder weniger breiten Angebot an möglichen „Sozialleistungen" attraktive Bestandteile für Menschen mit einer Behinderung vorzusehen. Analog wie dies auch für andere Diversity-Gruppen, wie z. B. Eltern, älteren Mitarbeiter oder Menschen anderer Nationalitäten der Fall ist. Es gilt, einen internen Markt für die Kompetenzen der Menschen mit einer Behinderung zu schaffen und die Personalhonorierung dergestalt zu erweitern, dass die komparativen Kompetenzen als vierte Kompetenz anerkannt werden und auch einen lohnrelevanten Wert zugewiesen bekommen. Darauf basierend kann letztlich auch die Partizipationsmöglichkeit an Statussymbolen sowie der Machtverteilung innerhalb einer Unternehmenskultur positiv beeinflusst werden. Förster und Kreuz (2005, S. 17) argumentieren: „Einzeln und als Unternehmen müssen wir lernen, Veränderungen und Innovationen mit ebenso viel Elan anzustreben, wie wir sie in der Vergangenheit bekämpft haben". Eine solche Innovation ist die Integration von Mitarbeitern mit einer Behinderung unter Berücksichtigung ihrer individuellen Kompetenzen. Eine Behinderung kann auch eine strategische Erfolgsposition sein – und solche werden in der Wirtschaft in der Regel gut bis sehr gut entlohnt!

Literatur

Asendorpf, J. B. (1999). *Psychologie der Persönlichkeit*. Berlin: Springer.
Bergmann, G., & Daub, J. (2008). *Systemisches Innovations- und Kompetenzmanagement. Grundlagen – Prozesse – Perspektiven* (2. Aufl.). Wiesbaden: Gabler.
Dicke, A., & Schulte, C. (1986). Cafeteria-System (Ziele, Gestaltungsformen, Beispiele und Aspekte der Implementierung. *Die Betriebswirtschaft, 46*(5), 577–589.
Eidgenössisches Büro für die Gleichstellung von Frau und Mann (EBG) (2011). Logib: Selbsttest Lohngleichheit. http://www.ebg.admin.ch/dienstleistungen/00017/index.html. Zugegriffen: 20. Juni 2011.
Förster, A., & Kreuz, P. (2005). *Different thinking. So erschliessen Sie Marktchancen mit coolen Produktideen und überraschenden Leistungsangeboten*. Frankfurt: Redline Wirtschaft.
Ford, H. (2012). *Geschichte über Henry Ford*. http://www.de.ford.ch/%C3%9Cber%20Ford/Unternehmen/Tradition. Zugegriffen: 2. Aug. 2012.
Gesellschaft CH-Q (2011). *Schweizerisches Qualifikationsprogramm zur Berufslaufbahn*. http://www.ch-q.ch/Portrait.aspx. Zugegriffen: 15. Juni 2011.
Hilb, M. (2009). *Integriertes Personalmanagement* (19. Aufl.). Köln: Luchterhand.
Jent, N. H. (2003). *Learning form Diversity: Gleichwertigkeit ≠ Gleichartigkeit* (2. Aufl.). St. Gallen: IFPM-Schriftenreihe.
Müller, C., & Sander, G. (2009). *Innovativ führen mit Diversity-Kompetenz*. Bern: Haupt.
Schein, E. H. (2006). *Organisationskultur. The Ed Schein corporate culture survival guide* (2. korrigierte Aufl.). Bergisch Gladbach: EHP.
Straubhaar, T. (1996). Sind Professoren „eierlegende Wollmilchsäue"? *Baslerzeitung, 264*, 11.
Verein Swiss Code of Ethics. (2004). *Die sieben ethischen Prinzipien*. http://www.swisscodeofethics.ch/code/prinzipien/gerechtigkeit. Zugegriffen: 2. Juni 2011.

Bewusstseinsbildung als Voraussetzung erfolgreicher Inklusion

Volker Ravenhorst

Inhaltsverzeichnis

4.1	Einleitung	66
4.2	Ein Leben mit Behinderung – Ausgangssituation und Zielzustand	67
4.3	UN-Konvention eröffnet neue Chancen	68
4.4	Mögliche Wege der Bewusstseinsbildung – Die Vertrauenspersonen als unternehmensinterne Experten	69
4.5	Die ARGE SBV – Hamburger Wirtschaft	69
4.6	Ansätze zur stärkeren Nutzung der Vertrauenspersonen in den Betrieben	70
	4.6.1 Öffentlichkeitsarbeit	70
	4.6.2 Mitwirkung in politischen Gremien	71
	4.6.3 Vernetzung	72
	4.6.4 Bereitstellung von Informationen	72
4.7	Fazit & Ausblick	73
Literatur		74

Zusammenfassung

Bewusstseinsbildung, insbesondere in den Betrieben, ist ein wesentlicher Schlüssel, um eine breite Öffentlichkeit für die Belange und die Teilhabe von Menschen mit Behinderung in der Arbeitswelt und allgemein am gesellschaftlichen Leben zu sensibilisieren. Kein Mensch beschäftigt sich ohne Grund mit dem Gedanken, morgen schwerbehindert zu sein, sei es durch einen Unfall, eine Krankheit, einen Arbeitsunfall oder Sonstiges. Dies ist sicherlich normal, doch jeder kann von heute auf morgen in diese Situation

V. Ravenhorst (✉)
ARGE SBV - Hamburger Wirtschaft, Besenbinderhof 60,
20097 Hamburg, Deutschland
E-Mail: volker.ravenhorst@arge-sbv.de

kommen. Insbesondere auch die psychischen Belastungen und die Auswirkungen einer Behinderung auf das soziale Umfeld, wie beispielsweise in der Familie, am Arbeitsplatz oder im Freundeskreis, kann nur derjenige nachvollziehen, der davon betroffen ist. Dennoch ist ein Umdenken in der Gesellschaft und den Unternehmen die Voraussetzung für den Erfolg einer jeden Integrationsmaßnahme. Es gibt viele Ansatzpunkte um einen solchen Bewusstseinswandel zu fördern. Gerade das Engagement und die Erfahrung der Vertrauenspersonen der Schwerbehindertenvertretungen im Umgang mit Schwerbehinderten in den Betrieben, die oftmals selbst schwerbehindert sind, sollten bei dem Bemühen um eine aktive Bewusstseinsbildung verstärkt als Multiplikatoren eingesetzt werden bzw. von sich aus aktiv werden.

4.1 Einleitung

Menschen mit Behinderung, insbesondere wenn Behinderungen sichtbar und wahrnehmbar sind, begegnen wir häufig zurückhaltend und unsicher, teilweise sogar mit Vorurteilen oder jahrhundertealten Klischees. Es liegt wohl in der Natur des Menschen, Dingen, die nicht selbsterklärend sind, mit einem gewissen Abstand gegenüber zu treten. Wie verhalte ich mich gegenüber Menschen mit Behinderung (z. B. einem Rollstuhlfahrer, einem Blinden oder älteren Menschen mit altersbedingten Einschränkungen ihrer Motorik oder mentalen Beweglichkeit)? Wie spreche ich die-/denjenigen an? Wird meine Hilfe benötigt? Wie beeinträchtigt die Behinderung die Leistungsfähigkeit? Hierbei spielt es keine Rolle, ob wir uns im privaten oder beruflichen Umfeld bewegen.

Menschen werden aus vielerlei Gründen (zum Beispiel durch Krankheit oder einen Unfall) plötzlich aus dem normalen Leben gerissen. Die Prioritäten ändern sich abrupt. Zunächst steht die Genesung an erster Stelle, dann die Frage, ob körperliche oder mentale Beeinträchtigungen zurückbleiben. Hat die Beeinträchtigung von verloren gegangenen Fähigkeiten unmittelbare Auswirkungen auf das private und berufliche Umfeld? Wie geht mein Lebenspartner mit dieser neuen Situation um? Wie reagieren meine Familie oder die Freunde oder Arbeitskollegen? Wer steht mir zur Seite, hält zu mir? Wo bekomme ich welche Unterstützung? Wie wird sich meine wirtschaftliche Entwicklung gestalten? Was kann ich überhaupt noch leisten? Diese offenen Fragen sind für den Betroffenen psychisch extrem belastend und die Fragen sind sicherlich nicht einfach zu beantworten. Was also kann die Gesellschaft und somit wir alle als Mitmenschen tun, um Menschen mit Behinderung zu unterstützen und ihre Teilhabe am gesellschaftlichen Leben zu respektieren und zu gewährleisten? Als erster Schritt hierfür ist ein Umdenken im Umgang mit Menschen mit Behinderung notwendig. Es muss ein Bewusstsein für deren Belange geschaffen werden, um eine Inklusion zu ermöglichen.

Bewusstseinsbildung ist ein schwer abzugrenzender Begriff. Ich verstehe darunter das Vermitteln von Verständnis für die Belange von Menschen, denen, durch welchen Umstand auch immer, Fähigkeiten abhandengekommen sind, wodurch sich vielfältige Problemstellungen ergeben. Bewusstseinsbildung in diesem Sinne soll heißen, Verständnis für die Belange von Menschen mit Behinderung, egal ob im privaten oder beruflichen Bereich, zu wecken.

Eine Bewusstseinsbildung in der breiten Öffentlichkeit hat meines Erachtens eine zentrale Bedeutung. Der breiten Öffentlichkeit muss durch Informationen und Aufklärung, Beratungsangebote und überzeugende Beispiele sowie zielführende Unterstützung bewusst gemacht werden, dass Behinderungen Teil des normalen Lebens sind. Der Inklusionsgedanke ist aus meiner Sicht jedoch keine Einbahnstraße. Auf der einen Seite müssen wir die Barrieren gegenüber Menschen mit Behinderung abbauen, auf der anderen Seite muss es auch Ziel sein, das Selbstbewusstsein und das Selbstwertgefühl von Menschen mit Behinderung, wo es erforderlich ist, zu stärken. Nur so können wir eine stärkere Einbindung von Menschen mit Behinderung in der Arbeitswelt erreichen und somit eine Inklusion nachhaltig vorantreiben.

4.2 Ein Leben mit Behinderung – Ausgangssituation und Zielzustand

Um ein selbstbestimmtes Leben zu führen, ist es erforderlich, über ausreichendes eigenes Einkommen zu verfügen. Dieses gewährleistet neben der Erfüllung der Grundbedürfnisse auch die Möglichkeit der Teilhabe am gesellschaftlichen Leben. Für Menschen mit Behinderung kann das Erlangen eines eigenen Einkommens zu einem existenziellen Problem werden. Die Arbeitswelt ist leider oftmals nicht frei von Berührungsängsten, Vorbehalten oder Unkenntnis von Möglichkeiten, die Fähigkeiten von Menschen mit Behinderung richtig einschätzen und fördern zu können.

Es gibt in Deutschland ein weitreichendes, gesetzlich abgesichertes soziales Netz, um Nachteile durch eine Behinderung möglichst auszugleichen. Damit soll eine gleichberechtigte Teilhabe am gesellschaftlichen Leben gewährleisten werden. Dennoch stellt sich die Frage, ob diese Zielsetzungen für die Menschen mit Behinderung wirklich erreicht werden.

Ein Auszug aus dem „Gemeinsamen Arbeitsmarktprogramm 2012" der Agentur für Arbeit, des Jobcenters team.arbeit Hamburg und der Behörde für Arbeit, Soziales, Familie und Integration (BASFI) in Hamburg weist unter anderem auf folgende Problemfelder hin: „Unterschiedliche strategische Ansätze, mangelnde Abstimmung zwischen den Akteuren und partikulare Interessen der Akteure und Umsetzer haben in Hamburg zu einer unübersichtlichen Förderlandschaft geführt, die von Einzelprojekten ohne systematischen Nutzen, Doppelstrukturen und gegensätzlichen Förderprozessen geprägt ist, denen ein gemeinsames, strategisches, integrationsorientiertes Zielbild fehlt..." (Behörde für Arbeit, Soziales, Familie und Integration 2012, S. 4).

Bewusstseinsbildung einschließlich der gegebenenfalls erforderlichen Diskussionen rund um das Arbeitsleben ist daher unbedingt notwendig. Dies ist primär eine gesellschaftspolitische Aufgabe, zu der wir alle unseren Anteil beitragen können. Aber wie gehen wir alle das Thema Bewusstseinsbildung im Arbeitsleben an, um möglichst eine breite Öffentlichkeit effektiv und effizient zu interessieren und zu erreichen?

Wesentlich ist meines Erachtens, dass allgemein erkannt wird, dass es nicht so sehr auf die Behinderung eines Menschen ankommt, sondern primär auf die Fähigkeiten, die tatsächlich vorhanden sind. Wir fragen Menschen ohne Behinderung ja auch nicht, welche Fähigkeiten sie nicht haben! So sind zum Beispiel für die Erbringung einer gewünschten Leistung in der Regel im Voraus bekannte Fähigkeiten notwendig. Werden kaufmännische Kenntnisse gefordert und ist hauptsächlich eine sitzende Tätigkeit am Schreibtisch notwendig, sollte es kein Problem sein, wenn der Mitarbeiter ein gelähmtes Bein hat. Primär kommt es somit auf die vorhandenen, arbeitsrelevanten Fähigkeiten an. Diese gilt es zu hinterfragen. Arbeitsplätze neu zu organisieren oder durch Einsatz von Technik, Unterstützungsleistungen oder eine Assistenz anzupassen, ist oftmals kein Problem. So gibt es beispielsweise zahlreiche Möglichkeiten der Beratung von staatlichen Institutionen oder Fachdiensten, die sich mit solchen Problemstellungen auskennen. Diese sind jedoch oftmals nicht hinreichend in den Unternehmen bekannt. Außerdem bestehen scheinbar bei den Verantwortlichen in den Führungsebenen vieler Unternehmen die bereits angesprochenen Berührungsängste, Vorurteile oder Klischees, sich grundsätzlich der Thematik der aktiven Unterstützung und Einstellung von Menschen mit Behinderung anzunehmen. Die Leistungsfähigkeit von Menschen mit Behinderung im Berufsleben wird aus meiner Sicht noch nicht ausreichend genug wahrgenommen. Dies zu ändern ist eine wesentliche Aufgabe der notwendigen Bewusstseinsbildung im Arbeitsleben.

Bislang ist unsere Gesellschaft also trotz aller Bemühungen weit entfernt von dem Ziel, Menschen mit Behinderung als normalen Teil unserer Gesellschaft zu akzeptieren. Dies ist jedoch nicht lediglich ein moralisches Ziel, auch das Gesetz verpflichtet uns, die Rechte aller Menschen zu achten. Diese Rechte und das Miteinander in unserer Gesellschaft sollen in Deutschland an erster Stelle durch das Grundgesetz sichergestellt werden. Im Art. 1 des Grundgesetzes wird, übergreifend für alle Lebensbereiche, die Würde des Menschen als unantastbar deklariert. Sie zu achten und zu schützen ist Verpflichtung aller staatlichen Gewalt. Ferner bekennt sich das deutsche Volk in Art. 2 des Grundgesetzes deshalb zu unverletzlichen und unveräußerlichen Menschenrechten als Grundlage jeder menschlichen Gemeinschaft, des Friedens und der Gerechtigkeit in der Welt und in Art. 3 des Grundgesetzes wird in Ziffer (3) explizit dargelegt: „... Niemand darf wegen seiner Behinderung benachteiligt werden" (Bundeszentrale für politische Bildung 2012). Nachgeordnete Gesetzgebungen, wie das Sozialgesetzbuch (SGB), regeln die Einzelheiten der Umsetzung dieser Grundsätze durch Rechte und Pflichten sowie Unterstützungsleistungen/-angebote.

4.3 UN-Konvention eröffnet neue Chancen

Auf dem Weg hin zu einer offeneren Gesellschaft bietet die UN-Konvention über die Rechte von Menschen mit Behinderung (Bundesministerium für Arbeit und Soziales 2012), die von rund 145 Mitgliedsstaaten der Vereinten Nationen unterzeichnet wurde, neuen Antrieb. Sie bringt die Sozialpolitik in Bewegung. Neue Perspektiven werden sichtbar und neue Themen sind auf der Tagesordnung. Die UN-Konvention, die von Deutschland bereits 2009 ratifiziert wurde, rückt die Thematik der Rechte von Menschen mit Behinderung in den Mittelpunkt der Tagespolitik in der Hauptstadt Berlin, den Ländern und den Unternehmen. Dies eröffnet selbstverständlich auch Chancen, neue Aktivitäten für die Bewusstseinsbildung zu eröffnen, den Schlüssel für weitere Unterstützungen.

Das Leben stellt uns tagtäglich vor neue Herausforderungen. In der Regel meistern wir diese Aufgaben und Verpflichtungen mithilfe unserer Fähigkeiten, der im Laufe des Lebens gemachten Erfahrungen und des erworbenen Wissens. Menschen mit Behinderung befinden sich jedoch meist unverhofft in einer ganz anderen Lebenssituation, herausgerissen aus der sogenannten Normalität. Der Betroffene kann sich hierauf in der Regel nicht vorbereiten. Demgegenüber ist der Gesellschaft bewusst, dass Menschen mit Behinderung unser aller Unterstützung bedürfen. Die Basis hierfür bilden die gesetzlichen Bestimmungen, welche die Rechte der Menschen mit Behinderung schützen sollen. Trotzdem existiert noch immer ein allgemeines Menschenbild, das festlegt, wie Normalität auszusehen hat. Mentale oder physische Beeinträchtigungen gehören nicht zu diesem Bild. Sie sind in den Augen vieler keine Normalität. Dies gilt auch im Berufsleben. Überall auf der Welt hat das Arbeitsleben zur Existenzsicherung einen grundsätzlichen Stellenwert. Demzufolge ist es sinnvoll und erforderlich, insbesondere in den Unternehmen selbst, das Bewusstsein für die Belange von Menschen mit Behinderung weiter zu schärfen und hierfür die vorhandenen Strukturen zu nutzen und auszubauen. Was aber sind mögliche Wege zur Veränderung des Bewusstseins in der Gesellschaft?

4.4 Mögliche Wege der Bewusstseinsbildung – Die Vertrauenspersonen als unternehmensinterne Experten

In den Unternehmen in Deutschland sind die Vertrauenspersonen der Schwerbehindertenvertretungen Teil der betrieblichen Interessenvertretungen mit ihren Informations-, Mitwirkungs- und Mitbestimmungsrechten. Die Vertrauenspersonen haben darüber zu wachen, dass die zugunsten schwerbehinderter Menschen geltenden Gesetze oder zum Beispiel Betriebsvereinbarungen vom Arbeitgeber eingehalten werden. Das bezieht sich auch auf die Unterstützung von Menschen in den Unternehmen, die von einer Behinderung bedroht sind. Die Vertrauenspersonen der Schwerbehindertenvertretungen sind also eine wichtige Ressource, um ein Umdenken in der Gesellschaft und vor allem in den Betrieben anzustoßen. Im Folgenden wird die ARGE SBV kurz vorgestellt. Des Weiteren sollen beispielhaft die Erfahrungen meiner Arbeit in der ARGE SBV dargestellt werden, die wichtige Ansatzpunkte beinhalten, wie ein Umdenken gefördert werden kann.

4.5 Die ARGE SBV – Hamburger Wirtschaft

In Hamburg haben sich bereits seit 1971 ca. 500 Vertrauenspersonen zu einer Arbeitsgemeinschaft zusammengeschlossen, um ihre Erfahrungen, ihre Problemstellungen auszutauschen und neue Lösungsansätze für ihre gesetzlichen Aufgaben zu suchen. Ihr

Engagement zielt darauf ab, die Interessen ihrer Kollegen mit Behinderung noch besser wahrnehmen zu können. Die Ziele der ARGE SBV – Hamburger Wirtschaft sind einerseits, die Vertrauenspersonen der Schwerbehindertenvertretungen in den Hamburger Betrieben enger untereinander zu vernetzen und andererseits, eine bessere Verbindung mit der Sozialwirtschaft sowie den staatlichen Institutionen, wie zum Beispiel Integrationsamt und Agentur für Arbeit herzustellen. Des Weiteren sollen die Vertrauenspersonen selbst durch zusätzliche Informationen unterstützt und in die Lage versetzt werden, ihrerseits ihre Kollegen fachmännisch zu beraten und zu informieren.

4.6 Ansätze zur stärkeren Nutzung der Vertrauenspersonen in den Betrieben

Es gibt vielfältige Möglichkeiten, um eine Bewusstseinsbildung in den Betrieben und der Gesellschaft voranzubringen. Wie bereits erwähnt sind die Vertrauenspersonen hierfür eine wichtige Ressource. Die ARGE SBV hat verschiedenste Maßnahmen ergriffen, um die Effektivität der Vertrauenspersonen bei diesem Vorhaben zu erhöhen.

4.6.1 Öffentlichkeitsarbeit

Sämtliche Vertrauenspersonen in den Unternehmen in Hamburg erhalten von der ARGE SBV für ihre Öffentlichkeitsarbeit ein neu entwickeltes Medium, das HCP Journal (siehe www.hcp-journal.de). Das HCP Journal befasst sich insbesondere mit den Themen Arbeit, Gesundheit, Soziales und Recht. Es berichtet zum Beispiel über Menschen mit Behinderung, die ihr Leben selbst und aktiv sowie mit den ihnen zur Verfügung stehenden Fähigkeiten in die Hand nehmen. Das HCP Journal bietet behinderten Menschen zudem die Gelegenheit, sich kostenlos vorzustellen und so eine neue Stelle zu suchen. Die Zeitschrift wird den Vertrauenspersonen vierteljährlich als Druckexemplar zur Verfügung gestellt. Unsere Kollegen in den Unternehmen erhalten von ihren Vertrauenspersonen die Ausgabe des Journals auf unterschiedliche Art und Weise (z. B. öffentliche Auslage, durch einen Link auf die Digitalausgabe im Internet oder Hinterlegung im hausinternen Intranet des Betriebes). Durch die Nutzung von Druck- und Digitalausgaben multiplizieren sich die Kontaktmöglichkeiten in den Unternehmen. So erreichen wir neben unseren Kollegen auch die Inhaber von Unternehmen, deren Geschäftsführungen, die Führungskräfte und die Personalabteilungen. Dies ist unsere Basis, um Bewusstseinsbildung für eine breite Öffentlichkeit umzusetzen.

Des Weiteren ist die ARGE SBV – Hamburger Wirtschaft Initiator des Hamburger Integrationspreises (vormals: Integrationspreis der Schwerbehindertenvertretungen in der Hamburger Wirtschaft). Der Hamburger Integrationspreis wurde 2012 zum vierten Mal zusammen mit der Senatskoordinatorin für die Gleichstellung von Menschen mit Behinderung, in der Freien und Hansestadt Hamburg, Frau Ingrid Körner, verliehen. Der Preis zeichnet in besonderer Weise Unternehmen in Hamburg aus, die sich in ausgezeichneter Weise in ihren Unternehmen um die Belange von Menschen mit Behinderung verdient gemacht haben. An der Preisverleihung 2012 im Festsaal des Hamburger Rathauses haben rund 350 Gäste aus Politik und Wirtschaft teilgenommen.

Ein anderes Beispiel für neue kreative Wege ist in Hamburg die Kampagne „... und es geht doch", deren Projektpartner wir sind. Die weiteren Partner in Hamburg sind die Fortbildungsakademie der Wirtschaft GmbH und die Beratungsinitiative und Integrationsfachdienst Hamburg (BIHA), die PHH Personaldienstleistung GmbH und das BFW Vermittlungskontor (Berufsförderungswerk). Im Rahmen der Kampagne werden Veranstaltungen rund um das Thema Beschäftigung schwerbehinderter Menschen organisiert. 2010 wurde zum Beispiel ein Dokumentarfilm produziert, der Menschen mit Behinderung an einem Arbeitstag begleitet. Er zeigt, dass berufliche Inklusion schwerbehinderter Menschen leichter ist als gedacht und im Arbeitsalltag für alle Beschäftigten ganz normal sein kann. Dieser Film steht Interessierten, den Vertrauenspersonen und insbesondere den Unternehmen für Filmvorführungen zur Unternehmenskommunikation, Öffentlichkeitsarbeit, Fortbildung, auf Workshops oder Konferenzen kostenlos zur Verfügung.

4.6.2 Mitwirkung in politischen Gremien

Des Weiteren hat sich die ARGE SBV – Hamburger Wirtschaft gegenüber der Bundesregierung dafür eingesetzt, dass die Vertrauenspersonen der Schwerbehindertenvertretungen im Nationalen Aktionsplan als Interessenvertretungen der schwerbehinderten Menschen im Betrieb berücksichtigt werden, was auch Erfolg hatte. Hierdurch wurde die Grundlage zur Anerkennung der Vertrauenspersonen in den Unternehmen als wichtige Unterstützer für die Umsetzung der Zielsetzungen der UN-Konvention in Deutschland wesentlich gestärkt. Der Nationale Aktionsplan ist die Basis für die derzeit zu gestaltenden weiteren Landes- oder Unternehmens-Aktionspläne für die Belange von Menschen mit Behinderung, insbesondere im Sinne des Art. 8 der UN-Konvention (Bewusstseinsbildung). Artikel 8 besagt: Es müssen geeignete Maßnahmen ergriffen werden, um:

- in der Gesellschaft das Bewusstsein für Menschen mit Behinderung zu schärfen und die Achtung ihrer Rechte und ihrer Würde zu fördern;
- Klischees, Vorurteile und schädliche Praktiken gegenüber Menschen mit Behinderung (auch aufgrund des Geschlechts oder des Alters) in allen Lebensbereichen zu bekämpfen;
- das Bewusstsein für die Fähigkeiten und den Beitrag von Menschen mit Behinderung zu fördern.

Hierzu gehören, gemäß der UN-Konvention für die Rechte von Menschen mit Behinderung, die Einleitung und dauerhafte Durchführung wirksamer Kampagnen zur Bewusstseinsbildung in der Öffentlichkeit. Auch hier sind die Vertrauenspersonen miteinzubeziehen. In Hamburg ist die ARGE SBV – Hamburger Wirtschaft zum Beispiel stimmberechtigtes Mitglied im Landesbeirat zur Teilhabe behinderter Menschen gemäß dem Hamburgischen Gesetz zur Gleichstellung behinderter Menschen (HmbGGbM). Die Berufung erfolgte durch den Hamburger Sozialsenator. Der Beirat soll als eigenständiges Gremium die/den Senatskoordinator/in für die Belange von Menschen mit Behinderung in Hamburg beraten und unterstützen. Er nimmt in Hamburg eine Multiplikatorenfunktion ein, um eine breite Öffentlichkeit für die Bedürfnisse und Interessen behinderter Menschen zu sensibilisieren und an Aufklärungsinitiativen mitzuwirken.

4.6.3 Vernetzung

Ohne direkte Mitbestimmung, analog zu anderen betrieblichen Interessenvertretungen, sind die Vertrauenspersonen in Deutschland derzeit in der Regel „Einzelkämpfer" in den Betrieben. Sie sind kaum vernetzt oder übergreifend organisiert. Dadurch wird das Potenzial der Vertrauenspersonen der Schwerbehindertenvertreter als Fürsprecher der Problemstellungen der Menschen mit Behinderung in den Betrieben als Multiplikatoren, insbesondere für eine weitreichende Bewusstseinsbildung, nur unzulänglich genutzt. Wie beschrieben ist diese jedoch notwendig, um das Verständnis für die Interessen von Menschen mit Behinderung zu stärken und somit die Inklusion zu ermöglichen.

Die Themen insbesondere zu den Bereichen Arbeitsplatzgestaltung und -umgebung, Gesundheit, Soziales und Recht, die wesentliche Schwerpunkte der Bewusstseinsbildung in den Betrieben sein sollten, werden dort derzeit nur wenig diskutiert und zielführend berücksichtigt. Diese Themen sind für eine wirksame Unterstützung der Menschen mit Behinderung in den Betrieben jedoch unerlässlich. Ein wesentliches Ziel ist es daher, dafür zu werben, dass sich die Vertrauenspersonen auch in den anderen Bundesländern organisieren. Aus meiner Sicht wird die ehrenamtliche Arbeit der Vertrauenspersonen und deren Potenzial oftmals unterschätzt. Dabei können die Vertrauenspersonen als kompetente Ansprechpartner für die Mitarbeiter, den Arbeitgeber und als Bindeglied zu den staatlichen Institutionen und der Sozialwirtschaft dienen.

4.6.4 Bereitstellung von Informationen

Eine weitere Möglichkeit, um ein Umdenken in der Gesellschaft und den Betrieben zu bewirken, besteht in der effizienten Bereitstellung von Informationen. Zum Beispiel können die Auswirkungen von psychischen Belastungen auf die Gesundheit oder die zu erbringende Arbeitsleistung dargestellt werden. Es können Informationen darüber geliefert werden, welche Möglichkeiten der Prävention durchführbar sind. Es können Gestaltungsmöglichkeiten von Arbeitsplätzen, wie das Anschaffen von höhenverstellbaren Schreibtischen, was gelegentliches Arbeiten im Stehen ermöglicht und so Skeletterkrankungen durch belastendes Dauersitzen vor dem Computer vorbeugt, aufgezeigt werden. Es können auch Wege aufgezeigt werden, um Fördermittel zur Anpassung von Arbeitsplätzen zu beantragen. Durch all diese Maßnahmen soll Berührungsängsten, Klischees und Vorurteilen entgegengewirkt werden, und die Fähigkeiten von Menschen mit Behinderung sollen in den Vordergrund rücken. Dadurch soll also weniger Zeit darauf verwendet werden, welche Fähigkeiten nicht mehr vorhanden sind. Stattdessen sollten wir uns auf die Stärken der betreffenden Personen fokussieren. Dies ist jedoch nur durch eine wirksame Informationspolitik, insbesondere am Ort des Geschehens, in den Unternehmen, zu erreichen. Die Vertrauenspersonen sind diejenigen, die direkt und unmittelbar im Geschehen sind. Sie haben den direkten Kontakt zu den Menschen in den Betrieben, kennen die Geschäftsabläufe und die Möglichkeiten, Menschen mit Behinderung teilhaben zu lassen. Diese Potenziale direkt am Geschehen sind aus unserer Sicht zu stärken und mehr als bisher in den Vordergrund zu stellen. Die vorstehend angeführten Informationen sind meist in vielfältiger Art und Weise vorhanden. Sie erreichen jedoch nur selten die Mitarbeiter in den Betrieben. Gerade deshalb sollten neue Informationswege zusammen mit den Vertrauenspersonen initiiert werden.

4.7 Fazit & Ausblick

Zu Beginn wurde die Frage aufgeworfen, wie man sich einem Menschen mit Behinderung gegenüber verhalten soll. Sicher kann hierauf kaum eine allgemeingültige Antwort gegeben werden. Dennoch lassen sich aus der Erfahrung meiner Arbeit als Vertrauensperson folgende Dinge für den beruflichen Alltag festhalten: Menschen mit Behinderung möchten nicht primär nach ihren verloren gegangenen Fähigkeiten beurteilt oder eingeschätzt werden, sondern nach ihren vorhandenen Fähigkeiten, die für das vom Unternehmen angebotene Aufgabengebiet interessant sind. Zudem sollte ihnen, genau wie jedem anderen Menschen auch, mit Respekt, Offenheit und Wertschätzung begegnet werden.

Um diese Natürlichkeit im Umgang mit Menschen mit Behinderung zu erreichen, muss ein Bewusstseinswandel in der Gesellschaft vonstattengehen. Um diesen zu erreichen, sind meiner Meinung nach die Vertrauenspersonen in den Unternehmen eine entscheidende Ressource. Leider werden ihre Erfahrungen und Kenntnisse bisher jedoch oft unterschätzt. Gerade die Vertrauenspersonen sind diejenigen im Betrieb, welche die tatsächlichen Gegebenheiten am besten einschätzen und beurteilen können. Die politischen und staatlichen Akteure sollten auf dieses *Expertenwissen* nicht verzichten. Die Vertrauenspersonen haben zumindest theoretisch einen direkten Zugang zu den rund 27 Mio. sozialversicherungspflichtigen Arbeitnehmern bzw. Kollegen in Deutschland. Keine staatliche Organisation, kein Verband und keine sonstige Interessenvertretung von Menschen mit Behinderung hat dieses Potenzial, Menschen so unmittelbar zu erreichen.

Neben diesen Experten sollten die Arbeitgeber in allen Bestrebungen nach Offenheit und Verständnis für die Belange für Menschen mit Behinderung aktiv einbezogen werden. In vielen Betrieben sind klare Compliance-Richtlinien bereits fest verankert. Hierbei geht es darum, die Einhaltung von Gesetzen und Richtlinien zu gewährleisten. In Bezug auf Menschen mit Behinderung bedeutet dies die explizite Einhaltung ihrer Rechte und Bedürfnisse an einer Teilhabe im Berufsleben. Die Einhaltung solcher Regeln setzt jedoch eine entsprechende Unternehmenskultur und -philosophie voraus, die nicht als verordnet betrachtet, sondern von den Inhabern und Führungsebenen gemeinsam mit den Mitarbeitern vorgelebt werden sollte.

Literatur

Behörde für Arbeit, Soziales, Familie und Integration. (2012). Gemeinsames Arbeitsmarktprogramm 2012 der Agentur für Arbeit Hamburg, des Jobcenters team.arbeit.hamburg und der Behörde für Arbeit, Soziales, Familie und Integration (BASFI). http://www.hamburg.de/basfi/veroeffentlichungen/3043212/arbeitsmarktpolitisches-programm.html. Zugegriffen: 9. Juni 2012.

Bundeszentrale für politische Bildung. (2012). Das Grundgesetz für die Bundesrepublik Deutschland: Die Grundrechte (Art. 1–19). http://www.bpb.de/nachschlagen/gesetze/grundgesetz/44187/i-die-grundrechte-art-1-19. Zugegriffen: 9. Juni 2012.

Bundesministerium für Arbeit und Soziales. (2012). Die UN-Konvention für die Rechte von Menschen mit Behinderung. http://www.bmas.de/SharedDocs/Downloads/DE/PDF-Publikationen/a729-un-konvention.pdf?__blob=publicationFile. Zugegriffen: 9.Juni. 2012.

Teil II
Rekrutierung

Bewerbung auf dem ersten Arbeitsmarkt – die Initiative „Jobs für Behinderte – Behinderte für Jobs" (St. Gallen/Wil)

5

Fabian Neubauer und Albert E. Frieder

Inhaltsverzeichnis

5.1	Vorstellung der Organisation MyHandicap	78
5.2	Entwicklung des Ansatzes	78
5.3	Beschreibung des Ansatzes	80
5.4	Stärken und Schwächen des Ansatzes	82
5.5	Bisherige Erfahrungen	83
5.6	Ausblick	83
5.7	Fazit	83

Zusammenfassung

Das Ziel des Projekts „Jobs für Behinderte – Behinderte für Jobs" besteht darin, Menschen mit Behinderung bei ihrer Bewerbung zu motivieren und zu unterstützen sowie ein Zusammenkommen Arbeitssuchender mit den Angeboten zu bewirken. Die Kernidee des Ansatzes ist der Fokus auf die Fähigkeiten („abilities") von Menschen mit Behinderung. Stellensuchende können auf der Plattform MyHandicap ein Fähigkeitsprofil erstellen. Dieses wird mit allen in der Schweiz ausgeschriebenen Stellen abgeglichen und die Stellensuchenden erhalten auf sie zugeschnittene Angebote. Eine namhafte Schirmherrschaft, wichtige Partner sowie mediale Kampagnen unterstützen

F. Neubauer (✉)
University College London, Großbritannien
E-Mail: fabineubauer@gmx.ch

A. E. Frieder
Stiftung MyHandicap, Werkstrasse 1, 9500 Wil/St.Gallen, Schweiz
E-Mail: albert.frieder@myhandicap.ch

das Projekt entscheidend. Bei der Arbeitsvermittlung von Menschen mit Behinderung ist eine Umorientierung von einer Defizit- zu einer Ressourcenorientierung dringend notwendig.

5.1 Vorstellung der Organisation MyHandicap

Durch einen unverschuldeten Motorradunfall im November 2002 in Südafrika verlor der Internetpionier und „Vater" von Scout24, Joachim Schoss, sein rechtes Bein sowie seinen rechten Arm. In Folge des Informationsmangels über seine eigene Behinderung gründete Schoss die Stiftung MyHandicap mit Sitz in Zürich im Jahre 2004. Der Stiftungszweck liegt in der Förderung und Unterstützung von Menschen mit Behinderung, um ihre Lebenssituation zu verbessern und ihnen im beruflichen und privaten Alltag zum Erfolg zu verhelfen. Das Internet-Portal www.myhandicap.ch/de/com dient als Plattform und ist das Fundament aller Dienstleistungen. Dienstleistungen rund um die Themen Information und Integration stehen im Fokus. Das Informationsangebot reicht von einer „Community Development", welche die Möglichkeit bietet, sich untereinander und mit Fachexperten zu gewissen Themen auszutauschen, bis zu „MyAdress" als Suchmaschine für Menschen mit Behinderung. Das Spektrum der Integration von MyHandicap beinhaltet Themen wie Beschäftigung, Botschafterorganisation oder Freizeit. Jedes Jahr besuchen Millionen von Nutzern das Portal von MyHandicap. Deshalb ist eine schrittweise Expansion von MyHandicap in andere Länder im Gange, um ein internationales Netz von Informationen, Kontakt- und Austauschmöglichkeiten zu schaffen.

5.2 Entwicklung des Ansatzes

Die Invalidenversicherung (IV) ist mit rund 15 Mrd. Schweizer Franken verschuldet und schreibt einen Jahresverlust von über einer Milliarde Schweizer Franken. Deshalb ist eine Sanierung dringend notwendig. Wegleitend dabei ist die Rückkehr der IV zu ihrem ursprünglichen Grundsatz „Eingliederung vor Rente". Durch die 5. IV-Revision wurde dieser Paradigmenwechsel eingeleitet, um Menschen mit Behinderung im Arbeitsprozess zu halten. Die 6a IV-Revision, welche den Umbau der Integrationsversicherung fortsetzt, hat zum Ziel, die Einstellung von Rentenbezügern zu fördern. Mit solchen Maßnahmen sollen 12.500 gewichtete (100 %) Renten in den ersten Arbeitsmarkt zwischen 2012 und 2017 zurückgeführt werden. Eine Umfrage des Bundesamts für Sozialversicherungen (BSV) aus dem Jahr 2006 jedoch ergab, dass in der Schweiz lediglich 0,8 % aller Arbeitsplätze im ersten Arbeitsmarkt von Menschen mit Behinderung besetzt werden. Anders als in Deutschland, wo der Gesetzgeber vorschreibt, dass private Unternehmen mit mindestens 20 Angestellten mindestens fünf Prozent der Stellen mit schwerbehinderten Menschen besetzen, lehnte der Nationalrat eine Quotenregelung im Jahre 2010 ab und überlässt es der Privatwirtschaft solche Maßnahmen umzusetzen. Dennoch liegen beträchtliche Gründe für eine Integration von Menschen mit Behinderung vor. So besitzen Menschen mit Behinderung wertvolle Fähigkeiten wie beispielsweise Loyalität, Zuverlässigkeit oder Leistungsbereitschaft. Menschen mit Behinderung haben teilweise große Lebenserfahrung und können neue Perspektiven in die Unternehmenskultur einbringen. Paradoxerweise besteht aus der Erfahrung von MyHandicap ein ganz anderes Problem: Es gibt viele Arbeitgeber, die Menschen mit Behinderung einstellen würden, jedoch keine geeigneten Bewerber finden. Somit scheint es nicht genügend Kontaktmöglichkeiten zu geben. Hier setzen die Kernideen des Projektes „Jobs für Behinderte – Behinderte für Jobs" an. Zuerst wurden für Unternehmen Qualitätslabels entwickelt. Die Idee der Nutzung von Fähigkeiten von Menschen mit Behinderung entstand in einer gemeinsamen Zusammenarbeit zwischen MyHandicap und dem Ringier-Verlag. Zur Realisierung des Projektes wurde die schweizerische Politik als zentraler Stakeholder, namentlich die Nationalratspräsidentin 2010, Pascale Bruderer Wyss, miteinbezogen. Das Hauptziel des Projektes „Jobs für Behinderte – Behinderte für Jobs" liegt in der Motivierung und Unterstützung von Menschen mit Behinderung bei ihrer Bewerbung sowie im wirkungsvollen Zusammenkommen der Arbeitsuchenden mit den Angeboten des ersten Arbeitsmarktes. Als Projektleiter fungieren der Geschäftsführer von MyHandicap Albert E. Frieder sowie Michael Stadler von Ringier.

Michael Stadler ist für die medienwirksame Begleitung des Projekts verantwortlich und leitet die Berichterstattungen über das Projekt bei Ringier. Ringier als Medienkraft ist darauf angewiesen, von seinen Partnern die entsprechenden Inhalte oder Fälle zu erhalten und darauf, dass Kontakte zu Betroffenen bzw. „Erfolgsgeschichten" hergestellt werden. Die Medienkampagne, als wichtiger Bestandteil des Projektes, leistet wichtige Aufklärungs- und Sensibilisierungsarbeit. Dadurch hilft sie, Vorurteile gegenüber Menschen mit Behinderung abzubauen. Zudem ist die Medienkampagne äußerst gut von der Öffentlichkeit aufgenommen worden. Im Projekt arbeiten Vertreter der Stiftung MyHandicap und des Schweizerischen Arbeitgeberverbandes (SAV) sowie das größte international operierende schweizerische Medienunternehmen Ringier zusammen.

Als Schirmherrschaft von „Jobs für Behinderte – Behinderte für Jobs" engagieren sich Pascale Bruderer Wyss (Nationalratspräsidentin 2010), Ellen Ringier (Präsidentin der Stiftung Elternsein), Joachim Schoss (Stiftungspräsident MyHandicap), Marc Walder (CEO von Ringier Schweiz und Deutschland), Yves Rossier (Direktor des BSV), Roland A. Müller (Mitglied der Geschäftsleitung SAV), Felix Weber (Mitglied der Geschäftsleitung SUVA) sowie Christian Wenk (Oberarzt des schweizerischen Paraplegiker-Zentrums Nottwil). Das Zitat der Schirmherrin Pascale Bruderer Wyss „ob aus menschlicher, volkswirtschaftlicher oder ganz generell aus gesellschaftlicher Sicht: Die berufliche Integration von Menschen mit Behinderung lohnt sich für alle" spiegelt den Leitgedanken des Projektes „Jobs für Behinderte – Behinderte für Jobs" wider. Die Kosten des Projekts, welche mehrere Millionen betragen, werden größtenteils von Ringier und der übrige Teil von MyHandicap getragen. Die kantonalen IV-Stellen sowie das BSV beteiligen sich nicht an den Kosten.

Abb. 5.1 Ringier-Kampagne für das Programm „Jobs für Behinderte- Behinderte für Jobs" (Teil 1)

5.3 Beschreibung des Ansatzes

Das Ziel des Ansatzes ist die Vermittlung von Menschen mit einer physischen oder psychischen Behinderung in den ersten Arbeitsmarkt. Das Hauptmerkmal liegt aber auf den Fähigkeiten („abilities") von Menschen mit Behinderung und nicht auf deren Defiziten („disabilities"). Jeder arbeitsuchende Mensch mit Behinderung kann auf die Webseite von MyHandicap zugreifen und sein individuelles Fähigkeitsprofil erstellen.

Dieses Fähigkeitsprofil, auch genannt Job-DNA, ist unterteilt in eine Selbst-, Fach- und Fremdanalyse. Die Selbstanalyse enthält Sätze wie beispielsweise „In meinem beruflichen Alltag bin ich …", „Für meinen beruflichen Erfolg ist es mir wichtig …" oder „Meine Motivation im Beruf ziehe ich besonders aus …". Solche Sätze sind mit vier möglichen Multiple-Choice-Antworten zu ergänzen. Die Fachanalyse, als ein weiterer Bestandteil der Job-DNA, enthält einen von Experten erstellten Fragebogen. Dieser beinhaltet Sätze wie beispielsweise „Ich fühle mich kompetent in Situationen, in denen es um zwischenmenschliche Werte geht." oder „Entscheidungen sollten im Team gefällt werden". Diese Sätze

Abb. 5.2 Ringier-Kampagne für das Programm „Jobs für Behinderte- Behinderte für Jobs" (Teil 2)

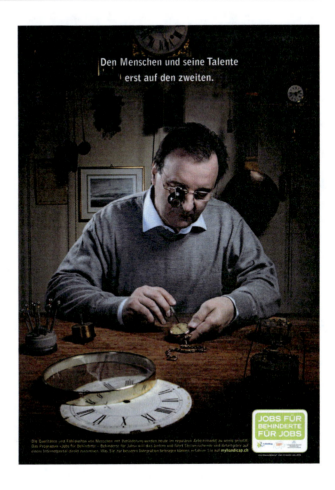

können mit „trifft überhaupt nicht zu" bis „trifft voll und ganz zu" beantwortet werden. Eine Fremdanalyse, bei welcher der Kandidat ihm bekannte Personen um die Ausfüllung eines Fragebogens bitten kann, ist freiwillig. Durch die Auswertung dieser Analysen wird ein Talentcheck erstellt. Dieser Talentcheck beinhaltet eine Übersicht über alle für den Kandidaten geeigneten Berufe bzw. Berufskategorien. Diese Vorselektion stellt eine erste allgemeine Orientierungshilfe dar, in der noch keine persönlichen Berufserfahrungen und Ausbildungen berücksichtigt werden. Diese Informationen werden im nächsten Schritt, im Matching-Prozess, einbezogen. Hierbei werden die Fähigkeitsprofile mit den täglich ca. 30.000 neu eingestellten Inseraten von 9.000–10.000 Unternehmen auf jobs.ch abgeglichen. Dem Kandidaten werden dann die entsprechend identifizierten Stellenangebote vorgeschlagen. Während der Stellensuche können Menschen mit Behinderung anklicken, ob sie von einer kantonalen IV-Stelle begleitet werden möchten. Während der Anlern-und Einarbeitungszeit zahlt die IV-Stelle dem Arbeitgeber einen Einarbeitungszuschuss von maximal 180 Tagen. Der Arbeitgeber bezahlt wie üblich den Lohn und erhält einen Zuschuss von der IV. Die Überprüfung der eigens eingerichteten Hotline liegt in der Kompetenz der Projektleiter. Die zentrale Aufgabe der Hotline besteht in der Beantwortung von Fragen beim Ausfüllen des Fähigkeitsprofils. Auch können sich Menschen mit Behinderung an die Hotline wenden, falls sie Fragen zum Status ihres Bewerbungsprozesses haben. MyHandicap steht zudem in engem Kontakt mit dem BSV und den kantonalen IV-Stellen. Seit Beginn des Projektes haben schon einige Tausend Menschen mit Behinderung eine solche Job-DNA ausgefüllt. Die Schirmherrschaft, deren Mitglieder sich vier Mal im Jahr treffen, leistet erhebliche Lobby-Arbeit, um ein strategisches Netzwerk aufzubauen. In der Verwirklichung der Ziele spielt das kreative Mitdenken der Schirmherrschaft eine wichtige Rolle.

Als wichtigster medialer Stakeholder des Projektes „Jobs für Behinderte – Behinderte für Jobs" begleitet Ringier die Kampagne mit Erfolgsgeschichten in sämtlichen seiner Medien. Auch das vom Werber des Jahres, Frank Bodin, entwickelte Inserat „Eine Behinderung sehen wir auf den ersten Blick. Den Menschen und seine Talente erst auf den Zweiten" wird in den Ringier-Medien platziert. Der erste Teil des Inserates zeigt einen Menschen im Rollstuhl von hinten. Der zweite Teil zeigt ihn, wie er präzise Uhren zusammensetzt. Weitere Sensibilisierungskampagnen, welche erfolgreiche Integrationen von Menschen mit Behinderung im ersten Arbeitsmarkt zeigen, wurden ebenfalls im Verlag Ringier lanciert. Um eine breite Hörerschaft zu erreichen wurde u. a. ein Interview mit Albert E. Frieder auf NRJ Zürich im November 2010 ausgestrahlt (Abb. 5.1 und 5.2).

5.4 Stärken und Schwächen des Ansatzes

Mit dem Fokus auf „abilities" stellt das Projekt „Jobs für Behinderte – Behinderte für Jobs" einen einzigartigen Ansatz dar. Es motiviert und unterstützt Menschen mit Behinderung, aktiv nach Arbeit zu suchen. Statt sich – im Sinne vieler defizitorientierter Ansätze – auf die Frage zu konzentrieren, was der potenzielle Jobbewerber nicht (mehr) kann, setzt das Projekt den Fokus auf die Fähigkeiten von Menschen mit Behinderung. Das Ausfüllen eines „Fähigkeitsprofils" rückt das Potenzial von Menschen mit Behinderung in den Mittelpunkt der Betrachtung. Der Matching-Prozess, welcher die passenden Arbeitsstellen im ersten Arbeitsmarkt herausfiltert, erleichtert es Menschen mit Behinderung, eine geeignete Arbeitsstelle zu finden. Durch die produktive Zusammenarbeit von MyHandicap, Ringier und Vertretern aus Politik und Wirtschaft wird das Projekt von einem immensen Netzwerk getragen. Insbesondere die Zusammenarbeit mit der Arbeitgeberseite hat sich als Erfolgsfaktor erwiesen.

Schwierigkeiten des Projekts sind in der Finanzierung zu sehen, die hauptsächlich von Ringier und der Stiftung MyHandicap getragen wird. Verschiedene Player in der Schweiz wie Behindertenverbände und die IV-Stellen arbeiten noch nicht ausreichend abgestimmt miteinander, was zu beträchtlichen Effektivitätseinbußen im gemeinschaftlichen Ziel der Reintegration von Menschen mit Behinderung in den ersten Arbeitsmarkt führt. Das BSV und die IV-Stellen-Konferenz (IVSK) profitieren von der Kampagne ganz erheblich, unterstützen sie aber nicht. Bis jetzt haben sich einige Tausend Menschen mit Behinderung beim Projekt angemeldet, jedoch nur einige Hundert einen Job gefunden. Geografisch ist der erste Arbeitsmarkt auf die Schweiz begrenzt.

5.5 Bisherige Erfahrungen

Erfahrungen haben gezeigt, dass die Bereitschaft seitens der Arbeitgeber, Menschen mit Behinderung als potenzielle Arbeitnehmer zu berücksichtigen, grundsätzlich groß ist. Es fehlt jedoch oft an aktivem Engagement und entsprechenden Kontaktmöglichkeiten. Zahlreiche Sensibilisierungskampagnen zeigen Beispiele von erfolgreicher Integration von Menschen mit einer Behinderung im ersten Arbeitsmarkt. So wie das Beispiel von Ramona Spielmann, welche mit ihrem Motorrad im Mai 2006 einen Unfall hatte. Infolge des Unfalls ist sie von der Mitte des Brustwirbels abwärts an gelähmt. Durch diese Einschränkung konnte sie ihre Lehre als Automechanikerin nicht mehr abschließen. Die IV-Institution Solothurn bot ihr sofort eine Bürostelle an, jedoch hatte sie das Bedürfnis, im ersten Arbeitsmarkt zu arbeiten. Nach dutzenden Absagen bekam sie eine Zusage beim Energieversorgungsunternehmen „AEK Energie AG" in Solothurn. Dank der guten Infrastruktur kann sie die gleiche Arbeit wie „normale" Auszubildende verrichten. Ein weiteres Paradebeispiel von erfolgreicher Integration ist das von Thomas Christen. Der Berner leidet seit seiner Geburt an der leicht-progressiven Form von Zerebralparese. Durch die Fehlentwicklung seiner Beinmuskeln sind seine Füße nach innen gekehrt. Nach seinem Studiumsabschluss in Boston arbeitete er als Kommunikationsfachmann bei „British Tabacco". Danach bewarb er sich bei „Dow Chemical" in Horgen als Business Development Analyst für die Wachstumsregion Osteuropa. Das Unternehmen bot ihm einen schrittweisen Einstieg mit einer 60-prozentigen Anstellung an. Diese wurde sukzessive auf ein Vollpensum ausgebaut.

5.6 Ausblick

Infolge von Effektivitätseinbußen, die aufgrund der unabgestimmten Zusammenarbeit mit anderen Playern wie kantonalen IV-Stellen oder Behindertenverbände entstehen, braucht es einen langen Atem bei der Umsetzung des Projektes „Jobs für Behinderte – Behinderte für Jobs". Das Projekt wächst nachhaltig. Da die „Community" exponentiell wächst, ist das Projekt ein klassischer Selbstläufer. Die mediale Sensibilisierungskampagne, welche am Anfang des Projektes in hoher Frequenz lanciert wurde, nimmt mit der Zeit degressiv ab und steht zum jetzigen Zeitpunkt auf mittlerer Frequenz. Die Kampagne wird zurzeit nicht zuletzt durch das viel besuchte MyHandicap-Portal getrieben.

5.7 Fazit

Das Erfolgsrezept des Projektes „Jobs für Behinderte – Behinderte für Jobs" besteht im Fokus der „abilities" von Menschen mit Behinderung. Die Zusammenarbeit mit der Arbeitgeberseite ist extrem wichtig. Auch muss auf politischer Ebene noch viel getan werden.

Die defizitorientierte Arbeitsvermittlung, wie sie üblicherweise in der Schweiz stattfindet, ist nicht zielführend. Bei den kantonalen IV-Stellen, den Behindertenverbänden und allen Beteiligten sollte ein Umdenken hinsichtlich einer Ressourcenorientierung stattfinden. „Jobs für Behinderte – Behinderte für Jobs" ist in dieser Hinsicht ein Best-Practice-Projekt, das bereits eindrückliche Erfolge hinsichtlich der beruflichen Inklusion von Menschen mit Behinderung vorzuweisen hat.

Rekrutierung und Integration von Mitarbeitern mit Behinderung bei der Globetrotter Ausrüstung GmbH (Hamburg)

Katharina Benson und Achim Ciolek

Inhaltsverzeichnis

6.1	Vorstellung von Globetrotter Ausrüstung: Vielfalt aus Überzeugung		86
6.2	Entwicklung des Ansatzes		87
6.3	Beschreibung des Ansatzes: Erst Platzieren, dann Qualifizieren		89
6.4	Stärken und Schwächen des Ansatzes der Hamburger Arbeitsassistenz		91
	6.4.1	Schwächen	91
		6.4.1.1 Voraussetzung: Vorhandensein einfacher, manueller Tätigkeiten im Betriebsablauf	92
		6.4.1.2 Voraussetzung: Akzeptanz im Team	92
		6.4.1.3 Voraussetzung: Wirtschaftliches Wachstum des Unternehmens	93
	6.4.2	Stärken	93
		6.4.2.1 Einstieg über Praktika	93
		6.4.2.2 Vereinfachung des Rekrutierungsprozesses	93
		6.4.2.3 Stigma oder doch Diversity?	94
6.5	Bisherige Erfahrungen		94
6.6	Ausblick		96
6.7	Fazit		97
Literatur			97

K. Benson (✉)
Globetrotter Ausrüstung GmbH, Bargkoppelstieg 10–14, 22145 Hamburg, Deutschland
E-Mail: katharina.benson@globetrotter.de

A. Ciolek
Hamburger Arbeitsassistenz, Schulterblatt 36, 20357 Hamburg, Deutschland
E-Mail: ciolek@hamburger-arbeitsassistenz.de

> **Zusammenfassung**
>
> Globetrotter Ausrüstung arbeitet seit 15 Jahren mit der Hamburger Arbeitsassistenz zusammen, um seinen Beitrag zur verbesserten Teilhabe von Menschen mit Behinderung auf dem allgemeinen Arbeitsmarkt zu leisten. Mit dem Ansatz, diese Menschen direkt im Arbeitsbetrieb für einen Berufseinstieg zu qualifizieren, zeigt Globetrotter, dass die Vielfältigkeit der Mitarbeiter der Dreh- und Angelpunkt des Unternehmens ist. Während der enormen Expansion des Unternehmens baute Globetrotter die Kooperation mit der Hamburger Arbeitsassistenz immer weiter aus und verfestigte diese. Die Mitarbeiter mit Behinderung sind mittlerweile fester Bestandteil der einzelnen Teams. Durch die fachliche Unterstützung und Qualifizierung der Hamburger Arbeitsassistenz bei der Platzierung ihrer Kandidaten konnte das Diversity-Management des Unternehmens weiter vorangetrieben werden.
>
> Viele Mitarbeiter, die über die Hamburger Arbeitsassistenz rekrutiert wurden, arbeiten nun schon lange bei Globetrotter und sind als Kollegen nicht mehr aus dem Arbeitsalltag wegzudenken. Alle profitieren von der Erweiterung des Blickfeldes durch die täglichen Arbeitskontakte, die für den Einzelnen zum Abbau von Vorurteilen und der Überwindung von Kontaktscheu beitragen. Die Zusammenarbeit fördert die Hilfsbereitschaft und das Verständnis für die Stärken und Schwächen jedes Einzelnen und vermittelt, dass jeder in seiner Art einzigartig ist und wertgeschätzt wird.

6.1 Vorstellung von Globetrotter Ausrüstung: Vielfalt aus Überzeugung

Mit großem Engagement, Innovationen und zukunftsweisenden Erlebniseinkaufswelten ist Globetrotter Ausrüstung in über 30 Jahren zu Europas größtem Outdoor-Händler herangewachsen, der im Geschäftsjahr 2011/2012 einen Jahresumsatz von 250 Mio. € erreichte. Der Hamburger Einzelhändler beschäftigt in seinen acht Filialen sowie im Versand rund 1.600 Mitarbeiter aus 60 verschiedenen Nationen. Aus Abenteuerlust und unternehmerischem Wagnis ist eine deutschlandweit erfolgreiche Firma entstanden, die stets hoch motiviert in die Zukunft blickt und die Outdoor-Fans mit neuen Ideen überrascht. Es wird versucht, den familiären Geist, der bereits 1979 die beiden Gründer Klaus Denart und Peter Lechhart mit ihren ersten Kunden verband, auch heute noch zu erhalten. Langfristiger und nachhaltiger Erfolg sowie das Streben nach Unabhängigkeit von externen Geldgebern bestimmen dabei die Ausrichtung des Unternehmens.

Über den stationären und den Distanzhandel, basierend auf dem Handbuch und der Webseite, werden mehr als 25.000 Artikel von 700 Herstellern vertrieben. Die Auflage des Handbuches liegt, allein für den Hauptkatalog 2012, bei 1,1 Mio. Exemplaren. Regelmäßig über das Jahr verteilt erscheinen zusätzliche Kataloge, Speziale und Themenflyer. Darüber hinaus bietet der eigene Web-TV-Sender 4-Seasons.tv, die Seite reiseberichte.com sowie das Outdoor-Community-Portal 4-Seasons.de umfangreiche Informationen zu Reisen, Ausrüstung, Reportagen und vielem mehr rund um das Thema Outdoor. Das Kundenma-

Tab. 6.1 Anteil MA mit Behinderung. (Quelle: Eigene Darstellung)

Einsatzort	Mitarbeiter mit Behinderung
Logistik	30
Auftragsannahme	2
Küche	2
Buchhaltung	1
Service	1
Zentrale/Post	1
Filiale Hamburg/Logistik	1
Filiale Dresden	3
Filiale Köln	1
Filiale München	1
Filiale Berlin	1

gazin 4-Seasons, das viermal im Jahr erscheint, ist mit einer Mindestauflage von 400.000 Exemplaren (IVW-geprüft) das auflagenstärkste Outdoor-Magazin Europas.

„Das Erfolgsgeheimnis von Globetrotter? Unsere Mitarbeiter, unsere Mitarbeiter, unsere Mitarbeiter. Alles andere lässt sich kopieren.", so die geschäftsführenden Gesellschafter Andreas Bartmann und Thomas Lipke. Denn die Mitarbeiter bilden eine einzigartige und wertvolle Grundlage des Unternehmens. Fairness, Wertschätzung und Integrität sind die Prinzipien bei Globetrotter, die bei der Einstellung von Personal, bei Bezahlung, bei Gleichgewicht zwischen Arbeit und Privatleben, flexiblen Arbeitszeiten, bei Schulung und Fortbildung, Arbeitsschutz, Sicherheit der Mitarbeiter und ihrer Arbeitsplätze sowie beim Umgang untereinander gelten. Die gesamte Unternehmensorganisation basiert auf flachen Hierarchien und bietet viel Raum für Eigeninitiative und selbstständiges Arbeiten aller Kollegen. Die Mitarbeiter bei Globetrotter bilden eine multikulturelle Organisation, die mit ihrer Begeisterung und Offenheit für Reisen und neue, ferne Länder über 60 verschiedene Nationen vereint. Bei Globetrotter werden nicht nur die individuellen Verschiedenheiten der Mitarbeiter toleriert, sondern im Sinne einer positiven Wertschätzung hervorgehoben. Unterschiedliche Mentalitäten, Denkweisen, Religionen und Erfahrungen werden bei Globetrotter als große Bereicherung für das gesamte Unternehmen gesehen.

Globetrotter Ausrüstung setzt sich für die Integration von Menschen mit Behinderung ein. Seit Jahren hat sich die enge Zusammenarbeit mit der Hamburger Arbeitsassistenz, einem Fachdienst zur beruflichen Eingliederung von Menschen mit Behinderung, bewährt. Von aktuell insgesamt 1599 Mitarbeitern sind insgesamt 44 Mitarbeiter mit Schwerbehinderung bei Globetrotter beschäftigt, also 2,76 % (Tab. 6.1).

6.2 Entwicklung des Ansatzes

Die ersten Kooperationen zwischen Globetrotter Ausrüstung und der Hamburger Arbeitsassistenz liegen bereits 15 Jahre zurück. Beide Gesellschaften haben seitdem deutlich expandiert. Diese Expansion war und ist die Grundlage, die die bisher realisierte berufliche

Abb. 6.1 Inklusion von Mitarbeitern mit Behinderung bei Globetrotter Ausrüstung

Integration von zahlreichen Mitarbeitern mit Behinderung überhaupt möglich machte. Mittlerweile sind 25 Menschen mit Behinderung durch die Unterstützung der Hamburger Arbeitsassistenz Mitarbeiter von Globetrotter Ausrüstung geworden – davon galten einige aufgrund Art und Schwere ihrer Behinderung zuvor als „nicht vermittelbar". Im folgenden Kapitel geht es um den spezifischen Ansatz der Hamburger Arbeitsassistenz zur Integration von Menschen mit Behinderung, vor allem mit Lernschwierigkeiten, geistiger Behinderung oder Mehrfachbehinderung, in den regulären Arbeitsmarkt.

Vor 15 Jahren begann die Kooperation zwischen der Hamburger Arbeitsassistenz und dem damaligen Personalleiter von Globetrotter Ausrüstung. Dessen Überzeugung, dass die Zusammensetzung der Mitarbeiter bei Globetrotter ein Abbild der Gesellschaft sein sollte, geht mit dem vermehrten Interesse an den Begriffen „Diversity" und „Diversity-Management" einher. Die Unternehmenskultur der Firmengründer hat nie Zweifel daran gelassen, dass eine Vielfalt gewünscht ist und dass Unternehmen auch Menschen mit „schräger" Biografie Chancen ermöglichen soll.

Nachfolgend möchten wir die langjährige Kooperation zwischen Globetrotter Ausrüstung und der Hamburger Arbeitsassistenz in Bezug auf die Diversity-Dimension „Behinderung" beschreiben. Dabei sind einerseits die Unternehmenskultur und die Personalrekrutierung von Globetrotter Ausrüstung, andererseits das Leitbild, das Konzept und die Methoden der Hamburger Arbeitsassistenz als Integrationsfachdienst aufschlussreich (Abb. 6.1).

6.3 Beschreibung des Ansatzes: Erst Platzieren, dann Qualifizieren

In Deutschland haben Menschen, die aufgrund der Art und Schwere ihrer Behinderung nicht (oder noch nicht bzw. nicht mehr) auf dem allgemeinen Arbeitsmarkt als vermittlungsfähig gelten, einen Rechtsanspruch auf eine Teilhabe am Arbeitsleben in einer Werkstatt für behinderte Menschen (WfbM). Aufgaben und Ziele der WfbM sind sowohl die Bereitstellung von Beschäftigungsmöglichkeiten für Menschen mit Behinderung als auch die Förderung der beruflichen Rehabilitation und Integration – also: Vermittlung auf den regulären Arbeitsmarkt. Letzteres wird mit Vermittlungszahlen von ca. 0,2 % nur in Ausnahmefällen realisiert. Die Folge ist, dass die WfbM jährliche Zuwachsraten von ca. 4 % verzeichnen. Bundesweit sind über 300.000 Menschen in WfbM beschäftigt.

Die Hamburger Arbeitsassistenz wurde 1992 von der Landesarbeitsgemeinschaft Eltern für Integration e. V. gegründet, die heute noch alleinige Gesellschafterin der gemeinnützigen GmbH ist. Mittlerweile – 20 Jahre nach der Gründung – sind bei der Hamburger Arbeitsassistenz 75 (berufs-)pädagogisch qualifizierte Arbeitsassistenten beschäftigt, die neben dem vorbereitenden Profiling der Bewerber die Qualifizierung und Einarbeitung von Menschen mit Behinderung in sehr unterschiedlichen Betrieben und Unternehmen des allgemeinen Arbeitsmarktes unterstützen.

Die Methode der Personalvermittlung und beruflichen Qualifizierung der Hamburger Arbeitsassistenz fußt auf den Ideen des Konzeptes Supported Employment/Unterstützte Beschäftigung. Mit diesem Konzept wird das Ziel verfolgt, Unterstützungsaufwendungen an die Person selbst zu binden, statt an spezielle Institutionen, die separiert vom allgemeinen Arbeitsmarkt für die Beschäftigung und Qualifizierung behinderter Menschen gesetzlich vorgesehen sind. Hierfür war und ist Improvisationsgeschick erforderlich. So hat die Hamburger Arbeitsassistenz Kooperationsverträge mit den regionalen WfbM abgeschlossen:

- Rechtlich verbleiben die Menschen mit Behinderung in der WfbM, die vom zuständigen Leistungsträger gefördert wird. Die WfbM „kaufen" auf der Grundlage des Kooperationsvertrages die umfängliche Dienstleistung der Hamburger Arbeitsassistenz personenbezogen ein.
- Die Leistung kann auch im Rahmen eines „Persönlichen Budgets" organisiert werden. In §17 Sozialgesetzbuch IX (2001) ist der Anspruch auf ein „Persönliches Budget" festgeschrieben. Das „Persönliche Budget" ermöglicht Menschen mit Behinderung eine höhere Selbstbestimmung hinsichtlich der Verwendung von Förderleistungen.

Im zweiten Fall muss bestimmt werden, welche Kosten im „institutionellen System" entstehen würden. Die Budgetnehmer können sich auf dieser gesetzlichen Grundlage ein Unterstützungssystem selbst organisieren, müssen jedoch dabei gewährleisten, dass diese Selbstorganisation a) nicht teurer ist als das „institutionelle System" und b) die Zielsetzung (hier: Verbesserung der Teilhabe am Arbeitsleben) mit der der institutionellen Förderung vergleichbar ist.

Dieses Konzept, das die Hamburger Arbeitsassistenz seit Anfang der 90er Jahre nach und nach erweitern und entwickeln konnte, hat auch überregional Beachtung gefunden: Die Gesetzgebung des Bundes hat bereits Bezug auf die Methode der Hamburger Arbeitsassistenz genommen und entsprechend ausgerichtete Maßnahmen bundesweit implementiert (Basener und Häusler 2010).

Ein neues Paradigma: Erst Platzieren, dann Qualifizieren Der in den 70er Jahren in Deutschland gesetzlich verankerte Ansatz der beruflichen Rehabilitation bestärkt das Paradigma, dass Menschen mit Behinderung zunächst auf einem „Sonderarbeitsmarkt" (hier: WfbM) an eine Berufsreife herangeführt werden sollten, bevor sie im regulären Arbeitsmarkt integriert werden können („Erst qualifizieren – dann platzieren"). Diese Berufsreife ist ein Ziel, welches die meisten der in einer WfbM beschäftigten Menschen ihr Berufsleben lang vor sich hertragen, denn: Die Anforderungen des Arbeitsmarktes bleiben nicht erfahrbar und die Behinderung stellt dauerhaft eine Benachteiligung im Wettbewerb des Arbeitsmarktes dar.

Das Konzept der „Unterstützten Beschäftigung" beinhaltet eine Umkehr des oben genannten Rehabilitationsparadigmas: also „erst platzieren – dann qualifizieren". Dieser Rehabilitationsansatz geht davon aus, dass Menschen mit Behinderung in der betrieblichen Realsituation qualifiziert werden und so darin bestärkt werden können, ihre Stärken und Schwächen zu erkennen. Während der betrieblichen Qualifizierung und der individuellen Entwicklung bedarf es einer personellen Unterstützung. Dies ist der Aufgabenbereich der Arbeitsassistenten. Die Menschen mit Behinderung haben während dieser Qualifizierungs- und Orientierungsphase den Status eines Rehabilitanden, das heißt, sie haben (noch) kein Arbeitsverhältnis mit dem Betrieb, sondern erhalten Ausbildungsgeld von der Agentur für Arbeit oder dem Sozialhilfeträger – wie in den WfbM auch.

Durch ein so verändertes Setting der beruflichen Rehabilitation („erst platzieren – dann qualifizieren") konnte die Hamburger Arbeitsassistenz, zunächst im Rahmen von Modellprojekten und mittlerweile im „Regelbetrieb", die Übergangsquoten auf den allgemeinen Arbeitsmarkt deutlich erhöhen: Mit ca. 70 % der Rehabilitanden gelingt in einer Qualifizierungs- und Orientierungsphase von bis zu drei Jahren der Übergang in ein Arbeitsverhältnis.

Im Diversity-Management von Globetrotter wird der Ansatz der Hamburger Arbeitsassistenz ideal aufgenommen. Das „Anderssein" („obwohl du so bist, darfst du dazugehören") wie auch das „So-Sein" („weil du so bist, sollst du dazugehören") stößt hier auf breite Akzeptanz. Die Entsprechung von Diversity in den Betrieben setzt in diesem Bereich voraus, dass auch auf der Seite der „Unterstützer" mehr Mut gefasst wird, mit den Menschen mit Behinderung die Betriebe aufzusuchen. Ohne eine Öffnung von beiden Seiten – durch das Diversity-Management einerseits und den Ansatz der „Unterstützten Beschäftigung" andererseits – wäre die Kooperation zwischen Globetrotter und der Arbeitsassistenz gar nicht möglich.

Ein Diversity-Management in Betrieben und Unternehmen ist für die Vermittlungs- und Integrationsarbeit von zentraler Bedeutung und förderlich, da behinderungsbedingte

Einschränkungen nicht versteckt werden müssen und so Stress oder Scheitern vermieden werden können. Dennoch kann die berufliche Integration von Menschen mit Behinderung die Personalrekrutierung auch vor größere, zumindest aber spezifisch andere Herausforderungen stellen, als bei der Integration von Menschen aus anderen Kerndimensionen des Diversity-Managements, wie Geschlecht, Ethnie, sexuelle Orientierung, Alter oder Religion.

Aus behinderungsbedingten, individuellen Einschränkungen resultiert in der Regel die Anforderung, das Arbeitsplatzprofil im Prozess zu entwickeln und die Qualifikation nach der Platzierung am Arbeitsplatz zu unterstützen. Für diesen Prozess ist die vorhandene Bereitschaft und Offenheit bei Globetrotter eine wichtige Rahmenbedingung. Doch für eine erfolgreiche Integration ist sie alleine nicht ausreichend. Der Auswahlprozess von Bewerbern und die Strukturierung von Qualifizierung und Arbeitsplatzprofil sind ohne externe Unterstützung der Arbeitsassistenz nur erschwert zu leisten.

Arbeitsvermittlung als ein Prozess des Abgleichs von Anforderungen und Fähigkeiten erfolgt auf der Basis von Berufsbildern bzw. Berufsabschlüssen. Dies kann bei Personen mit Lernschwierigkeiten, geistiger Behinderung oder Mehrfachbehinderung oftmals nicht gelingen, da sie zum großen Teil nicht über einen Abschluss gemäß dem Berufsbildungsgesetz verfügen. Das Ziel eines Berufsabschlusses strebt die Hamburger Arbeitsassistenz mit der oben genannten Rehabilitationsphase der Qualifizierung und Orientierung gar nicht an. Dennoch bestehen auch unterhalb der Zielebene der anerkannten Berufsausbildung ein Anspruch und die Möglichkeit auf berufliche Beschäftigung, wenn dies individuell unterstützt wird.

6.4 Stärken und Schwächen des Ansatzes der Hamburger Arbeitsassistenz

Im folgenden Kapitel sollen zunächst die Schwächen sowie anschließend die Stärken des Ansatzes der Hamburger Arbeitsassistenz in Bezug auf die Beschäftigung von Menschen mit Schwerbehinderung bei Globetrotter Ausrüstung beschrieben werden.

6.4.1 Schwächen

Die Schwächen des Ansatzes basieren vor allem darauf, dass gewisse Voraussetzungen gegeben sein müssen, damit eine Beschäftigung von Menschen mit Behinderung ermöglicht werden kann. Werden diese Voraussetzungen nicht erfüllt, kann es von Unternehmensseite aus dazu führen, dass der Wunsch auf Übernahme in ein Beschäftigungsverhältnis nicht erfüllt werden kann.

6.4.1.1 Voraussetzung: Vorhandensein einfacher, manueller Tätigkeiten im Betriebsablauf

Aus dem oben bereits beschriebenen Problemfall, dass die Bewerber der Hamburger Arbeitsassistenz selten einen Berufsabschluss haben, ergibt sich, dass im Arbeitsalltag hauptsächlich Anlerntätigkeiten ausgeübt werden können. Eine zwingende Voraussetzung für eine Beschäftigung im Unternehmen ist also das Vorhandensein von entsprechenden Tätigkeiten/Arbeitsschritten, die einfach und häufig eher manuell ausgerichtet sind. Zu Beginn der Kooperation mit der Hamburger Arbeitsassistenz gab es im Versand- und Filiallager von Globetrotter zahlreiche solcher Tätigkeiten – zum Beispiel das Kommissionieren oder Verpacken von Versandbestellungen. Somit steht und fällt der Ansatz auf den ersten Blick mit dem Vorhandensein eher gewerblicher und/oder handwerklicher Tätigkeiten im Betrieb. Technische Innovationen sowie die zunehmende Dienstleistungsorientierung unserer Wirtschaft mit Aus-/Verlagerung von manuellen Serviceleistungen lassen diesen gewerblich ausgerichteten Bereich kleiner werden. Je nach Art der Einschränkung eines Mitarbeiters mit Handicap kann es zu Schwierigkeiten kommen, eine neue und den Fähigkeiten des Mitarbeiters angepasste Beschäftigung im Unternehmen zu finden.

Einerseits können die Möglichkeiten der Beschäftigung zukünftig deutlich eingeschränkt werden, andererseits werden eine tiefer greifende Wissensvermittlung und eine intensivere Qualifizierung notwendig werden, wodurch gleichzeitig höhere Kosten entstehen. Des Weiteren kann diese Entwicklung dazu führen, dass Teams entstehen, die nur aus Menschen mit Handicap bestehen, denen besondere (vermeintlich einfachere) Arbeiten zugewiesen werden. So kann eine Art „kleine Werkstatt für behinderte Menschen" im Unternehmen entstehen. Auch wenn diese Situation alle Mitarbeiter, die Gruppe mit Behinderung sowie die Gruppe ohne Behinderung, zufriedenstellen könnte, entspricht diese nicht einer idealen Vorstellung von Integration behinderter Menschen in den Arbeitsmarkt.

6.4.1.2 Voraussetzung: Akzeptanz im Team

Aufgrund der beschriebenen Beschränkung der Arbeitsplätze auf den gewerblichen Bereich ergibt sich ein weiteres Problem: Die Integration findet ihre Grenzen bei der Akzeptanz innerhalb der Abteilungen. Der Mitarbeiter mit Behinderung bleibt, obwohl bestens für seine Tätigkeit qualifiziert und hoch leistungsfähig, doch im Auge des „normalen" Mitarbeiters ein „Sonderfall". Die Begleitung und Unterstützung der Mitarbeiter mit Behinderung durch eine externe Person (Arbeitsassistent) kann unter Umständen die Wahrnehmung der Sonderrolle des Mitarbeiters auch verstärken. Durch die Begleitung, die über einen langen Zeitraum (ein bis drei Jahre) hinweg angelegt ist, kann die Sonderrolle laufend hervorgehoben und der Mitarbeiter als „behindert" und „auf Hilfe angewiesen" stigmatisiert werden.

Auch die heute noch häufig besondere Lebenssituation von Menschen mit Behinderung (teilweise Leben und Wohnen mit den Eltern, Unterstützungsregelungen, „Fürsorglichkeit" des Umfelds) sorgt überproportional oft dazu, dass Familienmitglieder oder pädagogische/gesetzliche Betreuer als Fürsprecher und Beschützer des Mitarbeiters dem

Unternehmen gegenüber auftreten. Ob bei Einstellung, Einarbeitung oder Veränderungen und Schwierigkeiten, die sich im Laufe der Beschäftigung ergeben, ist eine breite Kommunikation gefordert und erhöht den Unterstützungsaufwand. Je nach Firmenkultur und Selbstverständnis von Diversity-Management im Unternehmen kann es dann zu Irritationen kommen, wenn die Unterstützungserfordernisse sowohl zeitlich als auch fachlich zur Überforderung der Betriebe führen. Dies beeinflusst zwangsläufig die Einstellung bezüglich der Beschäftigung von Menschen mit Handicap.

6.4.1.3 Voraussetzung: Wirtschaftliches Wachstum des Unternehmens

Die wirtschaftliche Lage insgesamt, aber auch ganz spezifisch des Unternehmens selbst, beeinflusst oftmals die Haltung gegenüber der Beschäftigung von Mitarbeitern mit Behinderung. Solange das Unternehmen durch steigenden Umsatz auch einen wachsenden oder zumindest stabilen Personalbestand hat, ist die Einbeziehung von Bewerbern mit Behinderung mit der entsprechenden Unterstützung leichter umsetzbar. In wirtschaftlich schwierigeren Phasen ist dies oft deutlich erschwert, denn Anforderungsprofile der (nach-)zu besetzenden Stellen sind klar definiert und der Leistungsdruck besonders hoch, so dass der augenscheinlich „Beste" und „Qualifizierteste" gerade gut genug ist.

Des Weiteren ist der Ansatz nur schwer mit kurzfristigen Anpassungen an den Personalbedarf in Stoßzeiten zu vereinbaren. Die Ausrichtung auf eine langfristige Planung und Zusammenarbeit erfordert Geduld und den bewussten Willen, einem neuen Mitarbeiter eine dauerhafte Beschäftigung zu ermöglichen, indem beispielsweise Stellenprofile dem Menschen angepasst werden und eben nicht der Mensch dem geforderten Profil.

6.4.2 Stärken

6.4.2.1 Einstieg über Praktika

Das schrittweise Heranführen des Unternehmens und seiner Mitarbeiter an das Thema der Beschäftigung behinderter Menschen wirkt sich durchweg positiv aus. Das gilt zunächst für die grundsätzliche Entscheidung Menschen mit Handicap zu beschäftigen und setzt sich dann mit dem Zustandekommen jedes weiteren Beschäftigungsverhältnisses fort.

Da der Einstellungsentscheidung regelmäßig ein längeres Praktikum vorangeht, können beide Seiten, das Unternehmen wie auch der Mitarbeiter, in Ruhe entscheiden, ob die Tätigkeit sowie der soziale Aspekt für ein gemeinsames Arbeiten sprechen. Sowohl der Betrieb als auch der Bewerber können sich von Fall zu Fall (neu) entscheiden.

6.4.2.2 Unterstützung des Rekrutierungsprozesses

Besonders in wirtschaftlich schwierigeren Zeiten, bei erhöhtem Kostendruck, kann auch die Bezuschussung der Arbeitsagentur für die Beschäftigung schwerbehinderter Menschen hilfreich sein. Immerhin werden im Schnitt ca. 50 % der Lohnkosten für einen festgelegten Zeitraum (ca. ein bis zwei Jahre) gefördert. Dies führt jedoch nach bisheriger Erfahrung nicht zu einer geringeren Übernahmequote aus den Praktika in sozialversicherungspflichtige Arbeitsverhältnisse. Zusätzlich beginnt durch die vorgeschalteten Praktika ein eingearbeiteter Mitarbeiter, der außerdem auch sozial bereits integriert ist.

Die Hamburger Arbeitsassistenz kann sowohl durch die langjährige Zusammenarbeit als auch durch die professionellen Arbeitsbegleiter vor Ort eine gute Einschätzung der benötigten Kompetenzen treffen und im Dialog mit dem Unternehmen genau passende Bewerber vorstellen. Dadurch entfallen langwierige Stellenausschreibungen und Bewerbungsprozesse.

Während des Prozesses der Qualifizierung und Einstellung, der einen administrativen Aufwand bedeutet, leistet die Hamburger Arbeitsassistenz als Team von Fachleuten umfangreiche Unterstützung, berät intensiv und klärt mit den entsprechenden Behörden die Möglichkeiten für eine Beschäftigung. Ohne diese Unterstützung wäre der Aufwand aufgrund knapper Zeitressourcen in den Personalabteilungen kaum zu bewältigen. Hilfreich ist hierbei, dass die Unterstützung durch die Arbeitsassistenten nicht in dem Moment der Einstellung in ein Arbeitsverhältnis beendet ist, sondern langfristig, wenn nötig sogar dauerhaft, sein kann. Die Sachkenntnis im „Förderdschungel" ist also durch die Arbeitsassistenz gewährleistet und muss nicht auf Unternehmensseite aufgebracht werden.

6.4.2.3 Stigma oder doch Diversity?

Obwohl die Anwesenheit eines Arbeitsbegleiters – wie oben bereits erwähnt – im schlechtesten Fall stigmatisierend wirken kann, so wirkt sie im besten Fall doch integrierend. Die Arbeitsassistenten haben eine besondere Stellung im Betrieb und sind häufig näher am tatsächlichen Geschehen während des Arbeitsalltags als zum Beispiel die Personalabteilung oder der jeweilige Abteilungsleiter. So entsteht die Möglichkeit, eine Einschätzung und Spiegelung der Stimmungen aber auch der Prozessabläufe einer externen Person zu erhalten. Dies kann sich positiv auf das gesamte Gefüge des Teams sowie auf die Arbeitsabläufe auswirken.

6.5 Bisherige Erfahrungen

Die Mitarbeiter bei Globetrotter waren schon immer ein „buntes Völkchen". Menschen verschiedenster Nationalitäten, Religionen und mit unterschiedlichsten Lebensentwürfen, arbeiten miteinander. Viele haben in einem vollkommen anderen Bereich ihre Berufsausbildung absolviert, Berufs- und Lebenserfahrung gesammelt und konnten an Umwegen oder am Scheitern wachsen. Sie verfolgen verschiedenste Träume: Ob eine Everestbesteigung, die Überquerung des Atlantiks im Paddelboot, die Finanzierung eines Hauses für Familien in Indien/Afghanistan oder der Aufbau eines Kinderheimes in der Heimat Chile. Die Individualität der Kollegen wird selbstverständlich respektiert und geachtet.

Das Bemühen um Diversity bei Globetrotter erhält über die Zusammenarbeit mit der Hamburger Arbeitsassistenz Dynamik und administrative Hürden können leichter genommen werden. Berührungsängste und Vorurteile werden im gemeinsamen, täglichen Arbeiten und Erleben überwunden, denn die Arbeitsassistenten können direkt vor Ort aufklärend und regulierend einwirken.

Der Einstieg über Praktika, das „Training on the Job", das fast alle selbst – beispielsweise als Quereinsteiger – durchlaufen haben, der stetige Bedarf sich aneinander zu gewöhnen, sowie die offene, familiäre Unternehmenskultur unterstützen sich in idealer Weise. Unternehmensführung wie Belegschaften freuen sich über die Erweiterung des Mitarbeiterstamms/-spektrums. Gleichzeitig ist zu beobachten, dass sensibel auf die Stimmungen und Befindlichkeiten der Teams geachtet werden muss und die ausgesprochene Bereitschaft der direkten Kollegen im Team für einen neuen Kollegen mit Behinderung eingeholt werden sollte, um ein langfristig angelegtes Arbeitsverhältnis sinnvoll einzurichten. Jeder Versuch, einen Mitarbeiter ohne Engagement des Teams unterzubringen, kann schmerzhaft scheitern.

Der bisherige Anspruch an die Anstellungsverhältnisse war, dass die Mitarbeiter mit Handicap durch die erfolgte Qualifizierung „on the Job" eine gleichwertige Arbeitsleistung erbringen können, wie jeder andere Mitarbeiter von Globetrotter Ausrüstung dies kann und tut. Daraus folgt, dass auch die Vergütung die gleiche sein muss. Um diese Gleichheit in der Bezahlung dauerhaft rechtfertigen zu können, muss die Leistungsfähigkeit der Mitarbeiter mit Handicap dem Durchschnitt in der Regel entsprechen können. Nur so kann Missgunst vermieden und das gemeinsame Arbeiten auf Augenhöhe gelingen. Aus heutiger Sicht scheint es, dass dies weitestgehend gelingt, wenn die Basis dafür schon mit der Mitarbeiterauswahl gelegt wurde.

Im Laufe der Zeit, auch durch das Wachstum des Unternehmens bedingt, haben sich die Anforderungen an Globetrotter und an die Mitarbeiter, sowie die Arbeitsweisen in der Logistik verändert. In den kleineren Strukturen konnte individueller auf den Einzelnen nicht nur im Arbeitsprozess selbst, sondern auch im sozialen Miteinander eingegangen werden. Die viel zitierten „Sekundärtugenden" wie Pünktlichkeit, Einhaltung von Pausen, Konfliktverhalten oder Frustrationstoleranz müssen heute allerdings bei einer Übernahme in ein Arbeitsverhältnis mitgebracht bzw. entwickelt sein – dies gilt für Mitarbeiter mit und ohne Behinderung, denn: Abteilungen, die teilweise bis zu 100 Personen stark sind, können weder durch die Assistenz noch durch einzelne Mitarbeiter in der Abteilung entsprechende Defizite kompensieren. Diese Sekundärtugenden, wie auch fachliche Kompetenzen und Fähigkeiten, müssen und können erlernt werden. Daher kommen die relativ langen betrieblichen Qualifizierungsphasen (in betrieblichen Praktika über mehrere Monate), die der Hamburger Arbeitsassistenz mit ihren Bewerbern (hier insbesondere jungen Menschen im Übergang von der Schule in den Beruf) zur Verfügung stehen, diesen Anforderungen entgegen: In der Praktikums- bzw. Qualifizierungsphase kann mit deutlich höherer Toleranz, aber auch steigenden Anforderungen und Beobachtung des Entwicklungsprozesses beurteilt werden, ob bzw. wann entsprechende Voraussetzungen zur Übernahme in ein Arbeitsverhältnis gegeben sind.[1]

---

[1] Die Hamburger Arbeitsassistenz hat für die Förderung von Schlüsselqualifikationen von Menschen mit Behinderung im Übergang von der Schule in den Beruf ein Seminarprogramm entwickelt und veröffentlicht, Hamburger Arbeitsassistenz (2009): Kommunikation – Kooperation – Konfliktbewältigung (KuKuK), Hamburg.

Abschließend lässt sich festhalten, dass Abläufe und Prozesse verändert und an Kenntnisse und Fähigkeiten angepasst werden konnten, wo es notwendig war. Am Anfang der Zusammenarbeit beschränkten sich die Tätigkeitsfelder auf den Lagerbereich. Da Globetrotter am Beginn eines starken Wachstums stand und das Lager innerhalb weniger Jahre um das Vierfache vergrößert wurde, konnte auch die vermehrte Beschäftigung von Menschen mit Behinderung realisiert werden. Abgesehen vom Lager, konnten in der Folge Mitarbeiter mit Behinderung im Küchenbereich erfolgreich platziert werden. Eine Ausweitung in die kaufmännischen und administrativen Unternehmensbereiche ist auch bereits erfolgt, gelingt jedoch zur Zeit nur recht zögerlich.

6.6 Ausblick

Eine positive Entwicklung hat sich in den letzten Jahren im Bereich Ausbildung ergeben. Aufgrund der Demografie-Diskussion rückt auch die Ausbildung von Jugendlichen mit Handicap stärker ins Bewusstsein der Öffentlichkeit und der Behörden. So ist in Hamburg das Projekt bAmbI (= begleitete berufliche Ausbildung mit betrieblicher Integration) der Agentur für Arbeit entstanden, das die Ausbildung für Jugendliche mit speziellem Förderbedarf ermöglicht und den Betrieben für die Dauer der Ausbildung einen Zuschuss zahlt. Die betriebliche Ausbildung wird wie allgemein üblich absolviert, jedoch sind Förderklassen eingerichtet, die ein intensives Lernen in kleinen Gruppen ermöglichen. Auch für dieses Projekt wurde die Auswahl der neuen Globetrotter-Auszubildenden von der Hamburger Arbeitsassistenz begleitet, die schon seit Langem Qualifizierungsprogramme auch mit Jugendlichen durchführt. Bisher konnten zwei Azubis in dieser Form erfolgreich ihre Ausbildung abschließen und auch in ein Anstellungsverhältnis übernommen werden.

In einer Mitarbeiterbefragung aus dem Jahr 2009 zum Thema CSR-Maßnahmen bei Globetrotter wurden die Mitarbeiter im Verkauf zu ihrer Sicht auf die Beschäftigung von Menschen mit Behinderung befragt. 91,3 % beantworteten die Frage, ob sie sich vorstellen können in ihrem Team mit einem Menschen mit Behinderung zu arbeiten, mit „Ja". Nur knappe 9 % konnten sich das im Jahr 2009 nicht vorstellen. Wohlgemerkt wurden hier nur die Teile der Belegschaft befragt, die bisher noch keine Erfahrung in ihrem direkteren Arbeitsumfeld bezüglich Kollegen mit Behinderung hatten. Gleichwohl konnten bis heute keine über die Hamburger Arbeitsassistenz rekrutierten Mitarbeiter im Verkaufsumfeld platziert werden. Es bleibt zu hoffen, dass in Zukunft auch die Experten für „Abenteuer" den Wagemut und die Neugier an den Tag legen, um an dieser Stelle Grenzen zu überschreiten. Dies gilt in gleichem Maße auch für Globetrotter-Kunden.

6.7 Fazit

Als ein zentraler Erfolgsfaktor für die Kooperation zwischen Globetrotter und der Hamburger Arbeitsassistenz kann festgestellt werden, dass auf Seiten von Globetrotter Ausrüstung ein Diversity-Mainstreaming in der Betriebskultur, in der Personalentwicklung und der Unternehmenskommunikation frühzeitig verankert und auf dieser Grundlage weiterentwickelt wurde. Dies hat jedoch zunächst nicht automatisch dazu geführt, dass die Diversity-Kerndimension „Behinderung" ebenso leicht Berücksichtigung finden konnte wie z. B. die Kerndimensionen „Herkunft", „Geschlecht", „Alter", „sexuelle Orientierung" oder „Religion".

Mit Hilfe des Ansatzes der Hamburger Arbeitsassistenz, Mitarbeiter mit Behinderung behutsam und fachlich in die Teams einzufügen sowie die Integration in den Arbeitsmarkt zu ermöglichen, konnten viele Probleme, die durch Vorurteile sowie bestehende Hürden im System der beruflichen Rehabilitation entstehen, beseitigt oder zumindest vermindert werden. Integration mit der von oben verordneten Brechstange kann nicht klappen. Die Widerstände werden so nur um ein Vielfaches erhöht und führen zu beiderseitigem Scheitern auf menschlicher und damit auch beruflicher Ebene. Durch Vorleben, positive Erfahrungsberichte und das Erarbeiten einer befürwortenden Einstellung der Entscheidungsträger können sicherlich langfristig Veränderungen erreicht werden. Jeder Mensch, unabhängig von Einschränkungen jeglicher Art, soll seine Potenziale entdecken und auch im beruflichen Kontext erfahren können.

Hier kann etwas Tolles und Neues entstehen und ungeahnte Potenziale können sich entfalten. Man muss sich nur auf das Abenteuer einlassen.

Literatur

Basener, D. & Häusler, S. (2010). *Hamburger Arbeitsassistenz – das Original Unterstützter Beschäftigung*. Hamburg: 53 Grad Nord.

SGB IX Sozialgesetzbuch- Rehabilitation und Teilhabe behinderter Menschen. (2001). *§ 17 SGB IX Ausführung von Leistungen, Persönliches Budget*.

Teil III
Arbeitsplatzgestaltung/-anpassung

Mitarbeiter mit Asperger-Syndrom in der Informatikbranche – das Konzept der Asperger Informatik AG (Zürich)

Susan Conza und Isabela Juric

Inhaltsverzeichnis

7.1	Vorstellung der Asperger Informatik AG: Eine Firma für Autisten	102
7.2	Entwicklung des Ansatzes	103
7.3	Beschreibung des Ansatzes	104
	7.3.1 Was ist Autismus bzw. das Asperger-Syndrom?	104
	7.3.2 Ausgangslage	105
	7.3.3 Ziel	106
	7.3.4 Rahmenbedingungen	106
	7.3.5 Nutzen (Win-win)	108
7.4	Stärken und Schwächen des Ansatzes	109
	7.4.1 Stärken	109
	7.4.2 Schwächen	109
7.5	Bisherige Erfahrungen	109
7.6	Ausblick	110
7.7	Fazit	110
Literatur		111

Zusammenfassung

Die Asperger Informatik AG bietet Informatikdienstleistungen in den Bereichen Software-Testing und Webentwicklung/Webdesign an. Dabei sind wir kein „gewöhnliches" Unternehmen, denn wir beschäftigen vorzugsweise Menschen mit dem Asperger-Syndrom, einer leichten Form des Autismus.

S. Conza (✉) · I. Juric
Asperger Informatik AG, Zehntentrotte 6, 8712 Stäfa, Schweiz
E-Mail: info@asperger-informatik.ch

Asperger-Betroffene sind Menschen mit speziellen Fähigkeiten. Sie sind oft hochbegabt und verfügen in der Regel über einen außergewöhnlichen analytischen Verstand, eine schnelle Auffassungsgabe, hohe Detailgenauigkeit, extreme Konzentrations- und Fokussierungsfähigkeit sowie ausgeprägte Hartnäckigkeit und Ausdauer. Diese Fähigkeiten sind oft ideale Voraussetzungen für Berufe in der Informatik. Damit Asperger-Betroffene ihre Begabungen produktiv nutzen können, benötigen sie besondere Rahmenbedingungen, wie etwa eine reizarme Umgebung, einen hohen Grad an Planung, Minimierung von Stress und Druck sowie geeignete Aufgabenbereiche.

Unser Ziel ist es, die besonderen Fähigkeiten von Menschen mit dem Asperger-Syndrom zu fördern und mit ihrer Hilfe zukunftsorientierte Informatikdienstleistungen anzubieten. Da der Software-Markt stetig wächst und Sicherheit, Qualität sowie Präzision fordert, sind fähige Mitarbeiter gefragt. Durch die Beschäftigung von Menschen mit Asperger-Syndrom entsteht somit eine Win-win-win-Situation für Wirtschaft, Gesellschaft und Individuum. Die Wirtschaft erhält fähige Mitarbeiter, der Gesellschaft entstehen geringere Kosten durch die Vermeidung von Arbeitslosigkeit und die Betroffenen können sich durch ihren Beruf selbst verwirklichen und als aktives Mitglied der Gesellschaft fühlen.

7.1 Vorstellung der Asperger Informatik AG: Eine Firma für Autisten[1]

Die Asperger Informatik AG mit Sitz in Zürich wurde am 16. Oktober 2008 gegründet. Wir bieten Informatikdienstleistungen in den Bereichen Software-Testing und Webentwicklung/Webdesign an. Von anderen Unternehmen unterscheiden wir uns dadurch, dass wir vorzugsweise Menschen mit dem Asperger-Syndrom, einer leichten Form des Autismus, beschäftigen. Asperger-Betroffene sind Menschen mit besonderen Begabungen. Die speziellen Fähigkeiten, über die Asperger-Betroffene verfügen, sind in unserem von Technologie geprägten Informationszeitalter oft ideale Voraussetzungen für die Ausübung entsprechender Berufe in der Informatik.

Die intellektuellen Fähigkeiten, die es ihnen ermöglichen, komplexe Sachverhalte und schwierige Thematiken schnell zu erfassen und zu verstehen, verbunden mit ihrer hohen Selbstmotivation und der Hartnäckigkeit, sich über Wochen, Monate oder sogar Jahre mit einem spezifischen Thema auseinanderzusetzen, befähigen sie dazu, einen sehr hohen Wissensstand und Spezialisierungsgrad zu erreichen. Wir schaffen Arbeitsplätze, die den Bedürfnissen autistischer Menschen gerecht werden. Ziel ist es zu zeigen, welches Potenzial in Asperger-Betroffenen liegt und dass es für die Wirtschaft ein Gewinn sein kann, dieses zu nutzen und zu fördern.

Zurzeit beschäftigt die Asperger Informatik AG zehn Mitarbeiter. Davon sind fünf vom Asperger-Syndrom betroffen und auf allen Hierarchieebenen vertreten.

---

[1] Große Teile des Kapitels sind dem Geschäftskonzept entnommen. Die Idee geht auf Frau Conza zurück.

Abb. 7.1 Testmanagement

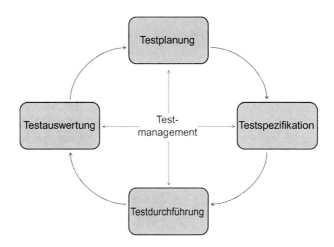

Dienstleistungen Wir designen Webseiten und entwickeln individuelle Weblösungen, wie beispielsweise Onlineshops, Foren, Portale etc. Unseren Fokus legen wir dabei auf Benutzerfreundlichkeit, Barrierefreiheit, Performance, Sicherheit und Erweiterbarkeit.

Das Testen ist nicht nur eine Phase, die am Ende der Software-Entwicklung stattfindet. Es ist vielmehr eine den ganzen Entwicklungsprozess begleitende Maßnahme. Dadurch lassen sich Fehler schnell in den Entwicklungsstufen finden, in denen sie entstanden sind. Auf diese Weise ist eine weniger aufwendige Korrektur möglich und nachfolgende Entwicklungsstufen bauen nicht auf unentdeckten Fehlern auf.

Unser Dienstleistungsangebot umfasst den gesamten Testprozess, von der Planung über die Spezifikation und Durchführung bis zur Auswertung (vgl. Abb. 7.1).

7.2 Entwicklung des Ansatzes

Die Asperger Informatik AG wurde von Susan Conza gegründet. Als selbst vom Asperger-Syndrom Betroffene kennt sie sowohl die Schwierigkeiten autistischer Menschen in der heutigen Arbeitswelt als auch ihre Fähigkeiten. Aus der Überlegung heraus, für sich selbst den idealen Arbeitsplatz (bzgl. Rahmenbedingungen, Aufgabenbereichen etc.) zu gestalten, entstand die Idee, dies auch für andere autistische Menschen zu verwirklichen. Mit der Asperger Informatik AG möchte Susan Conza zeigen, wie geeignete Unternehmen die besonderen Fähigkeiten von Asperger-Betroffenen gewinnbringend nutzen können (Asperger Informatik AG 2009) (Abb. 7.2).

Abb. 7.2 Teamsitzung bei der Asperger Informatik

7.3 Beschreibung des Ansatzes

7.3.1 Was ist Autismus bzw. das Asperger-Syndrom?

Von der Weltgesundheitsorganisation wird Autismus als tief greifende Entwicklungsstörung klassifiziert. Aus medizinischer Sicht ist Autismus primär eine angeborene, unterschiedliche Wahrnehmungsverarbeitung, die dem Betroffenen massive Probleme bei der Verarbeitung von Umweltreizen bereitet. Durch eine Beeinträchtigung der Filterfunktionen, die zu einer sensorischen Überempfindlichkeit führt, ist der Autist einem Chaos verschiedener Sinneseindrücke ausgeliefert, was sekundär zu einer Störung im sozialen Bereich, zu einem Rückzug und zu für andere unverständlichen Verhaltensweisen führt (Rollett und Kaster-Koller 2007).

Das Besondere am Asperger-Syndrom ist, dass es nicht sichtbar ist. Asperger-Betroffene wirken wie „normale" Menschen. Man sieht den betroffenen Menschen nicht an, dass sie autistisch sind. Da sie über ein gutes Sprachverständnis und eine normale, oft sogar überdurchschnittliche Intelligenz verfügen, sind ihre Schwierigkeiten im sozialen Bereich auf den ersten Blick kaum erkennbar. Gerade Asperger-Betroffene mit hohen intellektuellen Fähigkeiten haben oft gelernt, ihre Schwierigkeiten so zu kompensieren, dass der Autismus selbst für Fachleute kaum zu erkennen ist. Viele haben sich zu ausgezeichneten „Schauspielern" entwickelt, die ihr Anderssein sehr gut verstecken können. Dennoch sind Menschen mit dem Asperger-Syndrom autistisch. Oftmals leiden sie an ihrem Anderssein. Sie sehnen sich danach, sie selbst zu sein, fühlen sich aber gezwungen, eine Rolle zu spielen.

Tab. 7.1 Asperger-Betroffene. (Quelle: Asperger Informatik AG, 2009, S. 15)

Stärken	Schwächen
Hohe Intelligenz, z. T. Hochbegabung	Probleme in der sozialen Interaktion
Schnelle Auffassungsgabe	Denk- und Handlungsblockaden bei Stress und Druck
Analytisches Denken	Mangelnde Flexibilität
Strukturierte Vorgehensweise	Wenig Spontanität
Hohe Detailgenauigkeit	Schnelle Ermüdung bei Reizüberflutung
Extreme Konzentrations- und Fokussierungsfähigkeit	
Ausgeprägte Hartnäckigkeit und Ausdauer	

7.3.2 Ausgangslage

Asperger-Betroffene sind Menschen mit verschiedenen Defiziten, aber auch mit ganz speziellen Fähigkeiten (vgl. Tab. 7.1).

Trotz ihrer Fähigkeiten haben Menschen mit dem Asperger-Syndrom Schwierigkeiten eine Arbeit zu finden und diese zu behalten. Die Gründe dafür sind vielfältig:

- *Schlechter Schulabschluss:*
  Unser Schulsystem eignet sich nicht für autistische Menschen. Große Klassen bedeuten für Autisten eine Reizüberflutung, die zu großem Stress führt und eine Informationsaufnahme unmöglich macht. Trotz ihrer intellektuellen Fähigkeiten versagen deshalb viele Asperger-Betroffene oft schon in der Grundschule. Dies führt in der Regel zu einem Schulabschluss, der ihre geistigen Fähigkeiten in keiner Weise widerspiegelt.

- *Fehlende Berufsausbildung:*
  Ein schlechter Schulabschluss führt dazu, dass Asperger-Betroffene kaum die Möglichkeit haben, eine ihren Fähigkeiten entsprechende Berufsausbildung zu absolvieren. Gerade Berufe, für die sich Menschen mit dem Asperger-Syndrom speziell eignen (IT-Spezialisten, Ingenieure, Berufe in Forschung und Wissenschaft), setzen oftmals einen Hochschulabschluss voraus. Viele Asperger-Betroffene sind deshalb nicht ins Erwerbsleben integriert oder üben eine Tätigkeit aus, bei der sie intellektuell völlig unterfordert und sozial überfordert sind.

- *Schwierigkeiten in der sozialen Interaktion:*
  Soziale Interaktionen wie Vorstellungsgespräche, Teamarbeit oder Meetings stellen für viele Asperger-Betroffene unüberwindbare Hürden dar. Ihre Schwierigkeiten in der Kommunikation führen sehr oft zu Missverständnissen. Durch ihr „seltsam anmutendes" Verhalten lösen sie bei ihren Mitmenschen Unsicherheit aus und werden beispielsweise als Spinner oder als nicht teamfähig betrachtet.

- *Mangelndes Selbstvertrauen:*
  Der Lebensweg vieler vom Asperger-Syndrom Betroffener ist von Niederlagen gezeichnet. Die schlechten Erfahrungen fangen schon im Kindergarten an und ziehen sich durch die weitere Biografie. Dies führt irgendwann zu einem Verlust des Selbstwertgefühls und zu psychischen Folgeerkrankungen. Viele Asperger-Betroffene landen schließlich bei der Invalidenversicherung (IV)[2] oder beim Sozialamt.

7.3.3 Ziel

Im IT-Bereich besteht ein großer und wachsender Bedarf an Spezialisten, die in Bereichen eingesetzt werden können, in denen ein ausgeprägt analytisches Denken, strukturierte Vorgehensweise, hohe Detailgenauigkeit und starke Konzentrationsfähigkeit gefragt sind. Unser Ziel ist es, die speziellen Fähigkeiten von Asperger-Betroffenen zu nutzen, zu fördern und zukunftsorientierte Informatikdienstleistungen anzubieten, die den Stärken der Betroffenen entsprechen.

7.3.4 Rahmenbedingungen

Wir schaffen optimale Arbeitsbedingungen für Asperger-Betroffene. Dazu gehören insbesondere eine reizarme Umgebung, ein hoher Grad an Planung, Minimierung von Stress und Druck sowie geeignete Aufgabenbereiche. Konkret setzen wir die Arbeitsplatzgestaltung folgendermaßen um:

- *Infrastruktur: Reizarme Umgebung*
  Unsere Arbeitsräume liegen in einem ruhigen Wohnquartier und es arbeiten maximal drei bis vier Leute in einem Büro (keine Großraumbüros). Des Weiteren befinden sich in unseren Büroräumlichkeiten keine Bilder, keine Dekoration etc. Wir vermeiden eine grelle Beleuchtung. Stattdessen haben wir in allen Räumen ein warmes, freundliches Licht. Zudem wurden in allen Räumen Teppiche verlegt, um den Geräuschpegel so niedrig wie möglich zu halten.

- *Organisation: Struktur und Ordnung*
  Struktur bietet autistischen Menschen Sicherheit in ihrer reizüberfluteten Welt. Aus diesem Grund sorgen wir für eine hohe Strukturierung des Arbeitsalltags: So plant die Geschäftsleitung alles mittel- bis langfristig (soweit wirtschaftlich vertretbar). Dadurch erreichen wir, dass unsere Mitarbeiter genug Zeit haben, um sich auf alle

---

[2] Die Invalidenversicherung (IV) ist der bedeutendste Pfeiler der Invalidenvorsorge in der Schweiz. Wie die AHV ist sie eine obligatorische Versicherung. Sie hat zum Ziel, den Versicherten mit Eingliederungsmaßnahmen oder Geldleistungen die Existenzgrundlage zu sichern, wenn sie invalid werden (AHV-IV Behörden 2009).

wichtigen Termine und Deadlines einzustellen und vorzubereiten. Detaillierte Prozessbeschreibungen (Tätigkeitsbeschreibungen, Vorgehensweisen etc.) definieren die Tätigkeitsbereiche und klare Büroregeln bestimmen die Zusammenarbeit. In der Küche sowie im Materiallager ist alles penibel genau angeschrieben.

- *Führung*
  Eine auf den Einzelnen zugeschnittene Arbeitsplatzgestaltung ist für Asperger-Betroffene von großer Bedeutung. Dazu gehören die individuelle Bestimmung und Gestaltung des Arbeitspensums, der Arbeitszeiten, des Aufgabenbereiches, des Büroarbeitsplatzes und der Tagesstruktur.

Des Weiteren ist regelmäßiges Feedback sehr wichtig. Aus diesem Grunde finden mindestens einmal pro Woche Zielvereinbarungs- und Zielüberprüfungsgespräche statt. Dabei wird einerseits Feedback zu erledigten oder noch laufenden Aufgaben gegeben und andererseits werden die Aufgaben für die nächste Woche besprochen (vgl. Abbildung am Kapitelanfang).

Damit sich Asperger-Betroffene nicht in Details verlieren, sondern den Überblick über das große Ganze behalten, arbeiten wir mit Aufgabenlisten. Dabei werden die Aufträge nach Wichtigkeit priorisiert. Zudem wird ein fester Zeitrahmen vorgegeben. So muss festgelegt werden, wann mit einer Aufgabe begonnen werden soll und bis wann diese erledigt sein muss.

Zusammenfassend lässt sich sagen, dass im Bereich Führung das Gegenteil von Flexibilität und Entscheidungsfreiheit gefragt ist. Vielmehr muss man den Betroffenen so viele Entscheidungen wie möglich abnehmen, damit sie sich nicht in Details verlieren, sondern sich auf ihre fachliche Arbeit konzentrieren können.

- *Kommunikation*
  Autisten deuten die Sprache so, wie sie diese selbst verwenden, nämlich wörtlich und exakt. Sie können nicht „zwischen den Zeilen lesen" und haben Mühe, Redewendungen und Ironie zu verstehen. Durch direkte Kommunikation und klare Anweisungen können Zweideutigkeiten vermieden werden.
  Des Weiteren kommunizieren wir während der Arbeit (d. h. außerhalb der Pausen) hauptsächlich per E-Mail. Der Grund dafür liegt darin, dass Asperger-Betroffene sehr fokussiert arbeiten. Zum Teil sind sie so vertieft in ihre Arbeit, dass sie die Umgebung nicht mehr wahrnehmen. Wenn dann jedes Mal jemand ins Büro läuft, wenn er eine Frage hat, wird derjenige aus seiner Arbeit gerissen und benötigt jeweils eine gewisse Zeit, um sich wieder auf die Arbeit zu fokussieren.

- *Begleitung und Training*
  Bei Bedarf begleitet ein Job-Coach die Asperger-Betroffenen in engem Kontakt. Er bietet ein Arbeitscoaching und dient als Ansprechpartner für alle Anliegen. Wenn ein Mitarbeiter extern für einen Kunden arbeiten muss, begleitet ihn der Job-Coach

beispielsweise zu Beginn und analysiert die Umgebung gemeinsam mit dem Betroffenen (Wo arbeitet der Mitarbeiter? Wo kann er sich zurückziehen? Wo kann er zu Mittag essen?). Dies bietet den Betroffenen Sicherheit.

Des Weiteren bietet der Job-Coach – wo nötig – ein Sozialtraining an. So wird beispielsweise geübt, wie man das Telefon abnimmt, wie man einen Kunden begrüßt oder wie man sich bei einem Kunden verhält.

- *Arbeitspensum und Arbeitszeiten*
  Da Asperger-Betroffene während der Arbeitszeit extrem fokussiert und sehr konzentriert arbeiten, geben wir ihnen die Möglichkeit, sich in der Freizeit entsprechend zu erholen. Deshalb arbeiten Mitarbeiter bei uns in der Regel in einem 80 %-Pensum. Des Weiteren ist ein strukturierter Tagesablauf sehr wichtig. Daher versuchen wir mit jedem Mitarbeiter die Arbeitszeiten sinnvoll und regelmäßig auf fünf Arbeitstage zu verteilen.

7.3.5 Nutzen (Win-win)

Die erfolgreiche Integration von Menschen mit dem Asperger-Syndrom hat positive Effekte auf verschiedenste Bereiche. Neben dem Individuum sind hier vor allem die Wirtschaft und die Gesellschaft zu nennen.

- *Wirtschaft: Zukunftsorientierte Dienstleistungen*
  Vor allem im IT-Bereich besteht ein großer und wachsender Bedarf an Spezialisten, die in Bereichen eingesetzt werden können, in denen ausgeprägtes analytisches Denken, strukturierte Vorgehensweise, hohe Detailgenauigkeit und starke Konzentrationsfähigkeit gefragt sind. Asperger-Betroffene verfügen über diese Fähigkeiten. Ein vermeintliches Handicap wird zu einem Wettbewerbsvorteil. Wenn ihr Potenzial erkannt und gefördert wird, kann ein großer Nutzen für die Wirtschaft entstehen.

- *Gesellschaft: Finanzielle Entlastung*
  Die lebenslange finanzielle Unterstützung einer Person mit Autismus kostet die Gesellschaft mehrere Millionen Franken. Die Integration autistischer Menschen ins Erwerbsleben bewirkt eine Senkung der Sozialkosten und bedeutet damit eine enorme finanzielle Entlastung der Gesellschaft. Für die Gesellschaft bedeutet die Integration von autistischen Menschen außerdem die Chance, sich gegenüber der Andersartigkeit dieser Menschen weiter zu öffnen und ihre Eigenarten und Fähigkeiten schätzen zu lernen.

- *Individuum: Integration durch Arbeit*
  Einer Erwerbstätigkeit nachzugehen, bedeutet für einen autistischen Menschen am sozialen Leben teilzunehmen, seine Leistungsbereitschaft und -fähigkeit unter Beweis zu stellen und schließlich auch eine finanzielle Selbstständigkeit erreichen zu können.

Wie andere Menschen wünschen sich auch Autisten eine befriedigende Tätigkeit. Sie möchten sich durch eine Berufsarbeit verwirklichen und sich als aktives Mitglied der Gesellschaft fühlen können.

7.4 Stärken und Schwächen des Ansatzes

7.4.1 Stärken

Ein Vorteil unseres Ansatzes liegt darin, dass er gut übertragbar ist. Jedes Unternehmen kann die für Asperger-Betroffene notwendigen Rahmenbedingungen schaffen. Eine weitere Stärke ist die Win-win-win-Situation, die bei erfolgreicher Integration von Menschen mit dem Asperger-Syndrom geschaffen wird. So entstehen ein wirtschaftlicher sowie gesellschaftlicher Nutzen für die Betroffenen.

7.4.2 Schwächen

Wir widmen uns ausschließlich der Integration von Menschen, die vom Asperger-Syndrom betroffen sind. Ein Nachteil unseres Ansatzes liegt daher darin, dass „nur" Bezug auf eine Art von Behinderung genommen wird. Ein weiterer Nachteil besteht in der intensiven Mitarbeiterführung und -begleitung, die in einem hohen Betreuungsaufwand bzw. in hohen Betreuungskosten resultieren.

7.5 Bisherige Erfahrungen

Unsere Führungskräfte sowie Mitarbeiter mit und ohne Asperger-Syndrom erachten unseren Ansatz als wertvollen Beitrag für die Betroffenen sowie für Wirtschaft und Gesellschaft, weshalb sich alle aktiv für die (Re-)Integration engagieren. In der Zusammenarbeit zwischen Mitarbeitern mit und ohne Asperger-Syndrom gilt es insbesondere die Besonderheiten im Bereich Führung und Kommunikation zu beachten. Dies funktioniert in unserem Unternehmen in der Regel problemlos. Die vom Asperger-Syndrom betroffenen Mitarbeiter erachten unser Unternehmen als große Chance. Für sie persönlich ergibt sich die Möglichkeit, ihre besonderen Fähigkeiten produktiv einzusetzen und eine finanzielle Unabhängigkeit zu erreichen. Des Weiteren wird die Bekanntheit des Asperger-Syndroms gesteigert und damit das Verständnis für die Betroffenen und ihre Handlungs- und Verhaltensweisen erhöht. Führungskräfte sowie Mitarbeiter mit und ohne Asperger-Syndrom sehen die Zusammenarbeit als Bereicherung und als Möglichkeit an, von den Stärken der anderen zu lernen und zu profitieren.

Unsere Kunden nehmen unsere Dienstleistungen hauptsächlich aufgrund der besonderen Fähigkeiten und Talente unserer Mitarbeiter in Anspruch. Sie schätzen die oben beschriebenen Stärken der Asperger-Betroffenen, insbesondere die hohe Detailgenauigkeit und Zuverlässigkeit. Wir möchten jedoch auch anfügen, dass unsere Kunden zum Teil auch den Aspekt der (Re-)Integration als wesentlich erachten und deshalb Kunden der Asperger Informatik AG geworden sind.

Zusammenfassend lässt sich sagen, dass die verschiedenen Anspruchsgruppen durchweg positiv auf unseren Ansatz reagieren. Die Kombination wirtschaftlicher, gesellschaftlicher und sozialer Aspekte spricht sehr viele Menschen an.

7.6 Ausblick

Unser Ziel für die Zukunft ist es, weiter zu wachsen und unseren Ansatz sowie unsere Dienstleistungen der breiten Öffentlichkeit bekannt und zugänglich zu machen. Idealerweise können wir in Zukunft die Anzahl der Mitarbeiter weiter erhöhen sowie Neukunden gewinnen und damit Umsatz- und Gewinnsteigerungen erreichen. Den Anteil an Menschen mit dem Asperger-Syndrom in unserem Unternehmen möchten wir weiterhin auf einem Niveau von ca. 50 % halten. Das Verhältnis von 1:1 Mitarbeitern mit und ohne Asperger-Syndrom hat sich in der Vergangenheit bewährt. Die Gründe dafür sind vielfältig: Zum einen ist der Betreuungsaufwand bei autistischen Mitarbeitern höher als bei nicht autistischen. Vor allem können aber die Schwächen der einen Gruppe durch die Stärken der anderen ausgeglichen werden und umgekehrt. Nur, wenn wir eine hohe Durchmischung autistischer und nicht autistischer Mitarbeiter schaffen, können wir von „wahrer" Integration sprechen.

7.7 Fazit

Jeder Mensch hat Stärken und Schwächen. Wir legen den Fokus ganz klar auf die Stärken jedes Einzelnen. Diese möchten wir fördern und nutzen. Dadurch wird die Zusammenarbeit von Menschen mit und ohne Asperger-Syndrom zu einer großen Bereicherung für alle. Jeder erhält die Möglichkeit von den Stärken der anderen zu lernen und zu profitieren.

Die (Re-)Integration von Menschen mit Behinderung ist nicht nur ein Gewinn für die Betroffenen, sondern auch ein Gewinn für Wirtschaft und Gesellschaft. Unser Ansatz zeigt am Beispiel des IT-Bereichs, wie eine Win-win-win-Situation geschaffen werden kann. In dieser Branche besteht ein großer und wachsender Bedarf an Spezialisten. Die speziellen Fähigkeiten, über die Asperger-Betroffene verfügen, sind oft ideale Voraussetzungen für entsprechende Berufe in der Informatik. Wenn ihr Potenzial erkannt und gefördert wird, kann ein großer Nutzen für die Wirtschaft entstehen. Für die Betroffenen bedeutet eine Erwerbstätigkeit am sozialen Leben teilzunehmen, ihre Leistungsbereitschaft und -fähigkeit unter Beweis zu stellen und schließlich auch eine finanzielle Selbstständigkeit erreichen zu können. Darüber hinaus bewirkt die (Re-)Integration von Menschen mit Asperger-Syndrom eine enorme finanzielle Entlastung der Gesellschaft. Gleichzeitig bedeutet (Re-)Integration für die Gesellschaft auch die Chance, sich gegenüber der Andersartigkeit dieser Menschen weiter zu öffnen und sowohl ihre Eigenarten als auch ihre Fähigkeiten kennen und schätzen zu lernen.

Literatur

AHV-IV Behörden. (2009). Invalidenversicherung (IV). http://www.ahv-iv.info/iv/index.html?lang =de. Zugegriffen: 14. Okt. 2011.

Asperger Informatik AG. (2009). *Geschäftskonzept Asperger Informatik AG*. Zürich: Asperger Informatik AG.

Rollett, B., & Kaster-Koller, U. (2007). *Praxisbuch Autismus: Für Eltern, Erzieher, Lehrer und Therapeuten*. München: Elsevier-Verlag.

Das Integrationsmanagement der AUDI AG (Ingolstadt)

Tobias Munzel und Thomas Neuhaus

Inhaltsverzeichnis

8.1	Vorstellung des Unternehmens	114
8.2	Entwicklung des Ansatzes	115
8.3	Beschreibung des Ansatzes	116
8.4	Stärken und Schwächen des Ansatzes	118
8.5	Bisherige Erfahrungen	119
8.6	Ausblick	120
8.7	Fazit	120

Zusammenfassung

Die Integration von leistungsgewandelten Mitarbeitern und Mitarbeitern mit Behinderung ist vor dem Hintergrund des demografischen Wandels eine der zentralen Herausforderungen für die Automobilindustrie. Audi entwickelte in einer interdisziplinären Arbeitsgruppe eine Systematik mit dem Ziel, diese Mitarbeitergruppe nachhaltig und produktiv zu integrieren. Grundsätzliche Idee ist es, in einem strukturierten, jährlichen Prozess die Leistung des Mitarbeiters durch verschiedene Maßnahmen wie z. B. ergonomische Verbesserungen so zu erhöhen, dass der Mitarbeiter die geforderte Audi Standardleistung erbringen kann. Sollte dies nicht möglich sein, so wird die arbeitsplatzbezogene Differenz zur Audi Standardleistung (das sogenannte Leistungsdefizit) ermittelt und ausgewiesen, um die entstehenden Kosten transparent darzustellen.

T. Munzel (✉) · T. Neuhaus
AUDI AG, 85045 Ingolstadt, Deutschland
E-Mail: tobias.munzel@audi.de

T. Neuhaus
E-Mail: thomas.neuhaus@audi.de

Abb. 8.1 Arbeitsplatzanpassungen der AUDI AG

8.1 Vorstellung des Unternehmens

Audi gehört im Verbund des Volkswagenkonzerns zu den größten Automobilherstellern im Segment hochwertiger Fahrzeuge weltweit. Im Geschäftsjahr 2010 steigerte die Marke Audi die Auslieferungen auf den Rekordwert von 1.092.411 verkauften Fahrzeugen. Für 2011 wird eine weitere Steigerung der Auslieferungen auf 1,3 Mio. Fahrzeuge angestrebt. Die Fahrzeuge von Audi bestechen durch modernes Design, technologische Innovationen sowie hohe Verarbeitungsqualität. Im Mittelpunkt steht dabei stets der Anspruch, wegweisende Fahrzeugkonzepte zu entwickeln und somit die hohen Erwartungen der Kunden zu erfüllen. Diese Philosophie drückt sich im Markenkern „Vorsprung durch Technik" aus – der die Markenwerte Sportlichkeit, Hochwertigkeit und Progressivität umfasst – und wird für die Kunden durch die kontinuierlich wachsende Vielfalt an Audi Modellen erlebbar. Das Produktportfolio wurde stets erweitert und reicht vom Kleinwagensegment, dem A1, über die SUVs (Q3–Q7), bis zum Luxussegment, dem A8.

Bei Audi sind an den Standorten in Ingolstadt und Neckarsulm 46.000 Menschen (Juli 2011) beschäftigt, darunter sind 1.579 Menschen mit einer Schwerbehinderteneigenschaft und 777 gleichgestellte Menschen. Die Schwerbehindertenquote liegt derzeit bei 5,8 % und ist damit klar über der gesetzlichen Vorgabe in Deutschland von 5 % (Abb. 8.1).

8.2 Entwicklung des Ansatzes

Die Integration der Mitarbeiter mit Behinderung beziehungsweise einer Leistungswandlung[1] stellt aufgrund des demografischen Wandels eine besondere Herausforderung für das produzierende Gewerbe dar. Vor allem die taktgebundene Fließfertigung stellt in der Automobilindustrie besondere Anforderungen an den Integrationsprozess.

Die Bedeutung des demografischen Wandels wurde bei Audi frühzeitig erkannt und zu einem zentralen Handlungsfeld der Personalstrategie erklärt. Das Durchschnittsalter der Audi Belegschaft stieg im Jahr 2011 auf 41,2 Jahre an. Trotz der 1.200 realisierten Neueinstellungen und der Übernahme von jährlich über 700 Auszubildenden wird sich das Durchschnittsalter in den nächsten zehn Jahren in den Fertigungsbereichen auf einen Durchschnitt von annähernd 50 Lebensjahren erhöhen. Die Wahrscheinlichkeit einer Schwerbehinderung bzw. Leistungswandlung steigt ab dem 50. Lebensjahr stark an. Daraus ergeben sich besondere Ansprüche an eine ergonomische Fertigung. Gleichzeitig steigt der Wettbewerbsdruck in der Automobilindustrie mit dem verbindlichen Ziel, die Produktivität in der Fertigung weiter zu erhöhen. Der Anspruch von Audi ist es, die nachhaltige Teilhabe am Arbeitsleben der Menschen mit Leistungswandlung (LGW) und schwerer Behinderung sicherzustellen und diese produktiv zu beschäftigen.

Vor diesem Hintergrund wurde den handelnden Personen aus Personalwesen, Fertigung und Gesundheitswesen bewusst, dass die bis dato gut funktionierenden Instrumente aus dem bei Audi sehr erfolgreichen Gesundheitsmanagement, wie zum Beispiel „runde Tische" zur Integration, nicht mehr ausreichen werden, um mittelfristig dieser Entwicklung zu begegnen. Zum Ende des Jahres 2009 wurde mit der Unterstützung des Top Managements ein sogenanntes Koordinationsteam mit dem Auftrag gegründet, eine Systematik zu entwickeln, die Methoden und Standards zur Integration von Menschen mit Behinderung bzw. einer Leistungswandlung verbessert und erprobt. Konkret sah die Agenda folgende Punkte vor:

- Optimierung der Einsatzsteuerung von Menschen mit Behinderung und Leistungswandlung mit einer kennzahlenbasierten Systematik;
- Sicherstellung einer bedarfsgerechten Anzahl von LGW-Arbeitsplätzen;
- Mitarbeit bei der Ausgestaltung spezieller ergonomischer Arbeitsplätze;
- Schaffung von Transparenz hinsichtlich der Kosten, die entstehen, wenn Mitarbeiter nicht adäquat eingesetzt werden.

Das Koordinationsteam bestand aus einem interdisziplinären Team, welches zusammengesetzt war aus Mitarbeitern der Fertigung, des Personalwesens, des Gesundheitswesens, der Fertigungsplanung, des Industrial Engineering und dem Betriebsrat.

---

[1] Leistungsgewandelte Mitarbeiter sind bei Audi alle Mitarbeiter mit schwerer Behinderung und ihnen gleichgestellte Mitarbeiter sowie alle Mitarbeiter, die eine werksärztlich festgestellte Tätigkeitseinschränkung haben.

8.3 Beschreibung des Ansatzes

Wichtigstes Ziel bei der Entwicklung der Systematik ist es, den Mitarbeiter mit Behinderung und Leistungswandlung in die Lage zu versetzen, die Audi Standardleistung (100 %) zu erbringen. Der grundlegende Gedanke ist, dass jedem Menschen mit Behinderung und Leistungswandlung zugetraut wird, dem Leistungsanspruch von Audi gerecht zu werden und das eigene Potenzial umfänglich auszuschöpfen. Das Unternehmen übernimmt die Verantwortung, das Arbeitsumfeld so zu gestalten (z. B. ergonomische Maßnahmen, Qualifikation), dass die Menschen ihre volle Leistungsfähigkeit entfalten können.

Wichtig für das Team war es, den Prozess der individuellen Leistungssteigerung anhand einer klaren Kennzahl transparent und damit vergleichbar zu machen. Diese Kennzahl ist die arbeitsplatzbezogene Differenz zur geforderten Audi Standardleistung und wird als Leistungsdefizit bezeichnet. Über ein Berichtswesen (anonymisiert) werden die Leistungsdefizite bewertet und aufgezeigt. Die Kennzahl zeigt auf, welche Kosten dem Unternehmen entstehen, wenn leistungsgewandelte Menschen nicht gemäß ihrem Leistungsvermögen eingesetzt werden. Gegenüber dem Mitarbeiter spielt die Kennzahl keine weitere Rolle, sondern ist vielmehr eine monetäre Kenngröße um aufzuzeigen, wie erfolgreich die Führungskräfte die Integration von Menschen mit Leistungswandlung in Ihrer Organisationseinheit vorantreiben und die Leistung der Menschen durch gezielte Maßnahmen (Erklärung der Maßnahmen siehe unten) erhöhen. Die Leistung des Mitarbeiters wird arbeitsplatzbezogen im Mehraugenprinzip durch ein Expertengremium, der sogenannten PemKom (Kommission zum produktiven Einsatz von Mitarbeitern), bestimmt. Die Verantwortung zur Einberufung der PemKom liegt bei der Führungskraft und wird dann organisiert, wenn die Führungskraft davon ausgeht, dass trotz aller Bemühungen der Mitarbeiter nicht in die Lage versetzt werden kann, die Audi Standardleistung zu erfüllen. Die Zusammensetzung ähnelt der in den Koordinationsteams und besteht aus dem Vorgesetzten, den Personalreferenten, dem Werksarzt und dem Betriebsrat/Schwerbehindertenvertretung. Der Vorgesetzte gibt im Vorfeld eine Einschätzung über die Höhe der arbeitsplatzbezogenen Differenz zur Audi Standardleistung, also die Leistungsdefizite, ab. In einem standardisierten Prozess, den der Personalreferent mit Hilfe eines SAP-gestützten Workflows moderiert, werden mithilfe des vorhandenen Expertenwissens weitere Maßnahmen definiert, um die Leistung des Mitarbeiters zu erhöhen.

Dabei handelt es sich um folgende Maßnahmen, die in diesem Regelprozess durch das Gremium geprüft sowie dokumentiert und im Weiteren genauer erläutert werden:

- Umsetzung innerhalb der eigenen Organisationseinheit
- Arbeitsplatzteilung
- Ergonomische Verbesserung des Arbeitsplatzes
- Trainings-/Qualifikationsmaßnahmen
- Arbeitsplatzbegehung
- Eskalation von Einzelfällen über die Koordinationsteams

Geprüft werden vorrangig Maßnahmen, die sich in der angestammten Organisationseinheit des Mitarbeiters realisieren lassen. Das hat den Vorteil für den Mitarbeiter, dass er in seinem angestammten Umfeld integriert wird, was sich erfahrungsgemäß vorteilhaft auf die Integration auswirkt. Oftmals können eine *Umsetzung* auf einen anderen Arbeitsplatz oder Verbesserungen in der ergonomischen Gestaltung des bestehenden Arbeitsplatzes einen nachhaltigen positiven Einfluss auf die Leistung des Mitarbeiters haben.

Eine weitere Möglichkeit zur Reduzierung des Leistungsdefizites ist die *Arbeitsplatzteilung*. Hierbei wird eine Teilleistung des Mitarbeiters durch einen Kollegen erledigt. Die Arbeitsteilung macht vor allem dann Sinn, wenn der Mitarbeiter die Mengenvorgabe nicht erfüllen kann und genügend Fläche an dem Arbeitsplatz vorhanden ist.

Im Mittelpunkt der Beratungen stehen immer Verbesserungen bezüglich der *Ergonomie des Arbeitsplatzes*. Besonders erfolgreich sind dabei Workshops, in denen die Mitarbeiter selbst die Maßnahmen zur ergonomischen Verbesserung entwickeln und erproben. Dies führt zu einer hohen Identifikation des Mitarbeiters mit dem Arbeitsplatz und stellt eine Optimierung des Ergebnisses hinsichtlich der Ergonomie sicher. Ein besonders schönes Beispiel ist das Fußhebelwerk in der Modulfertigung Cockpit der A4-Montage: Mitarbeiter entwickelten die Montageprozesse in einem kontinuierlichen Verbesserungsprozess (KVP) so weiter, dass das Fußhebelwerk sitzend montiert werden kann. Der Arbeitsplatz ist damit auch für Mitarbeiter geeignet, die aufgrund gesundheitlicher Einschränkungen einer sitzenden Tätigkeit nachkommen müssen. Gleichzeitig führt der neue Montageablauf zu einer deutlichen Reduzierung der Fertigungszeit, was den KVP auch aus wirtschaftlichen Gesichtspunkten unverzichtbar macht. Ein weiteres Beispiel ist die Optimierung der Teppichmontage. Ein Handlingsgerät erleichtert den Transport des Teppichs in das Fahrzeug. Auch in diesem Fall handelt es sich um die Idee eines Mitarbeiters, die im Rahmen eines KVPs umgesetzt wurde (vgl. Abbildung am Kapitelanfang).

Der kontinuierliche Verbesserungsprozess ist ein langjähriges und bewährtes Verfahren bei Audi mit dem Anspruch, Fertigungszeiten zu optimieren und die Ergonomie zu verbessern. Die Erfahrung bei Audi zeigt, dass Ergonomie und Fertigungszeit eng zusammenhängen und eine ergonomische Verbesserung in der Regel auch positive Auswirkungen auf die Fertigungszeit hat.

Trainings- und Qualifikationsmaßnahmen sind eine weitere Möglichkeit, um die Leistung des Mitarbeiters zu erhöhen. Bei entsprechender Eignung und Qualifikation können Mitarbeiter zum Beispiel im Bereich der nachfolgenden Qualitätskontrolle oder in indirekten, d. h. in weniger fertigungsnahen, Bereichen eingesetzt werden.

Derzeit befindet sich ein Modul im Aufbau, das Mitarbeiter mit Leistungsdefiziten durch ein abgestimmtes Training an die Anforderungen eines Arbeitsplatzes heranführt. Dazu werden Fertigungsabfolgen im Montageprozess simuliert und die Handgriffe des Mitarbeiters ergonomisch optimiert. Der Arbeitsplatz, an dem der Mitarbeiter eingesetzt werden soll, wird dabei so nachgebaut, dass der Mitarbeiter jede Sequenz des Arbeitsablaufes unter dem Gesichtspunkt der optimalen ergonomischen Haltung optimieren kann. Bei Bedarf kann ein Physiotherapeut zur Unterstützung hinzugezogen werden. Die bisherigen Ergebnisse sind sehr positiv, sodass die Module aktuell erweitert werden.

Sind die beschriebenen Maßnahmen (ergonomische Arbeitsplatzgestaltung, Umsetzung, Arbeitsplatzteilung) innerhalb der angestammten Organisationseinheit auch trotz eingehender Überprüfung durch die PemKom nicht realisierbar, können durch eine *Arbeitsplatzbegehung* weitere Möglichkeiten des Einsatzes geprüft werden. Sollte diese nicht erfolgreich sein, wird ein festgelegter *Eskalationsprozess* gestartet. Dieser erfolgt über die Koordinationsteams und hat das Ziel, den Mitarbeiter in einer anderen Organisationseinheit zu integrieren und einzusetzen.

Der Bereich der fertigungsnahen Dienstleistungen bietet sich besonders für Mitarbeiter mit einsatzkritischen Einschränkungen an – das sind Mitarbeiter, die nicht vollschichtig im Stehen oder Gehen arbeiten können oder Einschränkungen in der Mengen- und Taktvorgabe haben – da es in der Regel in diesen Bereichen keine starren Mengenvorgaben gibt und Arbeitsplätze individuell eingerichtet werden können. Beispiele sind der Schlüsseldienst, die Gärtnerei und die Schlosserei. Auch hier steht der wirtschaftliche Einsatz des Mitarbeiters im Vordergrund, das heißt, dass sich die Leistung des Mitarbeiters am neuen Arbeitsplatz deutlich erhöht und einer wirtschaftlichen Gesamtbetrachtung standhalten muss. Neben den Dienstleistungsbereichen gibt es ähnliche Rahmenbedingung zum Beispiel in den Verpackungsbetrieben und der Aggregateaufbereitung.

Anzumerken ist, dass es bei Audi keine Organisationseinheiten gibt, in denen ausschließlich Mitarbeiter mit schwerer Behinderung und Leistungswandlung zum Einsatz kommen. So wird in den angesprochenen Dienstleistungsbereichen bewusst darauf geachtet, dass auch Mitarbeiter ohne gesundheitliche Einschränkungen mitarbeiten. Die Erfahrung der Führungskräfte zeigt, dass die Integration in gemischten Teams einfacher ist und sich die Mitarbeiter gegenseitig zu einer besseren Leistung motivieren. Zudem erfahren Menschen mit Leistungseinschränkung in der Regel eine aktive Unterstützung durch ihre Kollegen.

Der Prozess der Erfassung der Leistungsdefizite im Gremium der PemKom erfolgt mindestens einmal jährlich zur Budgetplanung. Angestoßen wird der Prozess durch den budgetverantwortlichen Vorgesetzten, den Fertigungsabschnittsleiter. Er ist dafür verantwortlich, dass die Leistungsdefizite bis Anfang Oktober in der Budgetplanung für das Folgejahr hinterlegt werden. Sollte der Fertigungsabschnittsleiter keine PemKom einberufen, werden die Eingaben im Budget Anfang Oktober gelöscht. Das hat den positiven Effekt, dass sich die Führungskraft schon aus budgettechnischen Gründen diesem Prozess verpflichtet sieht. Sollte sich die Leistung des Mitarbeiters während des Jahres verändern (veränderte Gesundheits- oder Arbeitsplatzbedingungen), wird erneut eine PemKom einberufen, damit gewährleistet ist, dass die Informationen auf dem aktuellen Stand sind.

8.4 Stärken und Schwächen des Ansatzes

Aus unserer Sicht besteht die größte Stärke des Ansatzes auf der einen Seite in dem strukturierten Prozess zur Erhöhung der Leistung des Mitarbeiters und auf der anderen Seite in der monetären Bewertung der Leistungsdefizite. Beide Aspekte machen den produktiven Einsatz von Menschen mit schwerer Behinderung und Leistungswandlung aufgrund der Messbarkeit und Objektivität zu einem gleichberechtigten Ziel für die Führungskraft, neben anderen Zielen wie zum Beispiel der Quantität und Qualität. Dies garantiert, dass das Thema über das Jahr hinweg präsent bleibt. Die Kennzahlen werden in verschiedenen Gremien kommuniziert und für interne Benchmarks herangezogen. Diese Vorgehensweise erhöht die Kreativität, um neue Lösungen für den produktiven Einsatz leistungsgewandelter Menschen zu entwickeln, auszuprobieren und bei Erfolg auch auf andere Organisationseinheiten zu übertragen. Typische Beispiele sind neben dem beschriebenen MES-Sitz auch eine Vorkommissionierungszone („Supermarkt") in der Lackiererei, in dem 40 Menschen wieder produktiv arbeiten. In diesem Supermarkt werden Tätigkeiten ausgeführt, die ursprünglich taktgebunden in der Fertigungslinie vorgenommen wurden. Das Besondere des Supermarktes ist, dass ergonomische Anpassungen einfacher sind und der Supermarkt nicht der direkten Taktbindung unterliegt.

Die Implementierung der Systematik wurde durch den Aufbau eines SAP-basierten Workflows begleitet, der neben der Kennzahl „Leistungsdefizite" alle Maßnahmen zur Integration EDV-technisch hinterlegt und damit ein ausgefeiltes Monitoring dieser Maßnahmen zulässt. Diese führt nicht nur zu einer Transparenz hinsichtlich der Kosten, sondern auch zu Maßnahmen, die unternommen wurden, um die Leistungsdefizite zu senken.

Sehr gute Erfahrungen bezüglich der Nutzung von Kennzahlen konnten bei der Implementierung der Kennzahl „Gesundheitsstand" im Gesundheitsmanagement verzeichnet werden.

Eine Schwäche des Ansatzes ist mit Sicherheit, dass die strukturierte Analyse jedes Einzelfalles aufwendig ist und Ressourcen bindet. Zudem stößt der Ansatz an seine Grenzen, wenn für die Mitarbeiter, die nicht mehr in der Fertigung eingesetzt werden können, auf Dauer keine neuen Einsatzmöglichkeiten geschaffen werden. Die Arbeitsplätze müssen in der Regel fertigungsnah aufgebaut werden, da in der Fließfertigung die Möglichkeiten begrenzt sind, Arbeitsplätze mit speziellen Anforderungen, wie z. B. fehlender Taktbindung, aufzubauen. Oft sind es Dienstleistungen oder Montagen mit kleinen Teilen, die von Fremdfirmen wesentlich günstiger produziert werden können. Die Vorgehensweise der Systematik Leistungsmanagement findet eine deutlich höhere Akzeptanz bei Führungskräften und Mitarbeitern in der Fertigung, wenn für Mitarbeiter eine alternative Einsatzmöglichkeit angeboten werden kann.

8.5 Bisherige Erfahrungen

Seit der Einführung des Prozesses im Jahr 2010 haben allein im A4-Segment über 400 Menschen den strukturierten Prozess der PemKom durchlaufen. Vielen Menschen wurde durch die durchgeführten Maßnahmen wieder ein produktives und wertschöpfendes Arbeiten ermöglicht. Die positiven Auswirkungen sind anhand der Motivation der Menschen und des verbesserten Gesundheitsstands messbar. Der konsequente Weg der Integration der Menschen über die PemKom hat sich gelohnt.

Besonders wichtig ist das transparente Aufzeigen der Kosten, die entstehen, wenn die Menschen nicht produktiv eingesetzt werden. Allein im Segment A4 entstanden im Jahr 2011 Kosten im unteren zweistelligen Millionenbereich durch Mitarbeiter, die aufgrund ihrer gesundheitlichen Einschränkungen nicht mehr produktiv eingesetzt werden konnten. Diese Zahlen haben zu einem sehr konstruktiven Audi-internen Dialog geführt, mit dem Ergebnis, dass das Controlling die Remanenzkosten (Berücksichtigung der Bruttolohnkosten in dem Sinn, dass die Mitarbeiter sonst nicht wirtschaftlich eingesetzt werden können) bei der Schaffung von neuen Arbeitsplätzen in mehreren Projekten berücksichtigt. So werden zum Beispiel der Audi Dienstleistungsbereich und die Audi Verpackungsbetriebe erweitert. In beiden Fällen ist eine wirtschaftliche Betrachtungsweise nur über die Remanenzkosten darzustellen, da in einem direkten Kostenvergleich externe Anbieter aufgrund günstiger Lohnstrukturen preiswerter sind.

8.6 Ausblick

Der Gewinn des ComToAct-Integrationspreises hat einen sehr positiven Effekt auf die unternehmensweite Implementierung des Leistungsmanagements gehabt. Gestartet als ein interdisziplinäres Projekt, das erfolgreich im A4 Segment implementiert und erprobt ist, wurden die Werkleitung in Ingolstadt und der Produktionsvorstand überzeugt, die Systematik auf alle deutschen Standorte auszuweiten. Dafür wurde in Ingolstadt ein Koordinationsteam auf Werkebene installiert, das den Implementierungsprozess in den einzelnen Organisationseinheiten begleitet. Die ersten Kick-Off-Termine verliefen sehr erfolgreich, sodass wir davon ausgehen, dass die Systematik am Standort Ingolstadt bis Ende 2012 flächendeckend eingesetzt wird.

8.7 Fazit

Die im Koordinationsteam A4 entwickelte Systematik Leistungsmanagement hat sich bewährt, da sie Transparenz schafft und anhand definierter Maßnahmen zur Integration der Mitarbeiter mit schwerer Behinderung und Leistungswandlung führt. Letztendlich steht der wertschöpfende und produktive Einsatz des Mitarbeiters im Mittelpunkt der Aktivitäten. Die Erfahrung zeigt, dass sich die Menschen, die aufgrund des Verfahrens wieder ihre volle Leistungskraft entfalten können, wertgeschätzt fühlen. Gerade dieser Effekt stellt für uns das schönste Ergebnis dar.

Das Best Western Hotel Am Straßberger Tor der Fortbildungsakademie der Wirtschaft (FAW) gGmbH (Plauen) – das Konzept eines Integrationshotels

Corina Gerling

Inhaltsverzeichnis

9.1	Vorstellung des Unternehmens	122
9.2	Entwicklung des Ansatzes	123
9.3	Beschreibung des Ansatzes	125
9.4	Stärken und Schwächen des Ansatzes	126
9.5	Bisherige Erfahrungen	132
	9.5.1 Mitarbeiter	132
	9.5.2 Führungskräfte	133
	9.5.3 Kunden/Gäste	134
	9.5.4 Veränderungen	134
9.6	Ausblick	134
9.7	Fazit	135

Zusammenfassung

„Ein ganz normaler Alltag in einem ganz besonderen Hotel" – so lässt sich die Arbeit im Integrationshotel der Fortbildungsakademie der Wirtschaft (FAW) gGmbH beschreiben. Mit dem Integrationshotel beschreitet die FAW als bundesweit tätiger Bildungsdienstleister neue Wege. Tag für Tag arbeiten hier Menschen mit und ohne Behinderung zusammen und leben den Integrationsgedanken. Seit der Gründung des Hotels vor sechs Jahren wird immer wieder deutlich, welch hochwertige Arbeit Mitarbeiter mit Behinderung leisten können, wenn ein Unternehmen passende Rahmenbedingungen bietet. Eine wesentliche Grundlage für die erfolgreiche

C. Gerling (✉)
Fortbildungsakademie der Wirtschaft (FAW) gGmbH, Berufliches Trainingszentrum (BTZ),
Straßberger Straße 27-29, 08527 Plauen, Deutschland
E-Mail: corina.gerling@faw.de

Integrationsarbeit im Hotel ist die enge Verknüpfung mit dem Beruflichen Trainingszentrum (BTZ) Plauen. Diese Spezialeinrichtung zur beruflichen Eingliederung von Menschen mit psychischer Behinderung begleitet den Integrationsprozess und hilft bei der Auswahl geeigneter Mitarbeiter für einen spezifischen Bereich.

Ziel war es von Anfang an, ein Hotel aufzubauen, das sich durch ein hohes Maß an Kundenorientierung, Service und Freundlichkeit auszeichnet und sich aufgrund dessen mit regulären Hotels messen lassen kann. Das positive Feedback der Gäste, sowie die Tatsache, dass Menschen, die im Alltag oftmals keine Erfahrung mit dem Thema Behinderung haben, nicht einmal merken, dass sie sich in einem „besonderen" Hotel befinden, belegen unseren Erfolg. Der Gast soll nicht in erster Linie in das Hotel kommen, weil es sich um ein Integrationsunternehmen handelt, sondern weil er einen guten Service erhält und sich wohlfühlt.

9.1 Vorstellung des Unternehmens

Die Fortbildungsakademie der Wirtschaft hat sich unter anderem auf die berufliche Integration von Menschen mit psychischen Behinderungen spezialisiert. Die Palette der überwiegend ambulanten Leistungen reicht von Anpassungsmaßnahmen, beruflicher Erstausbildung, Umschulungen, Gruppen- und Individualmaßnahmen bis zu speziellen Angeboten in fünf Beruflichen Trainingszentren (BTZ).

Eines davon ist das BTZ Plauen, Träger des Best Western Hotels Am Straßberger Tor, das seit 1997 Menschen mit psychischen Behinderungen begleitet. Ein multiprofessionelles Team aus Sozialpädagogen, Psychologen, Ergotherapeuten, Berufstrainern und Lehrkräften soll für die optimale Betreuung der Klienten sorgen.

Durch die Einrichtung des Integrationshotels mit einer Kapazität von 92 Betten im Jahr 2006 wurden neben regulären Arbeitsplätzen auch Stellen für Menschen mit vorzugsweise psychischer Behinderung geschaffen. Dies ist deshalb besonders wichtig, weil sich diese Art der Behinderung im Arbeits- und Berufsleben besonders nachteilig auswirken kann und allein oder zusammen mit weiteren vermittlungshemmenden Faktoren die Eingliederung auf dem allgemeinen Arbeitsmarkt deutlich erschwert.

Die Mitarbeiter mit Behinderung bekommen, unterstützt vom BTZ-Team, im Hotel die Möglichkeit, sich unter den normalen Anforderungen des Arbeitsmarktes zu bewähren, aber auch Defizite aufzuarbeiten sowie Motivation und Selbstwertgefühl zu stärken. Dies wirkt sich wiederum positiv auf ihre gesundheitliche Stabilität aus. Die langjährige Tätigkeit des BTZ Plauen in der beruflichen Rehabilitation von Menschen mit psychischer Erkrankung oder seelischer Behinderung und die daraus gewonnenen umfangreichen Erfahrungen sowie Kompetenzen bilden die Grundlage für den erfolgreichen Integrationsprozess.

Gegenwärtig arbeiten im Hotel 24 Mitarbeiter, vier Auszubildende und elf geringfügig Beschäftigte. 15 von ihnen sind Mitarbeiter mit vorwiegend psychischer, aber auch

Abb. 9.1 Impressionen aus dem Integrationshotel Best Western

körperlicher oder Sinnesbehinderung. Sie arbeiten in allen Bereichen des Hotels, wie Restaurant, Housekeeping, Rezeption, Küche, sowie Wäscherei und Änderungsschneiderei. Vom Auszubildenden bis hin zur Rentnerin, die als Aushilfe immer noch den Kontakt zur Arbeitswelt und dem Mitarbeiterteam hält, sind alle Altersgruppen vertreten (Abb. 9.1).

9.2 Entwicklung des Ansatzes

Ein Bildungsdienstleister als Hotelbetreiber ist durchaus ungewöhnlich. Als Bildungsträger ist es oberstes Ziel, Menschen in Arbeit bzw. wieder zurück in Arbeit zu bringen. Das erfordert, Arbeitgeber und ihre Personalchefs immer wieder zu motivieren, auch Menschen mit Handicap eine Chance zu geben, um sich auf dem Arbeitsmarkt beweisen zu können. Als das Stadt-Hotel Plauen Ende 2005 wegen Insolvenz schließen musste, entstand bei der Leiterin des BTZ, Corina Gerling, die Idee, dieses zu übernehmen, um Arbeitsplätze für die BTZ-Teilnehmer zu schaffen. Zudem konnte der Bildungsträger FAW damit erstmals selbst als Arbeitgeber für diese Zielgruppe auftreten.

Von der Idee kurz vor Weihnachten 2005 bis zur Eröffnung des Hotels verging nicht einmal ein Jahr. Im Mai 2006 wurden erste Gespräche mit dem Integrationsamt in Chemnitz geführt. Mit dem Kauf der Immobilie Anfang Juli begannen die Umbaumaßnahmen und im Oktober 2006 ging das Hotel ausgebucht an den Start, denn mit dem Tag der Eröffnung am 16. Oktober begrüßte das neue Best Western Hotel für zwei Tage die Gäste des 7. Plauener Reha-Symposiums.

Passenderweise hatte das Reha-Symposium, das die FAW zum siebten Mal ausrichtete, auch das Thema: „Mittendrin im Abseits – Psychisch kranke Menschen und Teilhabe". Die FAW betrachtete dies als ein gutes Omen für das Gelingen des Projektes.

Bereits im Jahr 2007 wurde der Housekeeping-Bereich um eine hoteleigene Wäscherei erweitert. Damit konnten drei zusätzliche Arbeitsplätze für Mitarbeiter mit Behinderung eingerichtet werden. Nachdem anfänglich „nur" die gesamte Hotelwäsche gereinigt wurde und Gäste diese Zusatzleistung zum Hotelbetrieb in Anspruch nehmen konnten, zählen seit 2008 zahlreiche Privatkunden, darunter auch Kindergärten, Pensionen und Gaststätten sowie kleinere Hotels der näheren Umgebung, zum zufriedenen Kundenstamm. Das Dienstleistungsangebot der Wäscherei umfasst inzwischen neben Wäschepflege, Wäscherei und Änderungsschneiderei seit August 2010 auch haushaltsnahe Dienstleistungen, wie zum Beispiel Reinigungsleistungen im Haushalt sowie die Gestaltung und Bewirtung von Privatfeierlichkeiten. Diese Projekterweiterung ermöglichte einer Textilnäherin mit Hörbehinderung die Rückkehr ins Arbeitsleben, denn es spielt keine Rolle, ob die Näherin eine „Stecknadel fallen hören" kann: Sie liest die Kundenwünsche von den Lippen ab.

Der Aufbau eines Hotels ist so komplex, dass dies die FAW als „Debütant" auf diesem Gebiet nicht allein bewältigen konnte. Vom Kauf des Hotels über die Sanierung und Umgestaltung des Interieurs, die Einstellung des geeigneten Personals – einschließlich der erforderlichen arbeitsplatzbezogenen Qualifizierung und Einarbeitung – bis zur Entwicklung Erfolg versprechender Vermarktungsstrategien mussten viele Etappen erfolgreich bewältigt werden. Dazu bedurfte es zuverlässiger Partner.

Von Vorteil war, dass das BTZ bereits Kontakte zu wichtigen Ansprechpartnern besaß, die mit dem BTZ schon in der Vergangenheit bei vielfältigen Leistungen zur Teilhabe am Arbeitsleben vertrauensvoll zusammen gearbeitet hatten. Erste Gespräche mit dem Integrationsamt Chemnitz des Kommunalen Sozialverbandes Sachsen, der Fachberatung für Arbeits- und Firmenprojekte (FAF) gGmbH in Chemnitz, führend in der Beratung von Integrationsfirmen und marktorientierten sozialen Unternehmen, der Agentur für Arbeit Plauen, den Rentenversicherungsträgern und dem Integrationsfachdienst bestärkten uns darin, die Idee in die Wirklichkeit umzusetzen. Bei der Erarbeitung eines Konzepts und einer Wirtschaftlichkeitsvorschau unterstützten externe Berater die FAW. Dazu zählt ein eigens für das Vorhaben gewonnener Marketingberater, der die Zusammenarbeit mit einer Hotelkette anregte, um die Qualität des Hotels sichtbar zu machen. In der Folge konnte die Kooperation mit der internationalen Hotelkette Best Western erzielt werden, wodurch das Hotel Am Straßberger Tor von Beginn an als Best Western Hotel in den einschlägigen Katalogen und Internetauftritten gelistet wurde. Darüber hinaus war es wichtig, die Stadt Plauen zu informieren. Da im Vorfeld wiederholt der Eigentümer wechselte und schließlich Insolvenz beantragt wurde, war die Stadt gegenüber neuen Vorhaben zunächst skeptisch. Deshalb war es wichtig, die Stadt Plauen davon zu überzeugen, dass die FAW auch ohne

"Hotelhintergrund" in der Lage ist, ein Hotel erfolgreich am Markt zu etablieren. Bei allen Gesprächen war bei den Partnern Interesse an diesem Vorhaben spürbar.

9.3 Beschreibung des Ansatzes

Das Best Western Hotel Am Straßberger Tor ist nach den Umbaumaßnahmen ein modernes Business-Hotel, gut geeignet für die Durchführung von Tagungen, Seminaren und Veranstaltungen sowie für den Aufenthalt von Geschäftsreisenden auf First-Class-Niveau. Die vorhandenen Räumlichkeiten, modernste Tagungstechnik und professioneller Service bieten dafür die notwendigen Rahmenbedingungen.

In dem Viersternehotel bieten sich für Menschen mit Behinderung vielfältige Arbeitsmöglichkeiten. Das BTZ versteht den Inklusionsgedanken so, dass Menschen mit Behinderung jede erforderliche Hilfe und Unterstützung erhalten, um langfristig in einem versicherungspflichtigen Arbeitsverhältnis tätig sein zu können.

Die Unterstützungsleistungen orientieren sich am Individualprinzip und richten sich nach den behinderungsbedingten Einschränkungen der Mitarbeiter. Die Weichen für einen möglichen Übergang in das Erwerbsleben werden bereits vor Antritt einer Stelle mit dem Arbeitstraining im BTZ gestellt. Gerade für Menschen mit Behinderung, die in einem Bereich mit häufigem Kundenkontakt arbeiten könnten, wird ein angemessenes Auftreten gegenüber dem Gast trainiert. Diese gezielten Verhaltenstrainings und darin erlernte, neue Verhaltensmuster, helfen den Mitarbeitern bei der Bewältigung ihres Arbeitsalltags. Außerdem werden bei Bedarf Kommunikationstrainings angeboten, um die Selbstsicherheit unserer Mitarbeiter in der Verständigung mit den Gästen zu erhöhen.

Flexible Arbeitszeitmodelle erleichtern das Erlernen der Arbeitnehmerrolle und berücksichtigen die individuellen Gegebenheiten des zukünftigen Mitarbeiters. Gerade Personen, die zuvor lange Zeit keiner Erwerbstätigkeit nachgegangen sind, wird so die Möglichkeit gegeben, sich behutsam einzugewöhnen. Das Pensum kann je nach Bedarf angepasst werden.

Die vielfältigen Einsatzmöglichkeiten im Hotel wurden bereits beschrieben. Sie stellen einen wichtigen Ansatz unseres Integrationsprojektes dar. Aufgrund der verschiedenen Anforderungen ist es möglich, Mitarbeiter mit sehr unterschiedlichen Behinderungsarten (psychische, körperliche oder auch Sinnesbehinderung) zu beschäftigen, sodass Schwächen der Mitarbeiter kompensiert werden können. Unser primäres Ziel liegt jedoch darin, jeden Beschäftigten so einzusetzen, dass seine Stärken zum Tragen kommen.

Bei der Auswahl der Mitarbeiter berücksichtigen wir auch bisherige berufliche Erfahrungen. Sehr wichtig ist für uns das Ausloten der Neigungen und Interessen, die wir als Fundament für eine erfolgreiche berufliche Tätigkeit sehen. Arbeitstrainings, Praktika oder auch Probearbeitsverhältnisse in verschiedenen Bereichen helfen beiden Seiten in der Entscheidungsfindung.

Ist der Arbeitsplatz festgelegt, wird ein Einarbeitungsprogramm speziell auf den konkreten Aufgabenbereich zugeschnitten und ausgearbeitet. Nach einer durch den jeweiligen Abteilungsleiter stärker betreuten Anlernphase wird mit dem Mitarbeiter das zukünftige Arbeitspensum abgesprochen, wobei Arbeitsplatzanpassungen mitunter erforderlich sind.

Das Beispiel von Frau B. illustriert das Vorgehen (wird unter Punkt 9.5 „Bisherige Erfahrungen" ausführlicher beschrieben) detaillierter.

Fallbeispiel Frau B: Arbeitsplatzanpassungen bei einer gehörlosen Mitarbeiterin mit Einschränkungen des Bewegungsapparats Frau B. ist nahezu gehörlos und leidet zusätzlich an Einschränkungen des Bewegungsapparats. Ihr Grad der Behinderung wurde auf 80 eingestuft. Aufgrund ihrer Behinderung hatte sie große Probleme bei der Suche nach einem geeigneten Arbeitsplatz. In der Wäscherei des Hotels fand sich ein Arbeitsplatz, der ihren behinderungsbedingten Einschränkungen und zugleich ihren Neigungen entsprach.

Allerdings waren eine Reihe von Arbeitsplatzanpassungen und technischen Hilfsmitteln erforderlich. Die Wäscherei ist verwinkelt und das Büro für die Schreibarbeiten ist etwas abgeschirmt. Eine extra eingebaute Lichtsignalanlage für die optische Anzeige des Telefonsignals und des Kundenrufes erleichtert ihr die Wahrnehmung dieser Signale. Eine optische Anzeige an der Nähmaschine zeigt an, ob das Gerät nach Feierabend ausgeschaltet ist. Auf die Einschränkungen ihres Bewegungsapparates reagiert die Hotelleitung mit der Bereitstellung eines ergonomisch geformten Stuhls mit einer Fußstütze.

Sie selbst hat sich während einer medizinischen Rehabilitationsmaßnahme ergonomische Arbeitstechniken angeeignet und optimierte physiologische Bewegungsabläufe erlernt. Während der Arbeitszeit wird ihr Freiraum für gezielte Übungen zur Rückenschule gegeben, damit sie muskuläre Dysbalancen ausgleichen kann. Ihr Arbeitsablauf wurde bewusst so gestaltet, dass ein ständiger Wechsel der Arbeitshaltungen erfolgen kann. Sie wählt zwischen Wäschelegearbeiten im Stehen, Nähmaschinenarbeiten im Sitzen und Mangelarbeiten im Gehen und Stehen.

Für die Vermarktung des Hotels hingegen spielt die Beschäftigung von Menschen mit Behinderung bewusst keine Rolle, weil Inklusion die gleichberechtigte Teilhabe am Arbeitsleben bedeutet.

Wir plädieren für einen unverkrampften Umgang mit dem Thema Behinderung. Das schließt auch die Möglichkeit ein, dem Mitarbeiter mit Behinderung in Krisensituationen sofort mit professioneller Unterstützung durch das BTZ zur Seite zu stehen.

9.4 Stärken und Schwächen des Ansatzes

Die größte Stärke der Projektidee des Integrationshotels im Zentrum Plauens ist seine unmittelbare Nähe zum BTZ. Ein multiprofessionelles Team von Mitarbeitern bringt zum Teil jahrelange Erfahrungen bei der beruflichen Integration und Begleitung von Menschen mit psychischer Behinderung ins Erwerbsleben mit.

Eine profunde Ausbildung, kontinuierliche Weiterbildungen und regelmäßiger Austausch der Mitarbeiter untereinander sichern hohes Fachwissen bei allen BTZ-Mitarbeitern. Externe Supervisionen und konsiliarärztliche Beratung geben zusätzlich Unterstützung.

Vor allem sind es die Synergien zwischen Hotel und BTZ, die den Erfolg des Projektes mittragen. Die gute Zusammenarbeit und Ergänzung zwischen BTZ- und Hotelleitung bei der Auswahl und Betreuung der Mitarbeiter mit Behinderung hat sich bewährt. Die Auswahl der Mitarbeiter ist mitentscheidend für die erfolgreiche berufliche Integration, weil nicht nur die fachliche und persönliche Eignung festgestellt, sondern auch die jeweilige Art der Behinderung auf das künftige Arbeitsfeld abgestimmt werden muss. Schon frühzeitig kann damit die Vereinbarkeit von Art und Umfang der Behinderung mit den spezifischen Ansprüchen an den jeweiligen Arbeitsplatz überprüft werden.

Eine Stärke des Ansatzes besteht in der flexiblen Gestaltungsmöglichkeit von Arbeitszeitmodellen oder auch Arbeitsplatzanpassungen bereits vor Antritt der Arbeit. Das Beispiel von Frau M. soll dies belegen.

Fallbeispiel Frau M. – Arbeit als identitätsstabilisierender Faktor Frau M., Mitte 30, leidet seit ihrer Kindheit unter einer bestehenden Epilepsie. Mit einer geeigneten Medikation, die Frau M. zuverlässig einnimmt, ist sie seit einigen Jahren anfallsfrei. Zudem leidet die Mitarbeiterin seit langer Zeit unter einer schizoaffektiven Störung, die sich überwiegend in schweren depressiven Episoden zeigt, die in der Vergangenheit immer wieder stationäre Aufenthalte notwendig machten. Sie ist auf eine regelmäßige Medikation angewiesen und hat im Verlauf ihrer Erkrankung auch durch ihre Rückfälle gelernt, ihre Medikation als notwendige Maßnahme zu einer Rückfallprophylaxe zu begreifen.

Frau M. hat eine betriebliche Ausbildung zur Restaurantfachfrau, die sie aufgrund mehrerer krankheitsbedingter Ausfälle unterbrechen musste, nach vier Jahren erfolgreich abgeschlossen. Danach folgten weitere stationäre Aufenthalte, sodass es ihr nicht möglich war, einer Arbeitstätigkeit nachzugehen. Frau M. nahm eine Leistung zur Teilhabe am Arbeitsleben an, die sie als wichtige Chance zum Einstieg ins Arbeitsleben begriff. Während dieser Maßnahme absolvierte Frau M. mehrere Praktika im gastronomischen Bereich, weil sie sich stark mit ihrem gelernten Beruf identifiziert und diese Tätigkeiten gerne ausführt. Darüber fand sie den beruflichen Einstieg in unser Hotel.

Sie begann mit einer wöchentlichen Arbeitszeit von 25 Stunden und nach einem Jahr erhöhten wir die Arbeitszeit auf 30 Wochenstunden. Bereits zu Beginn wünschte die Mitarbeiterin ausschließlich Einsätze im Spätdienst von 16 bis 22 Uhr, da sie aufgrund ihrer Morgenmedikation unter Müdigkeit leidet und dadurch Zeit benötigt, um sich arbeitsfähig zu fühlen. Aufgrund unserer Schichtpläne war diese Beschränkung in der Arbeitszeit gut möglich. Frau M. ist eine sehr zuverlässige Mitarbeiterin, die durch ihre zupackende Art positiv auffällt und uns als Arbeitgeber teilweise dazu verleitet hat, ihr weitere Arbeitsaufgaben zu geben. Zudem fällt es ihr mitunter schwer, Überforderungserleben gut wahrzunehmen und vor allem zu kommunizieren. Bei bekannten Arbeiten gelingt es ihr sehr gut, die Arbeiten selbstständig und in guter Qualität auszuführen, wohingegen neue

Arbeiten und Arbeitsabläufe sie zunächst verunsichern. Sie ist darauf angewiesen, mehrmalige und ausführliche Einführungen zu erhalten. Ein weiterer Stress auslösender Faktor stellt für die Mitarbeiterin die gleichzeitige Ausübung von mehreren Arbeitsgängen dar. Dann blockiert sie und verliert den Überblick.

Ein wesentliches Steuerinstrument für uns als Arbeitgeber ist der Aufgabenverteilungsplan, der für Frau M. einen möglichst hohen Anteil an täglichen Routinetätigkeiten mit bekannten Abläufen vorsieht. Für die Einübung neuer Aufgaben achten wir darauf, ruhige Zeiten in einem Küchenbetrieb zu nutzen, was ihr ermöglicht, in ihrem Tempo neue Schritte einzuüben. Im zwischenmenschlichen Kontakt besticht Frau M. einerseits durch ihre große Herzlichkeit, Offenheit und Freundlichkeit anderen Menschen gegenüber, die ansteckend auf ihre Kollegen und Vorgesetzte wirkt. Sie geht offen auf neue Kollegen zu, verfügt über eine hohe Anpassungsfähigkeit und ist stark an einem guten Miteinander im Team interessiert. Andererseits fällt es ihr aber schwer, Berufliches und Privates zu trennen und Frau M. kommt rasch unter Druck, wenn es anderen Arbeitskollegen nicht gut geht oder Spannungen im Team auftreten. Trotz der genannten Steuerinstrumente trat eine psychische Dekompensation bei Frau M. auf, die einen Klinikaufenthalt notwendig machte und einen Arbeitsausfall von mehreren Monaten zufolge hatte. Eine psychische Dekompensation ist ein Zustand affektiver Enthemmung, der unter Umständen bis hin zum Kontrollverlust führen kann. Nach der Rückkehr an ihren Arbeitsplatz führten wir mit Frau M. ein gemeinsames Gespräch mit dem Ziel, mögliche Faktoren für die psychische Dekompensation zu erkennen und entsprechende Maßnahmen im beruflichen Bereich für eine Rückfallprophylaxe abzuleiten. Es gelang uns, gemeinsam mit der Mitarbeiterin Frühwarnsymptome zu formulieren, die für uns als Arbeitgeber wichtige Hinweise sind, um rechtzeitig zu intervenieren. Bei Frau M. ist das vor allem ein starker Antrieb, der sich in einer Überaktivität zeigt, sowie Schlaflosigkeit. Wir vereinbarten daher, dass Frau M. zusätzliche Pausenzeiten wahrnimmt und gestalteten die Einsatzpläne so, dass sie an zwei aufeinanderfolgenden Tagen frei hat, um eine notwendige Erholungsphase gewährleisten zu können. Den Wiedereinstieg gestalteten wir stufenweise, um eine schnelle Überforderungsreaktion zu vermeiden.

Für Frau M. stellt der Arbeitsplatz einen wichtigen identitätsstabilisierenden Faktor dar: Mit Freude arbeiten zu gehen, im Rahmen ihrer Möglichkeiten ein Einkommen zu erzielen und mit ihrer Arbeit anderen Menschen eine Freude zu bereiten, wirken sich positiv auf ihr Selbstwertgefühl aus.

Aus der gemeinsam gemeisterten Krise konnten wir (wieder einmal) lernen, dass ein gutes Zusammenspiel aus der Fürsorgepflicht des Arbeitgebers und einer guten Eigenverantwortung und Selbstfürsorge des Mitarbeiters wichtige Wirkgrößen für eine anhaltende berufliche Wiedereingliederung darstellen.

Die langfristige Vorbereitung der Mitarbeiter mit Behinderung auf die Arbeitsaufnahme durch das BTZ bietet genügend Raum und Zeit, um die Mitarbeiter auf die anspruchsvolle Tätigkeit im Hotelgewerbe vorzubereiten. Hierdurch steigt auch die Motivation der Mitarbeiter. Erste Arbeitserfolge und die Anerkennung im Team tragen zur weiteren Stärkung der Motivation bei. Immer wieder berichten Menschen mit Behinderung, dass es für sie von großer Bedeutung ist, wieder im Arbeitsleben zu stehen und gleichberechtigt teilzuhaben.

Hotelbetrieb heißt, nicht geplante, kurzfristige Belegungen und große Schwankungen im Restaurantbetrieb zu verkraften. Das ist selbst für einen Mitarbeiter ohne Behinderung mit Stress und Hektik verbunden. Wie viel stärker wirkt sich diese Situation erst auf einen psychisch erkrankten Menschen aus! Auch hier profitiert das Integrationshotel von der räumlichen Nähe zum BTZ. Die Möglichkeit der psychosozialen Versorgung der Mitarbeiter bis hin zur Krisenintervention glättet manche Stresssituation. In Abständen wird insbesondere das Team der Hotelleitung durch BTZ-Mitarbeiter im Umgang mit Mitarbeitern mit psychischer Behinderung geschult. Informationen zu den typischen Merkmalen verschiedener psychischer Störungen und Erkrankungen helfen, in Konfliktsituationen die richtigen Entscheidungen zu treffen.

Eine weitere Stärke ist die Vielfalt der Einsatzmöglichkeiten für Mitarbeiter mit Behinderung im Hotel: Vom Housekeeping über die Küche, den Service, die Rezeption bis hin zur Wäschepflege, der Änderungsschneiderei und den Hausmeisterdiensten. Wenn aus gesundheitlichen, behinderungsspezifischen Gründen ein Mitarbeiter nicht mehr voll einsetzbar ist oder ausfällt, kann dies weitestgehend innerbetrieblich aufgefangen werden. Sobald ein Mitarbeiter z. B. aus psychischen Gründen nicht mehr im Kundenservice einsetzbar ist, kann er z. B. ganz oder übergangsweise im Bereich der Wäschepflege eingesetzt werden, was sich wiederum positiv auf seine psychische Verfassung auswirkt, da der ihn belastende unmittelbare Kundenkontakt reduziert wird. Dies belegt zum Beispiel der Fall von Frau K., die zunächst als Zimmerfrau im Housekeeping tätig war.

Fallbeispiel Frau K.: Erfolgreiche Mitarbeit trotz psychischer Einschränkungen Frau K., Anfang 40, leidet unter wiederkehrenden Depressionen und Angstsymptomen mit nächtlichen Panikattacken, einhergehend mit einer Schlafstörung. Zudem ist Frau K. emotional instabil und leidet des Weiteren unter Rückenbeschwerden.

Frau K. war mehrere Jahre arbeitslos und kam auch über eine betriebliche Trainingsmaßnahme in unser Hotel.

Die Mitarbeiterin ist bei uns mit unterschiedlichen Arbeitspensen zwischen 25 und 35 Wochenstunden angestellt. Zunächst wurde sie im Bereich Housekeeping eingesetzt. Aufgrund der nächtlichen Panikattacken und der Schlafstörung zeigte sich, dass eine Arbeitstätigkeit im Frühdienst für Frau K. eine zu große Belastung darstellte und zunehmend Stress induzierte. Dies äußerte sich in vermehrten Migräneattacken und Schmerzerleben sowie schnell aufeinanderfolgenden Stimmungseinbrüchen, weswegen die betreuende Psychiaterin die Notwendigkeit der Einhaltung von festen Kernarbeitszeiten (8 bis 17 Uhr) für notwendig erachtete. Es gelang uns, auf diese wesentliche Veränderung der Einsatzfähigkeit der Mitarbeiterin Rücksicht zu nehmen, indem wir in Absprache mit ihr eine Umsetzung in den Bereich Wäschepflege vorgenommen haben.

Das Arbeitsverhalten der Mitarbeiterin zeichnet sich durch folgende Stärken aus: Grundsätzlich verfügt sie über eine hohe Flexibilität in der Ausübung und dem Einsatz in möglichen Arbeitsbereichen. Jedoch bestehen aufgrund ihrer Grunderkrankungen teilweise erhebliche Schwankungen in der Leistungsfähigkeit, denen wir als Arbeitgeber mit folgenden Unterstützungsmaßnahmen begegnen: Bei Stimmungseinbrüchen sinken die Leistungsfähigkeit und das Durchhaltevermögen und die Mitarbeiterin ist auf wohlwollende Kurzkontakte seitens ihrer Vorgesetzten angewiesen. Mit diesen Kontakten versuchen wir einerseits Verständnis für ihre Leistungseinbußen zu signalisieren, gleichzeitig erweist sich diese Methode als ein wertvolles Steuerinstrument zur Eruierung potenzieller Belastungsfaktoren, die einen Einfluss auf die Arbeits- und Belastungsfähigkeit unserer Mitarbeiterin nehmen können. Im Verlauf gelang uns dadurch, eine verbesserte Steuerung ihrer Einsatzbereiche zu erzielen, indem wir ihr beispielsweise in solchen Phasen Tätigkeiten mit einem hohem Routinegrad anbieten, die ihr ein Sicherheits- und Kontrollerleben durch wiederkehrende Arbeitsabläufe ermöglichen und sich, zusammen mit dem Instrument der Kurzkontakte, stimmungsstabilisierend auswirken.

Zudem ist es in solchen Phasen sinnvoll, der Mitarbeiterin zusätzliche Pausen zu ermöglichen und durch die Aufstockung des Stellenplanes in Stoßzeiten durch Aushilfen Leistungseinbußen und Krankheitsausfälle zu kompensieren. In stabilen Phasen hingegen zeigt Frau K. eine gute Leistungsfähigkeit und sie ist in der Lage, über einen Zeitraum von mehreren Wochen gute bis überdurchschnittlich hohe Leistungen zu erbringen. Sie zeigt dann die Fähigkeit, anfallende Arbeiten sinnvoll und vorausschauend zu planen und ist in der Lage, Sonderschichten bei hoher Auslastung und guter Auftragslage durchzuführen. Auch in diesen Phasen erwies sich eine positive Verstärkung durch wertschätzende Zuwendung und Lob als hilfreich, da diese Maßnahmen insgesamt zu einer Selbstwertstärkung der Mitarbeiterin aufgrund ihres gesteigerten Selbstwirksamkeitserlebens beitragen.

Nach Absolvierung von Sonderschichten achten wir bei Frau K. auf einen möglichst unmittelbaren Abbau geleisteter Überstunden, um so einer Dekompensation vorzubeugen. Als Mitarbeitende in einem Team konnten wir bei Frau K. folgendes beobachten: In Abhängigkeit der Stimmungslage zeigt sie unterschiedliche Verhaltensmuster. Auf der einen Seite gelingt es ihr, in guten Phasen andere Mitarbeiter durch ihre zupackende Arbeit und ihre Flexibilität „mitzunehmen" und eine Vorbildfunktion einzunehmen. Sie zeigt dann ein gutes Selbstwertgefühl und ist in der Lage, außerordentliche Tätigkeiten kompetent und zuverlässig auszuführen. Auf der anderen Seite ist Frau K. in schlechten Phasen nur eingeschränkt teamfähig und es gelingt ihr kaum, für die Bedürfnisse des Gesamtteams offen zu sein. Als hilfreiches Instrument erweist sich dabei der überwiegende Einsatz von Frau K. bei Tätigkeiten, die Einzelplatzcharakter aufweisen, da sie ihr die Möglichkeit eines Rückzuges ermöglichen und Konflikte mit anderen Teammitarbeitern möglichst minimieren.

Als die Mitarbeiterin aufgrund einer Verschlechterung ihres Gesundheitszustandes eine medizinische Rehabilitationsmaßnahme benötigte, konnten wir eine entsprechende Stellvertretung bereitstellen. Um Frau K. Sicherheit zu vermitteln, stellten wir ihr vor Antritt ihrer Rehabilitationsmaßnahme die Rückkehr an ihren Arbeitsplatz in Aussicht, was für sie eine wichtige Voraussetzung für eine zielorientierte Aufnahme der Maßnahme darstellte.

Nach Rückkehr aus der medizinischen Rehabilitationsmaßnahme planten wir gemeinsam mit Frau K. einen stufenweise gestaffelten Wiedereinstieg, um einer Überforderungsreaktion und schnellen Dekompensation vorzubeugen. Zudem wünschte sie eine Reduktion der Arbeitsstunden, die wir dank eines Pools an Aushilfskräften realisieren konnten.

Frau K. erlebt ihre berufliche Wiedereingliederung insgesamt als einen stimmungsstabilisierenden und ihren Selbstwert stärkenden Faktor. Insbesondere erlebt sie eine zugewandte Rückmeldung über Kurzkontakte und die darin enthaltene Möglichkeit, sich mit vorgesetzten Personen über Veränderungen in ihren Belastungsfaktoren auszutauschen, als wichtige stimmungsstabilisierende Faktoren. Die Beobachtung und das Erleben, trotz Einschränkungen eine für den Arbeitgeber befriedigende Leistung zu erzielen, erfüllt Frau K. mit Freude, steigert ihr Selbstwerterleben und wirkt sich günstig auf ihre Alltagsbewältigung und Lebenszufriedenheit aus.

Die FAW beschäftigt im Integrationshotel auch Menschen mit Körperbehinderung und Sinnesbehinderung und zeigt damit die Übertragbarkeit ihres Ansatzes auf andere Behinderungsarten.

Mit dem Projektstart stellte sich jedoch heraus, dass das Leitungsteam des Hotels nicht ausreichend vorbereitet war, ein so heterogenes Mitarbeiterteam zu führen. Personelle Wechsel waren die Folge. Eine zeit- und kostenintensive Schulung der Hotelleitung vor Beginn wäre erforderlich gewesen. Ähnliches gilt für Kollegen, die bereit sein müssen, mit Menschen mit Behinderung zusammenzuarbeiten und dadurch eine gewisse Menge an zusätzlichem Planungsaufwand zu leisten.

Die größte Herausforderung des Unternehmens ist es, den hohen Anforderungen des Hotel- und Gaststättengewerbes unter diesen besonders komplexen personellen Bedingungen gerecht zu werden. Stress ist gewissermaßen vorprogrammiert, da saisonale Schwankungen, kurzfristige Änderungen in der Belegung oder die geringe Planbarkeit der Auslastung im Restaurant immer wieder Änderungen der Dienstpläne oder auch Überstunden verlangen. Hinzu kommen unregelmäßige Arbeitszeiten: Schichtdienste, Wochenend- und Feiertagsdienste, die auch mit hohen Personalkosten verbunden sind. Mit den beschriebenen Arbeitszeitmodellen und Arbeitsplatzanpassungen kann das Problem reduziert werden.

Die Übertragbarkeit des Projektes auf andere Unternehmen ist nicht in jedem Fall gegeben. Die Nähe des BTZ zum Integrationshotel, sowohl in räumlicher Hinsicht als auch von der inhaltlichen Ausrichtung her, bildeten die wesentlichen Voraussetzungen. Diese Konstellation kann andernorts nicht vorausgesetzt werden. Bei eingehender Prüfung der regionalen Bedingungen sind jedoch in vielen Fällen Partner zu finden, die Aufgaben übernehmen können, die in unserem Beispiel das BTZ wahrnimmt.

Die Übertragbarkeit gestaltet sich auch dadurch schwierig, dass nicht jedes Unternehmen so viele unterschiedliche Bereiche mit abwechselnden Ansprüchen und Aufgaben ermöglichen kann und so flexible Arbeitszeitmodelle zulässt, um auf die verschiedenen Bedürfnisse von Menschen mit Behinderung einzugehen.

9.5 Bisherige Erfahrungen

Befragt nach den bisherigen Erfahrungen setzen Mitarbeiter, Führungskräfte oder auch Gäste unterschiedliche Schwerpunkte in ihrer Wahrnehmung. Die Zufriedenheit und Freude an der gegenwärtigen Situation ist allen gemeinsam. Hier einige Beispiele.

9.5.1 Mitarbeiter

Fallbeispiel Frau B.: Das Gefühl, gebraucht zu werden Seit 15 Jahren ist sie nahezu gehörlos. Auf dem freien Arbeitsmarkt hätte sie wohl keine Chancen mehr. In unserem Hotel verrichtet sie jedoch eigenverantwortlich wichtige Tätigkeiten. Dazu gehört neben dem Schneidern auch der direkte Kundenkontakt, zum Beispiel das Kassieren. Meist wird mit Verständnis reagiert, wenn sie einen Namen nicht sofort versteht.

Ihre Behinderung ist auf häufige Mittelohrentzündungen im Kindesalter und daraus resultierende Operationen zurückzuführen. Die Folge ist fast vollständige Taubheit auf dem rechten Ohr, wobei auf dem linken – aber auch nur mit einem Hörgerät – lediglich die halbe Hörleistung vorhanden ist. Ihr Arzt macht ihr keine Hoffnung auf Besserung; wahrscheinlich wird der Einsatz eines Implantats nötig sein, wobei aufgrund geschädigter Hörnerven der Erfolg dieser Maßnahme nicht ganz klar ist. Zusätzlich leidet Frau B. an Funktionseinschränkungen im Sprunggelenk.

Die gesamte Situation verunsichert Frau B., sodass sie häufig angespannt wirkt und die Behinderung als Einschränkung ihrer Lebensqualität betrachtet. Mit einem Grad der Behinderung von 80 hat sie den Status eines schwerbehinderten Menschen. Ins Kino, ins Theater oder zu Feierlichkeiten geht sie schon lange nicht mehr, obwohl sie eine lebensbejahende Frau ist, die sich gerne unterhält und lacht. Aber sie kann die unterschiedlichen Geräusche nicht zuordnen. Also liest sie in ihrer Freizeit viel und löst mit Freude Rätsel.

Ihr Leben war nicht immer kompliziert. Als gelernte Schneiderin war sie sogar drei Jahre lang selbstständig. Doch die Schwerhörigkeit wurde schlimmer, bis es mit der Änderungsschneiderei nicht mehr funktioniert hat. Frau B. unternahm selbstständig den Versuch, einen passenden Arbeitsplatz zu erhalten. Den entscheidenden Hinweis erhielt sie schließlich vom Integrationsfachdienst. Das Integrationshotel stellte sie ein. Das war im Sommer 2007 und sie schildert diesen Tag als ein großes Ereignis für sie. Jetzt arbeitet sie in einem Team, das auf ihre Belange eingeht. Ihre Fachlichkeit wird von den Kollegen geschätzt. Sie hat das Gefühl, gebraucht zu werden, so wie sie ist.

Halt gibt ihr auch die Familie. Hier zeigt sich, wie wichtig ein verständnisvoller Partner ist. Zwei der Enkel wohnen in Plauen. Mit ihnen versucht sie viel Zeit zu verbringen. Die Unterhaltung erfolgt allerdings nicht in der Gebärdensprache. Sie liest vielmehr von den Lippen ab.

Seit der Arbeitsaufnahme ist Frau B. selbstbewusster geworden und geht nun offen mit der Behinderung um. Dazu trug auch ihre medizinische Rehabilitationsmaßnahme bei. Mit Stolz berichtet sie, jetzt sogar das Haar so kurz zu tragen, dass man das Hörgerät sehen kann. Seit Kurzem hat Frau B. das Rentenalter erreicht. Sie arbeitet trotzdem weiter, schon um die für sie so wichtigen sozialen Kontakte weiter zu pflegen. Die unter Punkt 9.3 zuvor beschriebenen Arbeitsplatzanpassungen sichern ihr einen reibungslosen Arbeitsablauf.

Seit vier Jahren arbeitet die nicht behinderte *Manja Veit* mit Menschen mit Behinderung zusammen. Zu Beginn ihrer Tätigkeit war sie sich nicht sicher, wie sie mit der einen oder anderen Behinderung zurechtkommen würde. Nach über vierjähriger Erfahrung ist sie aber rundum zufrieden. Sie habe wirklich sehr gute Erfahrungen gemacht, was die Zusammenarbeit anbelangt – egal, ob es den Service, das Housekeeping, die Rezeption oder die Küche betrifft. Natürlich falle mal ein Glas runter oder das Essen werde versehentlich an einen anderen Tisch gebracht. Aber ganz ehrlich – das passiere auch den Mitarbeitern ohne Behinderung. Schließlich sei niemand perfekt. Die Gäste äußerten sich fast ausnahmslos lobend. Das mache richtig stolz. Nicht umsonst stehe das Hotel auf der Liste der Besten und würde von Reiseführern zum Übernachten und Tagen und nicht zuletzt zum Speisen und Wohlfühlen empfohlen. Manja Veit ist 29 Jahre jung. Als gelernte Restaurantfachfrau weiß sie, was richtig guter Service ist. Sie sehe, wie sich ihre Kollegen mit Behinderung dauerhaft für guten Service einsetzen.

9.5.2 Führungskräfte

Christina Zetzsche leitet das Hotel seit Oktober 2007. Sie schildert ihre Erfahrungen: „Für mich war die neue Aufgabe eine sehr große Herausforderung und Umstellung zugleich. Bis dahin hatte ich keine Erfahrungen mit der Beschäftigung und im Umgang mit Menschen mit Behinderung. Insbesondere die Mitarbeiter mit psychischen Behinderungen erfordern eine intensive Auseinandersetzung mit den damit verbundenen Einschränkungen. Es war für mich ein Lernprozess, bei auftretenden Problemen angemessen zu reagieren. Bei Fragen und Zweifeln zu Entscheidungen, konnte und kann ich mich an die „Fachleute" im BTZ wenden.

Ich erinnere mich noch genau an die Situation zu Beginn meiner Tätigkeit. Für mich war deutlich, dass zwei Teams nebeneinander agieren – Mitarbeiter ohne und mit Behinderung. Heute leite ich ein Team, in dem alle Beschäftigten an einem Strang ziehen. Es gelang uns, das Selbstwertgefühl der Mitarbeiter mit Behinderung zu stärken, ihnen das begründete Gefühl des Gebrauchtseins und der Sicherheit im Unternehmen zu geben. Ein Rückgang krankheitsbedingter Fehltage und die Verbesserung der Qualität und Leistungsfähigkeit waren die Folge.

Damit schwanden die Vorbehalte, die einige der übrigen Mitarbeiter gegenüber ihren Kollegen hatten. Der Weg war frei für das Zusammenwachsen zu einem Team. Aus heutiger Sicht sehe ich das als meinen größten Erfolg, denn das gesamte Arbeitsklima hat sich positiv entwickelt und dadurch die Motivation aller Mitarbeiter erhöht. Das ist auch die wesentliche Grundlage für unsere positive wirtschaftliche Entwicklung."

9.5.3 Kunden/Gäste

Die Resonanz bei den Gästen ist durchweg positiv. Gäste des Hauses begrüßen es stets, dass hier Menschen mit Behinderung eine Chance auf Beschäftigung erhalten. Zugleich zeigen sich die Kunden oft erstaunt, in einem Integrationshotel zu sein, weil sie das z. B. im Kontakt mit dem Servicepersonal gar nicht bemerkt haben und weil sie damit eigentlich gewisse Dienstleistungseinschränkungen verbinden. Aus unserer Sicht ist dies gelungene Inklusion. Wir setzen uns damit bewusst von anderen Integrationshotels ab, welche die Beschäftigung von Menschen mit Behinderung in den Mittelpunkt ihres Marketings stellen. Dass unser Konzept aufgeht, zeigen u. a. Eintragungen im Gästebuch. In ihnen werden immer wieder die gute Atmosphäre im Haus und der ausgezeichnete Service hervorgehoben.

Im Kontakt mit den Gästen wird oft deutlich, dass sie den Begriff „Integrationshotel" nicht einordnen können. Hier ist immer wieder Aufklärungsarbeit zu leisten, ohne vordergründig zu agieren. Die in den Zimmern ausgelegten Flyer und das Gespräch mit dem Gast helfen, Wissenslücken zu schließen.

9.5.4 Veränderungen

Die wohl größte Veränderung ist für den Gast höchstens indirekt spürbar. Heute identifizieren sich unsere Mitarbeiter ausnahmslos mit dem Hotel. Allen ist jedoch bewusst, dass das Hotel den normalen wirtschaftlichen Anforderungen des Marktes unterliegt. Seitdem dies im Bewusstsein der Mitarbeiter verankert ist, zeigt sich eine deutliche Verbesserung der Teamarbeit. Bei allen hat sich die Überzeugung durchgesetzt, dass wir in einem Wirtschaftsunternehmen arbeiten, das nur dann Erfolg am Markt hat, wenn sich jeder Mitarbeiter nach seinen Möglichkeiten einbringt. Deshalb ziehen heute alle an einem Strang.

9.6 Ausblick

Wie bisher wird in der Vermarktung des Best Western Hotels Am Straßberger Tor, ganz im Sinne des Inklusionsgedankens, nicht seine Rolle als Integrationshotel im Vordergrund stehen. Die vielen guten Erfahrungen, die wir in der Vergangenheit sammeln konnten, wollen wir aber unseren Netzwerkpartnern zukünftig stärker zur Verfügung stellen. Die FAW ist überzeugt, damit andere Einrichtungen ermutigen zu können, ähnliche Wege zu gehen. Menschen mit Behinderung können bei Schaffung der beschriebenen Rahmenbedingungen sehr gut im Hotel- und Gaststättengewerbe einen langfristigen Arbeitsplatz finden.

Auch zukünftig werden wir bei unseren Investitionen einen Schwerpunkt auf die Schaffung von Barrierefreiheit in allen Bereichen des Hotels legen. Wir sind überzeugt, dass die demografische Entwicklung in Deutschland eine solche Ausrichtung erforderlich macht. Zudem ist Barrierefreiheit im Urlaub und Alltag kein Spezialanliegen von Menschen mit Behinderung, sondern erleichtert die Alltagsgestaltung für jeden Menschen.

Seit Bestehen der Wäscherei im Jahr 2007 konnten eine Reihe von Kunden auch außerhalb des Hotels gewonnen werden. Die gute Qualität der Arbeit in Wäscherei und Änderungsschneiderei findet regen Zuspruch. Neben Privatkunden zählen inzwischen auch Kindergärten, Pensionen, Gaststätten sowie kleinere Hotels der näheren Umgebung zum zufriedenen Kundenstamm. Mit jeder Erweiterung schaffen wir auch weitere Arbeitsplätze für Mitarbeiter mit Behinderung.

Die Privatkunden haben bereits Interesse an weiterführenden Dienstleistungen signalisiert. Dies ist für uns Grund genug, um die Angebotspalette erneut zu erweitern und zusätzliche Arbeitsplätze für Menschen mit schwerer Behinderung einzurichten. Gegenwärtig sind Reinigungs- und Pflegearbeiten in Haus und Garten die neuen Herausforderungen, die wiederum mit besonders hohen Anforderungen an die Personalauswahl verbunden sind. Die Gründe liegen in der räumlichen Entfernung des Mitarbeiters vom Hotel und der alleinige und selbstverantwortliche Kontakt mit dem Kunden. Gegenwärtig werden dazu verschiedene psychosoziale Betreuungsformen und Reportsysteme erprobt. Dies stellt einen Lernprozess für alle Beteiligten dar.

9.7 Fazit

Ein Hotel kann am Markt auf Dauer nur bestehen, wenn es wirtschaftlich geführt wird. Dies gilt auch für das Hotel Am Straßberger Tor unter dem Dach der Marke Best Western. Als Integrationshotel zeigt es, dass Menschen mit Behinderung zum wirtschaftlichen Erfolg eines Hotelbetriebes beitragen können. Die Beschäftigung von Menschen mit Schwerbehinderung ist nicht nur eine gesellschaftliche Pflicht, sie kann sich für ein Unternehmen auch lohnen, und das in mehrfacher Hinsicht. Neben der möglichen finanziellen Förderung der Anstellung verfügen Menschen mit Behinderung in vielen Fällen nicht nur über das gleiche Fachwissen wie Menschen ohne Behinderung, sondern auch über eine besonders hohe Motivation und Sozialkompetenz, die es ihnen erlauben, ihre behinderungsbedingten Einschränkungen mehr als zu kompensieren.

Die Arbeitsplatzlösung PS@Work als integratives Element und unternehmerischer Erfolg der Elumo GmbH (Münster)

10

Miriam Chávez Lambers

Inhaltsverzeichnis

10.1	Softwareentwicklungen der elumo GmbH	138
10.2	Arbeitsplatzanpassung und Integration als kooperativer Prozess	139
10.3	Funktionsumfang von PS@Work	141
10.4	Positive „Nebeneffekte" der Entwicklung von PS@Work	143
10.5	Vielfalt als Chance erfolgreicher Produktentwicklung	145
10.6	Ausblick	146
10.7	Fazit	147
Literatur		147

Zusammenfassung

Eine Behinderung stellt nicht nur ein Handicap dar, sondern kann auch eine große Bereicherung für ein Unternehmen sein. PS@Work ist ein erfolgreiches Beispiel dafür. Um ihren Arbeitsplatz übersichtlicher zu gestalten und ihr ein selbstständiges und effizientes Arbeiten zu ermöglichen, entwickelte die elumo GmbH gemeinsam mit ihrer blinden Mitarbeiterin die Softwarelösung PS@Work und förderte so die Integration der Angestellten in das Team. Zugleich entstand durch die einfache Übertragbarkeit der Maßnahme auf unterschiedliche Arbeitsplätze blinder und sehbehinderter Menschen ein lukratives neues Produkt der elumo GmbH, das von den Kunden positiv angenommen wird.

M. Chávez Lambers (✉)
elumo GmbH, Mendelstraße 11, 48149 Münster, Deutschland
E-Mail: miriam.chavez@elumo.net

10.1 Softwareentwicklungen der elumo GmbH

Die elumo GmbH, die im März 2009 von Christian Bott und Martin Lautzas gegründet wurde, entwickelt mobile Softwarelösungen. Spezialisiert hat sich die Firma aus Münster dabei auf Handyapplikationen, die blinden und sehbehinderten Menschen als Alltagshilfen dienen. Das Kleinunternehmen wird von den beiden Gründern geleitet, in deren Verantwortung auch die technische Realisierung und die laufende Anpassung der Software an neue Bedingungen und Herausforderungen liegen. Zwei weitere Angestellte komplettieren das Team. Diese übernehmen die Arbeitsfelder Öffentlichkeitsarbeit und Marketing, sowie Maßnahmen des Qualitätsmanagements wie beispielsweise Softwaretests und Kundensupport. Für die beiden letztgenannten Tätigkeitsbereiche hat die elumo GmbH im Mai 2010 eine blinde Arbeitnehmerin in Teilzeit angestellt. Aufgaben der Büroadministration werden von beiden Mitarbeitern in enger Absprache und zu gleichen Teilen erledigt.

Ausgehend von der Überlegung, dass Anwendungen auf Mobiltelefonen als Hilfsmittel für Nutzer überall und jederzeit einsetzbar sind, entwickelte die elumo GmbH als erstes Produkt das Vorlesesystem TextScout. Diese Software ermöglicht es den Anwendern, Texte mit einem handelsüblichen Mobiltelefon zu fotografieren und sich diese anschließend mit Hilfe einer Sprachausgabe vorlesen zu lassen. In der Regel nutzen blinde und sehbehinderte Menschen dazu einen stationären Scanner. Mit diesem können Dokumente am Computer eingelesen werden, um diese dann per Sprachausgabe anzuhören. TextScout ermöglicht es ihnen dagegen, beispielsweise Flyer, Briefe oder Speisekarten auch unterwegs mit Hilfe ihres Mobiltelefons zu lesen. Nach der Einführung am deutschen Markt 2009 expandierte das Jungunternehmen Anfang 2010 ins Ausland. Mittlerweile ist die Software TextScout in neun europäischen Ländern erhältlich.

Parallel zur Ausweitung des Absatzmarktes vergrößerte die elumo GmbH ihr Produktangebot und präsentierte ihre zweite Entwicklung, eine mobile Einkaufshilfe für Blinde und Menschen mit Sehbehinderung. Der PocketShopper besteht aus einer Handysoftware und einem kleinen Handscanner, der per Bluetooth mit dem Mobiltelefon verbunden ist. Der Nutzer kann nun mit dem Barcodeleser Produkte wie Lebensmittel, Drogerieartikel oder auch Bücher und CDs abscannen. Sobald der Strichcode auf der Verpackung gescannt wird, ertönt ein akustisches Signal und die zum Barcode zugehörigen Informationen werden von dem Mobiltelefon auditiv wiedergegeben. Dazu greift das System auf eine Datenbank mit über 3 Mio. Einträgen zu. Auf diese Weise erfahren blinde Personen den Namen des Artikels, sowie Zusatzangaben zum Hersteller, der Größe und dem Gewicht bzw. Autor, Klappentext oder Interpret bei Büchern und CDs.

Basierend auf dem Prinzip des PocketShoppers, also der Kennzeichnung von Gegenständen mit Barcodes, wurde das Spektrum der Funktionsmöglichkeiten der Einkaufshilfe erweitert. So ist mit PS@Work eine vielseitig verwendbare Software für den Arbeitsplatz entstanden, die zentrales Thema dieses Artikels ist.

Diese drei Produkte – TextScout, PocketShopper und PS@Work – stellen das Produktportfolio der elumo GmbH dar. Als reines Entwicklungsunternehmen arbeitet die elumo

Abb. 10.1 Blinde Mitarbeiterin beim Scannen der Schubladen, um dessen Inhalt leicht und schnell identifizieren zu können

GmbH im Vertrieb mit spezialisierten Hilfsmittelhändlern im In- und Ausland zusammen, die den Kunden eine direkte Beratung vor Ort bieten können (Abb. 10.1).

10.2 Arbeitsplatzanpassung und Integration als kooperativer Prozess

Für die elumo GmbH als Kleinunternehmen mit begrenztem Personal ist es nicht zu vermeiden, dass Angestellte neben ihren zugeschriebenen Haupttätigkeitsbereichen auch andere, allgemeinere Aufgaben übernehmen. Zwar werden die Mitarbeiter gemäß ihren spezifischen Qualifikationen beschäftigt und gegenseitige Unterstützung im Sinne einer guten Teamarbeit ist im Unternehmen selbstverständlich, dennoch gibt es immer wieder Situationen, in denen beispielsweise ein Mitarbeiter das Büro alleine verwaltet. Das geschieht unter anderem, wenn sich Kollegen auf externen Geschäftsterminen oder internen Besprechungen befinden. Flexible Einsatzmöglichkeiten der Angestellten bezogen auf den Tätigkeitsbereich sind daher erforderlich. Den Mitarbeiter mit Behinderung bei solchen Vorgängen außen vor zu lassen und ihn nur auf sein spezifiziertes Arbeitsfeld zu begrenzen, kann nicht nur bedeuten ihn zu isolieren, sondern auch sein Leistungspotenzial für das Unternehmen zu beschneiden.

Integrationsprozesse sind geprägt von „Wechselseitigkeit" bei der sowohl der Mensch mit Behinderung, als auch das Unternehmen seinen Beitrag leisten muss. Wenn dies der Fall ist, sollten auch beide Seiten von den positiven Effekten einer erfolgreichen Integration profitieren (Bernhard 2008). Zur erfolgreichen Integration ist es jedoch erforderlich, die Beeinträchtigung des Arbeitnehmers mit Behinderung durch Hilfsmittel zu vermindern. Ein Schluss, den auch Seyfried (1990) allgemein hinsichtlich der beruflichen

Abb. 10.2 Die Arbeitsplatzlösung PS@Work

Integration von Menschen mit Behinderung zieht. Die Verminderung der Beeinträchtigung kann unter anderem durch gängige Hilfsmittel, wie beispielsweise Screenreader, erreicht werden. Blinden Anwendern ermöglichen diese Bildschirmleser das Arbeiten am Computer. Dies geschieht, indem sie die Bildschirminformationen über akustische Signale per Sprachausgabe oder taktil über eine angeschlossene Braillezeile, die den angewählten Bildschirmausschnitt in Blindenschrift darstellt, wiedergibt. In der elumo GmbH haben sich zudem blinde Angestellte sowie das gesamte Team an der barrierefreien Gestaltung des Arbeitsplatzes kooperativ beteiligt und so neue Lösungen gefunden.

Ausgangspunkt dabei war, dass einige Bürogegenstände wie beispielsweise ausgedruckte Dokumente oder auch Büroordner für Menschen mit Sehbehinderung nicht identifizierbar sind. Andere Arbeitsutensilien in Schubladen und Schränken sind zudem meist schwer auffindbar. Solche Beeinträchtigungen erschweren das effiziente und selbstständige Arbeiten der blinden Angestellten. Den Lösungsansatz zur barrierefreien Gestaltung ihres Arbeitsplatzes präsentierte die betroffene Mitarbeiterin selbst und zwar basierend auf den Anwendungsmöglichkeiten der elumo-Einkaufshilfe PocketShopper.

Denn zusätzlich zum Abscannen von Produkten, die bereits mit einem Strichcode versehen sind, bietet PocketShopper eine weitere Funktion. Gegenstände, die nicht bereits vom Handel gekennzeichnet wurden, können mit Barcodeaufklebern und -aufnähern versehen werden. Die Informationen zu diesen individuellen Barcodes werden in der Datenbank des Handyspeichers abgespeichert. Der Anwender des PocketShopper hat die Möglichkeit, dieses Verfahren auch im häuslichen Bereich zum Beschriften verschiedenster Gegenstände, wie beispielsweise Einmachgläser oder Gefrierbeutel zu nutzen. Die Idee der blinden Mitarbeiterin war es, diese Option zur Markierung unterschiedlicher Objekte an ihrem Arbeitsplatz anzuwenden. Im Weiteren wurden dazu die Funktionen des PocketShopper in Zusammenarbeit mit dem gesamten Personal erweitert. Entstanden ist daraus die Softwarelösung PS@Work (Abb. 10.2).

In erster Linie standen bei der Entwicklung dieser Maßnahme die Bedürfnisse der Mitarbeiterin im Vordergrund. An ihren Vorgaben orientieren sich die Funktionen von

PS@Work. Dennoch wurde schon während der Entstehungsphase deutlich, dass sich PS@Work auch auf andere Arbeitsbereiche übertragen lässt. Um die Softwarelösung also später als Produkt anbieten zu können, war es gleichzeitig wichtig, Funktionen und Bedienung von PS@Work verständlich und leicht anwendbar zu gestalten.

10.3 Funktionsumfang von PS@Work

Eines der Werkzeuge, das PS@Work der Arbeitnehmerin bietet, ist der Datenbankeditor. Diese auf dem Tabellenkalkulationsprogramm „Microsoft Excel" basierende Anwendung ermöglicht es, Datenbankeinträge am Computer zu verwalten und zu editieren. Bei der Einkaufshilfe PocketShopper hat man die Möglichkeit, Informationen zu Barcodes per Sprachaufnahme oder Handytastatur hinzuzufügen. Diese beiden Optionen sind aber für den Gebrauch am Arbeitsplatz, an dem eine größere Anzahl von Gegenständen gekennzeichnet und oft umfangreichere Notizen eingegeben werden müssen, zu umständlich. Als Beispiel kann hier die Beschriftung von Büroordnern angeführt werden: Zunächst einmal werden wie beschrieben alle Ordner mit einem individuellen Barcodeaufkleber versehen. Nun verbindet ein Angestellter den Scanner mit dem Computer, auf dem der Datenbankeditor von PS@Work gestartet ist. Nach dem Scannen eines Ordners können im Editor zu dem betreffenden Barcode individuelle Informationen hinzugefügt werden, die das abgescannte Objekt näher beschreiben. Abschließend werden die angelegten Datensätze dann auf das Handy importiert und dort gespeichert. Im Anschluss hat die blinde Mitarbeiterin jederzeit die Möglichkeit, Bürogegenstände wie Ordner zu identifizieren, indem sie diese abscannt und sich die Beschreibung und eventuelle Notizen von ihrem Handy vorlesen lässt. Alle Schritte zur Markierung des Arbeitsplatzes können von ihr eigenständig ausgeführt werden. Nur die erstmalige Bestimmung der einzelnen Objekte geschieht in Interaktion mit einer sehenden Person. Um diese Art von Selbstständigkeit zu gewährleisten, ist der Editor als ein in Excel integriertes VBA-Makro implementiert, das für blinde Menschen barrierefrei zu bedienen ist. Möchte die Angestellte zu einem späteren Zeitpunkt Einträge der Datenbank ändern, können diese auch umgekehrt von dem Mobiltelefon in den Datenbankeditor exportiert und auf die beschriebene Weise bearbeitet werden (Abb. 10.3).

Zusätzlich gehören zum PS@Work-Paket spezielle, mit Makros versehene Word-Vorlagen. Mit deren Hilfe können Dokumente beim Drucken automatisch mit einem Barcode markiert werden, der Informationen wie Titel, Autor und Druckdatum enthält. Diese Kennzeichnung hilft der Mitarbeiterin dabei, ausgedruckte Blätter zu identifizieren, indem sie diese abscannt. Der große Vorteil gegenüber einer manuellen Kennzeichnung mit Etiketten liegt im Automatismus, der zusätzliche Arbeitsschritte für die Anwenderin und ihre Arbeitskollegen vermeidet und so auch die Akzeptanz für die Lösung erhöht. Schließlich muss sich jede Integrationsmaßnahme an den tatsächlich erzielten Erfolgen und nicht an ihren theoretischen Möglichkeiten messen lassen (Abb. 10.4).

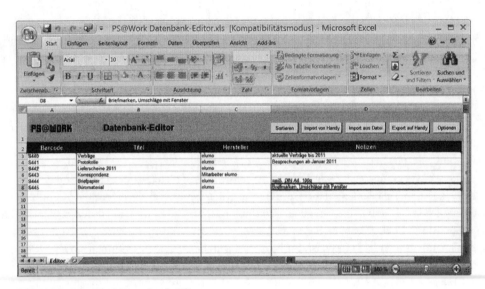

Abb. 10.3 PS@Work Datenbank-Editor

Trotz dieser Kennzeichnung ist das Auffinden von abgehefteten Dokumenten und das Einsortieren in einen Büroordner für eine blinde Person gar nicht oder nur mühsam zu bewältigen. Aus diesem Grund bietet PS@Work auch eine Funktion zum Gestalten von Inhaltsverzeichnissen. In einer speziellen Word-Vorlage hat der Nutzer die Möglichkeit, den Namen des Ordners und die Titel der einzelnen Unterteilungen einzugeben. So trägt die blinde elumo-Mitarbeiterin beispielsweise in dem von ihr genutzten Ordner zum Qualitätsmanagement „1. Tests PocketShopper", „2. Tests TextScout" usw. ein. Neben jeder eingegebenen Beschriftung wird rechts automatisch ein Barcode mit der Angabe zu dem Kapitel gedruckt. Ein zusätzlicher Inhaltsbarcode, der alle Einträge noch einmal als Liste enthält, befindet sich außerdem am unteren Ende des Verzeichnisses. Zur Sortierung der Ordnerinhalte wird es als Deckblatt in den Ordner geheftet und die einzelnen Kapitel werden zusätzlich mit Registerblättern getrennt. Der Barcode zur ersten Unterteilung „Tests PocketShopper" liegt dann auf Höhe der Lasche des ersten Registerblattes. Sucht die blinde Mitarbeiterin in diesem Ordner nun diesen Abschnitt, scannt sie das Deckblatt ab und öffnet die Registerlasche neben dem Code des gewünschten Abschnitts. Im Weiteren kann sie dann eigenständig ihre ausgedruckten Testprotokolle in das richtige Kapitel einheften.

Auch andere Funktionen von PS@Work wie das Markieren von Laufdokumenten mit Hilfe von ablösbaren Barcodeaufklebern zielen darauf ab, dass die blinde Mitarbeiterin unterschiedliche Gegenstände an ihrem Arbeitsplatz selbstständig identifizieren kann. PS@Work ist eine Arbeitsplatzmaßnahme, welche die Unterstützung und Akzeptanz des gesamten Personals bedarf. Sie entfaltet erst Ihre volle Wirkung, wenn alle Dokumente, Ordner sowie andere Arbeitsutensilien im Büro gekennzeichnet sind. Doch gerade das automatische Bedrucken von ausgedruckten Papieren und die praktische Handhabung des Datenbankeditors verringern den zusätzlichen Arbeitsaufwand auf ein Minimum. Das führt unter anderem dazu, dass die Akzeptanz in der Belegschaft bei elumo sehr hoch ist.

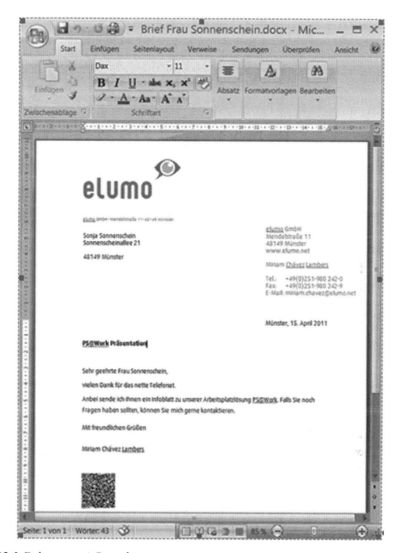

Abb. 10.4 Dokument mit Barcode

10.4 Positive „Nebeneffekte" der Entwicklung von PS@Work

Bereits der Entwicklungsprozess von PS@Work kam nur durch Zusammenarbeit der einzelnen Teammitglieder zustande. Solch ein Prozess wird als integrative Kooperation bezeichnet (Seyfried 1990), da die Beteiligten in ihm aufgrund des Interesses am gemeinsamen Ziel verknüpft sind. Die Beziehung zwischen den Beteiligten ist von „Toleranz und Akzeptanz gegenüber den individuellen Handlungsmöglichkeiten und -zielen und den daraus folgenden unterschiedlichen Beiträgen zum gemeinsamen Ziel" (Seyfried 1990, S. 48) gekennzeichnet. Vor allem der angesprochene Beziehungsaspekt, der gegenseitige Achtung, Toleranz und Vertrauen als Grundlage sieht, wird von Seyfried (1990) als Voraussetzung der integrativen Kooperation gesehen.

Je nach Qualifikation waren die elumo-Mitarbeiter in verschiedenen Feldern der Konzeption und Planung oder der technischen Realisierung von PS@Work einbezogen. Profitieren konnte die elumo GmbH vor allem durch die Erfahrungswerte der Endnutzerin, die nicht zuletzt auch aufgrund ihrer Vorbildung und ihrem technischen Interesse nützliche Impulse in allen Bereichen geben konnte.

Vorrangiges Ziel der Maßnahme PS@Work war es, der Mitarbeiterin ein hohes Maß an Selbstständigkeit am Arbeitsplatz zu ermöglichen. Diese gewonnene Eigenständigkeit der Softwaretesterin führt aber nicht zu einem Rückzug in die Einzelarbeit. Im Gegenteil, sie fördert die Integration, da durch die Minderung der Einschränkung der blinden Mitarbeiterin dank PS@Work ein nahezu symmetrisches Verhältnis zwischen den Angestellten hergestellt wird. Auch Seyfried spricht in dem Kapitel „Rehabilitation – Kooperation – Integration" davon, dass Integration wesentlich von dem Umfang der Hilfen und Mittel zum Ausgleich des ungleichen Verhältnissen zwischen Behindertem und Nicht-Behinderten abhängt (Seyfried 1990, S. 49). Entscheidend dabei ist es, dass PS@Work keine Insellösung ist. Da die Software auf allen Rechnern des Unternehmens installiert und der Datenbankeditor für das gesamte Team zugänglich im Netzwerk gespeichert wurde, nehmen alle an der Integrationsmaßnahme teil. Hierdurch kann die Angestellte nicht nur ihre eigenen Dokumente, sondern auch die der anderen identifizieren. Eine Ausgrenzung der Schwerbehinderten wird dadurch verhindert. Zudem baut PS@Work auf weit verbreiteter Standardsoftware auf, was aufwendige Umstellungen in der IT-Infrastruktur des Unternehmens vermeidet.

Positiver Nebeneffekt des Projektes PS@Work war die Steigerung des Selbstbewusstseins der blinden Mitarbeiterin, die zuvor lange Jahre arbeitslos war. Durch die Teilhabe an dem Entwicklungsprozess und die Wertschätzung ihrer Beiträge, wurde ihr ein Raum gegeben, ihre vorhandenen Fähigkeiten einzubringen und gleichzeitig neue Qualifikationen zu erlernen. Auch für die Beziehung des Personals untereinander hatte der Entwicklungsprozess positive Folgen, da es für die speziellen Anforderungen eines Arbeitsplatzes für blinde Menschen sensibilisiert wurde.

Innerhalb des Unternehmens wurden durch die Arbeitsplatzanpassung vorhandene Organisationsstrukturen überdacht und weitgehend übersichtlicher gestaltet, was administrative Prozesse für das gesamte Personal systematischer und effizienter macht. Außerdem können die Anwesenheitszeiten im Büro flexibler geregelt werden. Hatten mehrere Angestellte Außentermine, musste die Koordination vorher in Abstimmung mit der blinden Kollegin passieren, da sie bei einigen Aufgaben auf die Unterstützung sehender Menschen angewiesen war. Dank PS@Work ist sie unabhängig und kann ihre Arbeitszeiten variabel planen. Termine können somit spontaner und flexibler wahrgenommen werden.

Für die elumo GmbH, deren Produkte sich an blinde und sehbehinderte Menschen richten, ist zudem die Außenwirkung der erfolgreichen Integration einer blinden Mitarbeiterin sehr bedeutend. Als Kundensupporterin sowie als Begleitung auf Hilfsmittelmessen kann sie, da sie selbst Betroffene und regelmäßige Nutzerin der elumo-Produkte ist, gezielter auf Fragen, Bedenken und Anregungen der Kunden eingehen. Dass sie positiv dem Unternehmen gegenübersteht und sich voll integriert fühlt, ist direkt ersichtlich, sobald sie die elumo GmbH vor Kunden repräsentiert.

Wie beschrieben kann PS@Work in den unterschiedlichsten Gebieten angewandt werden. In diesem Sinne hat die Softwarelösung eine vielfältige Zielgruppe. Allerdings beschränkt sich diese auf blinde und sehbehinderte Menschen. Voraussetzung für die Nutzung von PS@Work ist, dass der Anwender grundlegende Kenntnisse im Umgang mit Word sowie Excel mitbringt und offen für technische Hilfsmittel ist. Außerdem ist die Software bislang nur für Unternehmen verfügbar, die Microsoft-Betriebssysteme nutzen.

Sind diese Voraussetzungen erfüllt, ist die Softwarelösung eine Hilfe zum eigenständigen, effizienten und barrierefreien Arbeiten. Als Arbeitsplatzlösung werden die Kosten für PS@Work von den zuständigen Kostenträgern übernommen.

10.5 Vielfalt als Chance erfolgreicher Produktentwicklung

Mit den genannten Vorteilen, welche die Entwicklung von PS@Work für das Unternehmen mit sich bringt, kann die elumo GmbH als ein Beispiel für erfolgreiches Diversity-Management gesehen werden. Verschiedenartigkeit wurde hier nicht als Störfaktor, sondern als Bereicherung gesehen. Nach einer Definition der Internationalen Gesellschaft für Diversity-Management e. V. (2011) ist es das Ziel dieses Ansatzes, in Unternehmen „die in der Vielfalt steckenden Potenziale zu realisieren." Die blinde Arbeitnehmerin wird bei der elumo GmbH als gleichwertiges Mitglied in administrative Aufgaben aber auch in Entwicklungsprozesse mit eingebunden. Sie wird nicht isoliert und auf ihre Behinderung reduziert. Lösungsansätze zur Beseitigung von Einschränkungen werden gemeinsam erarbeitet. Wie erwähnt, erfährt sie beispielsweise durch die Mitarbeit an der Entwicklung von PS@Work Wertschätzung und ihr Selbstbewusstsein wird gestärkt. Gleichzeitig nutzt aber die Firma die Andersartigkeit der Person mit Behinderung als Chance. Obwohl PS@Work in erster Linie als Hilfe für die blinde Mitarbeiterin entwickelt wurde, hatte diese Maßnahme positive Effekte auf das ganze Unternehmen. Zum einen wurden dadurch bei der elumo GmbH Arbeitsabläufe überdacht und rationalisiert. Eine unstrukturierte Büroorganisation erschwert es nicht nur der Kollegin mit Behinderung, sich zurechtzufinden, sie wirkt sich auch auf die Effizienz der Arbeitsabläufe des gesamten Teams negativ aus. Zum anderen entstand aus der für den Mitarbeiter angefertigten Maßnahme ein neues Produkt der Firma, das anderen blinden Menschen und Arbeitnehmern mit Sehbehinderung angeboten werden kann.

PS@Work wurde an einem realen Arbeitsplatz entwickelt. Der Vorteil eines solchen Produkts ist, dass es sich sehr nahe an den Bedürfnissen der Nutzer orientiert und lange im alltäglichen Gebrauch getestet wurde. Die Entwickler können auf wichtige Erfahrungswerte aus der Anwendung zurückgreifen, um Stärken und Schwächen zu analysieren und das Produkt so bedürfnisorientiert weiterentwickeln. Dies ist bedeutend für die Beratung der Kunden, denn die Funktionen von PS@Work sind prinzipiell auf unterschiedliche Arbeitsgebiete übertragbar, auch wenn jeder Arbeitsplatz andere Herausforderungen an blinde Menschen oder Menschen mit Sehbehinderung stellt.

Seit Mai 2011 ist PS@Work auf dem deutschen Markt erhältlich und wird bisher in Büros, Praxen, Werkstätten oder auch in der Lagerverwaltung eingesetzt. Während in administrativen Arbeitsräumen meist das Bedrucken von Dokumenten mit Barcodes und die Strukturierung von Ordnern mit Hilfe von Inhaltsverzeichnissen und Registerblättern im Vordergrund steht, wird in Praxen und Werkstätten vergleichsweise mehr die Funktion der Kennzeichnung durch Barcodeaufkleber und -aufnäher genutzt und somit auch der Datenbankeditor. Ein Verantwortlicher für die Lagerverwaltung bei einem Lieferanten für Schifffahrtsbedarf nutzt beispielsweise vor allem den Datenbankeditor und verwaltet damit rund 20.000 Datenbankeinträge. Die Beratung der Kunden bezüglich der Einsatzmöglichkeiten von PS@Work an ihrem Arbeitsplatz übernimmt die elumo GmbH in Zusammenarbeit mit ihren Vertriebspartnern. Die Hilfsmittelhändler übernehmen außerdem die Installation der Software beim Kunden vor Ort und erste Einweisungen in die Bedienung. Da auch viele Händler oder deren Angestellte blind sind oder eine Sehbehinderung haben, konnten dort schon die ersten Erfahrungswerte gesammelt werden. Die Resonanz der Händler und ihrer Belegschaft war sehr positiv und obwohl es durch die Schulung nicht explizit beabsichtigt wurde, nutzen die meisten Partnerfirmen PS@Work nun selbst in ihrem Unternehmen.

10.6 Ausblick

PS@Work wird seit der Markteinführung in unterschiedlichen Arbeitsbereichen angewendet und der Bekanntheitsgrad innerhalb der relevanten Zielgruppe wächst stetig. Daher plant die elumo GmbH, PS@Work an die Anforderungen von Physiotherapeuten anzupassen, einem Beruf, der von vielen Blinden ausgeübt wird. Verbreitete PC-Programme zur Patientenverwaltung, die in physiotherapeutischen Praxen eingesetzt werden, sind zwar mittlerweile dank spezieller Skripte barrierefrei zugänglich. Allerdings wäre es sinnvoll, nützliche Funktionen von PS@Work mit diesen zu verbinden. So kann beispielsweise das Bedrucken der Patientenakten mit Barcodes, die Informationen über die Person enthalten, für den blinden Therapeuten eine Arbeitserleichterung darstellen. Um PS@Work für möglichst viele unterschiedliche Arbeitsplätze attraktiv zu machen, wird sich die elumo GmbH zukünftig außerdem mit Einrichtungen austauschen, die in der Berufsvorbereitung und -ausbildung von blinden Menschen und Menschen mit Sehbehinderung tätig sind, und das System von ihnen testen lassen. Dadurch können weitere Erfahrungswerte zur Anpassung an verschiedene Arbeitsumfelder geschaffen werden.

10.7 Fazit

Als Fazit lässt sich für die elumo GmbH klar formulieren: Integration lohnt sich! Die Einstellung eines Mitarbeiters mit Behinderung muss keine zusätzliche Belastung für einen Betrieb sein. Mit den richtigen Hilfsmitteln können Beeinträchtigungen beim Arbeitsablauf weitgehend vermieden werden. Selbstverständlich muss dabei darauf geachtet werden, dass der Angestellte je nach seinen Qualifikationen und auch im Hinblick auf seine Behinderung optimal eingesetzt wird. Gelingt dies, dann können nicht nur Leistungseinbußen des Mitarbeiters, die durch eine Behinderung entstanden sind, ausgeglichen werden, sondern auch Stärken und Erfahrungen des Mitarbeiters genutzt werden, die ein Mitarbeiter ohne Behinderung unter Umständen nicht hat.

Im Falle der elumo GmbH hat die Integration einer blinden Mitarbeiterin auch aus unternehmerischer Sicht viele Vorteile gebracht. Der technische Support und die Kundenbetreuung per E-Mail, Telefon oder am Messestand kann von der Betroffenen qualifizierter erledigt werden. Darüber hinaus wurden durch die Auseinandersetzung mit der Gestaltung des Arbeitsplatzes innerbetriebliche Abläufe überdacht und optimiert. Die Integration der einzelnen Mitarbeiterin hatte also positive Effekte für alle Angestellten. Als Softwarefirma, deren Aushängeschild Hilfsmittel für blinde Menschen und Menschen mit Sehbehinderung sind, führt die erfolgreiche Integration einer schwerbehinderten Mitarbeiterin zudem zu einer positiven Resonanz auf Kundenseite. Des Weiteren führte der Integrationsprozess zu einer konkreten, lukrativen Produktinnovation, die das Unternehmen seit Mai 2011 anbieten kann. Voraussetzung hierfür ist die Schaffung eines Arbeitsklimas, in der Mitarbeiter in Entwicklungsprozesse eingebunden werden und ihr spezifisches Potenzial einbringen können, gleich ob es sich um Arbeitnehmer mit oder ohne Behinderung handelt.

Literatur

Bernhard, D. (2008). *Weiterbildung betrieblicher Akteure im Kontext der beruflichen Integration behinderter Menschen*. Aachen: Shaker.

Internationale Gesellschaft für Diversity Management e. V. (2011). Diversity Management. http://www.idm-diversity.org/deu/dmanagement.htm. Zugegriffen: 19. Juli 2011.

Seyfried, E. (1990). *Neue Wege zur beruflichen Integration Behinderter. Europäische Modelle teilgeschützter Beschäftigung und ihre Bedeutung für die Rehabilitationspsychologie*. Heidelberg: HVA, Ed. Schindele.

Teil IV
Arbeitszeitmodelle

Entwicklung innovativer Arbeitszeitmodelle: Stadt Weiden, Gemeinde Schoppernau & Getränkehandel Alfi

11

Janik Porzelt

Inhaltsverzeichnis

11.1	Vorstellung der Organisationen	152
11.2	Entwicklung der Ansätze	153
	11.2.1 Die Stadt Weiden	153
	11.2.2 Die Gemeinde Schoppernau	154
	11.2.3 Der Getränkeerzeuger Alfi GmbH & Co. KG	155
11.3	Beschreibung der Ansätze	155
	11.3.1 Die funktionale Gleitzeit	155
	11.3.2 Das „Leasing-Modell"	158
11.4	Stärken und Schwächen der Ansätze	160
	11.4.1 Die funktionale Gleitzeit	160
	11.4.2 Das „Leasing-Modell"	161
11.5	Bisherige Erfahrungen	162
	11.5.1 Die Stadt Weiden	162
	11.5.2 Gemeinde Schoppernau und Getränkeproduzent Alfi	163
11.6	Ausblick	164
11.7	Fazit	165
Literatur		166

> **Zusammenfassung**
>
> Das folgende Kapitel präsentiert drei Best-Practice-Beispiele, die demonstrieren, wie Menschen mit Behinderung mithilfe von flexiblen Arbeitszeitmodellen erfolgreich in den ersten Arbeitsmarkt integriert werden können. Das erste Beispiel ist die Verwaltung

---

J. Porzelt (✉)
Master-Student an der Universität St. Gallen (HSG),
Rorschacherstrasse 56, 9000 St. Gallen, Schweiz
E-Mail: janik.porzelt@unisg.ch

der Stadt Weiden, die bereits seit über 30 Jahren Menschen mit Behinderung beschäftigt und ihren Mitarbeitern mit und ohne Behinderung durch den Einsatz der funktionalen Gleitzeit eine individuelle Tagesplanung ermöglicht. Durch den Einsatz des flexiblen Arbeitszeitmodells können z. B. Menschen mit chronischer Behinderung ihren notwendigen lebenserhaltenden Maßnahmen nachgehen, ohne ihre Arbeit aufzugeben, da sie die zeitliche Planung ihrer Arbeit in einem gewissen Rahmen an die notwendigen Behandlungen anpassen können. Des Weiteren wird der Einsatz eines „Leasing-Modells" anhand der Gemeinde Schoppernau und dem Getränkeerzeuger Alois Fink GmbH & Co.KG vorgestellt. Beide Organisationen beschäftigen einen Mitarbeiter mit geistiger Behinderung. Durch das „Verleasen" an andere „Leasing"-Partner kann einerseits der Betreuungsbedarf der beiden Mitarbeiter auf verschiedene Instanzen verteilt werden und gleichzeitig der Umfang an einfacheren Tätigkeiten durch die Akkumulation in verschiedenen Organisationen erhöht werden. Hierdurch kann der Umstand ausgeglichen werden, dass bei den Arbeitgebern selbst nicht ausreichend geeignete Arbeit anfällt, um die Mitarbeiter mit geistiger Behinderung täglich in Vollzeit zu beschäftigen.

11.1 Vorstellung der Organisationen

Weiden in der Oberpfalz (Weiden i. d. OPf.) ist eine kreisfreie Stadt im Freistaat Bayern (DE) und zählte 2011 knapp 42.000 Einwohner. Im gesamten Einzugsbereich leben ca. 300.000 Menschen (Stadt Weiden 2011a). Mit einer Arbeitslosenquote von 4,5 % im September 2011 liegt die Arbeitslosenquote unter dem für 2011 prognostizierten bundesweiten Durchschnitt von 7,2 % (Statista 2011).

In Deutschland gilt die Stadtverwaltung der Stadt Weiden i. d. OPf. als Vorreiter in Sachen Integration von Menschen mit Behinderung. Die Verwaltung schreibt durch die erfolgreiche Teilhabe von Menschen mit Behinderung auf dem ersten Arbeitsmarkt bereits seit mehr als 30 Jahren Geschichte. Heute sind insgesamt 988 Menschen bei der Verwaltung beschäftigt. Davon haben 89 Arbeitnehmer eine Behinderung, was eine Beschäftigungsquote von 9 % ergibt. Von diesen 89 Mitarbeitern befinden sich drei Personen in einem Ausbildungsverhältnis.

Die beiden weiteren Organisationen, deren Ansätze zur Integration von Menschen mit Behinderung hier vorgestellt werden, befinden sich beide im Vorarlberg (AT). Dort herrscht eine Arbeitslosenquote von 3,9 % vor, die unter dem Bundesdurchschnitt von 4,4 % liegt (Statistik Austria 2012). Die *Gemeinde Schoppernau* mit 917 Einwohnern (Stand Ende 2010) lebt vom Unternehmertum und Tourismus. Das Ski- und Wandergebiet Diedamskopf lockt jährlich zahlreiche Touristen nach Schoppernau und Umgebung (Statistik Austria 2011). Die Gemeinde selbst beschäftigt 13 Personen, darunter eine Person mit Behinderung, in Form eines integrativen Arbeitsplatzes. Damit erreicht die Gemeinde Schoppernau als Arbeitgeber eine Beschäftigungsquote von 8 % für Menschen mit Behinderung.

Abb. 11.1 Impressionen der Stadt Weiden, der Gemeinde Schoppernau und des Getränkehandels Alfi

Ebenfalls im Bregenzer Wald liegend, erreicht die *Alois Fink GmbH & Co.KG* (Alfi) eine Beschäftigungsquote von 14 % für Menschen mit Behinderung. Einer der insgesamt sieben Beschäftigten arbeitet mit einer Behinderung für den Getränkeerzeuger aus Lingenau, der jährlich einen Umsatz von etwa 1 Mio. € erwirtschaftet. Alfi ist ein Familienbetrieb, der vor 50 Jahren von Alois Fink gegründet wurde und heute von seinem Sohn Joachim Fink geleitet wird. Alfi produziert alkoholfreie Getränke sowie Bier und beliefert Gastronomien, Fachgroßhändler, Vereine und Festbetriebe im gesamten Bregenzer Wald.

Während die Stadt Weiden bereits seit fast 30 Jahren Menschen mit Behinderung beschäftigt, ist es bei der des Gemeinde Schoppernau (seit 2004) und dem Getränkeerzeuger Alfi (seit 2007) deutlich kürzer (Abb. 11.1).

11.2 Entwicklung der Ansätze

Im Folgenden soll aufgezeigt werden, was den Ausschlag zur Implementierung der Integrationsansätze in den jeweiligen Organisationen gegeben hat und wie die Implementierungsphase abgelaufen ist.

11.2.1 Die Stadt Weiden

Ausgangspunkt für die Einführung eines flexiblen Arbeitsmodelles in der *Stadt Weiden i. d. OPf.* war der Amtsantritt des heutigen Oberbürgermeisters Kurt Seggewiß am 1. September 2007. Seggewiß war zuvor bei der Arbeitsverwaltung tätig, in der bereits seit längerer Zeit ein Gleitzeitsystem zum Einsatz kam. Als Seggewiß sein Amt antrat, war er sehr von dem damaligen, traditionellen Kernarbeitszeitmodell der Stadt Weiden überrascht und läutete umgehend eine Reform ein.

Als Grund für die Einführung der funktionalen Gleitzeit nannte er in erster Linie die Steigerung der Lebensqualität für Mitarbeiter, die sich wiederum positiv auf ihre Motivation und Arbeitsleistung auswirkt. Dass die Einführung des funktionalen Gleitzeitsystems gerade für Mitarbeiter mit Behinderung einen großen Mehrwert darstellt, war nicht das ursprüngliche Motiv der Einführung. Der überproportionale Mehrwert für diese Mitarbeitergruppe wurde für alle Beteiligten erst nach der Einführung ersichtlich.

An der Umsetzung waren neben dem Oberbürgermeister maßgeblich die Personal- und Organisationsabteilung, der Personalrat und die Schwerbehindertenvertretung der Stadt Weiden beteiligt. Darüber hinaus wurden auch die Gleichstellungsstelle und das Integrationsamt als tragende Institutionen tätig. Von der Forderung bis hin zur erfolgreichen Umsetzung des neuen Arbeitszeitmodells verstrichen etwa sieben Monate. In dieser Zeit wurden alle notwendigen Planungen vorgenommen und verwirklicht. Dazu zählen unter anderem die Ausarbeitung einer Dienstvereinbarung zwischen den Mitarbeitern und dem Arbeitgeber – der Stadt Weiden – die alle Rechte und Pflichten der Arbeitnehmer sowie des Arbeitgebers bzw. Dienstherren festhält.

11.2.2 Die Gemeinde Schoppernau

Im Fall der *Gemeinde Schoppernau* ist die erfolgreiche Integration eines Menschen mit Behinderung auf die Initiative des ehemaligen Bürgermeisters Pius Simma zurückzuführen, der vor und während des Arbeitsbeginns des Menschen mit Behinderung Amtsträger war. Pius Simma wurde Anfang 2003 auf das Projekt *Spagat* aufmerksam, welches seit 1997 zum Angebot der Behindertenhilfe des Instituts für Sozialdienste (IfS) Vorarlberg gehört. Im Rahmen des Projekts werden Jugendliche mit erheblicher (geistiger und/oder mehrfacher) Behinderung auf ihrem Weg zu einem Arbeitsplatz auf dem ersten Arbeitsmarkt in der Region unterstützt und begleitet (Niedermaier und Tschann 1999). Da in der Gemeinde ein arbeitsloser Jugendlicher mit Behinderung lebte, kontaktierte Pius Simma das IfS, woraufhin zwei Wochen später ein offenes Gespräch zwischen dem Bürgermeister, den Gemeindevertretern, einer IfS-Integrationsberaterin und den Eltern des Jugendlichen mit Behinderung stattfand. Der Bürgermeister und die IfS- Integrationsberaterin präsentierten den Versammelten ihr Vorgehen, den Jugendlichen mit dem sogenannten „Leasing-Modell" bei der Gemeinde Schoppernau als Arbeitgeber und anderen Unternehmen halbtags zu beschäftigen. Das Gespräch sollte dazu dienen, einerseits die Vertretung der Gemeinde Schoppernau über das „Leasing-Modell" zu informieren und andererseits die Unternehmen von einigen Gemeindevertretern als Leasingpartner für das Vorhaben zu gewinnen. Die Eltern legten insbesondere die rhetorischen Schwächen ihres Sohnes offen dar, die manche Arbeitgeber von einer Beschäftigung abhält. Daran anknüpfend zeigte die IfS- Integrationsberaterin den Anwesenden auf, wie man möglichen Herausforderungen aufgrund der genannten Schwächen begegnen oder deren Auftreten im Voraus verhindern kann, indem sie auf ihre Erfahrungen im Umgang mit Jugendlichen mit Behinderungen im Hinblick auf das „Leasing-Modell" verwies. Die Gemeindevertretung konnte in dem offenen Gespräch von der Idee überzeugt werden und beschloss einer intensiven Schnupperphase zuzustimmen und den Jugendlichen, im Falle des erfolgreichen Verlaufs, einzustellen. In den Wochen danach konnten die heutigen „Leasing"-Partner der Gemeinde Schoppernau gefunden werden, sodass die IfS-Betreuerin in Zusammenarbeit mit Gemeinde und Leasingpartnern mit der Umsetzung beginnen konnte.

11.2.3 Der Getränkeerzeuger Alfi GmbH & Co. KG

Ausschlaggebend für die Beschäftigung eines Menschen mit Behinderung bei der *Alfi GmbH & Co. KG* war das Engagement von IfS-Spagat. Ein Mitarbeiter vom IfS und zugleich Bekannter von Joachim Fink erkundigte sich 2007 beim Geschäftsführer, ob bei ihm das Interesse an der Beschäftigung eines Jugendlichen aus der Region mit geistiger Behinderung bestünde. Der Geschäftsführer reagierte skeptisch gegenüber einer fünftägigen Beschäftigung, da nicht genügend Aufgaben für den Menschen mit Behinderung anfielen. Er erklärte sich jedoch bereit, den Jugendlichen mit Behinderung für einen Tag in der Woche als Hauptarbeitgeber zur Probe anzustellen. Der IfS-Mitarbeiter konnte nach kurzer Suche geeignete „Leasing"-Partner für die Alfi GmbH & Co. KG gewinnen (Alfi GmbH & Co. KG 2011).

In beiden Fällen, in denen das IfS beteiligt war, wurde zuerst eine längerfristige Schnupperphase mit den Jugendlichen durchgeführt, bevor sie fest beschäftigt wurden. Dies war für viele partizipierende Organisationen Bedingung, um dem Vorhaben zu zustimmen. Um bei den Jugendlichen eine Überforderung am Arbeitsplatz zu vermeiden, wurden die beiden in den ersten drei bis vier Monaten täglich bei ihrer Arbeit von ihren jeweiligen IfS-Betreuern begleitet, die zusammen mit den Jugendlichen nach passenden Aufgaben in den Unternehmen suchten. Zusätzlich haben beide mit einem reduzierten Arbeitspensum von 20 % begonnen und stufenweise auf 50 % aufgestockt. In dieser Zeit hielten die IfS-Betreuer engen Kontakt zu den Organisationen, um über auftretende Probleme oder Unklarheiten zu sprechen. Da bei Menschen mit geistiger Behinderung in der Regel eine Tendenz zu verschlossenen Verhaltensmustern vorliegt, ist es wichtig, dass in jeder Organisation ein Mentor vorhanden ist, der als feste Bezugsperson des Jugendlichen mit Behinderung fungiert. Sobald sich die IfS-Betreuer zurückgezogen hatten, traten die Mentoren als erste Ansprechpersonen an ihre Stelle.

11.3 Beschreibung der Ansätze

Nach Definition von Schlick (2010, S. 584) sollen Arbeitszeitmodelle „ökonomische und organisatorische Interessen des Betriebes und gleichermaßen persönliche Präferenzen, physiologische Dispositionen und soziale Bedürfnisse der Mitarbeiter berücksichtigen".

11.3.1 Die funktionale Gleitzeit

Genau an diesem Punkt knüpft der Ansatz der Stadt Weiden an. Er ermöglicht den Arbeitnehmern eine erhöhte Flexibilität im Rahmen dessen was möglich ist, ohne relevante Stakeholder zu schädigen. Zu diesen zählen in erster Linie Kunden und der Gesetzgeber.

Das funktionale Gleitzeitmodell der Stadt Weiden ist detailliert in einer Dienstvereinbarung festgehalten, die letztmals im März 2009 überarbeitet wurde. Dieses flexible

Arbeitszeitmodell setzt sich aus den Elementen Sollzeit, Rahmenzeit, Zeitkonto, Abwesenheitszeiten und der Zeiterfassung zusammen, die im Folgenden näher beschrieben werden (Stadt Weiden 2009).

Die *Sollarbeitszeit* bezieht sich auf den Anteil der wöchentlichen Arbeitszeit pro fiktivem Tag. Grundsätzlich entspricht diese 20 % der vertraglich festgesetzten Wochenarbeitszeit, was allerdings de facto nicht bedeutet, dass ein Angestellter mit 40-Stundenwoche jeden Tag acht bzw. wöchentlich 40 Arbeitsstunden leisten muss. Über- und Unterschreitungen der Sollarbeitszeit sind prinzipiell möglich, solange die Angestellten im Mittel 40 Arbeitsstunden leisten. Die *Rahmenzeit* legt fest, in welcher Zeitspanne die Sollarbeitszeit absolviert werden kann. Die Stadt Weiden ermöglicht den Mitarbeitern, ihrer Arbeit von Montag bis Freitag zwischen 06.45–19.00 Uhr nachzukommen. Im Unterschied zu Gleitzeitsystemen existiert hier keine Kernarbeitszeit, die dem Mitarbeiter vorschreibt bspw. während der Öffnungszeiten zwingend zu arbeiten. Die Mitarbeiter sind in einem gewissen Rahmen ebenfalls frei darüber zu entscheiden, wann sie ihre Pause setzen möchten und wie lange diese dauern soll.

Grundsätzlich ist der Mitarbeiter in der Lage, seine Arbeitszeiten eigenverantwortlich und individuell zu gestalten. Beschränkt wird diese Freiheit durch die oben erwähnten Stakeholderinteressen von Kunden und dem Gesetzgeber. Konkret bedeutet das, dass die Mitarbeiter ihre Arbeitszeit in Absprache mit ihrem Arbeitsteam planen müssen. Absenzen während der Öffnungszeiten der Stadtverwaltung, Montag bis Freitag von 07.30–12.30 Uhr und donnerstags von 13.30–17.30 Uhr, erfordern eine zusätzliche Absprache mit dem Vorgesetzten. Im Vordergrund stehen stets die *Funktionsfähigkeit der Verwaltung* und die *Aufrechterhaltung eines hohen Serviceanspruchs* gegenüber den Bürgern, weshalb dieser Zeitraum auch *Funktionszeit* genannt wird. Je nach Tätigkeitsbereich und Dienstleistungscharakter kann der individuelle Gestaltungsspielraum zwischen den einzelnen Mitarbeitern variieren. Eine weitere Beschränkung ergibt sich durch das Gesetz. Eine *Höchstarbeitszeit* von zehn Arbeitsstunden pro Tag darf nur in Ausnahmefällen und nur in Absprache mit dem Vorgesetzten überschritten werden. Da mit dem verwendeten Zeiterfassungssystem nur ein maximales Arbeitspensum von zehn Stunden möglich ist, muss der Arbeitnehmer ein eigenes Formular ausfüllen, um an einem Tag mehr als zehn Stunden zu erfassen. Durch dieses Vorgehen lässt sich die Einhaltung der gesetzlich vorgeschriebenen Grenze einfach kontrollieren.

Die geleistete Arbeitszeit wird über die Verwendung eines Zeiterfassungssystems in *Zeitkonten* festgehalten. Alle Überschreitungen und Unterschreitungen der täglichen Sollzeit werden in einem Abrechnungszeitraum von einem Jahr festgehalten, der für jeden Mitarbeiter am 1. November beginnt. In diesem Zeitraum kann die Sollzeit, unter Beachtung der zuvor beschriebenen Schranken, individuell verteilt werden.

Zur Kontrolle der Einhaltung dient ein *Ampelsystem*. Befindet sich ein Mitarbeiter in der Grünphase, hat er zwischen 20 Minderarbeitsstunden und maximal 40 Mehrarbeitsstunden geleistet, was keine Konsequenzen mit sich bringt. Bei einer Überschreitung der Grünphase mit einem Maximum von 30 Minderarbeitsstunden und 50 Mehrarbeitsstunden, wird ein Gespräch zwischen Führungskraft und Mitarbeiter geführt, um Maßnahmen

Tab. 11.1 Individueller Wochenarbeitsplan eines Mitarbeiters. (Quelle: Eigene Darstellung)

	Vormittag	Nachmittag
Mo	Stadtverwaltung Weiden i. d. OPf.	Ärztliche Behandlung
Di	Stadtverwaltung Weiden i. d. OPf.	
Mi	Stadtverwaltung Weiden i. d. OPf.	Ärztliche Behandlung
Do	Stadtverwaltung Weiden i. d. OPf.	
Fr	Stadtverwaltung Weiden i. d. OPf.	Ärztliche Behandlung

zum Ausgleich dieser Abweichungen zu finden. Zeigt das Zeitkonto eine Überschreitung von mehr als 30 Minderarbeitsstunden bzw. mehr als 50 Mehrarbeitsstunden an, befindet sich die Person in der Rotphase und Führungskraft und Mitarbeiter sind verpflichtet, Maßnahmen zu treffen, um diese Phase umgehend zu verlassen. Die Führungskraft soll bei diesen Gesprächen darauf achten, dass der Mitarbeiter die individuelle Maßnahme möglichst selbstständig erarbeitet, damit die vereinbarte Maßnahme besser vom Mitarbeiter getragen wird. Zeitsalden im Bereich der Grünphase werden in die nächste Periode übertragen. Abweichungen darüber verfallen, wobei Überschreitungen von mehr als 20 Minderarbeitsstunden mit entsprechenden Gehaltskürzungen verrechnet werden.

Die Stadt Weiden beschäftigt Menschen mit verschiedenen Arten von Behinderungen, wobei es sich hauptsächlich um sensorische und körperliche Behinderungen handelt. Der folgende Abschnitt soll verdeutlichen, wie Menschen mit Behinderung von dem funktionalen Gleitzeitmodell profitieren. Leidet ein Mitarbeiter an einer chronischen Krankheit, die eine regelmäßige Behandlung erfordert, wie bspw. eine Dialysebehandlung, kann durch die Nutzung der funktionalen Gleitzeit sowohl Beschäftigung als auch Behandlung ermöglicht werden.

Andere Unternehmen, die mit festen Kernarbeitszeiten arbeiten, verhindern in vielen Fällen eine Beschäftigung von Menschen mit Behinderung, die sich gesundheitserhaltenden und zeitaufwendigen Behandlungen unterziehen müssen. Durch das funktionale Gleitzeitmodell kann der Betroffene beispielsweise montags, mittwochs und freitags bereits ab 06.45 Uhr mit seiner Arbeit beginnen und um 14.30 Uhr den Arbeitsplatz verlassen, um sich einer Behandlung zu unterziehen. Bis 14.30 Uhr hat er dann – unter Berücksichtigung einer Pause von 45 min – bereits sieben Stunden gearbeitet. Das macht bei einer 40-Stundenwoche an drei Arbeitstagen ein Minus von drei Stunden. Diese Minusstunden kann der Mitarbeiter durch ein Arbeitspensum von jeweils neuneinhalb Stunden dienstags und donnerstags wieder ausgleichen. Die folgende Abbildung zeigt einen möglichen individuellen Wochenarbeitsplan, der unter Absprache mit den Vorgesetzten erstellt werden kann (Tab. 11.1).

11.3.2 Das „Leasing-Modell"

Das sogenannte „Leasing-Modell" gestaltet den Arbeitsort eines Mitarbeiters flexibel, da der Mitarbeiter an verschiedene Unternehmen „verleast" wird. Das „Leasing-Modell" entspricht im Ansatz der Zeitarbeit. Es existiert ein festes Arbeitsverhältnis zwischen Arbeitgeber und Arbeitnehmer. Im Unterschied zur Beschäftigung bei Zeitarbeitsunternehmen werden die Mitarbeiter auch bei den jeweiligen Anstellungsträgern, der Gemeinde Schoppernau bzw. bei Alfi, selbst beschäftigt. Die Flexibilität des Arbeitsortes bzw. die Wochenstruktur bestimmt der Arbeitgeber durch die Auswahl der „Leasing"-Partner und die Absprache mit den Beteiligten. Der Arbeitnehmer kann allerdings im Vorfeld mit seinem Arbeitgeber Vereinbarungen über mögliche Einsatzorte, Umfang, Dauer und Lage der Arbeitszeiten bei dem jeweils leasenden Unternehmen treffen. Da die Partnerorganisationen die Menschen mit Behinderung in beiden Fällen auf unbefristete Zeit „geleast" haben, findet die Arbeit der Arbeitnehmer zwar an verschiedenen Orten statt, die Arbeitszeiten sind jedoch fest definiert.

Als Anstellungsträger obliegen der Gemeinde Schoppernau und der Alfi GmbH & Co. KG alle administrativen Arbeiten. Die Anstellungsträger sind beispielsweise für die Koordination der Urlaubsplanung ihrer Mitarbeiter verantwortlich. Über sie werden außerdem die Arbeitnehmer angemeldet und sie koordinieren die Geldflüsse zwischen den Mitarbeitern, den Leasingpartnern sowie dem Land Vorarlberg. Aus Unternehmensperspektive ist die Zusammensetzung der Gehaltszahlungen an die Mitarbeiter mit geistiger Behinderung der beiden Organisationen aus dem Bregenzer Wald interessant. Das monatliche Gehalt wird zur Gänze vom Anstellungsträger an den Arbeitnehmer mit Behinderung ausbezahlt. Rückwirkend erhält der Anstellungsträger jedoch ein Großteil des Gehalts in Form von einer finanziellen Förderung vom Fördergeber Vorarlberger Landesregierung zurück. Dabei erhält der Anstellungsträger zwei Arten von Zuschüssen. Ein Teil der Zuschüsse dient dem Ausgleich der Behinderung, sogenannter Lohnkostenzuschuss. Das Land Vorarlberg übernimmt bei einem Menschen mit Behinderung, der je nach Gutachten aufgrund seiner Behinderung in der Regel zwischen 10 und 30 % der Arbeitsleistung erbringen kann, zwischen 70 und 90 % der Lohnkosten als Ausgleich für die Minderleistung. Darüber hinaus werden an den Arbeitgeber Zuschüsse für die Mentoren aus der Landeskasse überwiesen, sogenannter Mentorenzuschuss (IfS Assistenz Spagat 2011). In beiden Fällen fließen die zweitgenannten Zuschüsse nicht an die Mentoren, sondern werden als Ausgleich der Gehalts-Restkosten herangezogen. Die Gehälter werden dadurch zu einem Großteil durch Zuschüsse finanziert, wodurch die Anstellungsträger ihre Mitarbeiter zu einem geringen Preis an die beteiligten Leasingpartner „verleasen" können, da für den Arbeitgeber nur geringe Lohnkosten entstehen.

Das „Leasing-Modell" wird von beiden Arbeitgebern exklusiv zur Beschäftigung der Menschen mit schwerer Behinderung angeboten, da es auf die Bedürfnisse der Menschen mit erheblicher geistiger Behinderung ausgerichtet ist. Beide Organisationen haben einen Arbeitsvertrag über 20 Wochenstunden mit den Jugendlichen unterzeichnet, um eine Überforderung der beiden durch zu hohe Belastung zu vermeiden. Der Arbeitnehmer der

Tab. 11.2 Wochenarbeitspläne der „Leasing"-Mitarbeiter. (Quelle: Eigene Darstellung)

	Gemeinde Schoppernau		Alfi Getränkeerzeuger	
	Vormittag	Nachmittag	Vormittag	Nachmittag
Mo	*Gemeinde Schoppernau*	*Freizeit*	Böma Maschinenbau	*Freizeit*
Di	Installationsfirma WILLI	*Freizeit*	Böma Maschinenbau	*Freizeit*
Mi	Sport & Mode Matt	*Freizeit*	*Freizeit*	Feldkircher Metallbau
Do	Schlosserei Moosbrugger	*Freizeit*	*Freizeit*	*Alfi Getränkeerzeuger*
Fr	Fenster und Türenbau Schwarzmann	*Freizeit*	*Freizeit*	Gemeinde Alberschwende

Gemeinde Schoppernau arbeitet bei vier Unternehmen und der Gemeinde selbst jeweils vier Stunden am Vormittag. Der Mitarbeiter der Alfi GmbH & Co. KG arbeitet ebenfalls je vier Stunden pro Tag. Allerdings arbeitet er an den ersten beiden Tagen der Woche bei einem Unternehmen vormittags und an den übrigen drei Tagen bei zwei „Leasing"-Betrieben und dem Arbeitgeber selbst jeweils am Nachmittag. Die beiden „Leasing"-Mitarbeiter arbeiten vorwiegend in handwerklichen Unternehmen. Neben der Beschäftigung in der Gemeinde Schoppernau arbeitet der „Leasing"-Arbeiter bei der Installationsfirma WILLI, beim Sport- und Modefachgeschäft Matt, der Schlosserei Moosbrugger und dem Fenster- und Türenbauer Schwarzmann. Der „Leasing"-Mitarbeiter des Getränkeerzeugers Alfi wird an Böma Maschinenbau, Feldkircher Metallbau und die Gemeinde Alberschwende „verleast". Die folgende Abbildung stellt die wöchentlichen Arbeitszeiten und -orte der beiden „Leasing-Arbeiter" dar (Tab. 11.2).

Im Alltag stellt die Beschäftigung der Menschen mit Behinderung für die jeweiligen Unternehmen eine Entlastung in der Ausführung von einfachen Hilfstätigkeiten wie Sortier-, Entsorgungs- und anderen Lagerarbeiten oder einfachen Schleifarbeiten dar. Das erfüllbare Aufgabenspektrum der „Leasing"-Mitarbeiter wird dabei durch ihre geistige Leistungsfähigkeit eingeschränkt. In keiner der beteiligten Organisationen fällt ausreichend geeignete Arbeit für ein 50 %-Pensum an. Die aggregierte Menge an geeigneten Tätigkeiten von fünf, bzw. (im Fall des Getränkeerzeugers) von vier Organisationen, ergibt aber eine ausreichende Menge an einfachen Tätigkeiten, die eine Beschäftigung des Mitarbeiters von jeweils 20 Stunden pro Woche ermöglicht. Außerdem wird durch die Beschäftigung bei verschiedenen Organisationen der Betreuungsbedarf der beiden Menschen mit geistiger Behinderung auf die Schultern mehrerer Mentoren verteilt. Die tägliche Betreuung eines Menschen mit geistiger Behinderung am Arbeitsplatz würde die Mentoren laut eigenen Angaben zu sehr belasten und ihnen zu viel Zeit und Kraft für das Erledigen ihrer eigenen Aufgaben nehmen.

Durch die Einführung in die Aufgaben an unterschiedlichen Orten in Begleitung eines IfS-Beraters konnte einerseits einer Überforderung der Jugendlichen vorgebeugt werden, andererseits konnte der „Leasing"-Mitarbeiter langsam Vertrauen zu den Ansprechpersonen in den einzelnen Organisationen aufbauen (Gemeinde Schoppernau 2011).

Das „Leasing-Modell" soll also die Bedürfnisse von Arbeitnehmer und Arbeitgeber in Einklang bringen. Einerseits besteht der Wunsch der Mitarbeiter mit Behinderung zu arbeiten. In den Organisationen fällt aber nicht ausreichend geeignete Arbeit an. Andererseits benötigen Menschen mit geistiger Behinderung eine intensive Betreuung. Die Organisationen haben aber dazu nicht ausreichend Ressourcen und die Betreuung über eine Woche wäre zu belastend für einen ungeschulten Mentoren. Durch den Einsatz des „Leasing-Modells" wird demzufolge in allen Unternehmen eine Win-win-Situation geschaffen.

11.4 Stärken und Schwächen der Ansätze

Die Erfahrungsberichte der drei untersuchten Organisationen wie auch die vorliegende Fachliteratur offenbaren sowohl diverse gemeinsame Stärken als auch Schwächen der angewandten Arbeitszeitmodelle, welche im Folgenden vorgestellt und erläutert werden sollen.

11.4.1 Die funktionale Gleitzeit

Die besondere Stärke des *funktionalen Gleitzeitmodells* ist gerade im Hinblick auf Menschen mit Behinderung die individuelle Planungsmöglichkeit. Dieses Arbeitszeitmodell schafft insbesondere für Menschen mit chronischen Erkrankungen einen Gestaltungsraum, der es ihnen ermöglicht, die zeitliche wie auch die physische und psychische Belastung der Arbeit in einem gewissen Rahmen an den Gesundheitszustand bzw. an den Behandlungsbedarf anzupassen. Dadurch lässt sich eine Beschäftigung in der Stadtverwaltung Weiden auch mit regelmäßigen Arztbesuchen vereinbaren.

Mitarbeiter, die an rheumatischen Erkrankungen leiden, bei denen es schubweise zu verstärkten Entzündungen kommt, können ihren Arbeitsumfang in solchen Phasen reduzieren und ihr Zeitkonto nach einem solchen Schub wieder ausgleichen. Aber auch Mitarbeiter ohne Behinderung profitieren vom Einsatz des funktionalen Gleitzeitmodells: Ihre Lebensqualität verbessert sich durch die Möglichkeit, die Arbeitszeit auf ihre Familie oder andere Bedürfnisse abstimmen zu können.

Die Übertragbarkeit ist grundsätzlich auch auf andere Organisationen gegeben, allerdings gibt es drei kritische Punkte, welche die Einführung eines funktionalen Gleitzeitsystems verhindern, bzw. die Funktionsfähigkeit einer Organisation gefährden können. Erstens sollte eine möglichst exakte Bedarfsplanung möglich sein. Zweitens ist entscheidend, wann eine Dienstleistung erbracht werden muss. Wird die Dienstleistung unter Anwesenheit des Kunden vollbracht oder kann die Bearbeitung auch zu einem späteren Zeitpunkt ausgeführt werden? Drittens ist die Übertragbarkeit von der Größe der Organisation und der Arbeitsdifferenzierung abhängig. In großen Unternehmen sind in der Regel mehrere Mitarbeiter mit gleichen oder ähnlichen Aufgabenprofilen beschäftigt. Dadurch können Situationen vermieden werden, in denen kein Fachwissen vorhanden ist, auch wenn ein Mitarbeiter nicht anwesend ist.

Als Schwäche des Modells lässt sich der Zeitaufwand aufführen, der bis zur finalen Erarbeitung der Dienstvereinbarung nötig war. Eine solche Vereinbarung ist für öffentliche Institutionen notwendig, aber auch in privaten Unternehmen sinnvoll, um Unklarheiten vorwegzunehmen. Auch wenn es aus diesem Grund keine Probleme in der Stadtverwaltung Weiden gab, kann der notwendige Koordinationsbedarf zwischen den Teamkollegen zu Konflikten führen, da Übereinkünfte mit Arbeitskollegen in manchen Fällen nur durch Kompromisse erreicht werden können. Ein Konfliktpotenzial liegt insbesondere dann vor, wenn die beteiligten Parteien kein Verständnis für die Bedürfnisse der anderen Teammitglieder aufbringen und letztendlich zum Misslingen einer Kompromissfindung führen. Im Fall der Stadt Weiden wurde die Notwendigkeit der Kommunikation untereinander aber als Stärke des Arbeitszeitmodells empfunden, da die Kollegen begannen, auch verstärkt über die Absprachen hinaus miteinander zu kommunizieren, was zu einem verbesserten Arbeitsklima und effizienteren Prozessgestaltungen führte.

11.4.2 Das „Leasing-Modell"

Zu den Stärken des „Leasing-Modells" zählt die grundsätzliche Übertragbarkeit. In nahezu jedem Unternehmen fallen einfache Tätigkeiten an, die von Menschen mit geistiger Behinderung übernommen werden können. Viele dieser monotonen Arbeiten wie z. B. das Entfernen von Flaschenverschlüssen bei Leergutlieferungen unterfordern einen Mitarbeiter ohne Behinderung langfristig. Je nach Ausprägung der Behinderung entspricht eine solche Tätigkeit aber genau den Fähigkeiten eines Menschen mit Behinderung, der einen Mehrwert für die Organisation schaffen kann. Als weitere Stärke kommt die Verteilung des Betreuungsbedarfs auf mehrere Personen hinzu. Die Betreuung eines Jugendlichen mit Behinderung für vier Stunden pro Woche wird überwiegend als willkommene Abwechslung im Alltag empfunden. Auch für beide Menschen mit Behinderung gehen mit dem Wechsel des Arbeitsplatzes Vorzüge einher. Erstens erleben sie, trotz der einfachen und überschaubaren Aufgaben, Abwechslung in ihrem Alltag. Zweitens haben sie bei ihrer Arbeit Menschen kennengelernt, denen sie über ihre Arbeit bei den anderen „Leasing"-Partnern berichten können, was ihre Integrität und ihr Selbstwertgefühl steigert, da sie sich gebraucht fühlen.

Aufgrund der Lohnausgleichszahlungen und Mentorenzuschüsse entsteht für die beteiligten Organisationen nur ein geringer finanzieller Aufwand. Die Organisationen sind schneller bereit, Menschen mit Behinderung einzustellen, da kein finanzielles Risiko entsteht.

Gesamthaft gesehen stellt der hohe Betreuungsbedarf allerdings eine Hürde für die Umsetzung dar. Das Modell selbst lässt sich ohne eine begleitende Institution, wie dem IfS, kaum umsetzen, da eine zeitintensive Einführung in die jeweiligen Organisationen erforderlich ist. Essentiell war dabei auch die Vermittlung des IfS zwischen den Arbeitnehmern, den Mitarbeitern sowie den Vorgesetzten, denn oft mangelt es an Wissen im Umgang mit Menschen mit geistiger Behinderung, was meist zu Kommunikationsschwierigkeiten führt. Um Konflikte zu verhindern oder zu schlichten, ist dann das Fachwissen von Experten, wie bspw. von IfS-Betreuern notwendig. Als weitere Schwäche lässt sich festhalten, dass das „Leasing-Modell" nur bedingt imstande ist, Einfluss auf das Leistungsniveau bzw. die Qualität der durchgeführten Arbeiten zu nehmen. Für die Vorgesetzten einfach erscheinende Aufgaben können teilweise nicht von Menschen mit geistiger Behinderung erledigt werden. Dies kann die Planbarkeit von Abläufen verkomplizieren, da Kollegen für sie einspringen müssen, wenn andere Mitarbeiter bei ihren Prozessen von dem Erledigen der Aufgaben durch den Menschen mit geistiger Behinderung abhängig sind. Deshalb werden in der Praxis i. d. R nur Aufgaben übertragen, die keine Abhängigkeit für Kollegen darstellen, bspw. Aufgaben ohne festen Fertigstellungstermin.

11.5 Bisherige Erfahrungen

Einige Reaktionen auf die beiden Integrationsansätze der beteiligten Parteien sind bereits zuvor zum Ausdruck gekommen. Dieser Abschnitt soll explizit zusammenfassen welche Erfahrungen die Initianten, Mitarbeiter und andere Stakeholder bisher gesammelt haben.

11.5.1 Die Stadt Weiden

Bei Einführung des *funktionalen Gleitzeitsystems* traten zu Beginn kleinere Probleme auf. Für die Mitarbeiter stellte sich das neue, flexible Arbeitszeitmodell zuerst als große Umstellung dar. Einige Mitarbeiter wussten nichts mit ihrer neu erworbenen Freiheit anzufangen. In anderen Teams wiederum, die ihre Arbeitszeit frei gestalteten, kommunizierten Mitarbeiter nur bedingt mit ihren Teamkollegen und gefährdeten dadurch den hohen Dienstleistungs- und Serviceanspruch gegenüber den Bürgern. Dann kam es vor, dass fast das gesamte Team einer Abteilung einen sonnigen Nachmittag im Freien verbringen wollte und ein Großteil des Teams den Arbeitsplatz verließ.

Daraufhin hielten die Führungskräfte ihre Mitarbeiter an, besser miteinander zu kommunizieren, um die Funktionsfähigkeit der einzelnen Abteilungen nicht zu gefährden. Vorteilhaft ist im Fall der Stadt Weiden, dass Bedarfe, im Sinne von Schalterbesetzung, sehr gut planbar sind. Eine positive Erfahrung für die Stadt Weiden war, dass sich die Mitarbeiter durch eine intensivere Kommunikation nicht nur besser in ihrer Arbeitszeitplanung absprachen, sodass die Planung mittlerweile reibungslos abläuft, sondern dass sich das gesamte Arbeitsklima dadurch verbesserte. Dies spiegelt sich auch darin wider, dass maximal 1 % der Mitarbeiter aufgrund von mehr als 30 verbuchten Minderarbeitsstunden in die Rotphase rutscht. Wenn sich ein Mitarbeiter in der Rotphase befand, konnten

Führungskräfte bisher immer Maßnahmen gemeinsam mit dem Mitarbeiter erarbeiten, um seine Minderarbeitsstunden wieder auszugleichen. Besonders erfolgreich zeigte sich das gemeinsame Erarbeiten von Handlungsschritten. Da diese Maßnahmen gemeinsam erarbeitet, nicht diktiert und individuell an eine Behinderung oder andere Gegebenheiten angepasst wurden, setzte der jeweilige Mitarbeiter sie besser um.

Insbesondere Menschen mit Behinderung, deren Alltag sich durch regelmäßige Arztbesuche auszeichnet, sind begeistert von dem flexiblen Arbeitszeitmodell. Andere Unternehmen mit Kernarbeitszeiten würden sie vermutlich nicht einstellen oder sie müssten auf die Arztbesuche verzichten, was sich langfristig negativ auf die Gesundheit auswirken würde (Stadt Weiden 2011b).

Die variierende Flexibilität von Bereich zu Bereich und je nach Position wurde nicht als Schwäche empfunden, da die gesteigerte Kommunikation auch dazu führt, dass die Mitarbeiter mehr Verständnis füreinander entwickeln.

Das insgesamt verbesserte Arbeitsklima und eine gestiegene Lebensqualität deuten auf eine langfristige Verbesserung der Mitarbeiterleistung hin. Auch der Initiator ist mit dem Ergebnis zufrieden. Er, Oberbürgermeister Kurt Seggewiß, gibt im Interview an, dass Menschen mit Behinderung in der Stadtverwaltung Weiden mindestens das gleiche Leistungsniveau erzielten. In der Regel seien sie aber sogar motivierter, da sie glücklich seien, einen Arbeitsplatz gefunden zu haben (Stadt Weiden 2011b). Die Einführung des funktionalen Gleitzeitmodels zeigte sich gesamthaft betrachtet als voller Erfolg.

11.5.2 Gemeinde Schoppernau und Getränkeproduzent Alfi

Auch bei der Einführung des „Leasing-Modells" traten sowohl bei der Gemeinde Schoppernau als auch beim Getränkeerzeuger Alfi, zu Beginn Probleme auf. Diese Probleme waren aber weniger auf das Arbeitszeitmodell und die Leistung der Mitarbeiter zurückzuführen, sondern vielmehr auf Kommunikationsschwierigkeiten, da die Mitarbeiter und Vorgesetzten der beiden bisher kaum Erfahrungen mit Menschen mit geistiger Behinderung gemacht hatten.

Die Aussagen von involvierten Akteuren stützen die These, dass die Betreuung für die Ansprechpersonen in den einzelnen Unternehmen anstrengend und ermüdend ist, weshalb sie sich die tägliche Betreuung des „Leasing"-Mitarbeiters nur schwer vorstellen können. Insbesondere wenn unter Zeitdruck gearbeitet werden muss, kann die Zusammenarbeit für die Mentoren belastend sein, da die Arbeit der Menschen mit Behinderung in vielen Fällen einer Begleitung bedarf. Trotz dieser Schwierigkeiten schätzen sie die Zusammenarbeit mit dem „Leasing"-Mitarbeiter, da er Abwechslung in ihren Alltag bringt und ihnen zeigt, sich über kleine Dinge zu freuen.

Die beiden Menschen mit Behinderung erleben den Wechsel des Arbeitsortes als große Bereicherung, weil sie dadurch einen abwechslungsreichen Alltag erleben und auf verschiedene Menschen treffen. Die Hilfsarbeiten werden größtenteils gerne getätigt und als fordernd wahrgenommen.

Eine IfS-Betreuerin beobachtete im Fall der Gemeinde Schoppernau ebenfalls eine erhöhte Akzeptanz, die sie darauf zurückführt, dass viele Menschen ohne Behinderung Vorurteile gegenüber Menschen mit Behinderung haben und ihnen nichts zutrauen. Wenn Menschen mit Behinderung arbeiten, ändere sich die Meinung der Beobachter im Sinne: „Wenn der da arbeitet, kann er wirklich was". Den Menschen mit Behinderung wird aufgrund ihrer Tätigkeit ein höheres Leistungsniveau zugesprochen.

Für den Mitarbeiter der Gemeinde Schoppernau zeigte sich die gesteigerte Akzeptanz in einer verbesserten Integration in der Gemeinde. Mittlerweile ist er bspw. Mitglied der Bergrettung. Die Beschäftigung führte laut Vorgesetzten, Mentoren und Mitarbeitern zu einer enormen Entwicklung der beiden. Waren sie zu Beschäftigungsbeginn sehr verschlossen, stehen heute beide gerne im Mittelpunkt. Die Arbeit hat sich positiv auf ihr Selbstbewusstsein ausgewirkt.

Dem Geschäftsführer der Alfi GmbH & Co. KG ist zudem ein Reputationsgewinn als angenehmer Nebeneffekt positiv aufgefallen. In der Region des Bregenzer Waldes wird die Integration eines Menschen mit Behinderung auch als Corporate-Social-Responsibility-Aktivität des Getränkeerzeugers wahrgenommen. Ein gestiegener Umsatz sei dabei zwar nicht messbar, was allerdings an der schweren Messbarkeit liege. Doch Bekannte, Kunden und andere Stakeholder äußern sich in Gesprächen sehr positiv über die Beschäftigung. Vor allem bei Mitarbeitern, die zu Beginn des Beschäftigungsverhältnisses zurückhaltend gegenüber dem neuen Mitarbeiter mit geistiger Behinderung eingestellt waren, konnte Joachim Fink eine gesteigerte Akzeptanz beobachten.

Die Beteiligten halten fest, dass ohne die intensive Betreuung des Menschen mit Behinderung sowie die Vermittlung zwischen den Menschen mit Behinderung und den Organisationen, die Beschäftigung nicht möglich wäre. Der Arbeit von IfS-Spagat wird dabei eine zentrale Rolle zugesprochen. Die IfS- Integrationsberaterin hält aber auch fest, dass im Fall der Gemeinde Schoppernau der Bürgermeister Pius Simma eine gleichrangige Rolle wahrgenommen hat. Es wird deshalb vermutet, dass ein Arbeitszeitmodell alleine nicht ausreicht, um Menschen mit geistiger Behinderung zu beschäftigen. Arbeitszeitmodelle können geeignete Strukturen schaffen, für die Implementierung scheinen jedoch eine intensive Betreuung des Menschen mit Behinderung und eine Beratung der Organisationen und Mitarbeiter notwendig.

Sowohl die *Gemeinde Schoppernau* als auch der *Getränkeproduzent Alfi* sind nach acht bzw. vier Jahren Beschäftigung der beiden Mitarbeiter mit geistiger Behinderung sehr zufrieden mit dem Ergebnis.

11.6 Ausblick

Die Stadt Weiden wird auch in Zukunft an der Integrationsförderung festhalten. Ziel ist es, eine Vorbildfunktion für Unternehmen in der Region einzunehmen und diese ebenfalls zur Integration von Menschen mit Behinderung zu motivieren, um das Arbeitsangebot auch in anderen Bereichen zu fördern. Allerdings berät die Stadt Weiden Unternehmen nur auf Anfrage oder geht bei Vermittlungsbedarf individuell auf einzelne Unternehmen zu – plant aber keine aktiven Werbeaktionen. Die Vergangenheit hat gezeigt, dass zu viel Aufmerksamkeit – auch wenn nur vereinzelt – auf starke Kritik stoßen kann. Der Stadtverwaltung wurde in der Vergangenheit vorgeworfen, mit dem Leid anderer Werbung für sich selbst zu machen. Zentralen Entwicklungsbedarf sieht die Stadt Weiden in der Entwicklung und Implementierung eines gesamthaften Gesundheitsmanagements. Dazu wurde bereits ein Leitfaden für betriebliches Wiedereingliederungsmanagement erarbeitet. Eine schnelle Umsetzung wird allerdings durch allgemeine Kosteneinsparungen in deutschen Verwaltungen stark beeinträchtigt.

Die *Gemeinde Schoppernau* steht der Beschäftigung weiterer Jugendlicher mit Behinderung offen gegenüber, falls es in der Gemeinde Bedarf gibt. Der Versuch einen weiteren Jugendlichen mit Behinderung mit Hilfe des „Leasing-Modells" zu beschäftigen, ist allerdings gescheitert. Der Grund hierfür war aber kein Mangel an Organisationen oder Unternehmen die bereit wären Menschen mit Behinderung zu leasen, sondern der Wille der Person einer Beschäftigung nachzugehen. Wie bei jedem Menschen ist die Bereitschaft einer Arbeit nachzugehen eine Grundvoraussetzung, um die eigenen Aufgaben erfolgreich zu bewältigen. Bei Bedarf wird sich die Gemeinde auch künftig wieder für die Beschäftigung von Menschen mit Behinderung einsetzen.

Joachim Fink plant aufgrund der Betriebsgröße der *Alfi GmbH & Co. KG* keine Beschäftigung weiterer Menschen mit Behinderung in seinem Unternehmen. Aufgrund der erfolgreichen Integration seines Mitarbeiters könnte er sich aber vorstellen, ihn bei sich zu 20 % anstelle von 10 % zu beschäftigen. Neben der Betriebsgröße spricht auch die relativ lange Einarbeitungszeit für eine Ausweitung der Beschäftigung seines jetzigen Mitarbeiters, anstelle einer weiteren Einstellung. Auch die Alfi GmbH & Co. KG teilt bei Interesse ihre Erfahrungen.

11.7 Fazit

Die drei Beispiele haben aufgezeigt, dass durch den Einsatz von flexiblen Arbeitszeitmodellen die richtigen Strukturen für die Integration von Menschen mit Behinderung geschaffen werden können. Die erfolgreiche Integration schafft eine Win-win-Situation für Menschen mit Behinderung sowie für Arbeitgeber und, im Falle der Gemeinde Schoppernau und des Getränkeerzeugers Alfi, für die „Leasing"-Partner. Mithilfe eines funktionalen Gleitzeitsystems können insbesondere Menschen mit chronischer Behinderung ihre Arbeitszeit an erforderliche Behandlungsmaßnahmen anpassen. Der bedürfnisorientierte Einsatz des Arbeitszeitmodells erhöht wiederum Motivation und Commitment bei den Beschäftigten der Stadtverwaltung Weiden. Die erfolgreiche Implementierung ist dabei abhängig von den Charakteristika der Organisation und der Kommunikation zwischen einzelnen Teammitgliedern. Menschen mit geistiger Behinderung konnte dank des Leasings-Modells eine Beschäftigung mit einem Arbeitspensum von 50 % ermöglicht werden. Die Arbeitgeber und die Leasingpartner werden von den „Leasing"-Mitarbeitern in der Ausübung von einfach zu verrichtenden Arbeiten unterstützt. Eine zentrale Rolle bei der Umsetzung spielte dabei die Initiative IfS-Spagat, welche die Jugendlichen mit geistiger Behinderung in der Anfangsphase begleitete und die Kommunikation zwischen den Jugendlichen und den Mitarbeitern auf Basis eigener Erfahrungen verbesserte. Mit ausschlaggebend für den Integrationserfolg war auch die gelebte Kultur der vorgestellten Organisationen. Eine integrationsfördernde Kultur in den beteiligten Organisationen und der Wille der Arbeitnehmer einer Beschäftigung nachzugehen ist Voraussetzung für das Gelingen einer erfolgreichen Integration.

Literatur

Alfi GmbH & Co. KG. (2011). Persönliches Interview, geführt vom Verfasser. Lingenau, 3. Okt. 2011.
Gemeinde Schoppernau. (2011). Persönliches Interview, geführt vom Verfasser. Schoppernau, 3. Okt. 2011.
IfS Assistent Spagat. (2011). Persönliches Interview, geführt vom Verfasser. St. Gallen, 20. Okt. 2011.
Niedermaier, C., & Tschann, E. (1999). „Ich möchte arbeiten" – Der Unterstützungskreis. *Behinderte in Familie, Schule und Gesellschaft, 4*(5), 32–36.
Schlick, C. M. (2010). Arbeitszeit. In C. M. Schlick, H. Luczak, & R. Bruder (Hrsg.), *Arbeitswissenschaft* (S. 575–627). Berlin: Springer.
Stadt Weiden (2009). *Dienstvereinbarung über die Flexibilisierung der Arbeitszeit (Fassung vom 27.03.2009)*.
Stadt Weiden (2011a). Stadtinfos. http://www.weiden.de/wen/stadtinfos/. Zugegriffen: 5. Okt. 2011.
Stadt Weiden (2011b). Videobeitrag – Job Erfolg. http://www.weiden.de/wen/verwaltung/joberfolg/videobeitrag.php. Zugegriffen: 19. Okt. 2011.
Statista (2011). Arbeitslosenquote in Deutschland im Jahresdurchschnitt von 1995 bis 2011. http://de.statista.com/statistik/daten/studie/1224/umfrage/arbeitslosenquote-in-deutschland-seit-1995/. Zugegriffen: 5. Okt. 2011.
Statistik Austria (2011). „Mini"-Registerzählung 31.10.2010. http://www.statistik.at/blickgem/fa1/g80233.pdf. Zugegriffen: 5. Okt. 2011.
Statistik Austria (2012). Ranking der Bundesländer Österreichs nach ausgewählten Merkmalen. http://de.statista.com/statistik/daten/studie/1224/umfrage/arbeitslosenquote-in-deutschland-seit-1995/. Zugegriffen: 18. Jan. 2012.

Teil V
Weiterbildung und Karrieremanagement

Potenziale von Menschen mit Behinderung erkennen, fördern und einsetzen – Das ganzheitliche Personalmanagement der Bundesagentur für Arbeit (Nürnberg)

Beatrix Behrens und Michael Kühn

Inhaltsverzeichnis

12.1	Vorstellung der Bundesagentur für Arbeit	170
12.2	Entwicklung des Ansatzes	171
12.3	Beschreibung des Ansatzes: Die Förderung von Menschen mit schwerer Behinderung im ganzheitlichen Personalmanagement-Ansatz der BA	172
	12.3.1 Einsatz dialogbasierter Führungsinstrumente und systematische Kompetenzentwicklung der Beschäftigten mit schwerer Behinderung	172
	12.3.2 Instrumente zur Förderung, Integration und Unterstützung der Beschäftigten mit schwerer Behinderung	174
12.4	Stärken und Schwächen des Ansatzes	177
12.5	Bisherige Erfahrungen	179
12.6	Ausblick	180
12.7	Fazit	181

> **Zusammenfassung**
>
> Die Bundesagentur für Arbeit (BA) hat als Unterzeichnerin der deutschen Charta der Vielfalt im Rahmen ihres demografiesensiblen Personalmanagements mit dem Aufbau eines professionellen Diversity-Managements einen strategischen und integrativen Ansatz zur Förderung von Chancengleichheit entwickelt. Ein wichtiges Handlungsfeld ist hierbei – mit jahrzehntelanger Tradition – die Förderung von Menschen mit

B. Behrens (✉) · M. Kühn
Bundesagentur für Arbeit (BA), Regensburger Straße 104, 90478 Nürnberg, Deutschland
E-Mail: beatrix.behrens@arbeitsagentur.de

M. Kühn
E-Mail: michael.kuehn@arbeitsagentur.de

Behinderung. Beginnend mit der Rekrutierung fördert die BA die vielfältigen und unterschiedlichen Kompetenzen im Rahmen ihres Talentmanagements. Vielfältige Maßnahmen und Instrumente ermöglichen ein auf den individuellen Bedarf zugeschnittenes behinderungs- und altersgerechtes Arbeiten und Lernen. Dreh- und Angelpunkt ist ein systematischer Leistungs- und Entwicklungsdialog zwischen Führungskraft und Mitarbeiter/-in. Hier wird die individuelle Entwicklung abgestimmt, aber auch die Gestaltung der Qualität der Arbeitsbeziehung und behinderungsspezifische Themen bis hin zum Einsatz technischer Hilfsmittel offen angesprochen. Berücksichtigt wird auch die individuelle Berufs- und Lebensplanung. Die Förderung der Beschäftigungsfähigkeit über Kompetenzentwicklung einerseits und einer auf Prävention ausgerichteten Gesundheitsförderung andererseits, sind zentrale Handlungsfelder eines modernen Personalmanagements. Die BA verbindet mit ihrer Personalpolitik auch die Erwartung, die Arbeitgeberattraktivität für künftige Nachwuchs- und Fachkräfte (auch mit schwerer Behinderung) zu steigern; im Zeichen demografischer und gesellschaftlicher Entwicklungen ein entscheidender Vorteil.

12.1 Vorstellung der Bundesagentur für Arbeit

Die BA ist die größte Dienstleisterin am deutschen Arbeitsmarkt. Zu ihren Aufgaben zählen vor allem die Vermittlung in Ausbildungs- und Arbeitsstellen, die Berufsberatung, die Arbeitgeberberatung sowie die Gewährung von Geldleistungen, wie z. B. Arbeitslosengeld I als Versicherungsleistung bzw. Arbeitslosengeld II im Rahmen der Grundsicherung für Arbeitsuchende. Dabei stehen unterschiedliche Kundengruppen im Blickpunkt, so auch Menschen mit Behinderung. Die Aufgaben in der Grundsicherung werden in der Regel zusammen mit den Kommunen erfüllt. Außerdem unternimmt die BA Arbeitsmarkt- und Berufsforschung, Arbeitsmarktbeobachtung und -berichterstattung und führt Arbeitsmarktstatistiken. Ferner zahlt sie – als Familienkasse – das Kindergeld. Ihr sind auch Ordnungsaufgaben zur Bekämpfung des Leistungsmissbrauchs übertragen.

Bereits heute zeichnet sich die BA durch eine hohe Diversität im Personalkörper aus. Rund 70 % sind Frauen mit einem Anteil von 44,9 % in Leitungs- und Führungsfunktionen. Das Durchschnittsalter beträgt 42 Jahre. Es arbeiten Menschen aus über 70 Nationen bei der BA. Rund 8.800 Beschäftige sind nach deutschem Recht als schwerbehindert anerkannt bzw. gleichgestellt. Rund 1.700 Menschen mit schwersten Behinderungen, z. B. Blinde und Rollstuhlfahrer, sind voll in den Arbeitsprozess integriert. Insgesamt beträgt die Schwerbehinderten-Quote 9,7 % (2012) (Abb. 12.1).

Abb. 12.1 Inklusion von Menschen mit Behinderung bei der Bundesagentur für Arbeit

12.2 Entwicklung des Ansatzes

Die demografischen und gesellschaftlichen Entwicklungen, wie beispielsweise der zunehmende Mangel an qualifizierten Fach- und Nachwuchskräften oder eine älter werdende Belegschaft, stellen eine große Herausforderung, aber auch eine Chance für die Integration von Menschen mit Behinderung in den Arbeitsprozess dar. Im ganzheitlichen Personalmanagement der BA wurden alle Prozessfunktionen und Konzepte in ihrer Wirkung strategisch und konzeptionell aufeinander abgestimmt. Personalentwicklung findet heute kompetenzbasiert und individualisiert statt. Dialogbasierte Führungsinstrumente und eine professionelle Personalberatung unterstützen die Führungskräfte. Zudem muss sich die BA mit attraktiven Angeboten als wettbewerbsfähige Arbeitgeberin positionieren und sich den facettenreichen Folgen, u. a. des demografischen Wandels, stellen. Um bereits bestehende Programme zur Förderung der Gleichstellung/Frauenförderung bzw. zur Förderung von Menschen mit schwerer Behinderung in die Personalstrategie der BA einzubinden, wurde ein Konzept für die Einführung eines Diversity-Managements entwickelt, verabschiedet und schrittweise umgesetzt. Eingebunden waren in einem längeren partizipativen Prozess die Gleichstellungsbeauftragte, die Schwerbehindertenvertretung, die Personalvertretung sowie die Geschäftsleitung. Das bestehende Programm zur Förderung von Personen mit schwerer Behinderung wurde in dieses Konzept als ein Handlungsfeld integriert. Im Diversity-Management sollen die vielfältigen und unterschiedlichen Kompetenzen aller Zielgruppen im Rahmen der Personalentwicklung kompetenzbasiert, leistungsorientiert und den Potenzialen entsprechend gefördert werden. Grundlage ist eine wertschätzende Organisationskultur und eine werteorientierte Personalpolitik.

Diversity-Management ist in alle Personalprozesse integriert und wird beispielsweise bei einer gezielten Bewerberansprache, in kompetenzbasierten Auswahlverfahren und Potenzialanalysen über entsprechende Maßnahmen umgesetzt. Die nachfolgende Übersicht

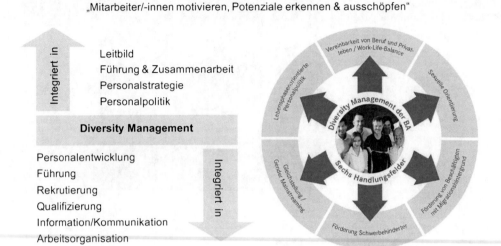

Abb. 12.2 Strategie des demografiesensiblen Personalmanagements in der Umsetzung-Diversity Management, Quelle: Bundesagentur für Arbeit

verdeutlicht den strategischen Ansatz des Diversity-Managements der BA und dessen Verankerung u. a. in der Personalpolitik, Rekrutierung und Personalentwicklung (vgl. Abb. 12.2).

Der 2010 und 2011 mit dem „International Innovative Employer Award" der American Association of Retired Persons (AARP) ausgezeichnete Ansatz, insbesondere zur Ausgestaltung einer an Lebensphasen orientierten Personalpolitik, ist nicht auf isolierte Einzelmaßnahmen ausgerichtet. Es soll insgesamt eine akzeptanzfördernde Basis dafür geschaffen werden, auch Beschäftigte mit Behinderung in der gesamten Organisation auf allen Ebenen zu fördern und erfolgsorientiert im Interesse der BA einzusetzen.

12.3 Beschreibung des Ansatzes: Die Förderung von Menschen mit schwerer Behinderung im ganzheitlichen Personalmanagement-Ansatz der BA

12.3.1 Einsatz dialogbasierter Führungsinstrumente und systematische Kompetenzentwicklung der Beschäftigten mit schwerer Behinderung

Personalentwicklung, Chancengleichheit und die Verhinderung von Diskriminierung sind bei der BA im Leitbild und den daraus abgeleiteten Grundsätzen für Führung und Zusammenarbeit verankert. Diese auch für die Integration und Förderung von Menschen mit

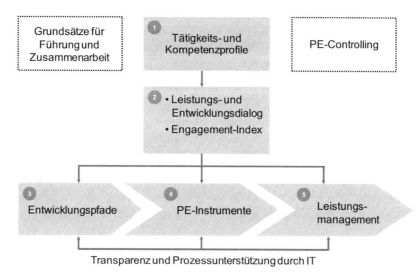

Abb. 12.3 Gesamtsystem der Personalentwicklung und des Kompetenzmanagements; Quelle: Bundesagentur für Arbeit

schwerer Behinderung wesentlichen Grundlagen sind als Führungsaufgabe definiert. Führungskräfte werden hieran gemessen, das heißt sie werden auch in diesem Bereich beurteilt. Ebenso findet sich die Thematik als Dimension im Engagement-Index sowie in Mitarbeiterbefragungen wieder. Mitarbeiter/-innen zu motivieren sowie Potenziale zu erkennen und auszuschöpfen ist ein geschäftspolitisch verbindliches Ziel. Manifestiert in einer Integrationsvereinbarung beschäftigt die BA deutlich mehr Menschen mit schwerer Behinderung als gesetzlich gefordert und strebt dies auch in Zukunft an. Die erfolgreiche Umsetzung der Integrationsvereinbarung ist damit Herausforderung und Chance zugleich. Die BA möchte hier ein klares geschäftspolitisches Signal nach innen und nach außen setzen.

Über ein modular aufgebautes Personalentwicklungssystem werden das Leistungs- und Entwicklungspotenzial der Beschäftigten (mit Behinderung) kompetenzbasiert identifiziert und gefördert. Die nachfolgende Übersicht (vgl. Abb. 12.3) zeigt die verschiedenen Bausteine des modularen und mit einem Kompetenzmodell hinterlegten Personalentwicklungssystems der BA.

Basis sind sogenannte Tätigkeits- und Kompetenzprofile, in denen die für eine Position relevanten Kompetenzen mit Ausprägungsgraden definiert sind. Auf diesen Soll-Profilen bauen sämtliche Prozesse der Personalarbeit auf, wie z. B. die Personalauswahl, Personalentwicklung oder die Beurteilung der Mitarbeiter/-innen. Berufs- und Lebenserfahrungen können Formalqualifikationen ersetzen. Insofern werden Grundlagen für eine altersunabhängige Personalentwicklung geschaffen.

Dreh- und Angelpunkt zur systematischen Einschätzung bzw. Beurteilung und zur Förderung der Kompetenzen ist ein sogenannter Leistungs- und Entwicklungsdialog (LEDi) (vgl. Abb. 12.4).

Abb. 12.4 Leistungs- und Entwicklungsdialog, Quelle: Bundesagentur für Arbeit

In regelmäßigen Abständen führen Führungskräfte einen Dialog durch, in dem unter anderem die individuelle, zum Teil auch von Behinderung geprägte Situation erörtert, die Arbeitsgestaltung und -organisation sowie die Personalentwicklung unter Berücksichtigung der individuellen Berufs- und Lebenserfahrung abgestimmt werden. Eventuell vorhandene behinderungsbedingte Einflussfaktoren werden entsprechend berücksichtigt und führen mit Blick auf die Arbeitsquantität nicht zu Benachteiligungen. Dadurch soll der größere Einsatz an Energie, der zur Erbringung gleichwertiger Leistungen im Verhältnis zu Beschäftigten ohne Behinderung erforderlich ist, anerkannt werden. Werden Potenziale oder Entwicklungsbedarfe festgestellt, so werden diese möglichst konkret unter Angabe des Entwicklungsziels, des Zeithorizonts und der geplanten Maßnahmen in Entwicklungsplänen beschrieben. Bei Bedarf kann dies sinnvoll über den zielgerichteten Einsatz von Hilfsmitteln erleichtert bzw. unterstützt werden.

12.3.2 Instrumente zur Förderung, Integration und Unterstützung der Beschäftigten mit schwerer Behinderung

Führungskräften steht ein breites Instrumentarium zur systematischen Potenzialanalyse und -förderung unter Berücksichtigung der individuellen, behinderungsbedingten Situation zur Verfügung. Stärken können gezielt gefördert und eingesetzt werden. Führungskräfte werden im Rahmen des obligatorischen Führungskräfteentwicklungsprogramms entsprechend qualifiziert und sensibilisiert. In diesen Seminaren lernen die Führungskräfte unter anderem die dezentrale Umsetzung der Integrationsvereinbarung kennen, verinnerlichen die Vorbildfunktion der BA und erhalten über gute Praxisbeispiele Impulse und Anregungen für die tägliche Praxis. Des Weiteren werden auch Auswahlverantwortliche und interne Personalberater in die genannten Trainings einbezogen, denn im Bereich der BA gibt es grundsätzlich keine Tätigkeiten bzw. Dienstposten, die für schwerbehinderte Bewerber generell nicht geeignet sind. Liegen für freie Stellen Bewerbungen von geeigneten schwerbehinderten Menschen vor, so wird ihnen bei gleicher Eignung der Vorzug vor anderen Bewerbern gegeben. Im Kontext von Stellenbesetzungsverfahren ist es zudem Aufgabe des Personalbereichs, geeignete schwerbehinderte Beschäftigte anzusprechen, auch wenn sie sich nicht selbst beworben haben.

Sensitivität im Umgang mit Menschen mit Behinderung ist im Kompetenzmodell der BA in mehreren Teilkompetenzen verankert (unter anderem bei der Kunden- und Mitarbeiterorientierung). Eine wertschätzende Kultur sowie Grundlagen einer dementsprechenden Zusammenarbeit werden weitgehend hierüber geprägt. Insofern sind auch Anforderungen an alle Beschäftigten in den Grundsätzen für Führung und Zusammenarbeit definiert.

Eine Vielzahl die Personalentwicklung flankierende Maßnahmen ermöglichen Arbeiten und Lernen auch mit Behinderung. Beispiele sind:

- individuelle Arbeitszeiten und – formen (z. B. auch Telearbeit und mobiles Arbeiten);
- behindertengerechte Arbeitsplatzausstattung (Es sind rund 400 Arbeitsplätze mit spezieller IT-Ausstattung für Blinde und Menschen mit schwerer Sehbehinderung ausgestattet, außerdem werden z. B. akustische Hilfsmittel für Menschen mit Hörbehinderung oder behinderungsgerechte Stühle zur Verfügung gestellt.);
- Berücksichtigung behinderungsbedingter Anforderungen anlässlich von Prüfungen und Leistungsnachweisen im Rahmen der Ausbildung oder der Qualifizierung;
- barrierefreie Gebäudegestaltung, Verkehrswege und Inneneinrichtungen - auch in Schulungsstätten (z. B. behindertengerechte Internatszimmer);
- spezielle Schulungsplätze für Blinde und Mitarbeiter mit schwerer Sehbehinderung;
- barrierefreie IT als Standard bei allen Ausschreibungen, Beschaffungen und Eigenentwicklungen;
- barrierefreie Gestaltung als Standard für alle Informations- und Schulungsunterlagen sowie Web-Based-Trainings (Voraussetzung für die Nutzung von JAWS);
- Begleitung bei Dienstreisen oder unentgeltliche regelmäßige Abholfahrten mit dem Dienstkraftfahrzeug für körperbehinderte oder blinde Mitarbeiter/-innen.

Die BA beschäftigt auch schwerbehinderte Menschen, die aufgrund ihrer Behinderung bei der Ausübung ihrer Tätigkeit eine besondere Hilfskraft benötigen (Arbeitsassistenz). Für Beschäftigte der BA wird diese *Arbeitsassistenz* durch eigenes Personal sichergestellt. In bestimmtem Umfang – wenn die Notwendigkeit zur Unterstützungsleistung über geringfügige Grenzen hinausgeht – können stellenmäßige Voraussetzungen zur zusätzlichen Einstellung von „Hilfskräften" geschaffen werden.

Abb. 12.5 Integration und Förderung von schwerbehinderten Menschen, Quelle: Bundesagentur für Arbeit

Die nachfolgende Übersicht (vgl. Abb. 12.5) verdeutlicht das gesamte Spektrum zur Förderung und Integration sowie Unterstützung der Beschäftigten mit schwerer Behinderung:

Die BA setzt auch in der *Qualifizierung* auf Integration. Das Thema „integratives Training" ist Inhalt der internen Trainerausbildung. Schulungsunterlagen sind entsprechend gestaltet. Bei speziellen Anforderungen, z. B. IT-Trainings für Blinde, werden separate Maßnahmen angeboten. Für behinderungsgerechte Qualifizierungskonzepte und Beratung von Trainern ist eine zentrale Dienstleistungseinheit eingerichtet.

Zudem hat die BA ein *zentrales* Kompetenzzentrum für computergestützte Arbeitsplätze für Nichtsehende sowie für Mitarbeiter/-innen mit schweren Sehbehinderungen und motorischen Behinderungen eingerichtet. Hier werden individuelle Hard- und Software-Ausstattungen nach neuesten technischen Standards zusammengestellt und jede eingesetzte Software auf ihre Barrierefreiheit überprüft.

Ein *umfangreiches Regelwerk* beinhaltet verbindliche Regeln und Maßnahmen zur Gewährleistung einer diskriminierungsfreien Teilhabe von Menschen mit Behinderung und Kooperation mit der Schwerbehindertenvertretung. Beispiele sind Beteiligung der Schwerbehindertenvertretung bei Bewerbungen, Berücksichtigung behinderungsbedingter Besonderheiten bei Abordnungen bzw. Versetzungen, behinderungsgerechte Gestaltung der Arbeitsplätze und Gebäude sowie Nachteilsausgleich bei Ausbildungsprüfungen.

Integration beginnt bei der BA bereits in der *Ausbildung*. Aktuell werden rund 250 Nachwuchskräfte mit Behinderung zusammen mit Nachwuchskräften ohne Behinderung in regulären betrieblichen Ausbildungsgängen, aber auch in Studiengängen an der Hochschule der BA, ausgebildet. Auch hier werden bei Bedarf individuelle Lösungen gestaltet.

Ausbilder sind entsprechend qualifiziert und sensibilisiert. Bereits vor Ausbildungsbeginn werden Praktika angeboten.

Im Rahmen eines *Pilotprojektes* bietet die BA Menschen mit Behinderung, die besondere Hilfen für eine Eingliederung benötigen, ein begleitetes Praktikum mit individueller Qualifizierung, um sie auf die Integration in den Arbeitsprozess vorzubereiten.

Eine umfassende *Kommunikationsstrategie* fördert die interne Öffentlichkeit für Diversity-Management und damit auch ein wertschätzendes Miteinander. Eine Intranet-Plattform bietet umfassende Informationen und die Möglichkeit zum Austausch guter Praxisbeispiele. Ergänzend werden regelmäßig Broschüren, Flyer, Filmbeiträge und Artikel in der Mitarbeiterzeitung veröffentlicht.

Eng verzahnt mit dem Diversity-Management ist das präventiv ausgerichtete *betriebliche Gesundheitsmanagement* der BA. Es betrachtet Gesundheitsförderung ganzheitlich. Aspekte wie Arbeitszufriedenheit, Wertschätzung und Anerkennung sind hierin integriert. Insofern möchte die BA damit auch die Beschäftigungsfähigkeit insbesondere über eine längere Lebensarbeitszeit von Beschäftigten mit und ohne Behinderung fördern. Häufig stehen aber auch Langzeiterkrankung und Behinderung in engem Zusammenhang, zumal eine schwere Erkrankung häufig zu dauerhaften Folgen führt. Um hier eine professionelle Unterstützung und Wiedereingliederung zu gewährleisten, hat die BA 2009 das betriebliche Eingliederungsmanagement professionalisiert und 2010 eingeführt. Dezentrale Integrationsteams, zusammengesetzt aus Personalberater, Führungskraft, Schwerbehindertenvertretung sowie weiteren Experten (z. B. Betriebsarzt, Technischer Berater), entwickeln zusammen mit der bzw. dem Beschäftigten maßgeschneiderte Lösungen für eine Wiedereingliederung. Zur professionellen Beratung wurden bundesweit Disability-Manager ausgebildet und zertifiziert.

12.4 Stärken und Schwächen des Ansatzes

Die Stärken eines ganzheitlichen Ansatzes liegen darin, die hohe Komplexität der vielfältigen Herausforderungen im Personalmanagement zu berücksichtigen, eine akzeptanzfördernde Organisationskultur zu schaffen und dadurch erfolgskritischen, stereotypen Wahrnehmungen in der Organisation entgegenzuwirken. Es werden dabei nicht nur einzelne Aspekte der Integration von Menschen mit Behinderung, wie z. B. behindertengerechte Arbeitsplatzgestaltung, aufgegriffen. Das Programm zur Förderung von Beschäftigten mit schwerer Behinderung als Teil des Diversity-Managements der BA wird nicht als einzelnes Aktionsprogramm verstanden, sondern ist Teil der Strategie und der Geschäftspolitik. Insofern sind eine zielgruppenorientierte Potenzialanalyse und -förderung in den allgemeinen Management-Prozess integriert. Auch finden dialogbasierte und für jede Zielgruppe relevante Führungsinstrumente ihren Einsatz, was die Akzeptanz bei den Anwendern fördert. Dadurch werden deutliche Synergieeffekte erzielt.

Der ganzheitliche Ansatz trägt langfristig zu einer von Wertschätzung und Anerkennung geprägten Organisationskultur bei. So werden wesentliche Grundlagen geschaffen, damit auch Beschäftigte mit Behinderung ihr Kreativitäts- und Innovationspotenzial entfalten können. Durch die gewünschte Transparenz in der Leistungserwartung sowie der vorhandenen Kompetenzen und Potenziale wird eine hohe Flexibilität in organisatorischen Veränderungsprozessen gewährleistet. Ebenso können die zum Teil spezifischen Kompetenzen der Mitarbeiter/-innen mit schwerer Behinderung mit Blick auf die Kundenorientierung gezielt eingesetzt werden. Beispielsweise sind bei der BA in den Beratungsteams für Kunden mit schwerer Behinderung überproportional viele Beratungs- und Vermittlungsfachkräfte eingesetzt, die selbst Erfahrungen im Umgang mit Behinderung haben. Insofern besteht bei der BA, wie auch sonst häufig dem Diversity-Management immanent, eine Verknüpfung zum operativen Geschäft und damit zu den Kernkompetenzen der BA. Menschen mit Behinderung können entsprechend ihrer Potenziale eingesetzt werden und somit zum Geschäftserfolg beitragen.

Eine erfolgreiche Förderung der Beschäftigten mit schwerer Behinderung hängt im Wesentlichen davon ab, dass die Konzepte und Instrumente Akzeptanz finden und im Arbeitsalltag umgesetzt werden. Dies gilt insbesondere für die wirkungsvolle Gestaltung des Leistungs- und Entwicklungsdialoges. Hier gilt es, die Verantwortlichen wie Führungskräfte und Auswahlverantwortliche zu sensibilisieren und zu unterstützen. Die Erfolge werden in regelmäßig durchgeführten personalpolitischen Schwerpunktbefragungen gemessen und die Ergebnisse entsprechend für Weiterentwicklungen genutzt.

Die BA konnte bei der beschriebenen Konzeptentwicklung auf langjährig gewachsene Strukturen zurückgreifen, was bei der Entwicklung ganzheitlicher Managementansätze grundsätzlich vorteilhaft ist. Bereits bestehende Elemente, Maßnahmen, Instrumente und ein breites Regelwerk zur Förderung der Beschäftigten mit schwerer Behinderung im Personalmanagement wurden optimiert und zu einem ganzheitlichen HR-Managementsystem zusammengefügt. Insofern konnten Risiken unter Nutzung eines umfangreichen Erfahrungswissens minimiert werden.

Der ganzheitliche Ansatz zur Förderung von schwerbehinderten Beschäftigten im Rahmen des Diversity-Management ist in großen Unternehmen und Institutionen mit ausreichenden Personalressourcen im HR-Bereich leichter zu etablieren als in kleinen und mittleren Unternehmen. Dies trifft insofern auch auf die finanziellen Ressourcen zu. Trotz der unbestrittenen Stärken eines ganzheitlichen Ansatzes, sind in einem ersten Schritt auch einzelne tragende Elemente, Maßnahmen und Instrumente zur Förderung von Beschäftigten mit schwerer Behinderung auf jede Unternehmensform und -größe übertragbar. Zu einem großen Teil hängt dies von Organisationsentscheidungen, der Betriebskultur und dem Bedarf an qualifizierten Fach- und Nachwuchskräften ab. Angesprochen wird hier u. a. auch der Handlungsdruck. Ohne signifikanten Kosten- und Personalaufwand lassen sich, z. B. im Rahmen eines vertrauensvollen und von Wertschätzung getragenen Leistungs- und Entwicklungsdialogs, einzelne Handlungsfelder für schwerbehinderte Menschen identifizieren, die in einem späteren Prozessschritt zu einem integrativen Aktionsprogramm zur Förderung schwerbehinderter Menschen im Rahmen des Diversity-Managements weiterentwickelt werden können. In Organisationen, die erst am Anfang eines Diversity-Managements in ihrer Personalpolitik stehen, können auch und gerade „Short-wins" dazu beitragen, den Prozess eines Werte- und Kulturwandels innerhalb des Unternehmens in Gang zu setzen, um damit die Inklusion weiter voranzubringen. Das Geheimnis des Erfolgs liegt hier in den kleinen Schritten. Letztendlich wäre auch zu prüfen, ob über regionale und betriebsübergreifende Kooperationen und Aktionen Ressourcen gebündelt und eingesetzt werden können.

12.5 Bisherige Erfahrungen

Die in den letzten Jahren erfolgte Integration der Förderung von Beschäftigten mit schwerer Behinderung in das Diversity-Management der BA, und damit die Einbettung in ein ganzheitliches Personalmanagement, kann mittlerweile als erfolgreich abgeschlossen betrachtet werden.

Die bereits erwähnten und in regelmäßigen Abständen durchgeführten Mitarbeiterbefragungen zeigen einen deutlich positiven Trend bei erlebter Chancengleichheit sowie einer von gegenseitigem Respekt, Wertschätzung und Anerkennung sowie vielfältigster Lebenserfahrung geprägten Organisationskultur. Dies dürfte als eine wesentliche Grundlage dafür betrachtet werden, dass auch Beschäftigte mit Behinderung ihre Stärken und ihre individuellen Kompetenzen für eine erfolgreiche Arbeit einbringen und damit einen produktiven Beitrag zum Geschäftserfolg leisten können. Hier fühlt sich die BA im Rahmen der Personalfürsorge verpflichtet, die betroffenen Beschäftigten individuell durch geeignete Maßnahmen und technische Hilfsmittel zu unterstützen. Insofern werden finanzintensive Maßnahmen nicht als Schwäche identifiziert, da dies Teil der Organisationskultur ist.

Der Anteil an nach deutschem Recht als Menschen mit schwerer Behinderung anerkannten Beschäftigten ist mit 8,7 % weiterhin auf hohem Niveau und bleibt auch zukünftig als Ziel in der Integrationsvereinbarung verankert. Als Stärken des Konzepts sind zu identifizieren:

- klares geschäftspolitisches Bekenntnis seitens des Vorstands, unabhängig von gesetzlichen Verpflichtungen;
- klare Verankerung in der BA-Strategie und in den Grundsätzen für Führung und Zusammenarbeit;
- Integration in das geschäftspolitische Ziel der BA „Mitarbeiterinnen und Mitarbeiter motivieren und Potenziale erkennen und ausschöpfen", was auch auf die Förderung von Menschen mit schwerer Behinderung zutrifft;
- Einsatz dialogbasierter Führungsinstrumente und systematische Kompetenzentwicklung der Mitarbeiter/-innen mit schwerer Behinderung;
- konsequente Einbindung der Führungskräfte, der Personalvertretung sowie der Schwerbehindertenvertretung in die Strategieentwicklung;

- intensive Sensibilisierungs- und Schulungsmaßnahmen;
- Verankerung der Thematik in verpflichtenden Führungskräfte-Entwicklungsprogrammen aller Ebenen;
- intensive interne Informations-und Kommunikationspolitik.

Gut qualifizierte Personalberater erleichtern die Einführung und die spätere Prozessabwicklung entscheidend und unterstützen die Führungskräfte in ihrer Arbeit. Alle Beteiligten und Stakeholder tragen das Gesamtprogramm zur Förderung von Beschäftigten mit schwerer Behinderung inhaltlich voll mit und unterstützen die Personalarbeit in diesem Sinne. Eine von Wertschätzung, Respekt und Anerkennung der Vielfalt geprägte Organisationskultur hängt gerade in Zeiten von Veränderungsprozessen von vielen Einflussfaktoren ab. Es besteht eindeutig ein Bedarf an einem stärker transformational ausgerichteten Wandel. Die Führungskräfteentwicklung sollte dabei die Führungskräfte befähigen, diesen aktiv zu gestalten und eine Änderung auch der „Denkstrukturen" in der Organisation herbeizuführen. Gerade in Zeiten verstärkter Leistungsorientierung und Zielerreichung sind erfolgskritische Faktoren wie stereotype Wahrnehmungen (z. B. mangelnde Leistungsfähigkeit, erhöhte Fehlzeiten, geringe Produktivität) auch mit Blick auf die Förderung von Beschäftigten mit schwerer Behinderung nicht auszuschließen. Interne Untersuchungen belegen eine positive Auswirkung auf die Organisationskultur, Motivation und Arbeitszufriedenheit als bekannte Parameter für Geschäftserfolg.

12.6 Ausblick

Steigende Altersabgänge in den nächsten Jahren rücken Fragen des Wissens- und Erfahrungstransfers insbesondere auch von Beschäftigten mit Behinderung in den Fokus. Als attraktive Arbeitgeberin greift die BA dieses Thema auf, um auch in Zeiten der Haushaltskonsolidierung und des Stellenabbaus als Organisation weiterhin leistungsfähig zu bleiben. Im Rahmen der lebensphasenorientierten Personalpolitik wird momentan ein Projekt zum Wissenstransfer etabliert, in das auch die Belange von Beschäftigten mit schwerer Behinderung einbezogen werden. Künftig sollen Paten den Kollegen mit schwerer Behinderung den Einstieg erleichtern und diese z. B. während der Einarbeitung begleiten. Auch das wird Teil der Diversity-Strategie sein. Darüber hinaus wurde die Integration von Menschen mit Behinderung bereits in Zielvereinbarungen mit Führungskräften des Personalbereichs aufgenommen. Ab 2012 ist eine Ausweitung auf alle Führungskräfte insgesamt geplant. Durch die Verzahnung mit leistungsorientierten Bezügebestandteilen rückt dieses Thema in einen besonderen Fokus der verantwortlichen Führungskräfte. Im Zeitalter von Haushaltskonsolidierung und Stellenabbau in der öffentlichen Verwaltung verringert sich die Zahl von Beschäftigungs- und Übernahmemöglichkeiten auch von Beschäftigten mit schwerer Behinderung. Dies gilt auch für befristet Beschäftigte. Die BA wird sich dieser Herausforderung stellen und die vorhandenen Möglichkeiten aktiv nutzen. Das vorhandene System bietet dazu ideale Möglichkeiten.

12.7 Fazit

Die BA hat im Rahmen ihres demografiesensiblen Personalmanagements mit dem Aufbau eines Diversity-Managements einen ganzheitlichen Ansatz zur Förderung von Chancengleichheit und Etablierung einer von Wertschätzung geprägten Verwaltungskultur entwickelt und umgesetzt. Im Fokus stehen die Identifikation und Förderung verschiedenster auch durch Lebenserfahrung (z. B. im Umgang mit Behinderungen) erworbener Kompetenzen und die Förderung der Beschäftigungsfähigkeit über die gesamte Lebensarbeitszeit hinweg. Das vorhandene System bietet dazu ideale Möglichkeiten, indem es sich nicht um isolierte Einzelaktivitäten handelt, sondern um ein Gesamtprogramm mit ineinandergreifenden Maßnahmen. Die Qualität der Arbeitsbeziehungen außerhalb des rein arbeitsvertraglichen Verhältnisses wird gefördert (psychologischer Vertrag). Motivation, Identifikation und Attraktivität des Arbeitgebers werden nachhaltig verbessert. Auch Schwerstbehinderte werden integriert, ihre Stärken anerkannt und Kompetenzen und Potenziale für die Aufgabenwahrnehmung genutzt. Mit dem Disability Management wird die Wiedereingliederung Langzeiterkrankter professionell und wertschätzend unterstützt. Es werden Fehlzeiten verringert und Signale für eine wertschätzende Kultur gesetzt; nicht nur für Beschäftigte mit Behinderung. Eine gezielte Einarbeitung bzw. notwendig gewordene Kompetenzentwicklung schafft Synergieeffekte. Hier erweist sich die enge Verzahnung mit dem PE-System als förderlich. Das Programm fokussiert sich nicht nur auf Maßnahmen, sondern beinhaltet auch ein Monitoring (z. B. Mitarbeiterbefragungen) mit gezielten Steuerungsaktivitäten. Der Erfolg zeigt sich im hohen Niveau der Ausbildung und Beschäftigung von schwerbehinderten Menschen bei der BA.

Abschließend betrachtet, handelt es sich um einen integrierten Management-Ansatz, der in allen Organisationen in der Grundausrichtung umsetzbar ist und die strategischen Herausforderungen im Personalmanagement in einem ganzheitlichen Ansatz integriert. Damit verbunden ist eine rechtzeitige Positionierung mit Blick auf die Folgen des demografischen Wandels. Stereotype sollen über diesen ganzheitlichen Ansatz vermieden werden. Es wird ein wertschätzendes, integratives und diskriminierungsfreies Arbeitsumfeld geschaffen.

SBB anyway-solutions (Bern) – Gelungene berufliche Reintegration bei den Schweizerischen Bundesbahnen

13

Adrian Lottenbach und Elmar Perroulaz

Inhaltsverzeichnis

13.1	Vorstellung der schweizerischen Bundesbahnen SBB	184
13.2	Entwicklung des Ansatzes	184
13.3	Beschreibung des Ansatzes	185
13.4	Stärken und Schwächen des Ansatzes	186
13.5	Bisherige Erfahrungen	187
	13.5.1 Konzernleitung der SBB	188
	13.5.2 Betriebliches Case Management	188
	13.5.3 Kunden und Leistungsbezüger	188
	13.5.4 Gewerkschaft SEV	189
	13.5.5 Mitarbeiter anyway-solutions	189
13.6	Ausblick	192
13.7	Fazit	193

Zusammenfassung

Vor rund zehn Jahren wurde anyway-solutions ins Leben gerufen, um Arbeitsplätze für SBB-Mitarbeiter zu schaffen, die ihren Beruf aus gesundheitlichen Gründen nicht mehr wie gewohnt ausüben können. In Bereichen wie Polyvalente Werkstatt, Sattlerei oder Administration gelangen die Mitarbeiter Vollzeit oder mit reduzierter Leistung zum Einsatz und haben die Möglichkeit, ihre berufliche Laufbahn bei der SBB fortzusetzen.

A. Lottenbach (✉) · E. Perroulaz
SBB anyway-solutions, Parkterrasse 14, 3000 Bern 65, Schweiz
E-Mail: adrian.lottenbach@sbb.ch

E. Perroulaz
E-Mail: elmar.perroulaz@sbb.ch

Durch konstante Bezugspersonen, klar definierte und teilweise repetitive Arbeiten sowie flexible und individuelle Arbeitsplätze wird den vielfältigen Anforderungen dieser Mitarbeiter Rechnung getragen. Aufgrund des großen Bedarfs sowie der erfolgreichen Reintegrationen wird das Modell in den nächsten Jahren von 70 auf 120 Reintegrationsstellen ausgebaut. Neben der Zufriedenheit der Mitarbeiter und der Kunden rechnet sich die Institution auch volkswirtschaftlich durch die Entlastung der Sozialversicherungen.

13.1 Vorstellung der schweizerischen Bundesbahnen SBB

Das in der Schweiz und weit über die Landesgrenzen hinaus bekannte Unternehmen beförderte im Jahr 2010 pro Tag durchschnittlich 951.000 Menschen und 200.000 Tonnen Güter. An dieser Transportleistung haben 28.143 Mitarbeiter Hand in Hand gearbeitet. Das eigene Bahnnetz ist das weltweit am stärksten frequentierte.

Für die Weiterbeschäftigung von Mitarbeitern, welche aus gesundheitlichen Gründen ihre meist langjährige Tätigkeit aufgeben müssen, verfolgt die SBB einen dualen Ansatz. Einerseits wurde eigens dafür eine spezialisierte Organisation mit dem Namen „anyway-solutions" gegründet. Anderseits werden einzelne Mitarbeiter in bestehenden Organisationseinheiten weiterbeschäftigt. Dieser Beitrag beschränkt sich auf die Beschreibung des Ansatzes von anyway-solutions, über den bis 2011 insgesamt 70 Personen mit unbefristeten Arbeitsverträgen beruflich reintegriert werden konnten. In den Bereichen Textilreinigung, Relaismanagement, Polyvalente Werkstatt, Administration und Gebäudereinigung werden für die Mitarbeiter neue Perspektiven geschaffen (Abb. 13.1).

13.2 Entwicklung des Ansatzes

Der Ansatz entstand daraus, dass im Unternehmen viele Mitarbeiter körperlich anspruchsvolle Tätigkeiten ausführen (Rangierdienst, Fahrweg- und Fahrzeugunterhalt), die mit fortschreitendem Alter ihre Spuren hinterlassen. Das Unternehmen versucht bewusst zu vermeiden, dass es sich von solchen Mitarbeitern nach oft 30 und mehr Jahren treuen Dienstes in bahnspezifischen Berufen wegen gesundheitlicher Einschränkungen trennen muss. Aus den zentralen Human-Resources-Diensten heraus entstand deshalb die Idee anyway-solutions zu gründen, um so über 50-jährige Mitarbeiter mit über 10 Jahren Firmentreue im Falle eines Stellenverlusts aus medizinischen Gründen, wertschöpfend weiter beschäftigen und fördern zu können. Dank der Unterstützung der Unternehmensleitung konnte sich die anyway-solutions-Organisation als kompetenter Anbieter von dauerhaften Reintegrationslösungen und verlässlicher Partner für unternehmensinterne Dienstleistungen etablieren. Ende 2010 wurde die strategische Entscheidung gefällt, die Organisation auf 120 Stellen auszubauen, um den Bedarf besser abzudecken.

Abb. 13.1 Polyvalente Werkstatt der SBB anyway-solutions

13.3 Beschreibung des Ansatzes

Die SBB betreibt seit 2007 erfolgreich ein betriebliches Case Management. Darüber werden Mitarbeiter, die durch gesundheitliche Probleme und damit einhergehende Absenzen auffallen, in ihrem Genesungs- oder beruflichen Veränderungsprozess gezielt begleitet. Anyway-solutions seinerseits akquiriert unternehmensintern geeignete Aufträge, die an einem der (bis heute) sechs Standorte in der Schweiz ausgeführt werden können. Wenn mit solchen Aufträgen das Potenzial für eine oder mehrere Reintegrationsstellen entsteht, wird dies dem Case Management mittels Anforderungsprofil gemeldet. Dieses wiederum unterstützt geeignete Mitarbeiter im Bewerbungsprozess bei anyway-solutions. Falls keine medizinischen Indikationen gegen die betreffende Tätigkeit sprechen, kann ein sechs Monate dauernder Arbeitsversuch gestartet werden, bei dem abgeklärt wird, ob eine langfristige Reintegration realistisch ist. In diesen sechs Monaten kommt auch der Mitarbeiter selbst zur Erkenntnis, ob die vorgeschlagene Tätigkeit seinen Vorstellungen und Fähigkeiten entspricht. Die sechs Standorte mit ihren Haupttätigkeiten sind in Tab. 13.1 dargestellt.

Über diese Dienstleistungen ist anyway-solutions bestrebt, einen möglichst hohen Selbstfinanzierungsgrad zu erreichen – was mit der Zeit immer besser gelingt. Durch Faktoren wie dem geringen Automatisierungsgrad, der teilweise reduzierten Arbeitsleistung sowie existenzsichernde Löhne der reintegrierten Mitarbeiter, wird eine gewisse Differenz zu den angewandten Marktpreisen für ähnliche Dienstleistungen aber längerfristig bestehen bleiben.

Die Organisation hat es in den vergangenen Jahren jedoch geschafft, sich als verlässlicher und kompetenter Dienstleister innerhalb des Unternehmens zu positionieren und wird immer häufiger angefragt, wenn Aufträge zu vergeben sind. Für die Mitarbeiter ist es wichtig und richtig, dass sie Aufträge erhalten. Dadurch merken sie, dass sie auf-

Tab. 13.1 Standorte von anyway-solutions. (Quelle: Eigene Darstellung)

Standorte	Tätigkeiten
Textilreinigung Zürich-Altstetten	Regelmäßige Reinigung des kompletten Sortiments an Berufskleidung (orange mit Leuchtstreifen) für über 10.000 Mitarbeiter.
Revision von Stellwerkrelais Renens VD, Winterthur ZH	Zerlegung, Reinigung, Zusammenbau und Justierung von Elektrorelaissätzen, welche in älteren Stellwerken für die Steuerung von Signalen und Weichen verantwortlich sind.
Sattlerei Quartino TI	Sattlereiarbeiten für den Rollmaterialunterhalt in Bellinzona, Eigenprodukte (Taschen) für den Verkauf an Mitarbeiter und Externe, Bootsabdeckungen und Cabrioverdecke für Privatkunden.
Polyvalente Werkstatt Dulliken SO	Einfache handwerkliche Tätigkeiten wie Vormontagen für den Fahrleitungsbau, Zusammenbau Prospektständer, Recycling von Elektronik- und Elektroschrott, Konfektionierung von Kursunterlagen, Gebäudereinigung etc.
Administration Bern	Einfache administrative Arbeiten für die eigene Organisation und für unternehmensinterne Kunden, periodische Hör- und Sehtests für Mitarbeiter im Sicherheitsbereich, Archivarbeiten, Verpackung und Versand von Informationsmaterialien, Postverteilung, Dokumentenscanning.
Gebäudeservice Region Zürich	Reinigung und Unterhalt von Gebäuden und sanitären Anlagen, Bürologistik etc.

grund ihrer guten Leistung angefragt werden und nicht etwa aus Mitleid. Sie können in den beschriebenen Bereichen ihre Fähigkeiten nutzen und teilweise weiterentwickeln. So haben sich beispielsweise die Mitarbeiter der Relaisrevision oder der Sattlerei hohe feinmotorische Kompetenzen angeeignet, die für sie vollkommen neu waren. Auch im administrativen Bereich gehen sie mit Informatik-Anwendungen um, die ihnen in ihren vorherigen Tätigkeiten fremd waren.

13.4 Stärken und Schwächen des Ansatzes

Eine besondere Stärke des Ansatzes liegt ohne Zweifel in der Tatsache, dass die Organisation fester Bestandteil des Unternehmens und damit entsprechend vernetzt ist. Durch den mittlerweile hohen Bekanntheitsgrad fällt die Auftragsakquise leichter als in den Anfängen. Auch die besonders hohe Identifikation der Mitarbeiter mit der SBB, die teilweise bereits in zweiter oder dritter Generation bei der SBB arbeiten, macht es einfacher, sie in einer neuen Tätigkeit einzusetzen. Die Hauptsache ist für viele, dass sie bei „ihrer Firma" mitarbeiten können. Die Rahmenbedingungen, die im Gesamtarbeitsvertrag definiert sind und das Bekenntnis der Unternehmensleitung zur Übernahme ihrer sozialen Verantwortung für langjährige Mitarbeiter geben der Organisation Stabilität.

Schwächen des Konzepts sind hingegen noch bezüglich des Selbstfinanzierungsgrads festzustellen. Unter dem allgegenwärtigen Kostendruck neigen die Bereiche und potenziellen Kunden immer wieder dazu, Aufträge an günstigere und unternehmensfremde Anbieter zu vergeben – obwohl diese auch von anyway-solutions übernommen werden könnten und das Geld dadurch im Unternehmen bleiben würde. Will anyway-solutions also konkurrenzfähig sein, kann es meist keine kostendeckenden Preise weiterverrechnen. Die Differenz wird durch die Betriebsumlage abgedeckt.

Eine andere Schwierigkeit resultiert aus der dezentralen Organisation, respektive den weit voneinander entfernten Produktionsstandorten. Die erschwerte Nutzung von Synergien und die kritische Teamgröße verhindert teilweise die Ausführung von größeren Aufträgen. Eine zentrale Struktur ist aber weiterhin keine Alternative, weil sich die Standortwahl sinnigerweise an den Regionen orientiert, an denen die potenziellen Mitarbeiter leben. Dadurch können zumutbare Arbeitswege gewährleistet werden.

13.5 Bisherige Erfahrungen

Die Aufgabenbereiche von anyway-solutions wurden seit der Gründung kontinuierlich erweitert. Angefangen mit einer polyvalenten Werkstatt bietet anyway-solutions nun ein sehr breites Leistungsportfolio an. Durch diese Vielfalt verschiedener Einsatzmöglichkeiten kann besser auf die Kompetenzen und Bedürfnisse der Mitarbeiter eingegangen werden.

Anyway-solutions hat demnach die Ansprüche von verschiedenen Interessensgruppen zu erfüllen, die unterschiedliche Erwartungen und Bedürfnisse an diese Institution stellen. Für die Konzernleitung steht besonders das positive Image der SBB im Vordergrund, während das betriebliche Case Management vor allem bestrebt ist, nachhaltige Lösungen für ihre Mandanten zu finden. Die Kunden und Leistungsbezüger stellen hohe Qualitätsanforderungen, die Verbände fordern weitere Integrationsplätze und die Mitarbeiter von anyway-solutions wünschen sich vor allem ein gutes Arbeitsklima. Um die Bedürfnisse an den vorgestellten Ansatz besser erfassen zu können, werden die verschiedenen Anspruchsgruppen im Folgenden unterteilt und näher erläutert. Die Aussagen stützen sich auf Ergebnisse einer Umfrage, die 2011 durchgeführt wurde.

13.5.1 Konzernleitung der SBB

Die Geschäftsleitung ist bestrebt, ein fortschrittliches und verantwortungsbewusstes Bild der SBB zu vermitteln. Das Angebot von Integrationsstellen innerhalb der Unternehmung unterstützt das positive Image der SBB und steht für ein modernes Personalmanagement. Weil die Mitarbeiter oft schon sehr lange und eng an die SBB gebunden sind und durch harte oder einseitige Arbeit teilweise gesundheitliche Beeinträchtigungen davontragen können, ist es sehr wichtig, dass für Mitarbeiter, die einen Großteil ihres Lebens im Dienste der SBB standen, eine adäquate Anschlusslösung gefunden wird. Die Ansiedlung im HR auf Konzernebene zeigt den Stellenwert auf, den anyway-solutions innerhalb des Unternehmens genießt. Durch die Nähe zur Konzernleitung werden Anliegen ernst genommen und die Institution hat einen hohen Bekanntheitsgrad, was vor allem bei der Akquisition von neuen Aufträgen von Vorteil ist.

13.5.2 Betriebliches Case Management

Für das betriebliche Case Management steht die nachhaltige Reintegration von Mitarbeitern, welche aus gesundheitlichen Gründen ihrer angestammten Tätigkeit nicht mehr oder nur noch teilweise nachgehen können, im Vordergrund. Hierbei kommt der Zufriedenheit der Mitarbeiter und der Übernahme der sozialen Verantwortung der SBB eine entsprechend hohe Bedeutung zu. Auch das positive Image der SBB sowie der soziale Frieden mit den Berufsverbänden sind für das betriebliche Case Management wichtig. Für anyway-solutions stellt der Austausch über Bedarf, Möglichkeiten und Anforderungen mit den Case Managern eine wichtige Voraussetzung für die erfolgreiche Reintegration dar.

13.5.3 Kunden und Leistungsbezüger

Als Kunden und Leistungsbezieher sind primär SBB-interne Bezugsgruppen zu nennen. Anyway-solutions ist bestrebt, erste Anlaufstelle für geplante Ausschreibungen zu sein, bevor externe Dienstleister berücksichtigt werden. Auch wenn anyway-solutions durch die Einschränkungen der Mitarbeiter und dem tiefen Automatisierungsgrad oft nicht mit den Marktpreisen von Externen mithalten kann, ist es oft sinnvoller, die intern vorhandenen Ressourcen zu nutzen. Die Begründung dafür liegt auf der Hand: Wenn Aufträge von Mitarbeitern aus den Integrationsprogrammen ausgeführt werden, wird so ein Teil der anfallenden Lohn- und Betriebskosten abgedeckt. Wenn aber eine externe Firma den Auftrag ausführt, fließen die gesamten Kosten als „Cash-Out" aus dem Konzern. Natürlich sind die Anforderungen an Qualität und Zuverlässigkeit trotz der erschwerten Rahmenbedingungen gleich hoch.

13.5.4 Gewerkschaft SEV

Die zahlenmäßig stärkste Gewerkschaft des Verkehrspersonals (SEV) steht für die Rechte ihrer Mitglieder ein. So werden regelmäßig Forderungen über weitere Integrationsplätze laut. Daher begrüßt der Verband eine Einrichtung wie anyway-solutions. Ansprüche wie das positive Image der SBB, die Übernahme der sozialen Verantwortung sowie die Zufriedenheit der Mitarbeiter werden entsprechend hoch gewichtet.

13.5.5 Mitarbeiter anyway-solutions

Die wohl wichtigste Anspruchsgruppe von anyway-solutions sind die Mitarbeiter als direkt Betroffene. Oft sind sie schon seit Jahren bei der SBB beschäftigt und in den meisten Fällen hat sich ihre gesamte berufliche Laufbahn innerhalb der SBB abgespielt. Um die Bedürfnisse der Mitarbeiter besser erfassen und nachvollziehen zu können, werden nachfolgend drei Mitarbeiter mit ihren beruflichen Laufbahnen näher vorgestellt.

Ernst – der Lokspezialist. Ernst ist 64 Jahre alt, verheiratet und hat einen erwachsenen Sohn. Aus gesundheitlichen Gründen musste Ernst seine langjährige Tätigkeit als Werkführer im Lokdepot Bern aufgeben. Nun ist er im Administrationsteam von anyway-solutions tätig, wo verschiedene administrative Arbeiten zu seinem Aufgabengebiet gehören.

Nach einer Lehre als Maschinenmechaniker und vier Jahren Berufserfahrung ist Ernst über ein Stelleninserat als Mechaniker ins Lokdepot Bern gelangt, wo er für den Unterhalt und die Reparaturen von Lokomotiven zuständig war. Durch Weiterbildungen im Bereich Elektromechanik an der Gewerbeschule Bern sowie zahlreiche interne Fachkurse und Kaderseminare ist er über den Handwerksmeister und Werkmeister bis zum Werkführer aufgestiegen. In dieser Funktion war er für bis zu 80 Mitarbeiter verantwortlich. Bereits als Werkführer hatte er erhebliche gesundheitliche Probleme und war selbst nach einem diagnostizierten Krebsleiden und der anschließenden Operation stets voll für die SBB im Einsatz. Bei einer größeren Reorganisation verlor er dann jedoch seine Stelle und kam ins Arbeitsmarktcenter der SBB. Durch seine eingeschränkte Arbeitsfähigkeit standen die Chancen auf eine Stelle im freien Arbeitsmarkt sehr schlecht. Nach einer längeren Übergangszeit im Arbeitsmarktcenter fand Ernst eine neue Perspektive bei anyway-solutions. Das gute Umfeld und die verständnisvollen Mitarbeiter und Vorgesetzten haben ihm sehr geholfen, den Frust über den Verlust seines angestammten Berufes zu verarbeiten.

Obwohl sich Ernst aufgrund seines Gesundheitszustands jederzeit aus dem Arbeitsleben zurückziehen und Leistungen der Sozialversicherungen beziehen könnte, hat er sich zum Ziel gesetzt, noch bis zu seiner ordentlichen Pensionierung zu arbeiten. Die Struktur und die Beruhigung des Tagesablaufs wirken sich positiv auf seinen Gesundheitszustand aus. Ernst schätzt es sehr, dass er die Möglichkeit hat, sich trotz seiner gesundheitlichen

Tab. 13.2 Ernst – der Lokspezialist. (Quelle: Eigene Darstellung)

Stationen	
24-jährig	Mechaniker Lokdepot
30-jährig	Handwerksmeister
40-jährig	Werksmeister
45-jährig	Werkführer
53-jährig	Stellenverlust durch Reorganisation
57-jährig	Eintritt anyway-solutions

Tab. 13.3 Luigi – Vom Maler zum Allrounder. (Quelle: Eigene Darstellung)

Stationen	
27-jährig	Immigration in die Schweiz und Anstellung als Baumaler
38-jährig	Eintritt in die SBB
51-jährig	Wechsel zu anyway-solutions

Einschränkungen im Arbeitsleben zu integrieren und dass er durch die selbstständige Arbeitsweise dennoch Entfaltungsmöglichkeiten hat (Tab. 13.2).

Luigi – Vom Maler zum Allrounder. Der 60-Jährige Luigi ist 1978 aus Italien in die Schweiz gezogen. Seit 22 Jahren arbeitet er bei der SBB, davon 9 Jahre bei anyway-solutions. In der polyvalenten Werkstatt in Dulliken ist er mit allgemeinen handwerklichen Tätigkeiten betraut. Luigi ist verheiratet und hat zwei erwachsene Töchter.

Nach kurzer Zeit in der Schweiz nahm Luigi eine Stelle als Baumaler an. Weil die sprachlichen Qualifikationen und die finanziellen Möglichkeiten beschränkt waren, eignete er sich die fachlichen Fertigkeiten direkt auf der Baustelle an. Einige Jahre später fing er bei der SBB als Rangierer an, worauf hin er nach kurzer Zeit in die Werkstatt Olten wechselte. Hier führte er Reparaturen und Revisionen an Drehgestellen aus. Die harte Arbeit und die schroffen Umgangsformen am Arbeitsplatz machten Luigi physisch und psychisch zusehends zu schaffen.

Nach dem Wechsel zu anyway-solutions hat sich für Luigi vieles zum Positiven verändert. Besonders hervorgehoben hat Luigi die gute Beziehung zu seinem Vorgesetzten und den Mitarbeitern. Nun ist er sehr zufrieden mit seiner Arbeit und kann sich gar nicht mehr vorstellen, woanders zu arbeiten. Neben der Arbeit betätigt sich Luigi sehr gerne mit handwerklichen und kreativen Arbeiten. Sehr wichtig sind ihm seine Familie und seine Freunde, die ihm auch in schweren Zeiten beistanden (Tab. 13.3).

Ruedi – Von der Schwerarbeit in die Feinmechanik. Nach vielen Jahren im Rangierdienst befindet sich Ruedi im Arbeitsversuch bei anyway-solutions. Im sechsmonatigen Arbeitsversuch kann er herausfinden, ob er sich die filigrane Arbeit in der Relaisrevision

Tab. 13.4 Ruedi – Von der Schwerarbeit in die Feinmechanik. (Quelle: Eigene Darstellung)

Stationen	
15-jährig	Schreinerlehre
18-jährig	Betriebslehre SBB
20-jährig	Betriebsangestellter
22-jährig	Rangierarbeiter
24-jährig	Vorarbeiter Rangierdienst
35-jährig	Zugaufgeber und Wagenkontrollbeamter
52-jährig	Arbeitsmarktcenter
57-jährig	Arbeitsversuch bei anyway-solutions

vorstellen kann. Privat steht Ruedi ebenfalls für die Bahn im Einsatz: Als Zugbegleiter bei einer Museumsbahn. Er ist 57 Jahre alt, geschieden und hat eine erwachsene Tochter.

Vor rund 40 Jahren hat Ruedi bei der SBB begonnen. Da er nicht mit seinem Schreinerlehrmeister zurecht kam, absolvierte er direkt nach dem Lehrabschluss die Betriebslehre bei der SBB. Im Anschluss an die interne Ausbildung arbeitete er in verschiedenen Regionen im Rangierdienst. Nach einer Weiterbildung zum Zugaufgeber und Wagenkontrollbeamten war er während 23 Jahren unter anderem für die Bremsrechnung und den reibungslosen Rangierdienst verantwortlich. Bei der großen Reorganisation und Aufteilung in die verschiedenen Divisionen wurde er wieder dem Rangierdienst in Schaffhausen zugeteilt. Nach der Elektrifizierung der Strecke Schaffhausen-Singen wurde auch die Stelle in Schaffhausen gestrichen. Während kurzer Zeit konnte Ruedi in Singen arbeiten, nach der Schließung des Bahnhofs Singen kam er nach Winterthur. Als auch die Stelle in Winterthur gestrichen wurde, kam er mit 52 Jahren ins Arbeitsmarktcenter. Die harte Arbeit und die körperliche Belastung gingen auch an Ruedi nicht spurlos vorbei. Wegen einer Arthrose konnte er nur noch bedingt im Rangierdienst arbeiten und die Chancen auf eine Stelle auf dem freien Arbeitsmarkt waren durch die langjährige Tätigkeit bei der SBB und den gesundheitlichen Beeinträchtigungen eher gering. Deshalb ist er im Integrationsprogramm der SBB und unternimmt nun einen Arbeitsversuch bei anyway-solutions. Die feine und heikle Arbeit in der Relais-Revision ist nichts für jedermann. Aber für Ruedi ist diese anspruchsvolle Arbeit kein Problem. Er schätzt das gute Arbeitsklima und den Austausch mit anderen Mitarbeitern sehr. Durch die geregelten Arbeitszeiten hat sich seine Lebensqualität und Gesundheit stark verbessert. So hat er am Feierabend und in der Freizeit mehr Zeit und Energie und hilft aus Freude beim Betrieb der Dampfbahn Etzwilen mit, wo er Zugführer ist und auch kleinere Reparaturen vornimmt. Er findet es gut, dass die SBB ihre soziale Verantwortung wahrnimmt und eingeschränkte und benachteiligte Mitarbeiter weiterhin beschäftigt (Tab. 13.4).

Allgemein kann festgehalten werden, dass die meisten Mitarbeiter sehr dankbar und zufrieden mit der Weiterbeschäftigung innerhalb der SBB sind. Ihre Bedürfnisse haben sich mit der Integration aber verändert. Für viele steht eine gute Beziehung zu den anderen Mitarbeitern und den Vorgesetzten im Vordergrund. Für alleinstehende Mitarbeiter ist die Arbeitsstelle fast die einzige Möglichkeit zum sozialen Austausch und sie gibt den Mitarbeitern eine Tagesstruktur. Von den Führungspersonen wird sehr viel Geduld und Feingefühl gefordert. Durch die vielseitigen Unternehmensbereiche der SBB und die Erstreckung über alle Sprachregionen der Schweiz ist die Diversität der Mitarbeiter stark ausgeprägt. Neben den unterschiedlichen Nationalitäten und Beschäftigungsgraden sind zudem die unterschiedlichen Beeinträchtigungen und Gesundheitszustände nennenswert. Der Umgang erfordert also eine hohe Diversity-Kompetenz von den Führungskräften. Durch konstante Bezugspersonen, klar definierte und repetitive Arbeiten sowie flexible und individuelle Arbeitsplätze wird den vielfältigen Anforderungen Rechnung getragen.

Aufgrund des hohen Bedarfs und des eingeschränkten Angebots wird die Zielgruppe von anyway-solutions so definiert, dass ausschließlich Mitarbeiter miteinbezogen werden, die einen objektiv erschwerten Zugang zum Arbeitsmarkt haben. Gründe dafür können gesundheitliche Einschränkungen, fortgeschrittenes Lebensalter oder aufgrund der Monopolberufe auf dem offenen Arbeitsmarkt nicht anerkannte Ausbildungen und Erfahrungen sein.

Durch Schicksalsschläge wie Unfälle, schwere Krankheiten oder Stellenverlust sowie Lohneinbußen aufgrund der Herabstufung in den Lohnklassen kann die Erwartung entstehen, dass die Mitarbeiter mit ihrer Arbeitssituation unzufrieden sind. Doch die Meinungen der Mitarbeiter tendieren in die gegenteilige Richtung: Oft sind sie froh und dankbar dafür, dass für sie eine Lösung gefunden wurde und sie aktiv am Arbeitsleben teilhaben können und sozial integriert sind.

13.6 Ausblick

Die „Fünf-Jahres-Strategie", die im Dezember 2010 verabschiedet und von der Unternehmensleitung zur Umsetzung freigegeben wurde, sieht für die nahe Zukunft einen Ausbau der Organisation auf insgesamt 120 Reintegrationsstellen vor. Die Umsetzung läuft auf Hochtouren und beinhaltet unter anderem den Aufbau von neuen Dienstleistungen und, damit verbunden, die Eröffnung neuer Standorte. Dafür bestehen diverse Geschäftsideen, für die schrittweise Businesspläne erstellt werden, damit über deren Verwirklichung entschieden werden kann. Darunter befinden sich Ideen wie der Betrieb eines Internet-Merchandising-Shops, der Aufbau einer weiteren Textilreinigung für die Uniformen des Verkaufs- und Zugpersonals sowie Facility Services an verschiedenen Standorten in der Schweiz.

In der langfristigen Planung darf ohne weiteres laut über die Gründung einer Stiftung nachgedacht werden, welcher sich auch andere Firmen mit gleichen oder verwandten Problemstellungen anschließen könnten. Aufbauend auf dem bisher erarbeiteten Erfahrungshintergrund und der Nutzung neuer Synergieeffekte könnte ohne Zweifel ein größeres Potenzial angepasster Reintegrationsstellen erschlossen werden. Auch die Finanzierungsstrukturen könnten „themengerecht" ausgebildet und von den Nutznießern (auch den Sozialversicherungen) mitgetragen werden.

13.7 Fazit

Nach einigen „Anlaufschwierigkeiten" in der Projektphase zweifelt heute bei der SBB keine Anspruchsgruppe mehr an der Notwendigkeit von anyway-solutions. Dies ist nach Erachten der Autoren die wichtigste Grundvoraussetzung für den Erfolg. So konnte sich anyway-solutions in den vergangenen Jahren als kompetenter Lösungsanbieter sowohl im Bereich der beruflichen Reintegration als auch im Dienstleistungsbereich etablieren. Diese Form der Übernahme von sozialer Verantwortung hat für die SBB positive Auswirkungen nach innen und außen. Auch in Bezug auf den weiteren Ausbau stehen die Vorzeichen gut und die zusätzlich zu schaffenden Integrationsstellen sind hoch erwünscht. Die Herausforderung besteht darin, die formulierten Geschäftsideen erfolgreich umzusetzen. Auf dem bisherigen Erfahrungshintergrund basierend, ist die Zuversicht auch diesbezüglich groß.

Von den Mitarbeitern, welche bei anyway-solutions arbeiten, wurde der Beweis erbracht, dass sie in angepassten Tätigkeiten durchaus leistungsfähig sein können und eine hohe Qualität liefern. Unsere Kunden beziehen unsere Leistungen nicht etwa weil sie müssen, sondern weil sie von der Qualität, Flexibilität und Zuverlässigkeit der Lösungen überzeugt sind. Dies und die Einbindung im Arbeitsprozess haben einen durchaus positiven Einfluss auf das Selbstwertgefühl und das allgemeine Wohlbefinden unserer Mitarbeiter.

ProBAs – Projekt zur Weiterqualifikation schwerbehinderter Bachelor-Absolventen des Paul-Ehrlich-Instituts (Langen)

14

Annetraud Grote

Inhaltsverzeichnis

14.1 Vorstellung des Paul-Ehrlich-Instituts und seiner Integrationsarbeit 196
14.2 Entwicklung des Ansatzes 198
      14.2.1 Bologna-Prozess als Barriere für Menschen mit Behinderung 198
      14.2.2 Entwicklung des ProBAs-Projekts 200
      14.2.3 Projektpartner. 201
      14.2.4 Projektansatz. 203
14.3 Stärken und Schwächen des Ansatzes 205
14.4 Bisherige Erfahrungen 207
14.5 Ausblick 207
14.6 Fazit 208

Zusammenfassung

Seit Januar 2010 koordiniert das Paul-Ehrlich-Institut (PEI) das neue bundesweite ProBAs -Modellprojekt, eine Initiative zur Integration schwerbehinderter Bachelor-Absolventen in den ersten Arbeitsmarkt. Es berücksichtigt die allgemeinen Probleme von Bachelor-Absolventen sowie die sich zusätzlich ergebenden spezifischen Schwierigkeiten durch ein Handicap. Das Projekt bietet sowohl im wissenschaftlichen als auch im regulatorischen und administrativen Bereich die Möglichkeit zur Weiterqualifikation. Mit diesem Projekt zeigt das PEI erneut auf, dass schwerbehinderte qualifizierte Menschen auch im Bereich der Wissenschaft einen wichtigen und insbesondere gleichwertigen Beitrag leisten, wenn sie passende Rahmenbedingungen vorfinden.

A. Grote (✉)
Paul-Ehrlich-Institut, Paul-Ehrlich-Straße 51–59, 63225 Langen, Deutschland
E-Mail: annetraud.grote@pei.de

Im Rahmen von mehreren Drittmittelprojekten konnte das PEI seit 1996 eine Vielzahl von Hochschulabsolventen mit Handicap in den Bereichen Forschung und Verwaltung beschäftigen. ProBAs steht damit in der Tradition einer Reihe abgeschlossener aber auch noch laufender Integrationsprojekte, mit denen sich das Institut verstärkt der Integration von Wissenschaftlern mit Behinderungen widmet. So gelang in Zusammenarbeit mit anderen nationalen und europäischen Behörden, universitären und außeruniversitären Forschungseinrichtungen sowie Partnern aus der Industrie die Entwicklung und Etablierung verschiedener arbeitsmarktpolitischer Modelle. Der Weg zu einer integrativen „Institutsphilosophie" und einem selbstverständlichen Miteinander im Institut wurde dabei entwickelt und gelebt.

14.1 Vorstellung des Paul-Ehrlich-Instituts und seiner Integrationsarbeit

Das Paul-Ehrlich-Institut ist eine Einrichtung der Bundesrepublik Deutschland. Es gehört als Bundesinstitut für Impfstoffe und biomedizinische Arzneimittel zum Geschäftsbereich des Bundesministeriums für Gesundheit (BMG). Unterschiedliche, im deutschen und europäischen Arzneimittelrecht festgelegte Aufgaben, nehmen den breitesten Raum unter seinen Tätigkeitsfeldern ein. Exemplarisch seien die Genehmigung klinischer Prüfungen und die Zulassung bestimmter Arzneimittelgruppen genannt. Seit seiner Gründung vor mehr als hundert Jahren konzentriert sich das PEI auf biomedizinische Arzneimittel, wie z. B. Impfstoffe, Allergene zur Diagnostik und Therapie oder Blutprodukte. Einen wesentlichen Beitrag zur Sicherheit biomedizinischer Arzneimittel liefert die vom Hersteller unabhängige staatliche experimentelle Chargenprüfung am PEI. Unverzichtbare Basis für die Erfüllung dieser Aufgaben ist die eigene experimentelle Forschung auf dem Gebiet der Lebenswissenschaften.

Das PEI beschäftigt nahezu 800 Mitarbeiter, unter ihnen 89 Menschen mit Behinderung. Die beachtliche Beschäftigungsquote schwerbehinderter Menschen beträgt 21 % (Stand 30. September 2011). Die Höhe dieser Quote ergibt sich auch daraus, dass die Bereitschaft besteht, Menschen mit sehr schweren Handicaps einzustellen. Für diese sieht der Gesetzgeber in Deutschland nämlich gemäß § 76 des Neunten Sozialgesetzbuchs (SGB IX) eine Mehrfachanrechnung (Mitarbeiter mit einer besonders schweren Behinderung werden nach Entscheidung der Arbeitsagentur nicht nur einmal im Verhältnis zur Gesamtzahl der Mitarbeiter, sondern bis zu dreimal angerechnet) eines schwerbehinderten Menschen auf mehr als einen Pflichtarbeitsplatz vor.

Das Institut baut auf langjährige Erfahrungen bei der Beschäftigung schwerbehinderter Menschen auf und ist Vorreiter in Deutschland im Themenfeld der Integration von Menschen mit Behinderung in Wissenschaft und Forschung. Man könnte sich fragen, warum sich das PEI als wissenschaftliches Institut der Integration von Menschen mit Behinderung besonders verpflichtet fühlt. Die Antwort hierauf ist verblüffend einfach:

Die Personalverantwortlichen haben bereits Mitte der 90er Jahre erkannt, dass die Beschäftigung von Menschen mit Behinderung in vielfacher Weise sinnvoll ist. Die Erkenntnis, dass Menschen mit Behinderung trotz (und manchmal auch gerade wegen) ihres Handicaps genauso wertvolle Ergebnisse im Bereich von Wissenschaft und Forschung erzielen können wie ihre Kollegen ohne Handicap, ist gewachsen und hat sich mittlerweile auf alle Abteilungen ausgeweitet. Würden sie nicht beschäftigt, gingen ihr Wissen und ihre Kompetenz verloren. Bereits früh hat man realisiert, dass die Beschäftigung schwerbehinderter Menschen eine Win-win-Situation für das Institut als Arbeitgeber und für die Beschäftigten gleichermaßen darstellt. Beispielsweise war die Durchführung von neuen zusätzlichen Forschungsprojekten durch die Leistungen seitens der Arbeitsagentur oder des Integrationsamts von Zuschüssen für schwerbehinderte Wissenschaftler – in der Gemeinsamkeit mit Wissenschaftlern ohne Behinderung – erst möglich geworden.

Um ein optimales Arbeitsumfeld auch für Menschen mit Handicap zu schaffen, bestehen neben der behindertenfreundlichen Infrastruktur seit Jahren erfolgreiche Bemühungen, nahezu alle Bereiche durch Gebäudeumbauten und Umgestaltung von Arbeitsplätzen barrierefrei zu gestalten. So wurden z. B. eine Vielzahl von automatischen Türöffnern installiert, barrierefreie Sanitärbereiche gebaut und Gehwege und Zufahrten geebnet. Viele innovative und spezifische Hilfsmittel und Technologien für Menschen mit Behinderung, wie spezielle PC-Tastaturen, Monitore oder Laptops wurden beschafft. Seit Kurzem verfügt das PEI über einen Dienstwagen, der auch den speziellen Bedürfnissen des Transports von Menschen mit Handicap Rechnung trägt, sodass die Durchführung gemeinsamer Dienstreisen von Mitarbeitern mit und ohne Behinderung immens erleichtert wurde.

Seit 1996 zeigt das Paul-Ehrlich-Institut national und europaweit mit der Planung und erfolgreichen Durchführung von mehreren Integrationsprojekten auf, dass es wichtig und möglich ist, Menschen mit Behinderung in das Berufsleben, gerade auch in das Arbeitsfeld von Wissenschaft und Forschung, zu integrieren.

Das Tandem-Projekt, das 1996 startete, wurde von der Zentralen Auslands- und Fachvermittlung, dem Landeswohlfahrtsverband Hessen und der örtlichen Arbeitsagentur finanziell unterstützt. In diesem Projekt wurden durch die Schaffung von beruflichen „Tandempartnerschaften" zwischen Mitarbeitern mit und ohne Behinderung sowie die Bereitstellung von barrierefreien Arbeitsplätzen entsprechende Integrations- und Qualifikationsmöglichkeiten eröffnet. In dem Projekt wurden Hochschulabsolventen mit schwerer Behinderung eingestellt, die bei Bedarf von einer/einem weiteren Beschäftigten als technische Assistenz zum Ausgleich des Handicaps unterstützt wurden. Darüber hinaus ergaben sich für wissenschaftliche Tandempartner u. a. Weiterbeschäftigungsmöglichkeiten für bereits am PEI befristet beschäftigte Wissenschaftler ohne Behinderung, die jeweils im Team mit Wissenschaftlern mit Handicap forschen und arbeiten.

Ab 2005 initiierte und koordinierte das Paul-Ehrlich-Institut im Rahmen von EQUAL, einem arbeitsmarktpolitischen Programm der EU, das Projekt „Vieles ist möglich – Tandem-Partner in der Wissenschaft". Die Zielgruppe des Tandem-Projekts wurde auf Promovierende und Auszubildende mit Behinderung ausgeweitet. Zu den Projektpartnern zählten deutschlandweit unter anderem das Robert Koch-Institut, die Bundesakademie für

Abb. 14.1 Tandempartnerschaft zwischen Mitarbeitern mit und ohne Behinderung

öffentliche Verwaltung, mehrere Universitäten sowie Industrieunternehmen, ein Selbsthilfeverband und europaweit Partner aus Polen, Slowenien und Großbritannien. Zwischen 2005 und 2007 wurden am PEI im Rahmen dieses Projekts drei Promovierende, zehn wissenschaftliche und sieben nichtwissenschaftliche Mitarbeiter mit Behinderung sowie drei Auszubildende mit Handicap eingestellt.

Die Kooperation erfolgte auf rein freiwilliger Basis; das Thema „Integration" stand an oberster Stelle und alle Beteiligten konnten ihr differenziertes Wissen und ihre unterschiedlichen Erfahrungen einbringen. Es wurden thematische Schwerpunkte und entsprechende Arbeitsgruppen gebildet, um das Know-how aller Beteiligten effektiv einzusetzen. Kernthemen waren die relevanten Bereiche Ausbildung, Studium und Arbeitsmarkt (Abb. 14.1).

14.2 Entwicklung des Ansatzes

Die Motivation zur Entwicklung und Durchführung des Projekts ProBAs hat sich aus den folgenden Umständen entwickelt:

14.2.1 Bologna-Prozess als Barriere für Menschen mit Behinderung

Der 1999 gestartete Bologna-Prozess hat nicht nur für die Gruppe der schwerbehinderten Studierenden andere Bedingungen geschaffen, sondern insgesamt zu einer umfangreichen und tief greifenden Veränderung der deutschen Hochschulen geführt. Die Umstellung der bisherigen Studiengänge auf das zweistufige Bachelor-/Mastersystem ist ein wesentlicher Bestandteil der Bologna-Reform. Nach der feststehenden Vorgabe dieses Reformprozesses darf der erste Ausbildungsabschnitt drei bis vier Jahre und der zweite ein bis zwei

Jahre dauern. Wenn beide unmittelbar aufeinander aufbauen, muss der zweite Abschluss insgesamt nach spätestens fünf Jahren erreicht werden. Dadurch sollen neben der allgemeinen europäischen Harmonisierung eine erhebliche Verkürzung der Ausbildungszeiten an Hochschulen und eine stärkere praxisorientierte Ausrichtung der Studiengänge erreicht werden. Der Regelabschluss soll der „Bachelor" und nicht der „Master" sein. Die Mehrheit der Absolventen soll hiernach in den Arbeitsmarkt eintreten, während nur ein kleinerer Teil die Hochschulausbildung im Rahmen eines Masterstudiengangs fortsetzt. Der Arbeitsmarkt ist allerdings in vielen Bereichen noch nicht oder nur ungenügend auf den neuen Abschluss „Bachelor" vorbereitet. Der Bachelor-Abschluss findet auf dem Arbeitsmarkt nicht durchgehend Akzeptanz, darin sind sich Arbeitgeber- und Arbeitnehmerseite einig. Die hochschulinterne „Studierbarkeitsstudie" der HU Berlin zeigt, dass von 3.000 befragten Studierenden rund 81 % den Bachelor-Abschluss für kaum bis gar nicht qualifizierend für den Arbeitsmarkt halten. Hinzu kommt, dass nur 6 % der Unternehmen mit mehr als 250 Mitarbeitern spezielle Einstiegsmöglichkeiten für Bachelor-Absolventen geschaffen haben. Andererseits sind aber öffentliche Institutionen und Wirtschaftsunternehmen gleichermaßen europaweit auf der Suche nach qualifizierten und engagierten Nachwuchswissenschaftlern, sowohl in der Forschung als auch in den Bereichen Produktion oder Administration.

Die geschilderte Problematik hat für Bachelor-Absolventen mit Behinderung besonders gravierende Folgen. Für Menschen mit Behinderung ist es oft ungleich schwerer, entsprechende Qualifikationen zu erwerben. Dabei ist die Schul- und Berufsausbildung gerade für diese Personengruppe immens wichtig. Die Umstellung auf das oben geschilderte gestufte Studiensystem und die damit einhergehenden Änderungen führen für Studierende mit Behinderung oder chronischer Krankheit im Wesentlichen zu drei Problembereichen:

- Ein elementares Problem für schwerbehinderte Bachelor-Absolventen im gestuften System ist die Finanzierung des behinderungsbedingten Mehrbedarfs durch die in Deutschland im Sozialgesetzbuch XII geregelte Eingliederungshilfe. Viele Sozialhilfeträger verweigern eine Finanzierung des behinderungsbedingten Mehrbedarfs während des zweiten Teils der Ausbildung, dem „Master-Studium". Ursache hierfür ist, dass der Bachelor-Abschluss als berufsqualifizierender Abschluss gesehen wird. Ein fehlender Nachteilsausgleich führt dann dazu, dass Menschen mit Behinderung vom Erwerb weiterführender akademischer Qualifikationen ausgeschlossen werden. Bachelor-Studierenden mit Behinderung sollten jedoch alle Formen und Phasen der akademischen Qualifikation uneingeschränkt offen stehen.
- Wesentlich striktere Vorgaben bezüglich der zeitlichen Gestaltung des Studiums verhindern eine flexible Studiengestaltung, da nur wenige Möglichkeiten zur individuellen Einteilung des Studienablaufs gegeben sind. Diskrepanzen entstehen für schwerbehinderte Bachelor-Studierende spätestens dann, wenn die Behinderung und/oder eine schwere Krankheit mit Tendenz zur Verschlimmerung und nicht vorhersehbarer Genesung zeitliche Vorgaben für die Teilnahme an Vorlesungen, Seminaren, Kolloquien und Prüfungen diktieren.

- Es besteht die Gefahr, dass keine Regelungen zum Nachteilsausgleich für schwerbehinderte Menschen bei der Modifikation von Aufnahmekriterien und Prüfungsleistungen getroffen werden – sei es aus Unachtsamkeit oder aufgrund eines einseitigen Verständnisses von Exzellenz.

14.2.2 Entwicklung des ProBAs-Projekts

Forciert durch die Umstellung auf Bachelor- und Masterabschlüsse und den Wunsch, sich weiterhin modellhaft für die Integration von Menschen mit Behinderung im Arbeitsbereich von Wissenschaft und Forschung einzusetzen, widmete sich das Institut seit Ende 2008 verstärkt der Suche nach Lösungen für die aufgeworfenen Problemfelder. Hieraus ergab sich das Ziel des ProBAs-Projekts: Die Weiterqualifikation und Integration schwerbehinderter Bachelor-Absolventen im Bereich von international anerkannter Forschung. Diese sollen durch das Projekt nach dem Bachelor-Abschluss im PEI oder in vernetzten Partnereinrichtungen und Unternehmen einen sofortigen Berufseinstieg bei adäquater Bezahlung erhalten. Zentrales Ziel ist dabei, durch umfangreiche praktische Berufserfahrung die Chancen entweder auf dem Arbeitsmarkt oder für eine spätere Fortsetzung des Masterstudiums erheblich zu verbessern. In diesem Zusammenhang sollte das Projekt ProBAs neben der gezielten beruflichen Weiterqualifizierung von schwerbehinderten Bachelor-Absolventen auch die Funktion eines Leuchtturmprojekts übernehmen, um auf die geschilderte Problematik aufmerksam zu machen.

Von der Konzeption bis zur Umsetzung dieser Ideen war jedoch zunächst ein abwechslungsreicher Weg zurück zu legen. Die neu installierte Projektgruppe entschloss sich im März 2009 dazu, dem Bundesministerium für Gesundheit (BMG) eine detaillierte Projektskizze zwecks Fördermitteleinwerbung vorzulegen. Die endgültige Finanzierungszusage erfolgte im Juli 2009. Doch auch nach dieser erfreulichen Zusage stand die Finanzierungsproblematik weiter im Raum. Das BMG hatte zwar 1 Mio. € zur Förderung des Projekts zugesichert, allerdings erst für das Haushaltsjahr 2011. Um die Ausführungsphase, wie vorgesehen, bereits zum 1. Januar 2010 starten zu können, aber auch um das Projekt während der gesamten Laufzeit zu unterstützen, sagten die nationalen gesetzlichen Mittelgeber, wie der Landeswohlfahrtsverband Hessen (LWV) – Integrationsamt – und die örtlichen Arbeitsagenturen, die Gewährung von Zuschüssen zu. Diese erfolgen durch Lohnkostenzuschüsse der Arbeitsagenturen und durch die maximal mögliche Förderung jedes entstandenen Arbeitsverhältnisses durch den LWV. Durch die Zusammenarbeit aller Projektbeteiligten ist es schließlich gelungen, die Finanzierungsthematik zu koordinieren und erfolgreich zu lösen.

In der Planungsphase 2008/2009 wurde auch die erwähnte interne neunköpfige Projektgruppe zur Steuerung von ProBAs installiert. Für die Mitglieder bestanden unterschiedliche persönliche und berufliche Beweggründe, der Projektgruppe beizutreten. Die Projektleitung hatte den Anspruch, PEI-Mitarbeiter aus den unterschiedlichsten Bereichen des Instituts in die Projektgruppe zu integrieren. Diese besteht daher aus Beschäftigten mit und ohne Behinderung aus den Bereichen Wissenschaft und Verwaltung. Ein Teil der Gruppe hat Erfahrung im Umgang mit Projekten, entweder aus einem früheren Integrationsprojekt oder sonstigen Drittmittelprojekten. Die Mitglieder nehmen im Rahmen der Projektarbeit verschiedene administrative und organisatorische Aufgaben wahr. Nicht zu vergessen ist der gemeinsame kreative Prozess der Ideenfindung zur Weiterentwicklung des Projekts. Alle weiteren Aufgaben sind definiert und verbindlich zugeordnet. So übernehmen zwei Projektmitglieder die komplette Administration der Finanzen. Dies beinhaltet neben der Budgetkontrolle die wichtige Aufgabe, die Zuschüsse beim Integrationsamt und den Arbeitsagenturen zu beantragen und zu verwalten. Ebenso fest eingeteilt sind die Aufgaben der Protokollführung der monatlich stattfindenden Projektsitzung und der Administration der Internetseite. Andere Aufgaben aus dem Bereich der Öffentlichkeitsarbeit übernehmen zwei weitere Projektmitglieder. Auch für die Kontaktaufnahme zu Universitäten und Stiftungen ist ein Projektmitglied speziell verantwortlich. Die Mitglieder aus dem Bereich Wissenschaft fungieren als eine Art Sprachrohr und tragen das Anliegen des Projekts u. a. in die PEI-interne Forschungsgruppe „AG Forschung".

Die externen Projektpartner von ProBAs, von denen im folgenden Abschnitt die Rede sein wird, wurden ebenfalls im Laufe des Jahres 2009 gewonnen. Der Projektverbund wurde bereits vor dem offiziellen Projektstart 2010 durch zwei Projektsitzungen aller Projektpartner, die ihr Interesse an der Partizipation bekundet hatten, gefestigt.

14.2.3 Projektpartner

Projektpartner sind neben dem Paul-Ehrlich-Institut als Projektkoordinator das Robert Koch-Institut, das Zentrum für blinde und seheingeschränkte Studierende (BliZ) der Technischen Hochschule Mittelhessen (THM) und das Dortmunder Zentrum Behinderung und Studium (DoBuS) der Technischen Universität Dortmund. Gefördert wird das Projekt u. a. vom Bundesministerium für Gesundheit, der Bundesagentur für Arbeit – vertreten durch die Zentrale Auslands- und Fachvermittlung –, dem Landeswohlfahrtsverband Hessen, dem Beauftragten der hessischen Landesregierung für Menschen mit Behinderung und dem Stifterverband für die deutsche Wissenschaft. Strategische Partner wie die Fa. Boehringer Ingelheim GmbH, das Wissenschaftszentrum für Sozialforschung, die Bundesarbeitsgemeinschaft Behinderung Studium e. V. (BAG e. V.), die Informations- und Beratungsstelle Studium und Behinderung (IBS) des Deutschen Studentenwerks, der Hildegardis-Verein e. V. und die Fa. Papenmeier GmbH & Co. KG als Hersteller für elektronische Hilfsmittel für Blinde und hochgradig Seheingeschränkte unterstützen das Projekt in vielfacher Hinsicht.

Um eine bessere Qualifikation für den ersten Arbeitsmarkt zu erreichen, werden am Paul-Ehrlich-Institut seit 2010 bzw. 2011 sieben schwerbehinderte Bachelor-Absolventen aus den Studienfächern Chemie, Ökotrophologie, Informations- und Medienwissenschaften und Betriebswirtschaft beschäftigt. Ihre Weiterqualifikation erfolgt in den Abteilungen Immunologie, Allergologie, Verwaltung, der EU-Kooperation biomedizinischer Arzneimittel, im Innovationsbüro zur Koordination von Beratungen im Bereich Arzneimittel für neuartige Therapien (ATMP) und beim Forschungsbeauftragten.

Am Robert Koch-Institut werden drei schwerbehinderte Bachelor-Absolventen in den Bereichen Qualitätsmanagement, der Informationsstelle des Bundes für Biologische Sicherheit (IBBS) und im Forschungsbereich für Frühsommer-Meningoenzephalitis (FSME) eingesetzt.

In der Technischen Hochschule Mittelhessen werden am Zentrum für blinde und seheingeschränkte Studierende (BliZ) im Rahmen eines Teilprojekts zur Entwicklung eines „Hessisch-elektronischen Lernportals für chronisch Kranke und Behinderte" (HeLB) drei blinde bzw. seheingeschränkte Bachelor-Absolventen des Studiengangs Informatik weiterqualifiziert. Bei HeLB handelt es sich um einen virtuellen Campus zur Bereitstellung von Unterrichtsmaterialien und allgemeinen Informationen. Die Besonderheit liegt darin, dass das Portal auf die speziellen Bedürfnisse von Studierenden mit Behinderung oder chronischer Erkrankung ausgerichtet ist, z. B. durch die Bereitstellung an die Behinderung angepasster Online-Klausuren.

An der TU Dortmund – Dortmunder Zentrum Behinderung und Studium (DoBuS) – arbeitet eine seheingeschränkte Projektteilnehmerin mit dem Bachelor-Abschluss Sozialarbeit. Sie qualifiziert sich weiter durch die Anfertigung einer Projektarbeit zur Umsetzung der Empfehlung seitens der Hochschulrektorenkonferenz „Eine Hochschule für alle" für die TU Dortmund als Beispiel für die barrierefreie Umgestaltung einer wissenschaftlichen Einrichtung.

Welche Beiträge steuern die sogenannten strategischen Partner im Projektverbund bei? Der auf die Förderung von Frauenbildung spezialisierte Hildegardis-Verein beispielsweise teilt mit den Projektpartnern seine Erfahrungen im Bereich der Integration von Menschen mit Behinderung, welche er durch die Koordination des bundesweit ersten Mentoring-Programms für Studentinnen mit Behinderung sammeln konnte. Hierfür erhielt der Hildegardis-Verein die Ehrentafel des Wettbewerbs „Deutschland – Land der Ideen". Die BAG e. V. unterstützt das Projekt ProBAs durch ihre Expertise im Bereich der Teilhabe und Selbstbestimmung von Menschen mit Behinderung, insbesondere im Rahmen eines Hochschulstudiums von Menschen mit Behinderung oder chronischer Erkrankung. Als strategischer Partner des Projekts stellt der Selbsthilfeverband sein Knowhow zur Verfügung und knüpft wichtige Projektkontakte zu anderen Verbänden und Interessengruppen, Integrationsreferaten und allgemeinen Studentenausschüssen an den Hochschulen. Die Informations- und Beratungsstelle Studium und Behinderung (IBS) des Deutschen Studentenwerks macht sich für einen ungehinderten Zugang zu Hochschulbildung sowie Chancengleichheit in Studium und Beruf für Menschen mit Behinderung und chronischen Krankheiten stark. Im Rahmen von ProBAs bietet die IBS ihre Mitwirkung bei Veranstaltungen und Tagungen an. Sie unterstützt das Projekt ebenfalls bei der Öffentlichkeitsarbeit.

Die Projektpartnerin Fa. Boehringer Ingelheim GmbH bietet begleitende Hospitationen in ihrem Unternehmen an. Hierdurch besteht die Möglichkeit, während der Projektlaufzeit auch einen Einblick in die Organisationsstruktur eines großen Pharmaunternehmens zu erhalten und die unterschiedlich ausgerichteten Arbeitsprozesse kennenzulernen und zu vergleichen (z. B. in der Buchhaltung, im Einkauf oder im Import/Export), da diese in einem Industrieunternehmen anders aussehen als in einem Forschungsinstitut. Die erste 9-wöchige Hospitation eines Bachelor-Absolventen, der im PEI beschäftigt ist, wurde von Juni bis August 2011 in der Steuerabteilung der Fa. Boehringer Ingelheim absolviert. Weitere Hospitationsangebote werden für die anderen Bachelor-Absolventen folgen.

14.2.4 Projektansatz

Inhaltlich besteht der Ansatz des ProBAs-Projekts primär darin, dass die Teilnehmer bei den ProBAs-Projektpartnern erste berufliche Erfahrungen in Forschung, Wissenschaft oder Verwaltung erwerben. Sie eignen sich im Sinne eines „Training on the Job" Qualifikationen an, die ihre Berufschancen verbessern. Die Angebote reichen von der Mitarbeit in Forschungsprojekten und der Wahrnehmung administrativer Aufgaben bis zum Erwerb von Schlüsselqualifikationen. Die Projektstellen sind jeweils auf drei Jahre befristet.

Ergänzend wird die Nachwuchsgruppe der Bachelor-Absolventen durch gezielte „Soft Skills"-Veranstaltungen gefördert, z. B. zu Präsentationstechniken, dem Schreiben von wissenschaftlichen Texten oder Projektmanagement.

Zudem bezweckt das Projekt ProBAs, Arbeitgeber und Vertreter aus Öffentlichkeit und Politik für die Beschäftigung schwerbehinderter Bachelor-Absolventen zu sensibilisieren und neue Konzepte für die berufliche Integration von Akademikern mit Behinderung zu entwickeln und zu erproben.

Das bundesweit einmalige Modellprojekt berücksichtigt die allgemeinen Probleme von Bachelor-Absolventen sowie die sich zusätzlich ergebenden spezifischen Schwierigkeiten durch ein Handicap. Der Hintergrund des Projekts ist, dass die Befürchtung besteht, dass Personen mit einem Bachelor-Abschluss kaum adäquat bezahlte Positionen einnehmen können oder aber geringer bewertete Positionen annehmen müssen. Diese Situation hat für Bachelor-Absolventen mit Behinderung aus den bereits geschilderten Gründen gravierendere Folgen. Wieder zeigt sich, dass es für Menschen mit Behinderung oft ungleich schwerer ist, entsprechende Qualifikationen zu erwerben, da z. B. die Kostenübernahme für technische und personelle Hilfen während Praktika und Auslandsaufenthalten insbesondere vor Studienbeginn nicht gesichert ist und die Praktikumsmöglichkeiten verglichen mit denen von Studenten ohne Behinderung zumeist eingeschränkt sind.

ProBAs bietet den Einstieg in eine weiterqualifizierende Beschäftigung, indem das Projekt zwar nur Bewerbungen von Menschen mit Behinderung zulässt, aber in den Auswahlgesprächen – wie auch sonst üblich – nach Kompetenz selektiert. Wie auch im „sonstigen Arbeitsleben" wird sich innerhalb des für drei Jahre angelegten Projekts (jeweilige Vertragsdauer) zeigen, inwieweit man Bewerber mit Kompetenz und Willen zu guter Arbeitsleistung ausgewählt hat.

Bereits während des EQUAL-Projekts wurden verschiedene Barrieren identifiziert, deren Abbau eine erfolgreiche Integration von schwerbehinderten Menschen ins Berufsleben erleichtert. Diesbezüglich wurden auch im ProBAs-Projekt passende Problemlösungsstrategien und Handlungsansätze entwickelt.

Neben dem Aufbau einer behindertenfreundlichen Infrastruktur halfen folgende Strukturen und Maßnahmen, Hemmnisse abzubauen und dabei gezielt die Integrationsbereitschaft und -fähigkeit zu fördern:

- Coaching durch Wissenschaftler ohne Behinderung bzw. wissenschaftliche Unterstützung durch persönliche Arbeitsassistenzen;
- spezifische Beratungen und Informationsveranstaltungen für Menschen mit Behinderung als Hilfestellung bei der Wahl eines geeigneten Karrierewegs;
- spezifische Netzwerkbildung zwischen Schulen, Hochschulen, Forschungseinrichtungen und Unternehmen;
- Angebote wie z. B. flexible Arbeitszeitmodelle und die Einführung von Telearbeit.

Die im Paul-Ehrlich-Institut oder bei den Projektpartnern gewonnenen Erfahrungen zu Lösungen sollen zur Bekämpfung von Ungleichheiten und der Diskriminierung schwerbehinderter Menschen auf dem ersten Arbeitsmarkt beitragen. Der experimentelle Aspekt im Projekt ist die Arbeit in einem hoch qualifizierten Arbeitsbereich mit einer sonst in der Arbeitsmarktpolitik wenig sichtbaren Zielgruppe. Die Herausforderung liegt darin, integrative Konzepte für schwerbehinderte Bachelor-Absolventen weiter zu entwickeln, um die Studien- und Beschäftigungsfähigkeit dieser Zielgruppe zu erhöhen.

Die Einbindung eines oder mehrerer Unternehmen in das Projekt zur Weiterqualifizierung von schwerbehinderten Bachelor-Absolventen ist wichtig. Viele Betriebe können sich offensichtlich gar nicht vorstellen, Menschen mit einer schweren Behinderung – schon gar nicht mit Hilfebedarf – einzustellen. Die Instrumente der Arbeitsassistenz oder die Bereitstellung technischer Hilfen, mit denen Defizite kompensiert werden können, scheinen auch heute noch vielfach unbekannt zu sein. Daher ist es sinnvoll, die Weiterqualifizierung von schwerbehinderten Bachelor-Absolventen durch Wissenstransfer, z. B. auch durch Austausch in einem Netzwerk von Hochschulen, außeruniversitären Forschungseinrichtungen und der Industrie, auszubauen. Neben der personenbezogenen Weiterbildung werden diese Menschen als „Botschafter für ihre Kompetenz" für andere Menschen mit Behinderung, aber auch für Menschen ohne Behinderung, tätig. Hierdurch sollen Arbeitgeber und Wissenschaftler in Führungspositionen für die Thematik interessiert und gewonnen werden.

Durch die Einrichtung einer eigenen Website (www.projekt-probas.de), die Entwicklung und Herstellung eines Flyers in deutscher und englischer Sprache, die Verbreitung der wesentlichen Projektinhalte auf Bannern, die für den Einsatz z. B. auf Messeständen geeignet sind, besteht die Möglichkeit, eine breite Öffentlichkeit, insbesondere potenzielle Arbeitgeber, für die Thematik des Projekts zu sensibilisieren.

14.3 Stärken und Schwächen des Ansatzes

Das PEI und die Projektpartner profitieren in hohem Maße von den Ergebnissen und der Wahrnehmung von Amtsaufgaben in allen Bereichen und Abteilungen des Instituts – auch durch die schwerbehinderten Bachelor-Absolventen. Schwerbehinderte Bachelor-Absolventen mit und ohne Assistenzbedarf haben aufgezeigt, dass sie, genau wie Kollegen ohne Behinderung, Erfolge im Bereich der Wissenschaft und Forschung erzielen können. Sie zeugen davon, dass es nicht auf die Behinderung ankommt, sondern auf die Kompetenz. Die soziale Kultur im PEI wird durch die Zusammenarbeit mit den schwerbehinderten Kollegen stark geprägt; ein Gewinn an hoher sozialer Kompetenz ist bei den Mitarbeitern deutlich erkennbar. Dies wird insbesondere an einem vollkommen selbstverständlichen Miteinander von Mitarbeitern mit und ohne Behinderung im Arbeitsumfeld und an einer stark gewachsenen Hilfsbereitschaft der Kollegen ohne Behinderung sehr deutlich.

Die besondere Stärke der Projektidee zu ProBAs ergibt sich vor allem aus der Tatsache, dass die Zielerreichung im Netzwerk auf viele potenzielle Arbeitgeber übertragbar ist. Die Förderung von schwerbehinderten Bachelor-Absolventen ist in allen Bereichen der akademischen Ausbildung, aber auch in anderen beruflichen Sparten denkbar. Das durch ProBAs ausgebaute Netzwerk ist großflächig und weitreichend. Beispielsweise ist das PEI seit 2009 Mitglied im Unternehmensforum e. V., einem branchenübergreifenden Zusammenschluss von Konzernen und mittelständischen Firmen, um Menschen mit gesundheitlicher Einschränkung oder Leistungsminderung die volle Teilhabe am Arbeitsleben zu ermöglichen.

Das gemeinsame Ziel der Partnerschaft ProBAs ist es, durch Bildung von Netzwerken effektiver und flächendeckender auf die Bedeutung der Integration sowie die aktuellen Missstände bei Ausbildung und Berufseinstieg schwerbehinderter Bachelor-Absolventen aufmerksam zu machen. Für die Zielerreichung muss aktiv an den richtigen Stellen mit starken Stimmen das Bewusstsein für notwendige Veränderungen gesellschaftlicher und politischer Natur geschärft werden. Synergien aus dieser Vernetzung liegen in der Nutzung von Kontakten und der Verfügbarkeit vielfältiger Kompetenzen sowie für kleinere Partner in einer höheren Bekanntheit. Die wichtigsten Nutzenaspekte der Vernetzung liegen im Erfahrungsaustausch, Wissenstransfer und der besseren Effizienz von Aktivitäten sowie in der Ideenvielfalt. Die Netzwerkkontakte werden von den Beteiligten als vertrauensvoll, sehr stabil und krisenresistent beurteilt. Diese Intensität und die Heterogenität der Partner bedurften eines hohen Kommunikationsaufwands, der aber in einer positiven Relation zum Nutzen gesehen wird. Das Engagement der Projektmitarbeiter wird als wichtiger Erfolgsfaktor angesehen.

Ein großer Vorteil der Projektarbeit von ProBAs liegt sicherlich in der mittlerweile stark angewachsenen Bekanntheit der Integrationsprojekte des PEI in Deutschland. Diese Tatsache spiegelt sich auch darin wider, dass das PEI nach dem Erhalt mehrerer nationaler und europäischer Preise am 23. Juni 2010 durch die Vereinten Nationen mit dem *2010 United Nations Public Service Award* (UNPSA) für das Projekt „Tandem in Science – Network for Integration Projects" ausgezeichnet wurde. Das PEI gewann in der Kategorie „Improving transparency, accountability and responsiveness in the Public Service" für die Region Europa und Nordamerika. Damit ging erstmals in dem seit 2003 bestehenden Wettbewerb diese hohe Auszeichnung an eine Stelle der öffentlichen Verwaltung in Deutschland.

Der Bekanntheitsgrad erleichtert die Öffentlichkeitsarbeit des Projekts. Dies wird daran deutlich, dass namhafte Presseorgane wie das „Ärzteblatt", das „Laborjournal" und das Magazin „Menschen" der „Aktion Mensch" bereits ausführlich über das ProBAs-Projekt berichtet haben. Auch die quartalsweise erscheinende Zeitschrift des Landeswohlfahrtsverbands Hessen hat die Arbeit von ProBAs in einem längeren Artikel vorgestellt. Darüber hinaus wurde das Projekt mehrfach auf Messen oder Veranstaltungen präsentiert. Dazu gehören unter anderem die KISSWIN-Veranstaltung in Berlin (gefördert durch das Bundesministerium für Bildung und Forschung – BMBF), der Tag der offenen Tür des BMG sowie der Workshop „Chancengerechtigkeit in der Wissenschaft" des Instituts für Hochschulforschung in Wittenberg. Schließlich ist es gelungen, ProBAs als Best-Practice-Beispiel sowohl im Internet-Portal *www.inklusionslandkarte.de* des Beauftragten der Bundesregierung für die Belange von Menschen mit Behinderung als auch im Portal *www.einfach-teilhaben.de* des Bundesministeriums für Arbeit und Soziales (BMAS) zu platzieren. Die Internetportale haben jeweils zum Ziel, Tipps zur praktischen Umsetzung von Inklusion zu geben und zur Nachahmung anzuregen. Auch die Erwähnung als Best-Practice-Beispiel im „Nationalen Aktionsplan der Bundesregierung zur Umsetzung des Übereinkommens der Vereinten Nationen über die Rechte von Menschen mit Behinderungen" vom 15.06.2011 wird den Bekanntheitsgrad des Modellprojekts weiter steigern.

Eine Schwäche des ProBAs-Projekts könnte unter Umständen darin zu sehen sein, dass das Projekt sehr früh im Zuge der Umstellung auf das neue Bachelor-/Master-Studiensystem konzipiert und begonnen wurde. Dies führte anfangs dazu, dass nicht so viele Bewerbungen schwerbehinderter Bachelor-Absolventen im PEI und bei den Projektpartnern eingingen wie erwartet. Es gab schlichtweg noch nicht so viele schwerbehinderte Absolventen auf dem Bewerbermarkt. Im Laufe des Projekts fanden jedoch alle Projektpartner sehr qualifizierte Bachelor-Absolventen mit Behinderung. Der Vorteil, durch das Projekt bereits in der Anfangsphase der Umstellung auf die hieraus für schwerbehinderte Studierende und Absolventen erwachsenden Probleme hinzuweisen, überwiegt daher die zu Beginn verzeichneten Schwierigkeiten bei Weitem.

Als problematisch könnte man auch die relativ kurze Laufzeit des Projekts von drei Jahren betrachten. Es wird sich erst am Ende dieser Zeitspanne herausstellen, ob diese ausreicht, um die Chancen auf dem Arbeitsmarkt durch die Weiterqualifikationsmaßnahmen für schwerbehinderte Bachelor-Absolventen so sehr zu erhöhen, dass hierdurch ein fehlendes Master-Studium ausgeglichen werden kann. Dies bleibt abzuwarten.

14.4 Bisherige Erfahrungen

Die Projektleitung steht im permanenten Austausch sowohl mit den schwerbehinderten Bachelor-Absolventen selbst, ihren Führungskräften und natürlich mit den internen und externen Projektpartnern. Eine Fragebogen-Aktion unter den Bachelor-Absolventen zur individuellen Bewertung des Projekts bzw. der Auswirkungen für die Weiterqualifikation, in dem Fragen zur Arbeitssituation, Leistung und individuellen Entwicklung gestellt wurden, hat eine hohe Zufriedenheit der Teilnehmer ergeben. Konsens war, dass alle Befragten sehr glücklich über die Chance sind, im PEI eine Weiterqualifikationsmöglichkeit zu erhalten. Darüber hinaus fühlen sie sich gut in ihre jeweiligen Arbeitsteams integriert und sehen ihre Leistungen angemessen gewürdigt.

Auch die Führungskräfte, mit denen regelmäßige Gespräche im Rahmen des Projekts geführt werden, bestätigen diese Einschätzung. Die halbjährlich stattfindenden Projektsitzungen mit den externen Projektpartnern und die monatlichen Sitzungen mit der internen Projektgruppe machen deutlich, wie sehr sich die Partner mit dem Projekt ProBAs identifizieren, und wie sehr alle an den Fortschritten im Projekt interessiert sind.

Durch die persönlichen Erfahrungen aller Beteiligten und die direkte Einbindung von Menschen mit Behinderung konnte ein Weg gefunden werden, Vorurteile und Vorbehalte hinsichtlich Leistungsfähigkeit, Ausfallzeiten und Umgang miteinander abzubauen und damit einen weiteren Schritt in einen normalen Arbeitsalltag zu ermöglichen. Die meisten der hier beschäftigten Menschen mit Behinderung wurden zuvor mit dem Vorurteil vieler Schulen, Hochschulen und Arbeitgeber konfrontiert, weniger leistungsfähig und öfter krank zu sein. Mit diesem Projekt können viele dieser Vorurteile widerlegt werden. In der Regel ist nämlich festzustellen, dass das Engagement bei Menschen mit Behinderung genauso hoch oder in Einzelfällen sogar wesentlich höher ist als bei Menschen ohne Behinderung, da für viele die Notwendigkeit besteht (ob zu Recht oder nicht), ihr Handicap durch höhere Leistung zu kompensieren.

14.5 Ausblick

Derzeit wird eine externe Evaluation, mit der Bewertungs- und Erfolgskriterien für das Projekt ProBAs festgelegt werden, angestrebt. Zum einen sollen die arbeitsmarkt- und hochschulpolitischen Signale des Projekts untersucht werden. Evaluiert werden soll zum anderen, in welchem Umfang das Projekt durch die Bereitstellung optimaler Bedingungen für schwerbehinderte Bachelor-Absolventen zur Lösung ihrer spezifischen Probleme bei Qualifizierung und Berufseinstieg beiträgt.

Dabei ist die Überprüfung einer tatsächlichen individuellen Weiterqualifikation der schwerbehinderten Bachelor-Absolventen nach drei Jahren im Rahmen der Evaluation notwendig. Die Überprüfung kann nur durch einen Ist/Soll-Vergleich des Gesamt-Projektplans und der individuellen Qualifizierungspläne erfolgen. Dabei soll geprüft werden, welche der in der Projektskizze formulierten Ziele erreicht wurden und welche nicht, und welche Methoden bzw. Strategien sich hinsichtlich der formulierten Ziele bewährt haben. Darüber hinaus muss zudem die Effektivität der Methoden zur Zielerreichung evaluiert werden. Diese Methoden bestehen in der Vielfalt und Flexibilität der Qualifizierungsangebote, der Realisierung der gemeinsamen Arbeit von Menschen mit und ohne Behinderung und der Öffentlichkeitsarbeit zur Wahrnehmung des Problems und der möglichen Problemlösung. Das Problem hierbei ist, dass die „Effektivität" nur schwer messbar sein wird. Einen besonderen Stellenwert hat die Untersuchung, welche Bedeutung die Vernetzung und Kooperation der Partner haben.

Zudem ist eine vertiefte öffentlichkeitswirksame Darstellung des Projekts durch Einbeziehung von Akteuren aus Politik, Hochschulen und Arbeitswelt beabsichtigt. In Planung ist eine eigene Veranstaltung zur Situation schwerbehinderter Bachelor-Absolventen unter Beteiligung des Beauftragten der Bundesregierung für die Belange behinderter Menschen, der behindertenpolitischen Sprecher der Bundestagsparteien, der Vertreter von Hochschulen und dem Studentenwerk und von Arbeitgebervertretern aus Industrie und öffentlichem Dienst. Hierbei soll es um die Bedeutung von Maßnahmen der beruflichen Weiterqualifikation für die Bachelor-Absolventen gehen.

Darüber hinaus werden weiter die Kontakte zu verschiedenen Bundesministerien, Bundes- und Landesbehörden, Forschungsinstitutionen aber auch Unternehmen gepflegt, um andere Arbeitgeber aufgrund der guten Übertragbarkeit des Projekts zur Nachahmung oder Initiierung ähnlicher oder anderer Integrationsprojekte für Menschen mit Behinderung anzuregen. Ein besonderes Abschlussprodukt (z. B. ein Film und/oder ein Buch) soll erstellt werden, das den Besonderheiten des deutschlandweit einmaligen Projekts Rechnung trägt.

14.6 Fazit

Es ist gelungen, mit der Verwirklichung der früheren Integrationsprojekte des PEI sowie dem Projekt ProBAs einen neuen Akzent im Themenbereich „Behinderung und Arbeit" zu setzen. In der Vergangenheit waren Maßnahmen und Initiativen zur Integration von Menschen mit Behinderung in Arbeit und Beschäftigung in Deutschland zumeist hauptsächlich auf Arbeitsplätze mit niedrigem Qualifikationsniveau konzentriert. Die Zielsetzung von ProBAs besteht darin, neue Ansätze zu verfolgen und nachhaltig Zeichen zu setzen. Menschen mit Behinderung werden im Rahmen des Projekts entsprechend ihrer körperlichen, aber besonders ihrer intellektuellen Ressourcen adäquate und attraktive Arbeitsmöglichkeiten geboten. Diese Tätigkeiten werden in Arbeitsprozesse und -zusammenhänge integriert, die ein hohes Maß an Unabhängigkeit ermöglichen.

Durch ProBAs werden neue Weiterqualifizierungsmöglichkeiten in einem Problemfeld geschaffen, das bis heute kaum wahrgenommen wird. Das PEI nimmt mit diesem Projekt die gesellschaftliche Verantwortung eines öffentlichen Arbeitgebers wahr. Das Projekt trägt zudem zur gelebten Selbstverständlichkeit von Menschen mit und ohne Behinderung bei.

Teil VI
Gesundheitsmanagement

Das Gesundheitsmanagement der BASF SE (Ludwigshafen)

15

Christoph Oberlinner

Inhaltsverzeichnis

15.1	Vorstellung der BASF	212
15.2	Entwicklung des Ansatzes	213
	15.2.1 Herausforderung 1: Anstieg chronischer Erkrankungen	214
	15.2.2 Herausforderung 2: Teilnahmerate an gesundheitsfördernden Maßnahmen erhöhen	215
15.3	Beschreibung des Ansatzes	215
	15.3.1 Bestehende Strukturen	215
	15.3.2 Konkrete Maßnahmen	216
	15.3.2.1 Arbeitsmedizinische Vorsorgeuntersuchungen und Sprechstunden	216
	15.3.2.2 Jährliche Gesundheitsaktionen	217
	15.3.2.3 Neuer Ansatz	217
15.4	Stärken und Schwächen des Ansatzes	219
15.5	Bisherige Erfahrungen	219
	15.5.1 Akzeptanz und Teilnehmerrate	219
	15.5.2 Gesundheits-Checks und persönliches Gesundheits-Coaching	220
15.6	Ausblick	221
15.7	Fazit	221
Literatur		222

C. Oberlinner (✉)
Abteilung Arbeitsmedizin und Gesundheitsschutz der BASF SE,
67056 Ludwigshafen, Deutschland
E-Mail: christoph.oberlinner@basf.com

Zusammenfassung

Voraussetzungen für den Erfolg eines Unternehmens sind neben wirtschaftlichen Rahmenbedingungen vor allem die Gesundheit und die Leistungsfähigkeit der Mitarbeiter. Eine wesentliche Bedingung zum Erhalt der Gesundheit der Belegschaft war in der Vergangenheit vor allem das Erkennen und Beseitigen arbeitsbedingter Risikofaktoren. Verschiedene große Unternehmen haben deshalb schon seit Längerem breitere Ansätze zur Prävention und Gesundheitsförderung verfolgt, die auch mit umfassenden und strukturierten Programmen zur Integration von Menschen mit Behinderung einhergehen. In Zukunft wird der demografische Wandel – mit einer alternden Gesellschaft – zunehmende gesundheitspolitische und volkswirtschaftliche Herausforderungen für Deutschland und für Unternehmen darstellen. Dabei stehen u. a. Themen wie der Erhalt der Beschäftigungsfähigkeit und insgesamt längere Lebensarbeitszeiten – z. B. „Rente ab 67" – im Mittelpunkt. Prävention und Gesundheitsförderung werden deshalb immer wichtiger, denn mit steigendem Alter der Mitarbeiter nimmt die Zahl chronischer Erkrankungen und Behinderungen (u. a. auch „Lifestyle-Erkrankungen" wie Übergewicht und Diabetes) zu.

Allerdings ist bei der Etablierung von Maßnahmen zur Früherkennung von Erkrankungen und Interventionen entscheidend, die relevanten Zielgruppen zu erreichen und dann auch zur Teilnahme zu motivieren. Hierzu müssen innovative Wege beschritten werden, um die Teilnahmequote an Programmen zu erhöhen.

Maßnahmen in jenen Lebensbereichen, wo Menschen in der Regel den größten Teil ihrer Zeit verbringen – beispielsweise dem Arbeitsplatz – gelten insgesamt als Erfolg versprechend.

In diesem Beitrag sollen deshalb neue Ansätze zur innerbetrieblichen Prävention am Beispiel eines ganzheitlichen Gesundheitsmanagements der BASF am Standort in Ludwigshafen vorgestellt werden. Kernelemente sind neben der klassischen arbeitsmedizinischen Vorsorge neue Ansätze wie beispielsweise das Angebot regelmäßiger Gesundheits-Checks für alle Mitarbeiter des Unternehmens und anschließenden individuellen, zielgerichteten Präventions- und Interventionsmaßnahmen. Bisherige Pilotprojekte in Ludwigshafen zeichnen sich durch eine sehr hohe Teilnahmerate und positive medizinische Resultate aus.

15.1 Vorstellung der BASF

BASF ist das weltweit führende Chemie-Unternehmen. Das Portfolio reicht von Chemikalien, Kunststoffen, Veredlungsprodukten und Pflanzenschutzmitteln bis hin zu Öl und Gas. Mit hochwertigen Produkten und intelligenten Lösungen versucht die BASF dazu beizutragen, Antworten auf globale Herausforderungen wie Klimaschutz, Energieeffizienz, Ernährung und Mobilität zu finden. Die BASF erzielte 2010 einen Umsatz von ca. 63,9

Abb. 15.1 Gesundheitsberatung der BASF SE

Mrd. € und beschäftigte am Jahresende rund 109.000 Mitarbeiter. Am Stammwerk der BASF in Ludwigshafen sind derzeit etwa 33.000 Mitarbeiter beschäftigt, davon 4,1 % mit Schwerbehinderungen (Stand 2010). In der Schweiz gibt es BASF-Standorte z. B. in Basel und Schaffhausen, und in Österreich z. B. in Wien und Krieglach (Abb. 15.1).

15.2 Entwicklung des Ansatzes

Die BASF weist derzeit eine niedrige Fehlzeitenrate auf. Auch arbeitsbedingte Erkrankungen und Berufserkrankungen, insbesondere Erkrankungen aufgrund der Exposition gegenüber potenziell toxischen Substanzen, konnten bei der BASF auf ein Minimum reduziert werden. Wo immer Vorschriften zum Arbeits- und Gesundheitsschutz aufgrund gesetzlicher Grundlagen bestehen, werden diese bei der BASF konsequent umgesetzt.

Unabhängig von gesetzlichen Vorgaben hat sich die BASF im Rahmen der weltweiten Initiative *Responsible Care*® in ihren Grundwerten und Leitlinien dazu verpflichtet, das Sicherheits-, Gesundheits- und Umweltbewusstsein zu fördern und kontinuierliche Verbesserungen anzustreben. Trotz der genannten Anstrengungen besteht vor allem wegen des künftigen demografischen Wandels bei der BASF die Herausforderung, die Zunahme lebensstilbedingter Zivilisationskrankheiten bzw. der entsprechenden Risikofaktoren bei der Belegschaft nachhaltig einzudämmen. Die bisherigen Ansätze der betrieblichen Gesundheitsförderung sind kritisch zu hinterfragen und ggf. zu ergänzen. Im Vordergrund der Problematik stehen chronische Erkrankungen und die daraus für die BASF zu erwartenden Folgekosten durch Fehlzeiten und krankheitsbedingte Frühpensionierung. Zu den chronischen Erkrankungen zählen unter anderem

- das frühe Auftreten von Beschwerden im Muskel-Skelett-Bereich, insbesondere Rückenschmerzen;
- Diabetes Typ II;
- Bluthochdruck;
- Herz-Kreislauf-Erkrankungen;
- Schlaganfälle;
- psychische Erkrankungen.

Hauptursachen dieser chronischen Erkrankungen sind vor allem die Bedingungen des modernen Lebens- aber offenbar auch des Arbeitsstiles. 70 % bis 90 % der Erkrankungswahrscheinlichkeit werden verursacht durch Faktoren wie

- Rauchen;
- Mangel an körperlicher Bewegung;
- überkalorische Ernährung;
- psychosoziale Belastungsfaktoren.

Auch *psychosoziale Belastungsfaktoren* nehmen in unserer Gesellschaft an Bedeutung zu und erfordern in den Unternehmen neue Ansätze eines ganzheitlichen, betrieblichen Stressmanagements (Lang et al. 2007).

Die BASF hat sich zum Ziel gesetzt, den demografischen Wandel als Chance zu begreifen und sich durch eine erfolgreiche Auseinandersetzung mit diesem Thema positiv vom Wettbewerb abzuheben.

Die aktuelle Altersstruktur der ca. 33.000 Mitarbeiter im Stammwerk der BASF in Ludwigshafen ist komprimiert. Zum Ende des Jahres 2008 waren 54 % der Mitarbeiter im Alter zwischen 35 und 50 Jahren. Projiziert man diese Zahl in die Zukunft, wird im Jahr 2020 die Mehrzahl der Beschäftigten über 50 Jahre alt sein.

15.2.1 Herausforderung 1: Anstieg chronischer Erkrankungen

Basierend auf der prognostizierten Altersstruktur in Ludwigshafen wurden zwei Auswertungen existierender Daten zur Definition vordringlicher Handlungsfelder durchgeführt.

1. Eine Analyse der Arbeitsunfähigkeit (Krankheitsquote):
  Bei den Ergebnissen der Krankheitsquote zeigt sich ein Anstieg mit zunehmendem Alter der Mitarbeiter.

2. Analyse von gesundheitlichen Risikofaktoren und präventionsrelevanten Erkrankungen:
  Bei den Ergebnissen zu medizinischen Endpunkten zeigt sich für Bluthochdruck, krankhaftes Übergewicht, Diabetes und Rückenbeschwerden ein ebenfalls deutlicher Anstieg der

Häufigkeit im Alter. Vergleichbare Zahlen finden sich auch in der Gesundheitsberichterstattung des Bundes (2006).

Das Unternehmen kann also als Spiegelbild der Gesellschaft gesehen werden.

Die Projektion dieser Daten in die Zukunft mit einem deutlich höheren Anteil älterer Erwerbstätiger lässt starke Auswirkungen auf die Häufigkeit chronischer Erkrankungen und Behinderungen und damit auf die Gesundheit, Leistungsfähigkeit und Produktivität erwarten.

15.2.2 Herausforderung 2: Teilnahmerate an gesundheitsfördernden Maßnahmen erhöhen

In der Gesundheitsberichterstattung des Bundes aus dem Jahr 2008 wird neben dem Gesundheitszustand auch die Inanspruchnahme von Präventionsangeboten in der deutschen Bevölkerung beschrieben. Menschen aus schwächeren sozialen Schichten stehen in vielerlei Hinsicht gesundheitlich schlechter da als der Durchschnitt. So haben beispielsweise Übergewicht und Adipositas in diesen Bevölkerungsgruppen die höchste Prävalenzrate.

Zur Inanspruchnahme von Präventionsangeboten in Deutschland wird in der Gesundheitsberichterstattung festgestellt, dass nur ein Bruchteil der Bevölkerung durch die vorhandenen Angebote erreicht wird und Menschen aus schwächeren sozialen Schichten seltener teilnehmen würden. Zusätzlich sind Männer an Prävention und Gesundheitsförderung weniger interessiert als Frauen. Als „Präventionsmuffel" lassen sich Männer aber vor allem dann für präventive Maßnahmen gewinnen, wenn diese keinen zusätzlichen Aufwand bedeuten und beispielsweise am Arbeitsplatz erfolgen (World Health Organization Europe 2011).

Für eine erfolgreiche und nachhaltige Prävention ist also entscheidend, dass die *relevanten Zielgruppen* erreicht werden. Die Teilnehmer an freiwilligen Präventionsmaßnahmen sind häufig diejenigen, die ohnehin motiviert sind und gesundheitsbewusst leben.

Eine Beschreibung des BASF-Ansatzes zur Erhöhung der Teilnahmerate wird unter „Konkrete Maßnahmen" im folgenden Teil vorgestellt.

15.3 Beschreibung des Ansatzes

15.3.1 Bestehende Strukturen

Die (arbeits-)medizinische und notfallmedizinische Betreuung der Mitarbeiter am Standort Ludwigshafen und die weltweite Koordination und Revision der Arbeitsmedizin in den BASF-Gruppengesellschaften ist Aufgabe der Abteilung Arbeitsmedizin und Gesundheitsschutz.

1996 wurde das Gesundheitsförderungszentrum der BASF gegründet. Hier arbeiten Experten der Facheinheiten Arbeitsmedizin und Gesundheitsschutz, der Wirtschaftsbetriebe, des Sportreferats und der pronova BKK (Betriebskrankenkasse) in enger Kooperation bei verhältnis- und verhaltensorientierter Prävention zusammen.

Die BASF hat sich bereits 1997 der Luxemburger Deklaration zur betrieblichen Gesundheitsförderung in der Europäischen Union angeschlossen.

Der Steuerung und Koordination aller Aktivitäten des Gesundheitsschutzes dient der 1995 gegründete Arbeitskreis Gesundheit der BASF SE.

Unter dem Leitmotiv „Kooperation" versteht sich dabei die moderne Arbeitsmedizin als Impulsgeber in einem breit angelegten betrieblichen Gesundheitsmanagement zur Integration von Gesundheitsbelangen in die Geschäftsprozesse. Aktive Mitarbeiterbeteiligung, Einbindung der Betriebskrankenkasse und intensive Mitgestaltung durch Personalwesen und Arbeitssicherheit sind Voraussetzungen für den Erfolg. Über die gesetzlichen Vorgaben hinaus garantiert die BASF ihren Mitarbeitern weitergehende Vorsorgemaßnahmen und medizinische Leistungen.

Die Aktivitäten zur Gesundheitsförderung werden beim Thema „Arbeiten mit Behinderung" in der BASF eng mit der Schwerbehindertenkommission abgestimmt. Die Schwerbehindertenkommission ist zentrale Anlaufstelle für alle Schwerbehinderten-Angelegenheiten. Sie spricht unter anderem Empfehlungen für den Einsatz von Schwerbehinderten/Gleichgestellten aus.

15.3.2 Konkrete Maßnahmen

In der BASF hat sich ein System aus verschiedenen maßgeschneiderten Untersuchungs- und Präventionsmodulen bewährt. Zur Ermittlung des Präventionsbedarfs nutzen wir Erkenntnisse aus unserer regelmäßigen Gesundheitsberichterstattung (z. B. der BASF-Gesundheitsbericht) oder aus den Daten der arbeitsmedizinischen Vorsorgeuntersuchungen. Daraus leiten wir dann zielgruppenspezifische Maßnahmen ab, die personen-, arbeitsplatz- oder standortbezogen sein können.

15.3.2.1 Arbeitsmedizinische Vorsorgeuntersuchungen und Sprechstunden

Jährlich werden am Standort Ludwigshafen etwa 50.000 (arbeits-)medizinische Vorsorgeuntersuchungen sowohl auf gesetzlicher Grundlage als auch nach speziellen Betriebsvereinbarungen an definierten Kollektiven durchgeführt.

Diese Untersuchungen werden je nach Tätigkeit in regelmäßigen Abständen durchgeführt und finden in einem für präventive Maßnahmen idealen Alter (ca. 20. – 60. Lebensjahr) statt. Denn gerade in diesem Lebensabschnitt liegen bei vielen Mitarbeitern bereits behandlungsbedürftige Risikofaktoren und/oder Erkrankungen vor, die aber häufig noch unentdeckt sind, da sie meist keine Symptome verursachen (vgl. Abb. 15.2). Bei den Vorsorgeuntersuchungen können diese frühzeitig entdeckt und den Betroffenen konkrete Handlungsempfehlungen gegeben werden. Dafür kann eine im Betrieb angesiedelte,

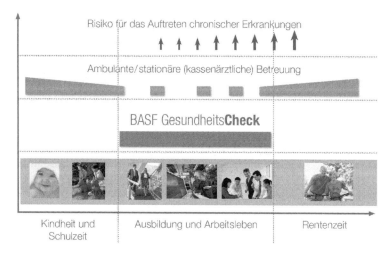

Abb. 15.2 Präventions- und Lebenszyklus, Quelle: Eigene Darstellung

präventionsorientierte Arbeitsmedizin sowohl die Nähe des Betriebsarztes zu den Mitarbeitern als auch die Regelmäßigkeit der Vorsorgeuntersuchungen für eine allgemeine Prävention und nachhaltige Gesundheitsförderung nutzen.

15.3.2.2 Jährliche Gesundheitsaktionen

Neben diesen routinemäßigen Untersuchungen kann zusätzlich durch gezielte Gesundheitsaktionen eine Vielzahl von Mitarbeitern erreicht und somit eine gute Unterstützung für gesundheitsbewusstes Verhalten gegeben werden. In den vergangenen Jahren wurden bei diesen Gesundheitsaktionen Themen wie Übergewicht, Diabetes-Screening, Bluthochdruck-Screening usw. adressiert und viele Mitarbeiter zur Teilnahme motiviert (Oberlinner et al. 2007). Ein umfangreiches Kommunikationskonzept soll dabei jeweils die Mitarbeiter zur Teilnahme an den Aktionen motivieren. Durch Nutzung der Werkszeitung und des firmeneigenen Intranets, Verteilung von Flyern und Plakaten, durch gezielte Information der Vertrauensleute in den Betrieben und durch Gespräche mit den BASF-Werksärzten sollen möglichst viele Mitarbeiter angesprochen werden. Die Untersuchungen erfolgen dabei während der Arbeitszeit. Interventionsmaßnahmen (z. B. Kurse zur Ernährungsberatung) werden finanziell durch das Unternehmen und die pronova BKK (Betriebskrankenkasse) unterstützt.

15.3.2.3 Neuer Ansatz

Basierend auf den Erkenntnissen der betrieblichen Gesundheitsförderung vieler Jahre in der BASF wurde im Rahmen des sog. BASF-Programms *Generations@Work* eine umfassende Planung zur Bewältigung gesundheitlicher Herausforderungen, bedingt durch den demografischen Wandel, erstellt. In diesem Programm hat auch das betriebliche Gesundheitsmanagement einen wichtigen Stellenwert. Ziel war eine Adaptation der bestehenden betrieblichen Gesundheitsschutzorganisation der BASF, angepasst an die Bedürfnisse ei-

Tab. 15.1 Übergeordnete Ziele des BASF Gesundheitsmanagements. (Quelle: Eigene Darstellung)

1	Beitrag zum Erhalt der Beschäftigungsfähigkeit und der Produktivität im Sinne einer „ungestörten Produktion"
2	Frühes Erkennen von bisher unerkannten Krankheiten und Krankheitsrisiken sowie das gezielte Einsetzen von geeigneten Interventionen
3	Stärkung von Eigenverantwortung und persönlicher Gesundheitskompetenz, um die Belegschaft zu einem gesundheitsorientierten Lebensstil (z. B. Reduzierung von Bewegungsdefiziten, Work-Life-Balance) zu mobilisieren = Verhaltensprävention
4	Verbesserung der betrieblichen Gesundheitseinflüsse (Zusammenarbeit, Ergonomie) und Weiterentwicklung der gesundheitsorientierten Führung = Verhältnisprävention

ner alternden Belegschaft, zur Förderung der Gesundheit, des Wohlbefindens und der Leistungsfähigkeit aller BASF Mitarbeiter (Tab. 15.1).

Kernelement der Projektplanung aus Sicht der Prävention ist das Angebot eines *freiwilligen Gesundheits-Checks* als Erweiterung der (arbeitsmedizinischen) Vorsorgeuntersuchungen für alle Mitarbeiter in bestimmten zeitlichen Abständen (z. B. alle 3 Jahre) in der BASF in Ludwigshafen. Dadurch soll eine frühzeitige Identifizierung von gesundheitsschädlichem Verhalten oder Gesundheitsstörungen aller Mitarbeiter erreicht werden. Nach der Ermittlung des (individuellen) Präventionsbedarfs der Mitarbeiter aus den erhobenen medizinischen Daten, werden anschließend Maßnahmen für eine moderne, motivierende Verhaltensprävention („gesunde Mitarbeiter") und unterstützende Verhältnisprävention („gesundes Unternehmen") angeboten. Hier sind die Bereitstellung von maßgeschneiderten Angeboten, z. B. „risikoadaptiertes Präventionsschema" bei Metabolischem Syndrom (Bluthochdruck, Diabetes, Fettstoffwechselerkrankungen), Rückenerkrankungen, Stressbelastung und Work-Life-Balance usw. zu nennen. Alle Aktivitäten werden auf individueller und auf Gruppenebene evaluiert. In einer eigenen Veröffentlichung konnte beispielsweise gezeigt werden, dass die Maßnahmen zur Gesundheitsförderung in der BASF langfristig positive Effekte auf die Gesundheit der Mitarbeiter aufweisen (Ott et al. 2010). Um die Langzeiteffekte von einwöchigen Gesundheits-Seminaren bei den Teilnehmern auf deren Gesundheit und Sterblichkeit zu untersuchen, wurde eine Gruppe von 7.567 Seminarteilnehmern mit einer Kontrollgruppe von 15.744 Nicht-Seminarteilnehmern verglichen. Obwohl bei der Gruppe der Seminarteilnehmer chronische Erkrankungen vor den Seminaren häufiger vertreten waren (dies war teilweise auch der Grund, weshalb die Mitarbeiter an den Seminaren teilgenommen haben), zeigte sich nach einigen Jahren in dieser Gruppe eine signifikante Reduktion (13 %–17 %) der Sterblichkeit (Mortalität) gegenüber der Gruppe von Nicht-Seminarteilnehmern.

15.4 Stärken und Schwächen des Ansatzes

Durch die betriebliche Gesundheitsförderung entsteht ein individueller medizinischer Nutzen für die Mitarbeiter. Hiervon profitieren aber auch die Unternehmen und ganz allgemein das Gesundheitswesen.

Eine kontinuierliche Gesundheitsförderung kann sowohl den Abbau von Gesundheitsrisiken als auch die Schaffung von persönlichen gesundheitsförderlichen Ressourcen erreichen. In enger Abstimmung mit der Schwerbehindertenkommission (in der auch ein Werksarzt Mitglied ist) werden spezielle Präventionsmaßnahmen für Mitarbeiter mit Schwerbehinderungen erarbeitet. So gibt es beispielsweise spezielle Gesundheitsförderungs-Seminare im Kur- und Gästehaus der BASF in Breitnau (Schwarzwald). In diesen Seminaren werden den Mitarbeitern Grundlagen für eine gesunde Lebensweise vermittelt, die sie anschließend in dauerhaften Aktivitäten umsetzen können. Dabei können sie auch die vielen regelmäßigen Angebote des BASF-Gesundheitsförderungszentrums mit dem umfangreichen Kursangebot nutzen.

Eine Herausforderung wird die Implementierung eines betrieblichen Gesundheitsmanagements in kleinen und mittleren Unternehmen sein. Durch das Fehlen von entsprechenden Strukturen sind viele nicht in der Lage, entsprechende Maßnahmen zu etablieren, da die Einführung für kleine und mittelständische Unternehmen mit hohen Kosten verbunden ist.

15.5 Bisherige Erfahrungen

Die dargestellten Elemente des Teilprojekts Gesundheitsmanagement aus *Generations@Work* wurden von Oktober 2008 bis April 2009 in einem Produktionsbereich der BASF in Ludwigshafen mit ca. 1.300 Mitarbeitern getestet und der vorgesehene Managementprozess praktisch erprobt. Im Folgenden werden Ergebnisse dieses Pilotprojekts kurz vorgestellt.

15.5.1 Akzeptanz und Teilnehmerrate

Von 1.250 Mitarbeitern des Produktionsbereichs hatten 1.062 Mitarbeiter insgesamt 1.875 verschiedene Angebote belegt. Die Teilnahmequote betrug über 80 %, was gerade im externen Vergleich für eine Gesundheitsinitiative mit freiwilliger Teilnahme als sehr guter Wert anzusehen ist. Im Vergleich liegt laut Gesundheitsberichterstattung des Bundes die

Tab. 15.2 Kernerkenntnisse des Pilotprojekts. (Quelle: Eigene Darstellung)

1	Sehr hohe Teilnahmequote der Mitarbeiter (> 80 %)
2	Starker Mobilisierungsgrad bisher eher inaktiver Mitarbeiter
3	Stärkung der Eigeninitiative bei den Mitarbeitern
4	Erkennen einer Vielzahl von gesundheitlichen Risikofaktoren und medizinischen Befunden
5	Frühzeitige Intervention, ermöglicht durch persönliche Befundberichte und individuelle Empfehlungen
6	Sachlich inhaltliche Auseinandersetzung der Mitarbeiterteams und der Führungskräfte mit der jeweiligen betrieblichen Gesundheitssituation
7	Hohe Akzeptanz und Wertschätzung seitens der Mitarbeiter, Mitarbeitervertretung, Führungskräfte und der Unternehmensleitung

Teilnahme am gesetzlichen Gesundheits-Check in Deutschland zwischen 10 % (1993) und 26 % (2009).

15.5.2 Gesundheits-Checks und persönliches Gesundheits-Coaching

Insgesamt nahmen 666 Mitarbeiter an einem kompletten Gesundheits-Check in der Abteilung Arbeitsmedizin und Gesundheitsschutz teil. Zusammen mit den 322 durchgeführten arbeitsmedizinischen Vorsorgeuntersuchungen ergibt sich somit eine Gesamtzahl von 988 medizinischen Untersuchungen, sodass zum Ende der Aktion etwa 80 % der Mitarbeiter medizinisch untersucht wurden und jeweils einen persönlichen Befundbericht und individuelle Empfehlungen erhalten hatten. Bei diesen Untersuchungen wurde eine Vielzahl medizinisch behandlungsbedürftiger Befunde neu entdeckt und den Mitarbeitern jeweils individuelle Empfehlungen zum weiteren Vorgehen gegeben. Dies waren z. B. eine umfangreichere medizinische Abklärung in der Abteilung Arbeitsmedizin und Gesundheitsschutz, eine koordinierte Weiterbehandlung bei Haus- und Fachärzten in der Region oder individuelle Maßnahmen, wie Ernährungsberatungen, Rückenkurse, Stressmanagement-Kurse usw. (Tab. 15.2).

15.6 Ausblick

Das Positionspapier der Deutschen Gesellschaft für Arbeits- und Umweltmedizin (DGAUM) und des Vereins Deutscher Betriebs- und Werksärzte (VDBW) „Zukunft der Arbeitsmedizinischen Prävention und Gesundheitsförderung" beschreibt die Möglichkeiten der betrieblichen Gesundheitsförderung und der regelmäßigen arbeitsmedizinischen Vorsorgeuntersuchungen. In beiden Maßnahmen liegt demnach ein wesentliches Potenzial auch zur Prävention allgemeiner chronischer Erkrankungen und Behinderungen. Bei jährlich mehr als 5 Mio. untersuchten Beschäftigten bieten diese regelmäßigen Vorsorgeuntersuchungen eine realistische Möglichkeit für eine relevante Früherkennungsrate beeinflussbarer gesundheitlicher Risiken für große Teile der arbeitenden Bevölkerung. Schließlich soll – im Sinne eines Ausblicks – ein weiterer wichtiger Grund für die Entwicklung eines leistungsfähigen Gesundheitsmanagements im Betrieb Erwähnung finden: Der Wandel des beruflichen Umfeldes und der damit verbundenen Belastungen im Rahmen der Globalisierung.

Zu den klassischen Risiken (physikalischer, chemischer oder ergonomischer Natur) sind psychosoziale Herausforderungen („arbeitsassoziierter Stress") hinzugekommen, die gesonderter präventiver Bemühungen bedürfen. In der BASF wurden hierzu frühzeitig Weichen gestellt. Durch kontinuierliche Mitarbeiterbefragungen können Probleme identifiziert werden, denen dann mit Beratung und Maßnahmen der Verhältnis- und Verhaltensprävention begegnet werden kann (Lang et al. 2007).

Das übergeordnete Ziel einer im Betrieb angesiedelten Prävention und Gesundheitsförderung ist: „Gesunde Mitarbeiter in gesunden Unternehmen".

Hierfür lohnt es sich, mit allen geeigneten und verfügbaren Mitteln ein modernes, leistungsfähiges Gesundheitsmanagement zu entwickeln. In der letzten Standortvereinbarung der BASF in Ludwigshafen wurde aus diesem Grund ein weiterer Ausbau des Gesundheitsmanagements bis zum Jahr 2015 fest verankert.

15.7 Fazit

Prävention und Gesundheitsförderung sind für den Einzelnen wie für die ganze Gesellschaft von Nutzen. Präventive Maßnahmen können Gesundheit, Wohlbefinden und Lebensqualität stärken, indem sie Krankheiten verhindern oder in einem so frühen Stadium aufdecken, dass sie gut behandelbar sind und daraus keine chronischen Erkrankungen oder Behinderungen entstehen. Zusätzlich fördert Prävention die Eigenverantwortung der Bürger für ihre Gesundheit und Arbeitsfähigkeit, und stellt damit ein Investment in das „Humankapital", ähnlich der Bildung, dar (Booz Allen Hamilton und Felix Burda Stiftung 2005).

Prävention ist eine gesamtgesellschaftliche Aufgabe und muss alle Lebensbereiche mit einbeziehen. Vor allem bei der Primärprävention und Früherkennung von Erkrankungen müssen innovative Wege beschritten werden, um die Teilnahmequote an Präventionsmaßnahmen zu erhöhen. Dazu sollten die Menschen vor allem auch in den Lebenswelten (sog. „Settings") angesprochen werden, in denen sie sich alltäglich bewegen. Maßnahmen in jenen Lebensbereichen, wo Menschen in der Regel den größten Teil ihrer Zeit verbringen, beispielsweise dem Arbeitsplatz, gelten deshalb als Erfolg versprechend (Sabinsky et al. 2007).

Am Beispiel der BASF konnte gezeigt werden, dass mit einem modernen betrieblichen Gesundheitsmanagement gute Voraussetzungen für eine risikoadaptierte Prävention und Gesundheitsförderung geschaffen werden können. Für Effizienz und Nachhaltigkeit sind eine Kooperation aller betrieblichen Akteure und eine aktive Mitwirkung der Beschäftigten notwendig.

Eine wichtige Grundvoraussetzung für eine erfolgreiche Gesundheitsförderung im Betrieb ist ferner das Vertrauen der Mitarbeiter.

Literatur

Booz Allen Hamilton, & Felix Burda Stiftung (Hrsg.) (2005). Von der Reaktion zur Prävention – Leitbild für eine moderne Gesellschaft. Studie zum Stand der Prävention in Deutschland. http://www.schmidtconsult.ch/archpub1/wear4_mearb_GesundheitsPraeventionD_Burda_BAH_Juli05.pdf. Zugegriffen: 28. Juli 2011.

Gesundheitsberichterstattung des Bundes. (2006). Gesundheit in Deutschland. http://edoc.rki.de/documents/rki_fv/relXEvoVYRBk/PDF/29CTdE8YupMbw75.pdf. Zugegriffen: 28. Juli 2011.

Lang, S., Neumann, S., Neff, T., Schmitt, A., & Zober, A. (2007). Stressmanagement in einem Großunternehmen der chemischen Industrie – Ein Update bisheriger Aktivitäten. *Arbeitsmedizin Sozialmedizin Umweltmedizin, 42*(6), 342–347.

Oberlinner, C., Lang, S., Germann, C., Trauth, B., Eberle, F., Pluto, R., Neumann, S., & Zober, A. (2007). Prevention of overweight and obesity in the workplace. BASF-health promotion campaign „trim down the pounds–losing weight without losing your mind". *Gesundheitswesen, 69*(7), 385–392.

Ott, M. G., Yong, M., Zober, A., Nasterlack, M., Messerer, P., Pluto, R. P., Lang, S., & Oberlinner, C. (2010). Impact of an occupational health promotion program on subsequent illness and mortality experience. *International Archives of Occupational and Environmental Health, 83*(8), 887–894.

Sabinsky, M. S., Toft, U., Raben, A., & Holm, L. (2007). Overweight men's motivations and perceived barriers towards weight loss. *European Journal of Clinical Nutrition, 61,* 526–531.

World Health Organization Europe. (2011). Proposed Second WHO European Action Plan for Food and Nutrition Policy 2007–2012. +http://www.euro.who.int/en/what-we-do/health-topics/noncommunicablediseases/obesity/publications/pre-2009/who-european-action-plan-for-food-and-nutrition-policy-2007-2012. Zugegriffen: 28. Juli 2011.

Teil VII
Führung und Kultur

16

Das „Humanprogramm" von bauMax (Klosterneuburg) – eine systematische Zusammenarbeit mit lokalen Behindertenorganisationen

Michael Fembek

Inhaltsverzeichnis

16.1 Vorstellung des Unternehmens 226
16.2 Entwicklung des Ansatzes 227
16.3 Beschreibung des Ansatzes 229
16.4 Stärken und Schwächen des Ansatzes 231
      16.4.1 Stärken 231
      16.4.2 Schwächen 233
16.5 Bisherige Erfahrungen 233
16.6 Ausblick 235
Literatur 236

Zusammenfassung

Die bauMax AG ist ein international tätiges Bauhandelsunternehmen in Familienbesitz, das rund 11.000 Mitarbeiter in neun Ländern beschäftigt, darunter rund 250 Menschen mit Behinderung, vorwiegend mit geistigen und psychischen Behinderungen. In Österreich sind es rund 160 von insgesamt rund 4.400 Beschäftigen. Ganz gezielt werden solche Menschen aufgenommen, denen es ansonsten aufgrund ihrer Behinderung nicht möglich ist, auf dem ersten Arbeitsmarkt eine Beschäftigung zu finden. Ziel ist es, in jedem bauMax-Markt zumindest einen Menschen mit einer solchen Art von Behinderung zu integrieren. Das „bauMax-Humanprogramm" ist aus der Zusammenarbeit der einzelnen bauMax-Märkte mit Behindertenorganisationen

M. Fembek (✉)
bauMax AG, Essl Foundation, Aufeldstraße 17–23, 3400 Klosterneuburg, Österreich
E-Mail: michael_fembek@baumax.com

und -einrichtungen entstanden und über verschiedenste Kooperationen weiterhin darin eingebettet. Das historisch gewachsene Engagement für Menschen mit Behinderung ist seit Langem im Unternehmensleitbild festgehalten und ein wesentlicher Bestandteil der langfristigen Unternehmensstrategie. Aufgrund der demografischen Entwicklungen und der damit verbundenen Alterung der Bevölkerung werden immer mehr Menschen unterschiedliche Arten von Einschränkungen aufweisen. Für den Handel wird dies in Zukunft eine immer wichtigere Zielgruppe darstellen; barrierefreie Produkte und Dienstleistungen rücken zweifellos stärker in den Mittelpunkt.

Im Jahr 2011 hat das Unternehmen eine wissenschaftliche Studie durchführen lassen, die gezielt die Erfolgs- und Misserfolgsfaktoren der Integration von Mitarbeitern mit Behinderungen untersucht. Die wichtigsten Ergebnisse sind in diesem Beitrag enthalten.

16.1 Vorstellung des Unternehmens

Die bauMax-Unternehmensgruppe ist ein international tätiges Familienunternehmen, das seine Geschäftstätigkeit im Jahr 1976 in Österreich startete. bauMax ist ein Einzelhandelsunternehmen, das sich auf den Handel von Bau- und Heimwerkerprodukten spezialisiert hat.

Gegründet wurde das Unternehmen von Prof. Karlheinz Essl im Jahr 1976 durch die Eröffnung des ersten HobbyMax in Kindberg/Steiermark. 1977 wurde schließlich der erste Markt namens bauMax in Bruck/Mur eröffnet. Heute ist das Unternehmen in neun Ländern tätig und betreibt 159 bauMax-Märkte (Stand 2011). Mit 66 Filialen ist Österreich nach wie vor der größte Markt. Die anderen Länder, in denen bauMax tätig ist, sind Tschechien, die Slowakei, Ungarn, Slowenien, Kroatien, Rumänien, Bulgarien und seit 2010 auch die Türkei.

Etwa 50 Mio. zahlende Kunden zählt bauMax pro Jahr unternehmensweit. Im Jahr 2011 machte das Unternehmen mit rund 11.000 Mitarbeitern einen Jahresumsatz von 1,52 Mrd. €.

Im Leitbild der bauMax AG ist die christliche Ethik als geistiges Fundament der unternehmerischen Tätigkeit verankert. Fairness zu Geschäftspartnern, Zufriedenheit der Kunden und Mitarbeiter sowie nachhaltiges Wirtschaften zählen zu den unternehmerischen Eigenschaften, auf denen das Unternehmen beruht.

Kernthema des sozialen Engagements des Unternehmens ist die Beschäftigung von Menschen mit Behinderung und die Zusammenarbeit mit Behindertenorganisationen in allen Märkten der Unternehmensgruppe.

Je nach Zählweise sind im Unternehmen unter den 11.000 Mitarbeitern rund 200 bis 250 Mitarbeiter mit Behinderung beschäftigt. Rund 2 % der Mitarbeiter weisen also Behinderungen unterschiedlicher Art auf, mit Schwerpunkt auf geistiger und psychischer Behinderung (Abb. 16.1).

Abb. 16.1 Impressionen des bauMax Integrationstages 2011

16.2 Entwicklung des Ansatzes

Die Beschäftigung von Menschen mit Behinderung bei bauMax ist historisch gewachsen. Im Unterschied zu vielen anderen Organisationen oder Unternehmen, die sich für Menschen mit Behinderung engagieren, ist das Engagement nicht ursächlich mit der persönlichen und emotionalen Begegnung der Unternehmensleitung oder der Eigentümer mit diesem Thema verknüpft. Aufgrund der christlich-ethischen Grundeinstellung war es der Familie Essl immer ein Anliegen, bei Mitarbeitern im Unfalls- oder Krankheitsfall eine sozial verträgliche Lösung zu finden. So kam es auch, dass sich das Unternehmen immer stärker mit dem Thema der Behinderung auseinandersetzte und schließlich das sogenannte „bauMax-Humanprogramm" startete.

War es zu Beginn die Suche nach individuellen Lösungen, zu denen fallweise auch die Weiterbeschäftigung von Menschen mit Behinderung gehörte, so kam sehr bald die Zusammenarbeit mit lokal tätigen Behindertenorganisationen im regionalen Umfeld der bauMax Märkte – vorerst in Österreich – dazu.

Vor rund 20 Jahren wurde diese Zusammenarbeit mit Behindertenorganisationen zu einer der sozialen Hauptaktivitäten des Unternehmens. Als großes Handelsunternehmen ergeben sich dadurch mehrere Ansatzpunkte:

- der Verkauf von Waren, die von Behinderteneinrichtungen oder Behindertenwerkstätten produziert werden, in den Märkten;
- die Möglichkeit der Abhaltung von Oster- oder Weihnachtsmärkten im Eingangs- und Außenbereich der Märkte, wo Behindertenorganisationen ihre Waren verkaufen können;

- die Zusammenarbeit durch Vergabe von Dienstleistungsaufträgen an Behinderteneinrichtungen für diverse Hilfsarbeiten wie Pflege von Parkraum, Grünanlagen, Regalbetreuung, Reinigung etc.

Schließlich entschloss man sich dazu, dass jede bauMax-Filiale, zunächst in Österreich und dann in der gesamten Gruppe, mit einer Behindertenorganisation zusammenarbeiten soll. Die Art der Zusammenarbeit war (und ist) den Märkten dabei freigestellt. Im Rahmen dieser Kooperationen waren einige Märkte dazu übergegangen, Mitarbeiter mit Behinderungen ganz gezielt in bauMax Märkten zu beschäftigen. Dies wird durch das Engagement einzelner Marktleiter oder Führungskräfte in den Märkten genauso gefördert, wie durch die gute Kenntnis der Arbeit der Behindertenorganisationen und auch deren Klienten. Diese Kombination machte es möglich, Mitarbeiter mit Behinderung ganz gezielt in vollwertige Arbeitsverhältnisse aufzunehmen, ohne dabei zu große Risiken in Bezug auf nicht gelungene Integrationen einzugehen.

2003 war das europäische Jahr für Menschen mit Behinderung. Dies nahm bauMax zum Anlass, die Beschäftigung von Menschen mit Behinderung im Unternehmen auszudehnen. Ziel war es, dass jeder bauMax-Markt mindestens einen Mitarbeiter mit geistiger oder psychischer Behinderung in sein Team integriert, weil diese Menschen kaum einen Arbeitsplatz im ersten Arbeitsmarkt finden. Gleichzeitig wurde damit begonnen, Mitarbeiter mit Behinderung auch für zentrale Abteilungen aufzunehmen. Mittlerweile sind in den meisten bauMax-Märkten in Österreich und in den acht anderen Ländern Menschen mit Behinderung beschäftigt, wobei es jedoch zwischen den einzelnen Ländern und zwischen den einzelnen Märkten auch größere Unterschiede gibt. Dies ist vor allem durch die Entscheidungsfreiheit entstanden, die den Landesverantwortlichen und Marktleitern bei der Umsetzung des Programms innerhalb der Rahmenbedingungen gegeben wird. So sind in manchen Ländern insgesamt signifikant mehr Menschen mit Behinderung beschäftigt als in anderen. Zudem wurden unterschiedliche Schwerpunkte bei Arten und Schwere der Behinderung gesetzt. Sehr unterschiedliche Varianten der Kooperation zwischen den bauMax-Märkten und den Behindertenorganisationen sind so entstanden (genauere Daten werden nicht publiziert).

Zum beschriebenen kontinuierlichen Ausbau und zum Wachstum des Behindertenbeschäftigungsprogramms bei bauMax haben folgende Faktoren beigetragen:

- das Engagement der Mitarbeiter bei der Integration von Menschen mit Behinderung in die Arbeitswelt;
- die Akzeptanz der Kunden;
- die Zusammenarbeit mit und die laufende Unterstützung durch verschiedene Behindertenorganisationen, sowie durch das Bundessozialamt (zentrale Verwaltungsbehörde für die Anliegen von Menschen mit Behinderungen), speziell bei Förderungen, und durch das AMS (der staatlichen österreichischen Arbeitsmarktvermittlung), die alle bei der Vermittlung von potenziellen Mitarbeitern unterstützen.

16.3 Beschreibung des Ansatzes

Seit einigen Jahren verfolgt bauMax wie eingangs erwähnt das Ziel, in jedem Markt zumindest einen Menschen mit Behinderung zu beschäftigen.

Die Mitarbeiter mit geistigen oder psychischen Behinderungen werden meistens durch längere Bekanntschaften mit befreundeten Behinderteneinrichtungen oder -organisationen akquiriert. In vielen Fällen sind diese auch durch die verschiedenen Arten der Zusammenarbeit im Markt bereits lange persönlich bekannt.

Die Behindertenorganisation trifft implizit oder explizit eine Vorauswahl unter ihren Klienten, die für eine Beschäftigung bei bauMax geeignet erscheinen. Sie ist gleichzeitig bis zu einem gewissen Maß auch ein „Sicherheitspolster", falls eine Integration nicht funktioniert. Die Intensität dieser Zusammenarbeit ist allerdings sehr unterschiedlich. Große Sozialeinrichtungen, die selbst auch Einrichtungen betreiben (z. B. Diakonie, Caritas), haben dafür beispielsweise andere Ansätze als jene, welche die Unterbringung im Familienkreis fördern (z. B. Lebenshilfe).

Die Palette der Gemeinschaftsaktivitäten mit den Sozialorganisationen wird, als starkes Umfeld für die Beschäftigung der Mitarbeiter mit Behinderung, generell weiter ausgebaut. So findet beispielsweise in allen Märkten der gesamten Unternehmensgruppe jedes Jahr im Oktober der „Aktionstag" statt. An diesem Tag werden gemeinsame Aktivitäten zwischen den bauMax-Teams in den Märkten und den Behindertenorganisationen mit ihren Klienten entwickelt, die von der Mitarbeit in den Märkten, Verkaufsaktivitäten und Führungen bis zu gemeinsamen Festen reichen.

Die typischen Arbeitsfelder für Mitarbeiter mit Behinderung in den bauMax Märkten sind

- der Gartenbereich, wo typischerweise Pflanzen gepflegt und gewässert werden;
- der Bereich des Wareneingangs, wo Waren gelagert werden, aus dem Lager in den Verkaufsbereich transportiert werden müssen und alle damit verbundenen Arbeiten;
- der Kassen- und Parkplatzbereich, wo die Mitarbeiter mit Behinderung den Kunden beim Verpacken und Verräumen der Waren behilflich sind;
- Verpackungsentsorgung und das Zurückbringen von Ware, die von Kunden retourniert wurden;
- in Einzelfällen auch das Führen von kleinen Verkaufsgesprächen und Beratungen.

Darüber hinaus sind auch in den bauMax-Zentralen (in der Zentrale in Klosterneuburg wie auch in den anderen Landeszentralen) Menschen mit Behinderung beschäftigt. Hier finden sie verschiedene Einsatzmöglichkeiten wie in der IT, in der Buchhaltung, im Marketing und im Callcenter, um nur einige zu nennen.

Mitarbeiter mit Behinderung werden wie jeder andere Mitarbeiter nach Kollektivvertrag angestellt und bezahlt. Sie erhalten grundsätzlich auch dieselben Sozialleistungen wie alle anderen Mitarbeiter.

Manche Mitarbeiter mit (schwereren körperlichen) Behinderungen benötigen zur Ausübung ihrer Arbeit mehr Unterstützung (z. B. Essen und Trinken, WC-Besuch etc.). Für diese bestimmten Tätigkeiten kann ein persönlicher Assistent am Arbeitsplatz angefordert werden, der täglich über einen gewissen Zeitraum anwesend ist und „mitarbeitet". Hier kooperiert bauMax nach Bedarf mit den staatlich geförderten Angeboten.

Von zentraler Bedeutung für eine gelungene Integration eines Mitarbeiters mit Behinderung ist die Unterstützung durch das Team im jeweiligen bauMax-Markt vor Ort. Den Marktleitern und den Teamleitern (die für bestimmte Produktbereiche wie Bauen, Wohnen oder Garten verantwortlich sind) kommt hier eine besondere Verantwortung zu. Insbesondere liegt es an ihnen, den Mitarbeitern mit Behinderung ein geordnetes, strukturiertes und überschaubares Arbeitsfeld zu bieten – aus der Erfahrung, dass diese Mitarbeiter dies besonders benötigen. Auf das für die Führungskräfte und „Mentoren" notwendige Umfeld wird im Kapitel „Erfahrungen" eingegangen.

Das Unternehmen bauMax ermöglicht vielen Jugendlichen mit Behinderung eine Ausbildung (Lehre bis max. 4 Jahre), von denen ein großer Anteil jährlich übernommen wird. Dies kann als eine Methode der „behutsamen Integration" von Mitarbeitern gesehen werden, wodurch Misserfolgserlebnisse für alle Beteiligten so weit wie möglich vermieden werden können.

Seit der Gründung des „bauMax-Humanprogramms" war eine eigene Person für die Angelegenheiten von Mitarbeitern mit Behinderung zuständig. Seit dem Jahr 2010 gibt es die „Abteilung Soziales", die direkt dem Unternehmensvorstand unterstellt ist. Diese Abteilung kümmert sich um die Weiterentwicklung und Förderung der Aktivitäten rund um die Beschäftigung von Menschen mit Behinderung; agiert aber auch als Eskalationsstufe, falls es in der Zusammenarbeit zu Problemen kommt. Beispielsweise vermittelt die „Abteilung Soziales" geeignete Arbeitsassistenzen oder Job-Coaches, Arbeitsmediziner oder auch professionelle psychologische Beratung für alle von einem Konflikt Betroffenen. Falls es zu Trennungen von Mitarbeitern mit Behinderung kommt, ist ebenfalls die „Abteilung Soziales" gemeinsam mit der Personalabteilung involviert.

Die bauMax AG fördert die Beschäftigung von Menschen mit Behinderung auch dadurch, dass Märkte, die sich besonders engagieren, in ihren Aktivitäten gefördert werden. Beispielsweise gibt es den bauMax-internen Wettbewerb „Human Award", der alle zwei Jahre vergeben wird. Es werden dabei besonders engagierte Märkte und ihre Marktleiter, die sich durch außergewöhnliche, innovative oder besonders engagierte Modelle für die Beschäftigung oder für die Zusammenarbeit mit Behindertenorganisationen eingesetzt haben, ausgezeichnet.

In einem streng betriebswirtschaftlich geführten Unternehmen wird die Produktivität unter anderem durch zahlreiche Vergleiche der Rentabilität und Produktivität einzelner Märkte sichergestellt. Märkte, die eine größere Zahl von Menschen mit Behinderung beschäftigen, sind mit der Tatsache konfrontiert, dass diese aus der Sicht der Kostenrechnung nicht die gleiche Arbeitsleistung erbringen können (z. B. sind öfter Ruhepausen nötig, die körperliche Einsatzmöglichkeit und das Arbeitstempo können eingeschränkt sein oder fachlich beratende Aktivitäten gegenüber Kunden können sehr selten übernommen werden). Um diese Marktleiter und Märkte nicht zu benachteiligen, wurde in den letzten Jahren ein System entwickelt, in dem die Beschäftigung von Menschen mit Behinderung aus diversen internen Vergleichs-Kennzahlen herausgerechnet wird. Dies auch im Bewusstsein, dass viele der Vorteile bei der Beschäftigung von Menschen mit Behinderung, wie zum Beispiel die höhere Arbeitsmotivation aller Mitarbeiter in einem Markt, sich nicht direkt an solchen Umsatz- und Ertragskennzahlen ablesen lassen.

Förderungen für die Beschäftigung von Menschen mit Behinderung sowie umgekehrt die Pflicht zur Bezahlung der „Ausgleichstaxe" (in österreichischen Unternehmen mit mehr als 20 Mitarbeitern müssen 4 % der Arbeitsplätze mit Mitarbeitern mit Behinderung besetzt werden. Wird dies nicht erfüllt, so muss jährlich eine Zahlung an den Staat in Höhe von derzeit 345 € pro Monat pro fehlendem Mitarbeiter erfolgen) spielen für das „bauMax-Humanprogramm" nur eine untergeordnete Rolle. Hier sei allerdings Ungarn als Ausnahme erwähnt, wo seit dem Jahr 2011 die „Ausgleichstaxe" gesetzlich so stark angehoben wurde, dass dies zu einem „Run" auf Mitarbeiter mit Behinderung geführt hat, da deren „Nichtbeschäftigung" (oder die Unterschreitung der vorgeschriebenen Grenzen) de facto mehr kostet als die Beschäftigung.

Das vielzitierte Problem der „Unkündbarkeit" ist ebenso im unternehmerischen Alltag ein stark untergeordnetes Thema. Falls es zu Trennungen kommt, geschieht dies überwiegend im Einvernehmen aufgrund nicht (mehr) vorhandener Arbeitsfähigkeit. In der Praxis der vergangenen Jahre waren auch die Mitarbeiter mit Behinderung selbst (sowie auch bisweilen deren Erziehungsberechtigte, Sachwalter usw.) davon überzeugt, dass eine Weiterbeschäftigung nicht sinnvoll sei.

Selbstverständlich versucht man bei schwierigen Situationen und Problemen (Krisen) im Vorfeld Lösungen zu finden. Dabei zieht bauMax Arbeitsassistenten (kurzfristig) oder Job-Coaches (bis zu einem halben Jahr) als Unterstützung im Markt hinzu. Diese „Unterstützer" sind ausgebildete Sozialarbeiter, Sozialpädagogen oder Psychologen und stehen jedem Unternehmen kostenlos für Mitarbeiter mit Behinderung zur Verfügung. Aufgaben können sein: Arbeitsabläufe zu verbessern bzw. zu trainieren, Missverständnisse aufzuklären, mit Mitarbeitern ärztliche Abklärungen zu machen etc.

16.4 Stärken und Schwächen des Ansatzes

Im Folgenden sollen einige zentrale Stärken und Schwächen des Ansatzes von bauMax überblicksartig dargestellt werden.

16.4.1 Stärken

- Das bauMax-Modell ist speziell für Menschen mit geistiger und psychischer Behinderung geeignet, die es ansonsten sehr schwer haben, einen Arbeitsplatz im ersten Arbeitsmarkt zu finden;

- Das „bauMax-Humanprogramm" ist ein über mehrere Jahre gewachsenes Modell, das in vielen bauMax-Märkten erfolgreich angewandt wird;
- Das Modell der Beschäftigung bei bauMax ist ein integriertes Konzept, in das auch Behinderteneinrichtungen und -organisationen sowie Behörden und Assistenzeinrichtungen eingebunden sind. Die Mitarbeiter mit Behinderung sind gleichwertige Mitglieder des bauMax-Teams im jeweiligen Markt oder in den Zentralen. Bei Bedarf und auf Wunsch können allerdings auch andere Bezugspersonen einbezogen werden (Behindertenorganisationen, Arbeitsassistenzen etc.);
- Die Beschäftigung der Menschen mit Behinderung bei bauMax ist kein Sozialmodell, welches das Unternehmen „nur Geld kostet" und in diesem Sinne irgendwann einmal aus Kostengründen eingestellt werden könnte. Die Beschäftigung von Menschen mit Behinderung ist ein integrierter Bestandteil der bauMax-Unternehmenskultur, der aus den meisten bauMax-Märkten nicht wegzudenken ist. Märkte, in denen eine Integration gut gelungen ist, können von einem verbesserten Betriebsklima, von einem sorgsameren und umsichtigeren Umgang der Mitarbeiter untereinander, aber auch mit den Kunden, berichten. Aus der Befragung von Kunden ist durchaus feststellbar, dass diese das soziale Engagement des Unternehmens bemerken und zu einem größeren Teil begrüßen. Nicht nur generell, sondern auch im Einzelfall: In vielen Märkten ist es Tatsache, dass bauMax-Stammkunden längst „ihre" Mitarbeiter mit Behinderung verlangen, die sich häufig durch eine besondere Zuwendung oder detailreiches Fachwissen auszeichnen. Das bauMax-Callcenter, bei dem alle Anregungen und Beschwerden der Kunden zentral eingehen, kann von einem fast ausschließlich positiven Feedback der Kunden berichten, wenn Sie mit den Mitarbeitern mit Behinderung in Kontakt kommen. Diese „Soft Facts" sind natürlich nur schwer zu quantifizieren und in „harte Ertragszahlen" umzurechnen;
- Für bauMax ist die Zusammenarbeit mit Behindertenorganisationen und die Beschäftigung von Menschen mit Behinderung auch langfristig strategisch sinnvoll. Durch die demografische Entwicklung, die durch eine alternde Gesellschaft geprägt ist, wird in Zukunft ein wachsender Bevölkerungsteil von verschiedensten Arten von Behinderungen betroffen sein. Für den Handel ist dies eine in der Zukunft immer wichtigere Zielgruppe, der man als Unternehmen, das hier besondere Kenntnisse und Kontakte aufweist, besonders gut begegnen kann. Derzeit wird beispielsweise daran gearbeitet, die ersten Märkte umfassend barrierefrei zu gestalten und auch das Produkt- und Dienstleistungsangebot entsprechend zu erweitern; eine Eigenmarke für barrierefreie Produkte war bei Drucklegung in Entwicklung. Hier ist insbesondere relevant, dass die Akzeptanz bei Mitarbeitern für die speziellen Bedürfnisse von Menschen mit Behinderung grundsätzlich gegeben ist, zumal es bei Barrierefreiheit häufig ja nicht um räumliche Barrieren geht, sondern um Assistenz und Dienstleistung;
- Die Möglichkeit, Verantwortung zu übernehmen, ist einer der wichtigsten Motivationsfaktoren für Mitarbeiter von Unternehmen. Durch die Zusammenarbeit mit Menschen mit Behinderung kann hier bei gelungenen Integrationen auch für nicht-behinderte Mitarbeitern eines Marktes ein Umfeld geboten werden, indem sie für schwächere Mitarbeiter vorbildhaft agieren können.

16.4.2 Schwächen

- Zu den Schwächen des „bauMax-Humanprogramms" zählt, dass überwiegend ungelernte Menschen mit Behinderung für einen Arbeitsplatz zur Verfügung stehen. Dies hat zum einen damit zu tun, dass es kaum gut ausgebildete Menschen mit Behinderung auf dem Arbeitsmarkt gibt, die in einem Handelsunternehmen Beschäftigungsmöglichkeiten finden können. Es liegt aber auch daran, dass die vorhandenen Arbeitsmöglichkeiten eher ungelernte Arbeitskräfte favorisieren, wie die Beschäftigung in der Gartenabteilung, in der Warenübernahme oder in der Assistenz für Kunden. Hier könnten sich durch intelligente langfristige Kooperationen mit Behinderten- oder Ausbildungseinrichtungen noch Verbesserungsmöglichkeiten ergeben;
- Das bauMax-Modell des Humanprogramms ist sehr stark auf die Verantwortung des Marktleiters und seiner Führungskräfte in den Baumärkten ausgelegt. Es liegt im Wesentlichen an ihnen, die Integration eines Mitarbeiters zu fördern. Dies ist zum einen unumgänglich, weil jede zentralistische Anweisung in den Märkten nicht in dem Maße angenommen würde, wie ein Appell an ihre persönliche Verantwortung. Dies führt umgekehrt dazu, dass es zwischen den einzelnen Märkten zu größeren Unterschieden kommt. In Zukunft werden Anstrengungen darauf ausgerichtet, die Erfolgsfaktoren von „gut gelungenen Integrationen" auch in anderen Märkten umzusetzen. Ähnliches gilt auch für den Vergleich zwischen den einzelnen Ländern, in denen bauMax tätig ist, wo es ebenfalls größere Unterschiede in der Umsetzung gibt;
- Der bauMax-Ansatz der Integration von Mitarbeitern mit Behinderung ist sehr eindimensional auf diesen Bereich fokussiert. Modernere Integrations- und Inklusionsansätze anderer Unternehmen bemühen sich, eine umfassendere Sichtweise zu entwickeln. Neben Mitarbeitern mit Behinderung beziehen sich solche Integrationsbemühungen häufig gleichzeitig auf Menschen mit Migrationshintergrund oder andere sozial Schwache, oder favorisieren die Gleichbehandlung beider Geschlechter im Unternehmen. Speziell das Thema Mitarbeiter mit Migrationshintergrund ist in Zukunft für ein Unternehmen, das im Handel tätig ist, wichtig. Denn auch hier treffen sich die soziale Verantwortung eines Unternehmens mit seinen langfristigen geschäftspolitischen Interessen. Menschen mit Migrationshintergrund können in einem Handelsunternehmen sowohl im Einkauf als auch im Verkauf ihre Stärken ganz bewusst einsetzen.

16.5 Bisherige Erfahrungen

Die historisch gewachsene Beschäftigung von Menschen mit Behinderung ist für bauMax zu einem integrierten Bestandteil der Unternehmenskultur geworden. Sie ist bei den meisten Märkten aus dem beruflichen Alltag nicht wegzudenken. Mitarbeiter mit und ohne Behinderung haben in den letzten Jahren gelernt, damit umzugehen und sind damit vertraut.

Durch die Etablierung der „Abteilung Soziales" in der Unternehmenszentrale sowie den Verantwortlichen für das Humanprogramm in den Landeszentralen ist es gelungen, das „bauMax-Humanprogramm" weiterzuentwickeln, Stärken zu verbessern und Schwächen zu reduzieren.

Größte Verantwortung bleibt aber bei den unmittelbar für die Mitarbeiter mit Behinderung in den Märkten zuständigen Führungskräften, den Marktleitern und den Teamleitern.

Aufgrund der wachsenden Bedeutung des „bauMax-Humanprogramms" und der wachsenden Zahl der Mitarbeiter mit Behinderung, die im gesamten Unternehmen beschäftigt sind, hat sich die Unternehmensführung dazu entschlossen, eine wissenschaftliche Untersuchung in Auftrag zu geben, in der die Erfolgs- und Misserfolgsfaktoren der beruflichen Integration von Menschen mit Behinderung bei bauMax evaluiert werden.

Die Studie wurde im Juni und Juli 2011 von Prof. Rainer Loidl vom FH Johanneum in Graz durchgeführt und wurde der Unternehmensleitung Ende 2011 präsentiert. Befragt wurden Mitarbeiter mit Behinderung selbst sowie deren unmittelbare Vorgesetzte und Marktleiter, genauso wie fallweise Arbeitsassistenten/Job-Coaches. Insgesamt wurden 52 Interviews in ganz Österreich durchgeführt, wobei 18 Menschen mit Behinderung befragt wurden.

Im Rahmen der empirischen Auswertungen innerhalb des Beschäftigungsprogramms in Österreich zeigte sich, dass 3,68 % der Mitarbeiter zum gewählten Stichtag eine Behinderung aufwiesen (158 von 4.291), davon 10 integrative Lehrlinge. 46 davon waren weiblich, 112 männlich, 61 arbeiteten Teilzeit und 97 Vollzeit. Die durchschnittliche Zugehörigkeit zum Unternehmen betrug 8,49 Jahre (gegenüber 4,54 Jahre beim Gesamtunternehmen). Die durchschnittliche Wochenarbeitsstundenanzahl lag bei 33,7 Stunden (gegenüber 34,25 Stunden im Gesamtunternehmen). Regional gesehen war mehr als die Hälfte in den drei Bundesländern Wien, Niederösterreich und Burgenland beschäftigt.

Als ganz wesentliches Element für eine gelungene Integration wird die erste Phase im betrieblichen Einstieg bzw. Integrationsprozess genannt. Demzufolge ist gerade für die Betroffenen eine schrittweise und ihren Fähigkeiten entgegenkommende Einführung in ihren Aufgabenbereich und weitere Aufgabengebiete erforderlich. Fehler, die in der Einstiegsphase gemacht werden, sind später nur schwer zu korrigieren. Die Begleitung muss durch Job-Coach und Arbeitsassistenz ausreichend lang sein. Drei bis sechs Monate wurden als empfehlenswert genannt, um auch die zu erwartende erste Phase der „Ernüchterung" nach der „Anfangseuphorie", die bei vielen – auch nicht behinderten – Menschen nach sechs bis acht Wochen auf dem neuen Arbeitsplatz beginnt, noch abzufangen.

Als eine der wichtigsten Erkenntnisse bestätigte die Studie die Bedeutung der Mentoren für den Integrationsprozess: Die richtige Auswahl, aber auch die Schulung und die Vernetzung untereinander zum regelmäßigen Erfahrungsaustausch und „Peer-to-peer"-Lösungen bei auftretenden kleineren Problemen sind zentral. bauMax wird deshalb entsprechende Schulungsangebote und regelmäßige Treffen von Mentoren weiter intensivieren und dabei auch die Marktleiter einbinden.

Die Studie unterstreicht einmal mehr auch die Bedeutung der Markt- und Teamleiter: „Ansprechpartner für die Betroffenen ist und bleibt infolge zumeist die Teamleitung oder auch eine Führungskraft, die mit der Agenda des Humanprogramms befasst ist bzw. an die diese aus eigenem Wunsch von der Marktleitung delegiert ist. Diese Ansprechperson spielt eine bedeutsame und integrale Rolle" (Loidl und Sorgo 2011).

Wie in allen Arbeits- und Unternehmensbereichen ist die Kommunikation untereinander von überragender Bedeutung. Bei der Zusammenarbeit von Menschen mit und ohne Behinderung bedeutet das etwa, dass gleichzeitig am Abbau des „Helfersyndroms" (bei den nicht behinderten Mitarbeitern) und des „Behindertenbonus" (bei den Mitarbeitern mit Behinderung) gearbeitet werden muss. Mitarbeiter mit Behinderung sind beispielsweise sehr darauf bedacht, dass ihre Privatsphäre gewahrt wird und man ihnen nicht permanent mit „guten Ratschlägen" begegnet. Gleichzeitig müssen sie dazu bereit sein, sich selbst als Arbeitskraft mit Pflichten und Verantwortung wahrzunehmen, und auf dieser Basis und nicht als „Unterprivilegierter" zu agieren. In vielen Fällen kommt es dazu, weil Mitarbeiter mit Behinderung auch bereits eine „Vorgeschichte von Demütigungen haben" und solchen auch im Privatleben immer wieder ausgesetzt sind.

Als erste Anhaltspunkte für nicht gut funktionierende Integrationen führt der Zwischenbericht den Vertrauensverlust zwischen dem Mitarbeiter mit Behinderung und seinem „Mentor" an. Aus der Sicht der Marktleitung kommt es zu schlechter werdender Arbeitsleistung oder auch häufig zu nicht nachvollziehbaren Aggressionsanfällen. Aus der Sicht der betroffenen Mitarbeiter ist dies hingegen häufig gar nicht so. Wenn ja, sehen diese die Ursachen in unklaren oder widersprüchlichen Anweisungen, oder im Mobbing.

Als sehr unterschiedlich hat sich in der Studie auch die Qualität der angebotenen Unterstützung durch die lokale Arbeitsassistenz erwiesen. Dies liegt daran, dass diese Aufgaben von keiner homogenen Personengruppe wahrgenommen werden, sondern Arbeitsassistenz und Job-Coaches regional ganz unterschiedlich strukturiert sind.

16.6 Ausblick

Auf Basis der Erkenntnisse der wissenschaftlichen Arbeit soll das „bauMax-Humanprogramm" in den nächsten Jahren weiterentwickelt werden. Ziel ist es, die gewonnenen Erkenntnisse über Erfolgs- und Misserfolgsfaktoren in Österreich sowie in den anderen Ländern anzuwenden und alle Prozesse zu verbessern und darauf abzustimmen.

Auch die Zusammenarbeit mit Sozial- und Behindertenorganisationen soll als ein integrativer Bestandteil des „bauMax-Humanprogramms" weiter verbessert werden. So könnte beispielsweise über alternative Arbeitsformen nachgedacht werden, die gemeinsam mit Sozialorganisationen entwickelt werden. Diese alternativen Arbeitsformen können von der Produktion von Waren, über die Leistung verschiedener Assistenzdienste, bis zu Beratungen und Leistungen für die Produkt- und Dienstleistungspalette von bauMax führen.

BauMax denkt auch daran, das Know-how rund um die Beschäftigung mit Behinderung so aufzubereiten, dass andere Unternehmen daran teilhaben und davon profitieren können. Eine Möglichkeit besteht darin, gemeinsam mit dem Bundessozialamt und/oder anderen Sozialorganisationen Beratungs- und Seminarmodule zu entwickeln, in denen dieses Wissen weitergegeben wird.

Auch die hieraus entstehende Kompetenz rund um die Anliegen von Menschen mit Behinderung dienen letztendlich der unternehmerischen Strategie von bauMax, dem Markt barrierefreier Dienstleistungen und Produkte in Zukunft viel größere Beachtung zu schenken.

Literatur

Loidl, R., & Sorgo, J. (2011). **Humanprogramm bauMax** – Evaluation, berufliche und betriebliche Integration von Menschen mit Behinderung in bauMax-Märkten in Österreich, Zwischenbericht.

Vielfalt als zentrale Unternehmensphilosophie bei Dow Chemicals (Zürich)

17

John Carton und Rachel Lee

Inhaltsverzeichnis

17.1	Vorstellung von The Dow Chemical Company	238
17.2	Entwicklung des Ansatzes: Weiterentwicklung der Vielfalt und Einbeziehung bei Dow	239
17.3	Beschreibung des Ansatzes: Von der Theorie zur Praxis	242
	17.3.1 Eine unterstützende Infrastruktur	242
	17.3.2 Die Diversity-and-Inclusion-Organisation	243
	17.3.3 Training und Entwicklung	243
	17.3.4 Netzwerke für Mitarbeiter mit Behinderung	244
	17.3.5 Ziele und Strategie des Netzwerkes für Menschen mit Behinderung	245
	17.3.6 Externe Partnerschaften und Kollaborationen	246
	17.3.7 Ein klares Geschäftsszenario (Business Case)	246
	17.3.8 Kommunikation	246
17.4	Stärken und Schwächen des Ansatzes	247
17.5	Bisherige Erfahrungen und Fortschritte	248
17.6	Ausblick	249
17.7	Fazit	249

Zusammenfassung

Eine durch Vielfalt geprägte Belegschaft eines Unternehmens trägt wesentlich zu dessen Innovation und Fortschritt bei. Für die Dow Chemical Company („Dow") ist das Thema Diversity and Inclusion (Vielfalt und Einbeziehung bzw. „D&I") keine Option, sondern

---

J. Carton (✉) · R. Lee
Dow Europe GmbH, Bachtobelstrasse 3, 8810 Horgen, Schweiz
E-Mail: jpc1803@gmail.com

R. Lee
E-Mail: cmlee@dow.com

eine strategische Pflicht. Wir schätzen die unterschiedlichen Erfahrungen, Hintergründe und Sichtweisen unserer Mitarbeiter und nutzen diese Vielfalt, um Innovationen voranzutreiben. Wir wollen eine Belegschaft aufbauen, welche die Orte repräsentiert, an denen wir heute tätig sind und morgen geschäftlich tätig sein werden.

Für die Schaffung eines inklusiven Umfelds müssen mehrere sich ergänzende Säulen miteinander kombiniert werden. Dazu zählen eine unterstützende Infrastruktur, eine formale D&I-Organisation, Training und Entwicklung, Plattformen für das Mitarbeiterengagement, externe Allianzen, klar formulierte wirtschaftliche Treiber des Geschäfts sowie eine umfassende Kommunikationsinfrastruktur. Mit seinem auf einen dauerhaften kulturellen Wandel ausgerichteten Ansatz strebt Dow eine Strategie an, welche sowohl von der gesamten Mitarbeiterschaft als auch von den Führungskräften befürwortet und mit Engagement unterstützt wird. Diese strategische Ausrichtung zeigt sich durch die bereits bestehende und fortlaufend verbesserte Einbindung von Menschen mit Behinderung als anerkannter Teil der Unternehmenskultur von Dow.

17.1 Vorstellung von The Dow Chemical Company

The Dow Chemical Company ist ein diversifiziertes Chemieunternehmen mit einem branchenführenden Portfolio, bestehend aus Spezialchemikalien, Hochleistungsmaterialien, agrarwissenschaftlichen Lösungen sowie Kunststoffen. Diese breite Palette an technologischen Produkten und Lösungen kommt in wachstumsstarken Branchen wie der Elektronikindustrie, der Wasser- und Energieversorgung sowie bei Beschichtungen und in der Landwirtschaft zum Einsatz. Im Jahr 2011 erwirtschaftete Dow einen Jahresumsatz von 60 Mrd. US-Dollar und beschäftigte etwa 52.000 Mitarbeiter weltweit.

Europa ist als eine der wichtigsten geografischen Regionen des Unternehmens von enormer strategischer Bedeutung. Dow eröffnete sein erstes Vertriebsbüro bereits 1952 in der Schweiz mit dem Standort Zürich. Heute befindet sich der Hauptsitz für Europa, Nahost und Afrika im schweizerischen Horgen. Die Umsätze für diese Regionen belaufen sich auf 34 % des weltweiten Umsatzes.

Da Innovation im Mittelpunkt der Geschäftstätigkeit von Dow steht, strebt das Unternehmen bereits seit Langem nach einer führenden Rolle, wenn es darum geht, Personen mit ganz unterschiedlichen Standpunkten an einen Tisch zu bringen. Dabei werden nicht nur die herkömmlichen Aspekte der Vielfalt wie Geschlecht, Nationalität und Abstammung berücksichtigt, sondern auch sexuelle Orientierung und Behinderungen.

Die Bestimmung der genauen Anzahl an Mitarbeitern mit Behinderung kann sich als schwierig erweisen. Ein Grund dafür ist die unterschiedliche Definition einer Behinderung weltweit. Zusätzlich ist es in den meisten Ländern, in denen Dow einen Standort betreibt, gesetzlich verboten, Informationen über die Behinderungen von Mitarbeitern zu verlangen. In diesen Fällen müssen die Angaben von den Mitarbeitern freiwillig gemacht werden. In Ländern, in denen eine gesetzliche Quotenregelung gilt, sind die Daten selbstverständlich zuverlässiger.

Um sich ein genaueres Bild von der Zahl der Mitarbeiter mit einer Behinderung zu verschaffen, begann Dow 2010 damit, seine Mitarbeiter in der jährlichen globalen Umfrage zum Mitarbeiterengagement um freiwillige und anonyme Angaben zu ihrem Behindertenstatus zu bitten. 2010 gaben in der Umfrage von weltweit 34.000 teilnehmenden Mitarbeitern fast 450 durch Selbstauskunft an, mit einer Behinderung zu leben. Die Zahl der Mitarbeiter mit Behinderung wird in Europa auf ca. 280 (2010) bzw. 2,3 % der Erwerbstätigen geschätzt (Abb. 17.1).

17.2 Entwicklung des Ansatzes: Weiterentwicklung der Vielfalt und Einbeziehung bei Dow

Dows Bemühungen, Menschen mit Behinderung an ihrem Arbeitsplatz zu integrieren, sind fest in den Grundsätzen zum Thema Vielfalt und Einbeziehung (Diversity and Inclusion, bzw. „D&I") verankert. Als ein globales Unternehmen betrachtet Dow Vielfalt und Einbeziehung als strategische Notwendigkeit. Die Vielfalt ist ein integraler Bestandteil der Belegschaft von Dow und als wesentlicher Teil ihrer Antriebskraft ein großer Vorteil. Wir schätzen die unterschiedlichen Erfahrungen, Hintergründe und Sichtweisen unserer Mitarbeiter und nutzen diese Unterschiede, um Innovationen voranzutreiben. Wir verpflichten uns, eine dynamische, vielfältige und talentierte Mitarbeiterbasis aufzubauen, und helfen jedem Mitarbeiter, sich als Teil der integrierten globalen Gemeinschaft von Dow weiterzuentwickeln. Diese Selbstverpflichtung ist das Fundament unserer Vision von Vielfalt.

Dows globaler Code of Business Conduct (Verhaltenskodex), *The Diamond Standard*, stellt die Erwartungen von Dow im Hinblick auf Vielfalt, Chancengleichheit und Respekt klar heraus. In ihm ist ausdrücklich festgehalten, dass wir allen Mitarbeitern und Bewerbern gleiche Beschäftigungschancen bieten, unabhängig von Alter, Abstammung, Hautfarbe, Herkunft, sexueller Orientierung, Geschlecht, Geschlechtsidentität, Behinderung oder Religion bzw. anderen gesetzlich geschützten Eigenschaften. Der Kodex legt außerdem fest, dass alle Einstellungs-, Beförderungs-, Vergütungs- sowie andere beschäftigungsbezogenen Entscheidungen ausschließlich auf Leistungskriterien basieren dürfen. Darüber hinaus haben wir unser Engagement für die Behindertengemeinschaft in unserer globalen Stellungnahme zu Menschen mit Behinderung (dem *Global Position Statement on People with Disabilities*) formuliert.

Abb. 17.1 Plakat der Dow Chemical Company

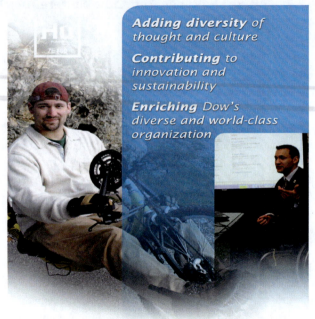

17 Vielfalt als zentrale Unternehmensphilosophie bei Dow Chemicals

> Unsere Mitarbeiter sind die eigentliche Quelle und der Katalysator für Innovation, Wertschöpfung und Nachhaltigkeit bei Dow. Wir konzentrieren unsere ganze Kraft auf die Förderung eines Umfeldes, in dem jeder Einzelne einbezogen wird und sein Bestes geben kann. Menschen, die mit Behinderungen leben, sind eine einzigartige Talentquelle, die für unser Unternehmen, unsere Kunden und unsere Partnerschaften einen beachtlichen Mehrwert bringen. Dow hat sich der Einstellung und Weiterentwicklung von herausragenden Talenten verpflichtet, darunter auch Menschen mit einer Behinderung. Wir sind überzeugt, dass qualifizierte Bewerber sowie Mitarbeiter mit Behinderung aufgrund ihrer geistigen und kulturellen Diversität für unser Unternehmen einen Mehrwert schaffen – und so wesentlich zu unserer Kompetenz als innovatives und nachhaltiges Unternehmen beitragen.

Das im Jahr 2005 angenommene „Position Statement" fungierte als Katalysator für weitere Richtlinien und Maßnahmen innerhalb des Unternehmens zur Gewinnung, Bindung und Weiterbildung von Mitarbeitern mit Behinderung und stellt klare Erwartungen an die Geschäftsleitung und die Belegschaft. Begleitende Leitlinien und Trainingsprogramme, entwickelt durch die Human-Resources-Gruppe (HR), stehen im Einklang mit den bestehenden Diversity-and-Inclusion-Leitlinien (D&I-Leitlinien). Zu diesen begleitenden Leitlinien gehört die *Global Accommodations Policy* (globale Richtlinie für Arbeitsplatzanpassungen), die einen Zielrahmen vorgibt, um sicherzustellen, dass die Arbeitsplätze von Dow weltweit in vollem Umfang zugänglich sind. Diese Richtlinie bezieht die Definition der Vereinten Nationen für Behinderung sowie wichtige Elemente des Gesetzes für Amerikaner mit Behinderung (*Americans with Disabilities Act*) von 1990 mit ein.

Die Schaffung eines inklusiven Umfeldes erfordert jedoch mehr als nur die richtigen Richtlinien und eine unterstützende Infrastruktur; sie benötigt einen kulturellen Wandel. Ein altes Sprichwort besagt: „Nicht weil Sie anders denken, handeln Sie anders, sondern weil Sie anders handeln, denken Sie anders." (You don't think yourself into a new way of acting; you act yourself into a new way of thinking). Für unseren kulturellen Wandel ist unser Netzwerk für Mitarbeiter mit Behinderung (*Disability Employee Network*, DEN) entscheidend, da es als Katalysator an der Basis ansetzt. Das DEN bringt Mitarbeiter mit Behinderung, Eltern von Kindern mit Behinderung und andere Anhänger der DEN-Vision zusammen. Ziel dieses Netzwerkes ist es, eine bessere Wahrnehmung von Menschen mit Behinderung zu erreichen und ein Bewusstsein dafür zu schaffen, welche Beiträge diese – sowohl bei als auch außerhalb der Arbeit – leisten. Darüber hinaus fördert das DEN durch eine Vielzahl von Trainingsressourcen, die speziell auf die Betroffenen und ihre Vorgesetzten ausgerichtet sind, den beruflichen und persönlichen Erfolg von Menschen mit Behinderung.

Durch die Verknüpfung des Prinzips der „Top-down"-Führung des Managements mit dem „Bottom-up"-Engagement der Mitarbeiter werden Infrastrukturen und Einstellungen geschaffen, um einen nachhaltigen, langfristigen Wandel voranzutreiben.

17.3 Beschreibung des Ansatzes: Von der Theorie zur Praxis

Dows Herangehensweise zur Inklusion von talentierten Menschen mit Behinderung am Arbeitsplatz basiert auf mehreren Säulen:

- Einer unterstützenden Infrastruktur;
- der D&I-Organisation;
- Training und Entwicklung;
- dem Netzwerk für Mitarbeiter mit Behinderung;
- den externen Beziehungen;
- einem klaren Geschäftsszenario (Business Case);
- der Kommunikation.

17.3.1 Eine unterstützende Infrastruktur

Eine unterstützende Infrastruktur ist für den angestrebten Kulturwandel von essenzieller Bedeutung. Bei Dow wird eine solche Infrastruktur sichtbar und kontinuierlich durch die obere Führungsebene befürwortet. Sie beinhaltet einen einfachen Zugang zu Informationen, Trainingsangeboten und Fachspezialisten sowie eindeutige Richtlinien und Werte, in denen Verhaltens- und Leistungserwartungen ausformuliert sind. Ein Beispiel für Letzteres ist die globale Richtlinie für Respekt und Verantwortung (*Respect and Responsibility Policy*), die den Anspruch an jeden Mitarbeiter stellt, sich für ein positives Arbeitsumfeld einzubringen. Das Training zur erfolgreichen Umsetzung dieser Richtlinie ist obligatorisch. Sollte ein Mitarbeiter der Auffassung sein, dass ein anderer Mitarbeiter in diskriminierender Weise gegen die Richtlinie von Dow verstoßen hat, ist er/sie aufgefordert, die Angelegenheit seinem/ihrem Vorgesetzten oder der Personalabteilung zu melden bzw. die *Dow EthicLine* anzurufen (ein externer Service, durch den die Vertraulichkeit gewahrt wird und der eine unparteiische Weitergabe von Vorfällen ermöglicht). Dow hält sich strengstens an seinen Code zum Schutz aller Personen, die im guten Glauben einen Vorfall melden.

Was die praktische Seite betrifft, wird die Infrastruktur dem täglichen Arbeitsablauf angepasst. Weltweit werden Anstrengungen unternommen, um unsere Einrichtungen freundlicher und zugänglicher zu gestalten. Bei der Zusammenarbeit mit Teams des Gebäudemanagements geben unsere Mitarbeiter mit Behinderung dank ihres einzigartigen Einblicks wertvolle Ratschläge zu notwendigen Verbesserungen. Von den Führungskräften wird erwartet, dass Einrichtungen bereitgestellt werden, die ein produktives Arbeitsumfeld ermöglichen. Etwaige Maßnahmen werden entsprechend finanziert und individuelle Anpassungen an die Bedürfnisse der betroffenen Person werden unterstützt. Die Beispiele reichen von Spezialtastaturen und Stühlen bis hin zu individuellen Pausenplänen.

17.3.2 Die Diversity-and-Inclusion-Organisation

Dows Strategie zur Vielfalt und Einbeziehung wurde in allen Geschäftsbereichen, Funktionen und Regionen des Unternehmens eingeführt. Der Schaffung eines inklusiven Umfeldes liegen drei treibende Kräfte zugrunde:

- Das *Global Inclusion Council* (Globaler Rat für Einbeziehung) entwickelt unternehmensweite Richtlinien;
- das globale Team für Vielfalt und Einbeziehung stellt Best Practices und Ressourcen bereit;
- die Leitung des Mitarbeiternetzwerks unterstützt Bemühungen zur Gewinnung und Entwicklung von spezifischen Interessengruppen.

Die D&I-Organisation konzentriert sich darauf, das Engagement der Mitarbeiter zu erhöhen, indem sie ein inklusives Umfeld in einem von Vielfalt geprägten Unternehmen schafft. Dows Team von D&I-Führungskräften steht den Geschäftsbereichen, Funktionen und Regionen des Unternehmens mit seiner fachlichen Kompetenz und Best Practices zur Seite. In der EMEA-Region (Europa, Nahost und Afrika) übernehmen die Talentmanager an jedem Standort die zentrale Rolle beim Vorantreiben der D&I-Bemühungen im Unternehmen. Sie stellen Ressourcen bereit, damit Leader und Mitarbeiter Trainingsmaßnahmen zur Bedeutung von D&I durchführen können, und unterstützen die DEN-Ortsgruppen der einzelnen Standorte, sodass diese ihr bestmögliches Potenzial ausschöpfen können.

17.3.3 Training und Entwicklung

Dow bietet ein umfassendes und kontinuierliches D&I-Training an, welches über alle Hierarchien hinweg verfügbar ist. Der Schwerpunkt liegt jedoch auf den Führungskräften. Beispiele hierfür sind:

- Trainings für Mitarbeiter der Personalrekrutierung zur Auswahl von Personen mit Behinderung. Dies geschieht in Zusammenarbeit mit *EmployAbility*, einer gemeinnützigen Organisation mit Sitz in Großbritannien, die sich der Betreuung von Studenten und Absolventen mit jeder Art von Behinderung widmet;
- „Understanding Diversity & Inclusion" (Vielfalt und Einbeziehung verstehen): Ein vierstündiger interaktiver Lernkurs, der auf alle neuen Mitarbeiter ausgerichtet ist und weltweit in mehreren Sprachen zur Verfügung steht, um die Vielfalt als tragende Säule der Kultur von Dow zu etablieren;
- „Business of Diversity & Inclusion" (Vielfalt und Einbeziehung beherrschen): Ein eintägiges Training für alle neuen Manager, in dem das erfolgreiche Führen von verschiedensten Mitarbeitern vermittelt wird;

- Darüber hinaus stehen Führungskräften und Arbeitsgruppen bei Bedarf Trainings zu spezifischen Behinderungen zur Verfügung, um Kollegen mit einer Behinderung ein inklusives Arbeitsumfeld bieten zu können. Beispielsweise fördert Dow Workshops zum Thema „Zusammenarbeit von Hörenden und Tauben", um hörgeschädigte Praktikanten und neue Mitarbeiter zu unterstützen;
- Das Intranet von Dow bietet das selbst bedienbare, bedarfsbezogene „Disability Resource Center". Es ermöglicht allen Dow-Mitarbeitern, Kurzübersichten zu verschiedenen Formen der Behinderung, Ressourcen zur Geschäftsetikette für die Zusammenarbeit mit Menschen mit Behinderung sowie Informationen über Arbeitsplatzanpassungen zu erhalten;
- Bei Dow ist das Mentoring für die Mitarbeiterentwicklung weit verbreitet. Menschen mit Behinderung wird ein persönliches Mentoring mit Senior Leadern, die Mitglied unseres Netzwerks für Mitarbeiter mit Behinderung sind, angeboten. Wir sind überzeugt, dass unsere kompetenten, erfahrenen und verständnisvollen Mentoren durch ihre Erkenntnisse zur persönlichen Entwicklung und Effizienz der Mitarbeiter beitragen können.

Wir gewährleisten, dass unsere Trainings und ähnliche Plattformen ein sicheres Lernumfeld bieten. Dadurch ist es möglich, schwierige Fragen offen zu stellen, zu diskutieren und zu beantworten.

17.3.4 Netzwerke für Mitarbeiter mit Behinderung

Dow unterstützt sieben Mitarbeiternetzwerke mit über 175 Ortsgruppen weltweit. Diese Netzwerke bringen jeweils mit Unterstützung der oberen Führungsebene Menschen mit einem gemeinsamen ethnischen oder sozialen Hintergrund oder gemeinsamen Lebenserfahrungen zusammen, um Meinungen und Erlebnisse auszutauschen, Mentoren zu finden, sich beruflich weiterzuentwickeln oder direkten Kontakt zu der oberen Führungsebene zu erhalten. Sie fungieren als Katalysatoren für die Schaffung eines Arbeitsplatzes, an dem jeder einbezogen wird und persönliche Höchstleistungen erbringen kann und an dem alle Beiträge Wertschätzung erhalten. Eines dieser Netzwerke ist das Netzwerk für Mitarbeiter mit Behinderung (*Disability Employee Network*, DEN).

Die Vision von DEN lautet: Dow ist ein bevorzugter weltweiter Arbeitgeber für Menschen, die von Behinderungen betroffen sind. Es ist uns ein besonderes Anliegen, einen positiven Einfluss auf unsere Mitarbeiter, deren Familien und die Gemeinschaften an all unseren Standorten zu erzielen.

Das DEN kooperiert mit Dow-Führungskräften, um Mitarbeitern mit Behinderungen den verdienten Respekt zu verschaffen und ihr persönliches und berufliches Fortkommen sowie ihre Inklusion zu garantieren. Das Netzwerk konzentriert sich dabei darauf, ein Bewusstsein für die einzigartigen Beiträge zu schaffen, die Menschen mit Behinderungen leisten, sowohl am Arbeitsplatz als auch außerhalb der Arbeit. Mit ihren Stärken und

Fähigkeiten, die sie durch die Bewältigung von außergewöhnlichen Herausforderungen erworben haben, sind sie ein entscheidender Bestandteil unserer Kultur der Vielfalt. Darüber hinaus fördert das DEN durch eine Vielzahl von Trainingsressourcen, die speziell auf die Betroffenen und ihre Vorgesetzten ausgerichtet sind, den beruflichen und persönlichen Erfolg von Menschen mit Behinderung. Das Netzwerk strebt außerdem nach einer verbesserten Wahrnehmung von Menschen mit Behinderung, indem es Gelegenheiten zur Interaktion und Kommunikation anbietet.

17.3.5 Ziele und Strategie des Netzwerkes für Menschen mit Behinderung

Das Netzwerk fungiert als Fürsprecher für Mitarbeiter mit Behinderung und nutzt aktiv Gelegenheiten zur Öffentlichkeitsarbeit. In dieser Funktion schärft es die Wahrnehmung für Beiträge von Mitarbeitern mit Behinderung, bietet Ressourcen zur Unterstützung ihrer Familien an und erleichtert den Austausch über die für Mitarbeiter mit Behinderung relevanten Themen zur Förderung ihrer Entwicklungschancen. Zusätzlich stehen Mitarbeitern und Führungskräften Instrumente und Mentoringprogramme zur Verfügung, die das persönliche und berufliche Fortkommen aller Mitarbeiter fördern. Langfristig sollen so Mitarbeiter mit Behinderung an Dow als Arbeitgeber gebunden sowie die Rekrutierungsbemühungen neuorientiert und verstärkt werden.

Zur Umsetzung dieser ehrgeizigen Ziele stützt sich das Netzwerk auf acht Pfeiler: Networking, Beteiligung, Öffentlichkeitsarbeit, Verbände, Werkzeuge und Ressourcen, Bewusstsein, Anwerben/Einstellen/Binden und Fürsprache. Dem Networking werden alle Maßnahmen zugeordnet, welche die lokalen und regionalen DEN-Netzwerk-Aktivitäten verstärken und unterstützen, um so Mitarbeitern mit Behinderung ein offenes und integratives Umfeld aufzubauen und gleichzeitig den kulturellen Wandel von Dow zu beschleunigen. Zusätzlich wird die weltweite Beteiligung am DEN erhöht und die Zahl der DEN-Ortsgruppen weiter ausgebaut. Dies schließt den Aufbau und die Förderung von Beziehungen zu lokalen Organisationen ein, um Ressourcen zu identifizieren, die allen mit einer Behinderung lebenden Personen, einschließlich Dow-Mitarbeitern, ihren Familien und Gemeinschaften, zur Verfügung stehen. Beziehungen zu wichtigen strategischen Interessengruppen werden aufgebaut und gefördert, geeignete Ressourcen zur Beseitigung von beschäftigungsbezogenen und physischen Barrieren entwickelt und bereitgestellt, um eine Fürsprache für Menschen mit Behinderung aufzubauen. Ein weiteres Ziel des DEN ist es, internes und externes Bewusstsein für die Diversity-Vision von Dow zu schaffen, welche fest in der globalen Stellungnahme bezüglich Menschen mit Behinderung (*Position Statement on People with Disabilities*) verankert ist. Des Weiteren werden das DEN und die Mitarbeiter mit Behinderung angeregt, an externen Sponsorships und Partnerschaften mitzuwirken, um Dows Reputation als bevorzugter Arbeitgeber für Menschen mit Behinderung aufzubauen. Das Netzwerk unterstützt auch Dows Bemühungen, Menschen mit Behinderung zu einer Bewerbung zu ermutigen, sie einzustellen und langfristig zu binden, sei es für das Anwerben von Sommerpraktikanten/Co-Ops (Praktikanten im Rahmen eines dualen Studiums) oder Kontraktoren mit Behinderung. Schließlich wird sichergestellt, dass Menschen mit Behinderung bei allen Erwägungen und auf jeder Unternehmensebene von Dow sowie über alle Divisionen hinweg repräsentiert werden.

Zu den aktuellen DEN-Ortsgruppen in Europa gehören: Horgen (Schweiz), Terneuzen (Niederlande) sowie verschiedene Ortsgruppen in Deutschland. Die Einrichtung weiterer Ortsgruppen in Italien, Frankreich, Spanien und Großbritannien laufen bereits.

Mehr Informationen zu Verantwortlichkeiten und Nutzen des Netzwerkes für Mitarbeiter mit Behinderung erhalten sie unter: http://www.dow.com/diversity/.

17.3.6 Externe Partnerschaften und Kollaborationen

Fachkenntnisse sind trotz guter Absichten nicht immer von Beginn an in einem Unternehmen vorhanden. Aus diesem Grund wurden Beziehungen zu externen Gruppen aufgebaut, welche etwaige Wissenslücken füllen und unsere Fachkompetenzen ergänzen. Unsere Kooperation mit EmployAbility (Großbritannien), mit der Abteilung Disability Inclusion der internationalen Arbeitsorganisation (ILO) der UNO, mit Insieme (Schweiz), Humanitas (Schweiz) sowie mit der MyHandicap Foundation (Europa) sind gute Beispiele hierfür. Dadurch sind wir in der Lage, auf Expertenwissen zurückzugreifen und deren Sichtweisen in unsere Trainings und Richtlinien aufzunehmen.

17.3.7 Ein klares Geschäftsszenario (Business Case)

Wie zuvor erläutert, stellen D&I sowie die Gewinnung eines vielfältigen Talentpools eine strategische Priorität für Dow dar. Verbunden mit unserer Leidenschaft, einen Beitrag für gesellschaftliche Verantwortung in der Welt zu leisten, schätzen wir die Vielfalt unserer Mitarbeiter zudem als einen großen Wettbewerbsvorteil. Wir freuen uns über die unterschiedlichen Erfahrungen, Hintergründe und Sichtweisen unserer Mitarbeiter und vertrauen auf diese Vielfalt, um Innovation voranzutreiben. Dow als Unternehmen hat verstanden, dass eine durch Diversität geprägte Belegschaft in einem inklusiven Umfeld essenziell für kontinuierliche Innovation und Fortschritt ist. Aus diesem Grund wurde das eingangs erwähnte Trainingsmodul „Business of Diversity & Inclusion" entwickelt. Es vermittelt Führungskräften die Bedeutung von D&I im strategischen Kontext zu wirtschaftlichen Aspekten.

17.3.8 Kommunikation

Neben den vom DEN initiierten und vorangetriebenen Kommunikationsaktionen werden die internen Kommunikationsmedien des Unternehmens eingesetzt, um kontinuierlich ein Bewusstsein für die weltweiten Mitarbeiterinitiativen und -entwicklungen im Zusammenhang mit dem DEN und den Menschen mit Behinderung zu schaffen. Unser jährliches Begehen des Internationalen Tages der Menschen mit Behinderung am 3. Dezember ist ein Beispiel einer weltweiten Plattform, die von uns genutzt wird, um die Weiterbildung und Bewusstseinsschaffung unternehmensweit voranzubringen.

17.4 Stärken und Schwächen des Ansatzes

Dows Prozess des kulturellen Wandels zur Schaffung eines nachhaltigen und inklusiven Umfeldes bringt eine Reihe von Vorteilen, aber auch Herausforderungen für das Unternehmen und seine Belegschaft mit sich.

Als klarer Vorteil ist der Prozess des allumfassenden kulturellen Wandels zu werten, der von der gesamten globalen Organisation unterstützt wird. Durch die Befürwortung und das Engagement der Führungskräfte und der Mitarbeiter lässt sich dieser Prozess relativ schnell herbeiführen. Zusätzlich schafft ein breites Mitarbeiterengagement Botschafter, die als Vorkämpfer und Repräsentanten des Wandels fungieren. Sie bieten ein unterstützendes Netzwerk für die Mitarbeiter und bilden durch ihre externen Verbindungen eine Brücke zur Gesellschaft. Insbesondere durch die Zusammenarbeit mit externen Gruppierungen werden Fachkenntnisse und Einblicke hinzugewonnen, die intern nicht verfügbar sind. Gleichzeitig bestätigt die Bereitschaft dieser Gruppierungen zur Zusammenarbeit mit uns unsere Bemühungen gegenüber unseren eigenen internen Interessengruppen. Intern hat das DEN bereits ein beeindruckendes Fundament aus Wissen und Fachkenntnissen aufgebaut, das das Netzwerk in die Lage versetzt, einzigartige Erkenntnisse und Hilfestellungen zu Fragen rund um das Thema Behinderung zu bieten. Aufgrund unseres aktiven Handelns zur Förderung eines fairen und gleichberechtigten Unternehmensumfeldes stärkt sich weiterhin unsere Position auf dem Talentmarkt.

Den offensichtlichen Vorteilen des kulturellen Wandels stehen auf dem Weg der Realisierung aber auch einige Herausforderungen gegenüber. Zur Umsetzung des Prozesses sind echtes Engagement und persönliches Interesse der Manager Voraussetzung. In diesem Punkt kommt es auf den Einzelnen an, da sich Engagement nicht durch das Unternehmen erzwingen lässt. Zusätzlich kann es in der Praxis schwierig sein, die übergeordneten Geschäftsziele sowie das persönlich wichtige Thema der Vielfalt und Inklusion in Einklang zu bringen. Dies trifft insbesondere auf DEN-Mitglieder zu, welche ehrenamtlich tätig sind und somit Aktivitäten durchführen, die gelegentlich ihre Kernarbeitszeit beeinträchtigen können. Dies erfordert die Unterstützung der Vorgesetzten. Um den erwünschten Synergieeffekt zu erzielen, ist daher eine sorgfältige Koordination zwischen den verschiedenen Gruppierungen (HR, D&I, Öffentlichkeitsarbeit und DEN) erforderlich. Diese Maßnahmen erfordern ein Höchstmaß an Mitarbeit und eine entsprechende Allokation von Ressourcen und Budgets.

17.5 Bisherige Erfahrungen und Fortschritte

Eine Reihe quantitativer und qualitativer Messungen weisen auf einen stetigen Fortschritt bei dem Bestreben hin, das Thema Vielfalt zu einem regulären, anerkannten Bestandteil der Dow-Kultur zu machen. Unter Berücksichtigung der Schwierigkeit der Datenbeschaffung zur Bestimmung der Zahl der Mitarbeiter mit Behinderung zeigt sich, dass die Zahl in den Regionen, in denen Daten verfügbar sind, zunimmt. Die Zahl der lokalen DEN-Ortsgruppen sowie die Anzahl an Mitgliedern steigen insgesamt. Gleichzeitig werden in unseren Programmen zum Mitarbeiterengagement und zur Mitarbeiteranerkennung immer mehr Initiativen einbezogen, an denen Mitarbeiter mit Behinderung mitwirken. Einige Beispiele sind im Folgenden aufgeführt:

- Dow benannte Mitarbeiter-Repräsentanten für die paralympischen Winterspiele 2010 in Vancouver – eine einmalige Anerkennung für herausragende Beiträge zur Förderung der Einbeziehung von Menschen mit Behinderung bei Dow und in den Organisationen, in denen wir tätig sind;
- Die Repräsentation der Dow-Kernwerte Integrität und Respekt gegenüber Menschen – ganz nach dem Motto der Spiele „Herausforderungen in Chancen verwandeln" – wurde durch ein einzigartiges Mitarbeiteranerkennungsprogramm ins Leben gerufen. Das Programm warb sowohl für das Dow-Sponsoring der Special Olympics als auch für eine der globalen Kompetenzen von Dow: „Couragiert leiten". Im Rahmen des Programms wurden zehn EMEA-Mitarbeiter von Dow ausgewählt, um ihre Standorte zu repräsentieren. Sie nahmen an den Abschlussfeiern der Special Olympics in Athen teil;
- Durch laufende und wachsende Kooperationen mit externen Gruppierungen wurden zwei weitere Programme realisiert:
  1. „Dow EMEA und die Stiftung MyHandicap" organisierten zwei erfolgreiche Bewerbertrainings speziell für Menschen mit Behinderung. In diesen Workshops lernten die Teilnehmer, die Stärken und Fähigkeiten der Bewerber besser zu erkennen und diese als Priorität zu betrachten. Weitere derartige Workshops sind geplant.
  2. Die äußerst begabten Teilnehmer der Paralympics wurden eingeladen, um uns mit unseren falschen Vorstellungen bezüglich Menschen mit Behinderung zu konfrontieren.
- Externe Anerkennung:
  1. Dow war unter den neun Finalisten für den Commitment To Action (ComToAct) Award des Center for Disability and Integration der Universität St. Gallen (ein, von dem ehemaligen Präsidenten der Vereinigten Staaten, Bill Clinton, ins Leben gerufener Preis für Unternehmen, die sich in herausragender Weise für die Einbindung von Menschen mit Behinderung am Arbeitsplatz engagieren). Die Anstrengungen von Dow im Rahmen des DEN wurden als Best Practice bewertet.
  2. 2007 erhielt Dow den vom US Department of Labor (dem US-amerikanischen Arbeitsministerium) verliehenen *New Freedom Initiative Award*. Mit diesem Preis

wurden die Anstrengungen des Unternehmens zur Begünstigung der Einstellung von Menschen mit Behinderung anerkannt, darunter seine klare Antidiskriminierungspolitik bei der Bewerberauswahl, die Förderung eines inklusiven Arbeitsplatzes, der Aufbau eines Netzwerks zur Bewusstseinsschaffung für die Beiträge von Menschen mit Behinderung am Arbeitsplatz sowie das Praktikantenprogramm für Studenten mit Behinderung.

17.6 Ausblick

Angesichts der Zeit, die erforderlich ist, um einen kulturellen Wandel fest im Unternehmen zu verankern, werden die derzeitigen Bemühungen fortgeführt. Während dieser Ansatz in einigen Fällen an die neuen Entwicklungen, kulturellen Unterschiede und Ähnliches angepasst werden wird, bleibt sein Ziel der Schaffung eines inklusiven Umfeldes für eine durch Vielfalt geprägte Belegschaft bestehen.

Zusätzliche Aufmerksamkeit wird der Frage zukommen, wie sich Dow bei der Zielgruppe klar als behindertenfreundlicher Arbeitgeber positionieren kann. Aus Erfahrungen wissen wir, dass Talente mit Behinderung nicht immer leicht zu finden sind und es für sie umgekehrt nicht immer leicht ist, uns zu finden. Um die Visibilität zu erhöhen, wird das laufende Engagement mit externen Partnern eine ganz entscheidende Rolle spielen.

In Anbetracht der Bedeutung, welche die lokalen DEN-Ortsgruppen bei der Steigerung des Bewusstseins sowie der Erleichterung und Beschleunigung des kulturellen Wandels übernehmen, wird eine weitere Priorität darin bestehen, die Zahl dieser Ortsgruppen zu erhöhen.

17.7 Fazit

Während die strategischen Elemente des Dow-Ansatzes zur Gewinnung und Bindung von Talenten mit Behinderung und die Schaffung eines inklusiven Umfeldes wichtig sind, ist das breite Engagement der Führungskräfte und Mitarbeiter wesentliche Voraussetzung für den Erfolg. Ohne eine sichtbare Unterstützung und Befürwortung durch die Manager wird sich der Zuspruch der Mitarbeiter nur langsam gewinnen lassen. Ein starker unternehmensweiter Zuspruch ist jedoch die Grundlage für den Erfolg einer jeden Initiative, seien es Trainings, die Zusammenarbeit mit Dritten oder andere Maßnahmen. Nur durch diese koordinierte, vom gesamten Unternehmen getragene Vorgehensweise, können wir unser Ziel eines nachhaltigen Kulturwandels erreichen.

Call Yachol – „Von der Parole bis zur Realisierung" (Tel-Aviv)

18

Shirit Saks-Haim und Inbal Keha

Inhaltsverzeichnis

18.1 Vorstellung des Unternehmens Call Yachol...................................... 252
    18.1.1 Tandem Consulting 253
    18.1.2 Fakten zu Call Yachol 254
    18.1.3 Die Mitarbeiter des Unternehmens 255
18.2 Entwicklung des Ansatzes: Motivation zur Gründung von Call Yachol 257
18.3 Beschreibung des Ansatzes: Das Managementmodell von Call Yachol 259
    18.3.1 Fähigkeitsorientierte Personalauswahl 260
    18.3.2 Einfühlungsvermögen und individuelle Beachtung 261
    18.3.3 Vermittlung von Zugehörigkeit und Sicherheit 262
    18.3.4 Umgang mit negativen Emotionen 263
    18.3.5 Förderung von positiven Emotionen und Spaß an der Arbeit 264
18.4 Herausforderungen bei Call Yachol.. 264
    18.4.1 Herausforderungen im Bereich der tagtäglichen Arbeit im Call Center 265
    18.4.2 Herausforderungen im gesellschaftspolitischen Bereich..................... 266
    18.4.3 Herausforderungen in Bezug auf die Kundenbeziehung 268
18.5 Ausblick: Die Vision des Unternehmens Call Yachol............................. 270
18.6 Fazit 271

> **Zusammenfassung**
>
> Call Yachol ist eine israelische Firma, die es sich zur Aufgabe gemacht hat, Mitarbeiter mit körperlichen oder geistigen Behinderungen auf dem ersten Arbeitsmarkt zu beschäftigen. In diesem Kapitel werden das Unternehmen, die Motivation zu seiner

---

S. Saks-Haim (✉) · I. Keha
Call Yachol, P.O. Box 5263, Rishon Lezion 75151, Israel
E-Mail: shirit.sh@gmail.com

I. Keha
E-Mail: inbal.keha1@gmail.com

Gründung, die Anlaufschwierigkeiten, mit denen die Gründer des Unternehmens zu kämpfen hatten, sowie deren grundlegende Visionen vorgestellt. Anhand von Beispielen und Zitaten von Mitarbeitern und Führungskräften wird das innovative Managementmodell von Call Yachol dargestellt und dem Leser näher gebracht. Am Ende des Kapitels werden die Herausforderungen, welche die langfristige Entwicklung des Unternehmens beeinflussen, anhand dreier Dimensionen beleuchtet: Dies sind die alltägliche Arbeit vor Ort, die gesellschaftspolitischen Rahmenbedingungen sowie die Arbeit mit den Kunden.

18.1 Vorstellung des Unternehmens Call Yachol

Orit, sehbehindert, schreibt über die Firma:

> ... Meine Liebe, herzlich willkommen in der ‚Familie Call Yachol'. So verkündete mir Amir, Geschäftsführer von Call Yachol, dass ich den Job bekam. Ich habe vor Freude geweint. Im März begann der Einführungskurs und bereits im Juni des Jahres 2009 war ich eine reguläre Arbeitnehmerin mit Lohnsteuerkarte, so wie jeder andere in Israel auch ... Wie heißt es in dem Lied? Manchmal werden Träume war ... bei Call Yachol sind die Träume vieler Menschen wahr geworden. Menschen, die zur arbeitenden Bevölkerung dazugehören wollten, die gefördert werden wollten und sich nicht zu Hause sitzen auf ihre Behinderung reduzieren wollten. Was unser eigentliches Call Center, unser „Königreich" betrifft, kann ich sagen, dass es mit Menschen gefüllt ist, die Führungskräfte aber auch Freunde, zum Teil Mütter und Väter sind, ein offenes Ohr oder eine helfende Hand haben, ein guter Freund oder einfach ein Bekannter sind. Vor allem stellen sie für einen halben Tag lang unsere Familie dar – die Call-Yachol-Familie.

Orit, 28 Jahre alt und sehbehindert, arbeitet seit zwei Jahren bei Call Yachol. Sie besitzt einen Hochschulabschluss in Kriminologie und machte ihren Abschluss trotz ihrer Sehbehinderung mit Auszeichnung und in der für einen Studenten ohne Behinderung vorgesehen Zeit. Diese äußerst begabte Frau träumte davon, einen Job in ihrem Beruf, nämlich in der Strafvollzugsbehörde zu finden. Nachdem sie monatelang an kräftezehrenden Aufnahmeprüfungen für die Strafvollzugsbehörde teilnahm, erhielt sie eine eindeutige Absage. Darin hieß es, dass sie aufgrund ihrer Behinderung nicht in der Strafvollzugsbehörde arbeiten könne. Obwohl Orit diesen Rückschlag erlitt, gab sie nicht auf und bewarb sich weiterhin für eine Arbeit im Rahmen ihres erlernten Berufs – allerdings ohne Erfolg. Der frisch verheirateten Orit blieb nichts anderes übrig, als die Scham auf sich zu nehmen und ihren Lebensunterhalt als Putzfrau zu verdienen, obwohl dies keine ideale Arbeit für jemanden mit einer Sehbehinderung darstellt. Ihr wurde gekündigt und sie saß lange Zeit zu Hause. Zu Call Yachol gelangte Orit über ihre Sozialarbeiterin, die wusste, wie sehr sie sich nach Arbeit sehnte und danach, ihr Potenzial zum Einsatz zu bringen. Sie begann ihren Weg als Telefonistin und schnell stellte sich heraus, dass es sich bei ihr um eine sehr begabte junge Frau handelt, die motiviert war, Erfolg zu haben und voranzukommen. Heute

18 Call Yachol – „Von der Parole bis zur Realisierung"

Abb. 18.1 Das Team von Call Yachol

ist Orit Schichtleiterin bei Call Yachol, ist erfolgreich in ihrem Beruf und träumt bereits von der nächsten Aufstiegsmöglichkeit – nämlich Teamleiterin zu werden (Abb. 18.1).

18.1.1 Tandem Consulting

Wir sind Unternehmensberaterinnen bei der Firma Tandem Consulting und trafen 2009 erstmals auf Call Yachol. Tandem Consulting wurde von derselben Person wie Call Yachol – Dr. Gil Winch – gegründet. Die Berater von Tandem sind in praktisch jeden Arbeitsschritt bei Call Yachol involviert – von der Rekrutierung von Mitarbeitern, über die Durchführung von Workshops und Trainings (sowohl für Führungskräfte als auch Mitarbeiter) bis zur Teilnahme an Management-Meetings. Tandem begleitet und coacht jeden Teamleiter bei Call Yachol und unterstützt ihn bzw. sie bei allen Herausforderungen im Bereich des Managements sowie bei persönlichen und emotionalen Herausforderungen, die auftreten können. Führungskräfte bei Call Yachol können sich darauf verlassen, dass sie jederzeit die Aufmerksamkeit und Unterstützung der Tandem-Berater erhalten. Letztlich kann man sagen, dass der Erfolg von Call Yachol sich zu großen Teilen aus der gemeinsamen Anstrengung beider Firmen speist.

Vor unserer Tätigkeit für Call Yachol hätten wir nicht gedacht, dass ein Unternehmen uns so emotional berühren kann. Als wir Call Yachol vom Gründer bis zum letzten Mitarbeiter näher kennenlernten, merkten wir, dass es eine sehr herausfordernde Aufgabe ist, ein Unternehmen wie Call Yachol zu seinem wirtschaftlichen Erfolg zu begleiten. Die Herausforderung und die Genugtuung nehmen allerdings andere Dimensionen an, wenn es so vielen Mitarbeitern das Gefühl gibt, „dazu zu zählen" und gewollt und geschätzt zu sein – ein Gefühl, das die meisten nie zuvor erlebt haben. Auf den nächsten Seiten können Sie die Geschichte des Unternehmens anhand der Beispiele Orits und ihrer Freunde, die wir im Rahmen unserer Tätigkeit für Call Yachol kennenlernen durften, detaillierter erfahren.

18.1.2 Fakten zu Call Yachol

Call Yachol, was im Hebräischen so viel wie „Alles ist möglich!" bedeutet, gilt heute als eines der größten Unternehmen weltweit (auf dem ersten Arbeitsmarkt), dessen Personal zum überwiegenden Teil aus Menschen mit schwerer Behinderung besteht. Es handelt sich um ein profitorientiertes Unternehmen mit einer sozialen Absicht. Es ist das erste Unternehmen dieser Art, das Call Center aufbaut, welche an Menschen mit Behinderung angepasst und speziell für sie geschaffen wurden. Im Jahr 2008 wurde das Unternehmen von Dr. Gil Winch, dem Direktor des Beratungsunternehmens „Tandem", gegründet. Es ist eine Privatfirma, die auf dem freien Markt aktiv ist und Outsourcing-Dienstleistungen für große israelische Unternehmen, darunter Kunden aus dem Bereich Mobilfunk, Internet, Bankwesen, Versorgung, Pharmazie, Versicherung etc. anbietet. Die errichteten Call Center sind an die Bedürfnisse und die speziellen Dienstleistungsvorstellungen der einzelnen Kunden angepasst und erfüllen die geschäftlichen Erwartungen auf höchstem Niveau.

Bei unseren Besuchen bei Call Yachol trafen wir viele Mitarbeiter. Wir trafen auf einen Mitarbeiter, der an Multipler Sklerose leidet und sich in einem elektrischen Rollstuhl fortbewegte. Voller Stolz präsentierte er uns seinen justierbaren Schreibtisch, der speziell für ihn und seine Behinderung angefertigt wurde. Eine weitere sehbehinderte Mitarbeiterin erzählte uns, dass bevor sie zu Call Yachol kam, kein Arbeitgeber bereit war, ein Vergrößerungsprogramm für sie auf dem Computer zu installieren. Eine 62 Jahre alte Frau, der neben einer komplizierten Familiengeschichte ein Kopftumor entfernt wurde, beeindruckte uns mit ihrer Aussage, dass sie bei Call Yachol trotz ihres Alters die Aussicht auf Aufstiegsmöglichkeiten und eine Führungsfunktion besitzen würde. „Hiernach werde ich mich pensionieren lassen", sagte sie uns. Call Yachol schafft ein Arbeitsumfeld, das Mitarbeiter mit Behinderung in vielfältiger Weise fördert und technologische Lösungen für ein breites Spektrum an Behinderungen bereithält. Zudem werden die Mitarbeiter durch flexible Arbeitszeiten und ein professionelles Coaching unterstützt.

Die Firma besitzt zwei Filialen in Tel Aviv und hat das Ziel, in ganz Israel Filialen zu gründen, um es Menschen mit schwerer Behinderung aus dem ganzen Land zu ermöglichen, arbeiten zu gehen. Momentan leben die Mitarbeiter des Unternehmens nicht nur in der Region von Tel Aviv, sondern nehmen mitunter einige Stunden Fahrzeit mit öffentlichen Verkehrsmitteln auf sich, um zur Arbeit zu gelangen.

18.1.3 Die Mitarbeiter des Unternehmens

Michal, 24 Jahre alt, leidet an einer Zerebralparese (Hirnlähmung):

> Bevor ich zu Call Yachol kam, konnte ich keine Arbeit finden. Es war der Kampf meines Lebens. Es begann, als ich 19 Jahre alt wurde und nicht wusste, wie meine Zukunft aussehen wird, ob ich arbeiten oder studieren können würde. Mein ganzes Leben bestand aus Fragen und ich fühlte, dass ich ohne Erfahrungen und Selbstvertrauen in die Welt gehe. So wie alle anderen auch, verschickte ich unzählige Lebensläufe. Sobald ich allerdings zum Vorstellungsgespräch geladen wurde, schaute man mich anders an. Auf meine Frage, ob noch Mitarbeiter benötigt werden, erhielt ich in der Regel die Antwort, dass man später auf mich zurückkommen würde. Zwei Jahre lang versuchte ich, Arbeit zu finden und befand mich kurz vor der Verzweiflung.

Wenn man bei Call Yachol über Michal spricht, erinnert man sich zuerst daran, wie schwierig es war, sie zum ersten Vorstellungsgespräch zu bekommen. Sie hatte so viele Enttäuschungen einstecken müssen, dass die Beraterin, mit der sie das erste Telefoninterview führte, sie anstatt zu interviewen, regelrecht zum Vorstellungsgespräch schleifen musste. Michal erschien in Begleitung ihrer Mutter und arbeitet seither seit dreieinhalb Jahren bei Call Yachol. Noch heute berichtet Michal, wie sie jahrelang versuchte, Arbeit zu finden. Zwar wurde sie nach einem ersten Telefongespräch immer zu einem Vorstellungsgespräch geladen, doch sobald sie persönlich zum Gespräch erschien und man ihr Hinken oder ihr langsames Reden bemerkte, kam niemand mit einer positiven Antwort auf sie zurück. Den Einarbeitungskurs bei Call Yachol beendete Michal mit Auszeichnung und nachdem sie zwei Jahre als Telefonistin für den Geschäftsbereich Mobilfunk gearbeitet hatte, wechselte sie zu einer noch herausfordernderen Tätigkeit als Telefonistin für den Geschäftsbereich Finanzen. Heute ist Michal eine professionelle und treue Arbeitskraft. In erster Linie aber ist sie heute glücklicher. Ihr Leben ist nicht wiederzuerkennen.

Bei Call Yachol arbeiten zurzeit rund 200 Angestellte und Teamleiter. Die meisten von ihnen sind Personen mit körperlichen oder psychischen Behinderungen. Das Spektrum der Behinderungen ist breit. Es gibt Mitarbeiter, die an physischen Behinderungen leiden, wie Rollstuhlfahrer, Amputierte, Sehbehinderte, Schwerhörige sowie Mitarbeiter, die an Krankheiten wie Krebs, Lupus, Diabetes, schweren Erbkrankheiten, Autoimmunerkrankungen etc. erkrankt sind. Zudem gibt es eine Reihe von Mitarbeitern, die an psychischen Behinderungen leiden, wie z. B. an posttraumatischen Belastungsstörungen, bipolaren Störungen, Schizophrenie oder Angstzuständen sowie Frauen, denen Gewalt zugefügt wurde oder die sexuell belästigt wurden. Es war besonders spannend zu sehen, wie all diese Mitarbeiter, die jeweils mit unterschiedlichen Problemen zurechtkommen müssen, integriert wurden und welche besondere Beziehung sich zwischen diesen Menschen, trotz und auch aufgrund ihrer Behinderungen, entwickelte. Als wir die neuen Mitarbeiter erstmals bei einem Einarbeitungskurs besuchten, sahen wir, wie eine Frau, die an einer Hirnlähmung litt und im Rollstuhl saß, einer anderen sehbehinderten und an Multipler Sklerose erkrankten Frau auf dem Weg zur Pause den Weg wies, indem sie ihre Armlehne als wegweisende

Stütze einsetzte. Auf solche Beispiele trifft man immer wieder, wenn man Call Yachol einen Besuch abstattet.

Orit war vier Jahre lang arbeitslos und Michal arbeitete über zwei Jahre lang nicht. Auch Meni und Ayelet, von denen wir im Verlauf berichten werden, haben mindestens zwei Jahre nicht gearbeitet. 80 % des Personals von Call Yachol war zuvor arbeitslos. Viele berichten von einer langen Zeit der Arbeitslosigkeit, die Monate bis Jahre andauerte und einige hatten nie zuvor Arbeit gefunden. Nur wenige von ihnen hatten Arbeit, die länger als einige Monate anhielt. Daher liegt die Altersspanne der Mitarbeiter zwischen 18 und 65 Jahren.

Der durchschnittliche Mitarbeiter gelangt nach den erfahrenen Frustrationen und wiederkehrenden Ablehnungen emotional „angeschlagen" zu Call Yachol. Wenn ihm dann die Möglichkeit geboten wird, in dem Unternehmen zu arbeiten, ist er hoch motiviert alles Erdenkliche zu tun und sich langfristig für die Arbeit „aufzuopfern". Er entwickelt eine beispiellose Loyalität für seine Aufgaben und den Kunden.

Während die Callcenter-Branche generell unter einer äußerst hohen Fluktuation leidet, zeigt das Personal von Call Yachol eine überdurchschnittlich hohe Stabilität. Diese Tatsache führt dazu, dass die kündigungsbedingten Personalkosten für den Kunden verringert werden, während die fachliche Qualifikation des Personals wächst und somit die Qualität der Dienstleistung verbessert wird.

In vielen OECD-Ländern geht man davon aus, dass die Chance, einen Menschen mit schwerer Behinderung nach vielen Jahren der Arbeitslosigkeit beruflich wieder einzugliedern, nahe Null ist. Demgegenüber zeigen die Erfahrungen von Call Yachol, dass dies durchaus möglich ist und die Chancen hierfür ca. 50 % betragen. Dies bedeutet, dass in der Hälfte der Fälle Menschen mit Behinderung, die langfristig arbeitslos waren, beruflich voll rehabilitiert werden (sie erreichen für mindestens zwei Jahre eine gleich hohe Produktivität wie ein Mitarbeiter ohne Behinderung).

Diese Überzeugung will man bei Call Yachol umsetzen.

Zurzeit arbeiten bei Call Yachol ca. 20 Teamleiter. Die Hälfte von ihnen besitzt selbst eine Behinderung und wurde zu dieser leitenden Funktion befördert, nachdem sie ihre Laufbahn im Unternehmen als Telefonisten für Dienstleistungen und den Verkauf begonnen haben. Eines der herausragenden Beispiele für die Beförderung der Angestellten innerhalb des Unternehmens ist das Beispiel von Meni. Als der sehbehinderte Mitarbeiter bei Call Yachol anfing, befand er sich noch im Studium. Er studierte Soziologie und Soziale Arbeit und suchte monatelang eine Arbeit, die zu ihm und vor allem zu seiner Behinderung passte. Zu Beginn seiner Laufbahn als Angestellter im Unternehmen, wohnte Meni im Norden des Landes und kam drei Mal in der Woche zur Arbeit, wobei er eine dreistündige Fahrt mit den öffentlichen Verkehrsmitteln (in jede Richtung) in Kauf nahm. In Israel ist dies nicht selbstverständlich und erst recht nicht für einen sehbehinderten Menschen. Im letzten Jahr zog er in das Zentrum des Landes und fühlt sich seitdem „sesshafter", wie er es nannte. Meni war einer der ersten Angestellten, der zur Tätigkeit eines „spezialisierten Beraters" befördert wurden und gerade in der letzten Woche erfuhr er von seiner Beförderung zum Teamleiter. Wir trafen ihn direkt, nachdem er die Nachricht erhielt. Er war sehr aufgeregt und als wir ihn fragten, welche zentrale Botschaft er seinem Team beim ersten Treffen übermitteln wird, antwortete er uns:

> Seht mich an, ich hatte es nicht leicht, aber meine Investition in die Arbeit zahlte sich aus. Wenn ich es schaffen kann, kann es jeder von euch schaffen. Die Arbeit bei Call Yachol war das Beste, was mir in den letzten Jahren passiert ist und ich möchte, dass ihr alle erfahren werdet, dass es sich nicht um einen bloßen Arbeitsplatz handelt ...

18.2 Entwicklung des Ansatzes: Motivation zur Gründung von Call Yachol

Obwohl wir durch Dr. Winch von der Motivation zur Gründung des Unternehmens erfuhren, wurde uns erst durch die Tätigkeit für Call Yachol bewusst, wie schwierig und kompliziert die Arbeit eines Telefonisten sein kann. Der intensive Kontakt mit den fordernden Kunden, die oft wütend und unzufrieden sind, die kompromisslosen Forderungen der auftraggebenden Firma sowie der innere Konflikt, den Kunden zufriedenzustellen und das Unternehmen angemessen zu repräsentieren – all diese Faktoren führen zu einer sehr hohen emotionalen Belastung und nicht selten zu einem Burn-out-Syndrom.

In den meisten Call Centern in Israel ist der durchschnittliche Telefonist 22 Jahre alt, besitzt keine Berufserfahrung und kommt in den meisten Fällen direkt vom Militärdienst oder von einem längeren Auslandsaufenthalt. Sein Hauptziel ist es, so viel Geld wie möglich und so schnell wie möglich zu verdienen. Meistens beginnen die jungen Leute ihre Arbeit in den Call Centern nicht mit der Absicht, dort zu bleiben oder in dem Unternehmen voranzukommen. So investieren die Unternehmen viel kostspielige Energie in die Rekrutierung und Einarbeitung neuen Personals und können sich an diesem Personal im Grunde genommen nur kurze Zeit erfreuen. Diese und andere Schwierigkeiten erkannten Dr. Winch und die Berater der Firma Tandem im Rahmen ihrer Arbeit in Call Centern zu Beginn des Jahres 2000.

Die Idee zur Gründung Call Yachols kam im Jahre 2004 auf. Die langjährige Erfahrung Dr. Winchs in der Geschäftswelt und seine Freundschaft zu Herrn Juval Wagner bildeten das Fundament zur Formulierung der Idee und zur Gründung von Call Yachol. Die Geschichte von Juval Wagner ist spannend und inspirierend. In der Luftwaffe war Juval Helikopterpilot und stürzte 1987 mit seinem Helikopter ab. Bei diesem Unfall zog er sich eine schwere Behinderung zu und war seitdem auf einen Rollstuhl angewiesen. Juval wuchs in einem Elternhaus auf, in dem auch sein Vater querschnittsgelähmt war, nachdem er sich im Rahmen seines Berufs als Helikopterpilot in der Luftwaffe bei einem Absturz ebenfalls schwer verletzte. Jahre später gründete Juval den Verein „Negishut Israel" (das zugängliche Israel), der sich dafür einsetzt, Israel für Menschen mit schwerer Behinderung zugänglich zu machen und die Bürger, die an Behinderungen in allen Bereichen leiden, besser zu integrieren. Durch Juval und sein intensives Engagement für Menschen mit schwerer Behinderung gelangte Dr. Winch zu einer wichtigen Feststellung, die man nicht gleichgültig hinnehmen konnte – Menschen mit schwerer Behinderung weisen die höchste Arbeitslosenquote in der Bevölkerung Israels auf. In Israel leben ca. 250.000 Menschen mit schwerer Behinderung, die Vergütungen erhalten. 90 % von ihnen sind arbeitslos. Von den 10 %, die arbeiten, erhalten nur 1/3 das volle Gehalt auf dem ersten Arbeitsmarkt. Dies bedeutet, dass 96 % der Menschen mit schwerer Behinderung nicht wie „jeder andere Mensch" im ersten Arbeitsmarkt arbeiten.

An dieser Stelle scheint es angebracht, auf einen zentralen Unterschied hinsichtlich der Lage von Menschen mit schwerer Behinderung in Israel im Vergleich zur Lage in vielen westeuropäischen Staaten hinzuweisen. Die hohe Arbeitslosigkeit von Menschen mit schwerer Behinderung ist nicht auf eine fehlende Motivation zur Arbeitsaufnahme zurückzuführen. Vielmehr versuchen Israelis mit Behinderung praktisch alles, um eine Arbeitsstelle zu finden, da die staatlichen Versorgungsleistungen für sie sehr gering sind und ein Leben unterhalb des Existenzminimums bedeuten. So besitzen Menschen mit schwerer Behinderung nicht viele Möglichkeiten und während es nur einem kleinen Teil gelingt, Arbeit zu finden, trifft den Rest das Schicksal schwerer Armut.

Dennoch geht aus unseren Gesprächen mit den Telefonisten deutlich hervor, dass das Verlassen des Hauses für den Betroffenen nicht nur das Ziel hat, den Lebensunterhalt zu verdienen, sondern auch eine soziale und seelische Dimension besitzt, welche die Lebensqualität und die psychische Gesundheit beeinflussen – nämlich herauszugehen, Leute zu treffen, soziale Kontakte zu knüpfen und sich auf diesem Wege zu integrieren. Yizhar, der an einer Zerebralparese leidet und seit anderthalb Jahren bei Call Yachol arbeitet, beschrieb dies mit ergreifender Schlichtheit:

> Wir verdienen den Mindestlohn und ein Teil der Leute hier erhält zusätzliche Prämien für Erfolge und die Umsetzung von Betriebszielen. Ich achte nicht auf das Geld, sondern auf die Beschäftigung, auf die Genugtuung und darauf, dass ich meine Zeit sinnvoll ausfüllen kann. Hier kann ich Leute treffen und mir ist es darüber hinaus wichtig, die Idee zu fördern, Menschen mit Behinderung zu beschäftigen.

Obwohl der Verdienst des Lebensunterhaltes notwendig ist, stoßen Menschen mit schwerer Behinderung bei dem Versuch, einen Arbeitsplatz zu finden, auf viele Schwierigkeiten. Sobald die Option besteht, Menschen ohne Behinderung einzustellen, ziehen es die Unternehmen vor, sich nicht mit den „Behinderten" zu beschäftigen. Solange „normale" Unternehmen es vermeiden, Menschen mit schwerer Behinderung einzustellen, wird es weiter einen Mangel an möglichen Arbeitsplätzen geben.

Obwohl es manchmal den Anschein macht, geschehen bei Call Yachol keine Wunder und die Erfolge werden nicht durch das „Schwenken eines Zauberstabs" erlangt. Dort findet etwas anderes statt, etwas, was wir zu verstehen versuchten, je mehr wir das Unternehmen und die Menschen, die dort arbeiten, kennen lernten.

Als wir Dr. Winch trafen, um von seiner „Methode" zu erfahren, weihte er uns in eine Lehre ein, die er und sein Beraterteam entwickelten. Wenn in der Vergangenheit der Versuch unternommen wurde, Menschen mit schwerer Behinderung an regulären Arbeitsplätzen zu beschäftigen, wurde das emotionale Trauma, mit dem der Mitarbeiter in vielen Fällen kam, so gut wie gar nicht beachtet. Laut Gil Winch liegt genau darin das Geheimnis des Erfolges oder des Misserfolges. Wenn man „geschlagene" Menschen beschäftigen möchte, die nicht nur aufgrund ihrer Behinderung, mit der sie leben müssen, sondern aufgrund der Behandlung, die sie in der Gesellschaft erfahren, mit einem emotionalen Trauma belastet sind, muss viel Arbeit eingesetzt werden, um auch diese emotionale Verletzung zu rehabilitieren. Eine warme und unterstützende Haltung kombiniert mit dem Vertrauen in den Erfolg des Mitarbeiters stellen daher die Voraussetzungen dar, die bei der Interaktion mit solchermaßen vorbelasteten Mitarbeitern unbedingt vorhanden sein müssen. Diese Haltung stellt die Basis für das emotionale Managementmodell dar, das bei Call Yachol entwickelt wurde.

Dr. Winch und seine Berater wussten, dass sie vor einer bedeutenden Herausforderung stehen, die einen großen Einfluss auf die Zukunft des neuen Unternehmens hat – die Entwicklung des Managementmodells. Ein Modell, das auf die besonderen Bedürfnisse der Mitarbeiter im Unternehmen eingeht, das gleichermaßen geeignet für viele verschiedene Behinderungen sein muss, das Teil der Organisationskultur wird und das die Fähigkeit besitzt, weltweit übertragbar zu sein.

18.3 Beschreibung des Ansatzes: Das Managementmodell von Call Yachol

Die Inspiration für das Managementmodell von Call Yachol stammte aus einer wesentlich kleineren, aber sehr bedeutsamen Organisation – nämlich aus der Familie, oder besser gesagt dem Elterndasein. Das emotionale Managementmodell leitet wichtige Prinzipien aus den Grundsätzen des Elterndaseins ab. Wie beim Elterndasein auch, nimmt hier der emotionale Aspekt einen wesentlichen Platz in der Analyse und der Situationslösung ein. Ebenso wird viel Aufwand und manchmal auch Sisyphusarbeit gefordert, um Ergebnisse zu erhalten, die sich nicht immer sofort und deutlich einstellen. Führungskräfte bei Call Yachol müssen sich immer in Erinnerung rufen, ihr eigenes Ego beiseitezustellen. Sie müssen verstehen, dass sich das Verhältnis zwischen dem Angestellten und dem Teamleiter von anderen Arbeitsbeziehungen unterscheidet. Zentral ist hierfür ein deutlich erhöhtes Maß an sozialer Unterstützung, das Führungskräfte bei Call Yachol ihren Mitarbeitern zuteilwerden lassen. Hiermit können sie einen oftmals bestehenden Mangel an Selbstbewusstsein ausgleichen und ihre Angestellten langfristig zu selbstsicheren und effektiven Mitarbeitern entwickeln.

Dr. Winch erzählt leidenschaftlich von seinem Managementmodell. Als wir uns mit ihm trafen, um mehr darüber zu erfahren, nannte uns Dr. Winch ein Beispiel, das uns half, die Überlegungen, die hinter diesem Modell stecken, besser einzuordnen. Er sagte, man könne dieses Modell in kleineren Familienunternehmen antreffen, wie z. B. in einem Versicherungsbüro, in dem der Vater Versicherungsvertreter ist und seinen schwerbehinderten Sohn in das Familienunternehmen holt. Der Vater würde alles tun, damit der Sohn Erfolg haben wird. Er würde ihm die emotionale Unterstützung geben und ihm die Aufgaben so anpassen, dass er ein Erfolgsgefühl erleben wird, was ihn nicht nur bei jeder Gelegenheit stärken, sondern vor allem das Vertrauen in sich selbst und sein Können zurückgeben wird, wenn er längst nicht mehr an sich glaubt.

Innerhalb von drei Jahren wurde das Managementmodell von Call Yachol von Dr. Winch und den Beratern des Unternehmens Tandem entwickelt. Heute kann man das Modell in fast allen Tätigkeiten, die innerhalb der Call Center des Unternehmens anfallen, nachvollziehen. Das Modell stellt die Grundlage einer Organisationskultur des Arbeitsplatzes und der Kommunikation zwischen den Teamleitern dar. Im Unterschied zu vielen Unternehmen, die in den letzten Jahrzehnten bemüht waren, gutes Personal durch finanzielle Mittel zu motivieren und zu halten, wird bei Call Yachol eine warme, emotionale Arbeitsatmosphäre geschaffen, die das Personal auf einzigartige Weise unterstützt. Die Teamleiter bei Call Yachol beabsichtigen zu fragen, was benötigt wird, damit sich ein Angestellter am Arbeitsplatz wie zu Hause fühlen kann.

Das Managementmodell von Call Yachol basiert auf neun Grundsätzen/Regeln, welche die tagtägliche Arbeit des Teamleiters bestimmen. Im Folgenden sollen fünf dieser Grundsätze anhand konkreter Beispiele aus dem Arbeitsalltag bei Call Yachol näher ausgeführt werden. Dies sind eine fähigkeitsorientierte Personalauswahl, Einfühlungsvermögen und individuelle Beachtung, Vermittlung von Zugehörigkeit und Sicherheit, Umgang mit negativen Emotionen sowie die Förderung von positiven Emotionen und Spaß an der Arbeit.

18.3.1 Fähigkeitsorientierte Personalauswahl

Als wir Yizhar trafen, war dies ein ganz besonderer Tag in seinem Leben, denn er feierte sein einjähriges Jubiläum bei Call Yachol. Nie zuvor haben wir einen Mitarbeiter getroffen, der seine Beschäftigung in einem Betrieb in diesem Maße betonte und feierte. Aber das ist eben genau die Bedeutung, die Call Yachol für seine Mitarbeiter besitzt.

Wie bereits angesprochen ist Yizhar ein 40 Jahre alter Mann, der an einer Zerebralparese leidet. Bei ihm macht sich seine Beeinträchtigung dadurch bemerkbar, dass er mit beiden Beinen hinkt und seine Knie gebeugt hält, was die Folge einer Operation zur Verbesserung seiner Beweglichkeit war. Er besitzt einen Hochschulabschluss in Soziologie und Talmudstudien und machte eine Ausbildung in Journalismus und Kommunikationswissenschaften. Yizhar arbeitete kurze Zeit bei lokalen Zeitungen, größtenteils aber auf freiwilliger Basis. Yizhar sagt, seine Schwierigkeiten hätten begonnen, als er eine Phase in seinem Leben erreichte, in der eine geregelte Arbeit finden musste. Nach vier Jahren der Arbeitslosigkeit, etlicher verschickter Lebensläufe und Vorstellungsgespräche, aus denen er stets mit leeren Händen hervorging, kam er zu Call Yachol.

Zum Vorstellungsgespräch erschien ein intelligenter, gebildeter, lernfähiger Mann, der vor allem hoch motiviert war. Dennoch war er schüchtern und hatte ein mangelndes Selbstbewusstsein. Yizhar stellte viele Fragen, die seine Angst vor Misserfolgen und der

Nichterfüllung von Aufgaben aufzeigten. Es bestand kein Zweifel darin, dass es sich bei ihm um einen Mann handelte, dessen Einschätzung seiner Fähigkeiten aufgrund der jahrelangen Ablehnung und der Frustration am Arbeitsplatz sehr niedrig war. Die Tandem Berater, die bei Call Yachol den Bewerbungsablauf leiteten, sagten, die besondere Herausforderung bei den Auswahlverfahren der Mitarbeiter würde darin bestehen, das Erfolgspotenzial eines Bewerbers auf lange Sicht zu erkennen. Wenn es sich um Bewerber mit Behinderungen handelt, ist diese Herausforderung um das Siebenfache größer als gewöhnlich. Das Potenzial soll basierend auf der Interaktion während des Vorstellungsgespräches erkannt werden, das den Schwerpunkt nicht auf den Lebenslauf des Bewerbers setzt, sondern seine Motivation und Willenskraft sowie die Lern- und Anpassungsfähigkeit zu analysieren versucht. Die schwere Behinderung Yizhars und vor allem sein gebeugtes Auftreten und mangelndes Selbstbewusstsein erschwerten die Entscheidung enorm, schließlich sollen die Bewerber nicht aus Mitleid, sondern aufgrund ihres erkannten Erfolgspotenzials ausgewählt werden.

18.3.2 Einfühlungsvermögen und individuelle Beachtung

Yizhar begann als Telefonist, der für Versicherungen von Mobiltelefonen zuständig war. Seine Aufgabe war es, Kunden der Firma anzurufen und sie zu überzeugen, die Versicherung ihrer Mobiltelefone zu verlängern. Eine Aufgabe, die relativ einfache und kurze Telefonate erfordert, die in der Regel mit einer Bestätigung und ohne dramatische Einwände enden. Doch für Yizhar waren sie keineswegs einfach. Zu Beginn war Yizhar vor Angst und mangelndem Selbstvertrauen fast wie gelähmt. Er konnte kaum ein Gespräch führen, war aufgeregt, stotterte und stand unter Druck. An dieser Stelle musste Yizhars Teamleiterin tätig werden. Einer der Grundsätze, nach denen die Teamleiter handeln, bezieht sich auf das Einfühlungsvermögen gegenüber dem Mitarbeiter. Dieser Grundsatz stellt das Wohlbefinden des Angestellten in den Mittelpunkt. Der Teamleiter muss sensibel vorgehen, sich der Situation des Angestellten bewusst sein und herausfinden, wie er in Anbetracht der Situation des Angestellten das Beste aus ihm herausholen kann. Die Teamleiterin von Yizhar musste fast zwei Monate lang sein sehr langsames Vorankommen in Kauf nehmen und mit viel Sensibilität das aufbauen, was Yizhar am meisten benötigte – Sicherheit (und dies in einer Phase, in der sie selbst die Geschäftsziele des Kunden einhalten musste, der natürlich keine Geduld aufbrachte). Am Ende konnten seine enorme Motivation und seine Lernfähigkeit, die bereits im Vorstellungsgespräch bei Yizhar erkannt wurden, zur Geltung gebracht werden. Während er in den ersten Wochen ungefähr zehn Gespräche pro Stunde führte, waren es nach zwei Monaten bereits dreißig Gespräche pro Stunde. Es war allerdings nicht nur sein zunächst langsamer Fortschritt, der ein hohes Maß an Sensibilität von seiner Teamleiterin erforderte. In den ersten Wochen schlief Yizhar während der Arbeitszeit vor seinem Computer ein! Mit Sicherheit wäre Yizhar an jedem anderen Arbeitsplatz dafür gekündigt worden. Bei Call Yachol bestand seine Teamleiterin darauf, diese Problematik zu lösen. Sie lud ihn zu einem persönlichen Gespräch ein und fragte nach dem Grund seiner Schlafphasen. Es stellte sich heraus, dass Yizhar jeden

Tag vor Morgengrauen aufstand, um nicht zu spät zur Arbeit zu kommen. Die Sensibilität und das Verständnis der Teamleiterin führten dazu, ihm zu erlauben, jeden Tag eine halbe Stunde später zur Arbeit kommen zu dürfen. Dadurch verlor er seine Angst vor dem Zuspätkommen, was wiederum das Schlafproblem löste.

18.3.3 Vermittlung von Zugehörigkeit und Sicherheit

Das Beispiel von Yizhar bringt uns zu einem weiteren Grundsatz des besonderen Managementmodells von Call Yachol – der Vermittlung eines Gefühls von Zugehörigkeit. Bei Call Yachol geht man davon aus, dass dem Angestellten bereits vom ersten Tag seiner Beschäftigung an ein sicheres und geschütztes Gefühl an seinem Arbeitsplatz gegeben werden muss, indem ihm Raum für Fehler und Experimente geschaffen wird. Bereits im Vorstellungsgespräch zeigte sich ganz deutlich, dass Yizhar Angst vor einer Kündigung und Misserfolg hatte. Die Angst gekündigt zu werden, besteht bei fast jedem, der in der Vergangenheit wiederholte Ablehnungen erfahren musste. Bei ihm war diese Angst so groß, dass er vier Stunden vor Beginn der Frühschicht das Haus verließ, um dann drei Stunden zu früh zur Arbeit zu erscheinen, denn bei ihm handelte es sich um eine Fahrzeit von lediglich einer Stunde. Und all dies nur aus der Angst, sich zu verspäten. Seine Teamleiterin musste ihn jeden Tag beruhigen und ihm schrittweise helfen, seine Angst vor der Kündigung zu verlieren.

Solange der Mitarbeiter bemüht und motiviert ist, ihm die Arbeitsaufgabe aber schwerfällt, ergreifen die Teamleiter bei Call Yachol alle Maßnahmen, um den Mitarbeiter im Beschäftigungsverhältnis zu halten, selbst wenn dies in wenigen Fällen bedeuten kann, dass ihm ein anderes Aufgabenfeld zugeteilt werden muss. Die Angestellten von Call Yachol wissen, dass ihre Teamleiter alles zu ihrer Entlastung unternehmen, solange sie ihre Pflichten erfüllen. Wie in jeder Familie besitzen die Angestellten Pflichten und Rechte und wie in jeder Familie wird bei Call Yachol niemand aufgegeben.

In der letzten Zeit gelingt es Yizhar auch, sein ausgeprägtes literarisches Talent in seine Arbeit mit einzubringen, was sein Zugehörigkeitsgefühl zu Call Yachol noch weiter verstärkte. So schreibt er für die Mitarbeiterzeitung von Call Yachol und nimmt an Fernseh- und Zeitungsberichten über das Call Center teil. Vor allem berichtet er jedem, der sich dafür interessiert, von seiner besonderen und stärkenden Erfahrung, die ihm bei Call Yachol zuteilwurde. So schreibt er:

> Über die familiäre Arbeitsatmosphäre wurde schon viel berichtet und geschrieben. Für mich bot Call Yachol wesentlich mehr als einen Arbeitsplatz. Zum ersten Mal kann ich nun mein Haupt erheben und stolz auf meine Behinderung sein. Es ist das Ende von 40 Jahren Unterdrückung! Mein Gang ist heutzutage viel lebhafter und energischer und ich bin viel entschlossener (vor allem nach einem Tag, an dem ich erfolgreich bei der Arbeit war)! Ich habe ein Durchsetzungsvermögen und „ein dickes Fell" entwickelt und spreche heute nicht mehr mit weinerlicher Stimme. Im Kreise meiner Freunde und Familie bin ich eine Erfolgsgeschichte.

Das Beispiel von Yizhar ist in der Tat eine Erfolgsgeschichte. Sein Beispiel ist aber auch ein Beweis für das Managementkonzept von Call Yachol, mit dessen Hilfe es gelang, das Potenzial, das in ihm steckte, zu wecken. Ein Potenzial, das bei anderen Arbeitsstellen entweder nicht erkannt wurde oder als nicht einsetzbar angesehen wurde.

18.3.4 Umgang mit negativen Emotionen

Als wir zu einem Treffen der Teamleiter kamen, auf dem über die Grundsätze von Call Yachol debattiert wurde, hörten wir ein Gespräch zwischen zwei Teamleitern, die sich über Michal unterhielten, deren Geschichte bereits zuvor vorgestellt wurde. Bei diesem Treffen, das wöchentlich stattfindet, kommen die Teamleiter zusammen, um wichtige Ereignisse zu besprechen und zu analysieren, wie sie mit den Telefonisten auf Basis der Managementgrundsätze umzugehen haben.

Aus dem Gespräch konnten wir entnehmen, dass das Arbeiten mit Michal immer noch schwierig war, obwohl sie bereits seit Langem dort arbeitete und die Teamleiter ihre Behinderung verstanden. „Ich weiß, dass dies Teil ihrer Behinderung ist und muss dennoch zugeben, dass es mich wütend und ungeduldig macht", sagte Avi, ihr Teamleiter. „Wenn Michal etwas will, gibt sie nicht auf, bis sie es bekommt, sei es durch Schreie oder durch unaufhörliche Aufforderungen. Sie hört einfach nicht auf und das kann einen in den Wahnsinn treiben!" Es ist die vornehmliche Aufgabe der Teamleiter, ohne Wut mit Michal zu arbeiten. Ein weiterer Grundsatz von Call Yachol, den wir kennengelernt haben, geht davon aus, dass ein Angestellter besser versteht und aufnahmefähiger ist, wenn der Teamleiter nicht aus Wut handelt.

Dieser Grundsatz besagt, dass sobald der Angestellte die Wut des Teamleiters erfährt, die Botschaft, die der Teamleiter zu übermitteln versucht, verloren geht. Ein großer Teil der Angestellten bei Call Yachol hat nie zuvor gearbeitet und kennt daher nicht die üblichen Verhaltensregeln, die zwischen Arbeitnehmern und Arbeitgebern existieren. Manchmal ist das Verhalten, das bei den Teamleitern eine gewisse Wut auslöst, eine Folge der Behinderung, mit der die Mitarbeiter leben müssen. Bei Call Yachol wissen die Teamleiter, dass sie zuerst ihre Wut neutralisieren müssen, um dann das Problem zu behandeln – dies ist eine nicht so leichte Forderung gerade an junge Teamleiter, die vor nicht allzu langer Zeit selbst noch in der Position des Telefonisten waren.

Nach dem Treffen der Teamleiter, bei dem über Michals Geschichte gesprochen wurde, verinnerlichten die Teamleiter, dass Wut sowohl am Beispiel Michals als auch in anderen Fällen nicht weiterhilft und dass ein Weg gefunden werden muss, Michals Verhalten zu verändern.

Der Teamleiter von Michal unternahm einige Schritte – zuerst hörte er ihre Telefonate öfter mit an, um ihr Selbstwertgefühl zu stärken und um ihr zu zeigen, dass es für die meisten Anfragen Lösungen gibt. In Situationen, in denen sie Hilfe benötigte, wurde ein offenes Gespräch geführt, sodass sie gemeinsam zu einer Lösung gelangen konnten. Dadurch konnte sie sich einerseits verstanden fühlen und andererseits erfahren, dass wirklich alles getan wird, um ihr eine schnelle Antwort zu geben, auch wenn dies nicht immer den Anschein macht. Es wurde vereinbart, dass sobald sie eine Frage an ihren Vorgesetzten hat, ihr der Schichtleiter angibt, welchen Platz sie in der Warteschleife einnimmt, sodass sie sich nicht machtlos und „in der Luft hängend" fühlt, während der Kunde am Telefon wartet. Obwohl es nicht einfach war, bei Michal eine nachhaltige Verhaltensänderung herbeizuführen, half der beständige Einsatz der Teamleiter, die Probleme mit ihr langfristig zu lösen.

18.3.5 Förderung von positiven Emotionen und Spaß an der Arbeit

Unter den Grundsätzen, die wir kennenlernten, war der Grundsatz der gemeinsamen Freude zum einen besonders überraschend und zum anderen einfach natürlich. In fast jedem Betrieb heißt es, dass es wichtig sei, dass sich die Angestellten wohlfühlen und Freude an der Arbeit haben. Bei Call Yachol weiß der Teamleiter, dass es in seine Verantwortung fällt, für sich und den Angestellten für Freude bei der Arbeit zu sorgen und Spaß an der gemeinsamen Aufgabe zu entwickeln. Das Vergnügen ist bei Call Yachol derart wichtig, dass es eine klar umrissene Zielgröße darstellt – die Teamleiter berichten dem Management, wann und wie sie in einer gegebenen Woche für Spaß an der Arbeit sorgen wollen.

Die Betriebsjahresfeier, an der alle Angestellten teilnehmen, stellte einen der besonderen Momente dar, an denen wir diesen Grundsatz und die Stärke dieser gemeinsamen Freude kennenlernten. Thema des Abends war die Erfüllung der Träume und während des Abends erfüllten sich die Träume der Angestellten. Ein besonders bewegender Moment war, als alle Teamleiter ihren Angestellten ein Lied in Zeichensprache darboten. Die Teamleiter hatten lange dafür geprobt, was die Darbietung zu etwas ganz Besonderem machte. Das Lied trug den symbolischen Titel „Ein Platz im Herzen" und spiegelte sowohl das Arbeitnehmer-Arbeitgeber-Verhältnis bei Call Yachol als auch die aufrichtige Absicht wider, dem Arbeitnehmer ein gutes Gefühl zu vermitteln. Es sollte auch erwähnt werden, dass sich im Personal von Call Yachol nur fünf schwerhörige Mitarbeiter befinden und dass das Lied in Zeichensprache auch der Einstellung Rechnung trägt, dass „jeder bis zum letzten Mitarbeiter wichtig ist".

18.4 Herausforderungen bei Call Yachol

Während unserer Tätigkeit für Call Yachol trafen wir auf unterschiedliche Herausforderungen, die sich durch das innovative Geschäftsmodell von Call Yachol ergeben und sich mindestens drei Dimensionen zuordnen lassen. Hierzu gehören Herausforderungen, die sich durch die tägliche Arbeit vor Ort ergeben, Herausforderungen im gesellschaftspolitischen Bereich sowie Herausforderungen in Bezug auf die Kundenbeziehung. Alle drei Dimensionen sollen im Folgenden näher beleuchtet werden.

18.4.1 Herausforderungen im Bereich der tagtäglichen Arbeit im Call Center

Der Alltag bei Call Yachol birgt ohne Zweifel Herausforderungen. Die Geschichten der Arbeitnehmer, die wir zum Teil persönlich kennenlernten und von denen wir zum anderen Teil hörten, beweisen die tägliche Komplexität, die Schwierigkeit und die Tatsache, dass nicht für alles eine Antwort vorhanden ist.

Dorit ist sehbehindert und gelangte zu Call Yachol, nachdem sie in einer geschützten Werkstatt für die Staatsverwaltung arbeitete, wo sie 7 Shekel pro Stunde (ca. 1,40 € pro Stunde) verdiente. Sie beschreibt, wie sie jahrelang an einem normalen Computer arbeitete und darum bemüht war, ihre Leistung nicht aufgrund ihrer Behinderung unter die Leistungen anderer Mitarbeiter, deren Lohn allerdings mindestens dreimal so hoch war, fallen zu lassen. Jahrelang bat Dorit ihre Vorgesetzten um die Anschaffung eines Vergrößerungsprogramms für ihren Computer, damit sie leichter und vor allem effektiver am Computer arbeiten könne. Doch als das neue Budget feststand, musste Dorit mit Staunen erfahren, dass das Geld für einen neuen Bildschirm für eine andere Mitarbeiterin eingeplant wurde, da sie längere Zeit angestellt war. Die Frustration war so groß, dass sie sich dazu entschied, ihren Arbeitsplatz zu verlassen und zu Call Yachol zu wechseln.

So wie Orit (sie wurde zu Beginn vorgestellt) begann auch Dorit ihre Laufbahn als Telefonistin. Auch in ihrem Fall stand es außer Frage, dass es sich um eine talentierte Frau handelt, die hoch motiviert war, voranzukommen und erfolgreich zu werden. Auch Dorit absolvierte eine Einarbeitungsphase und wurde zur Betreuerin im Call Center befördert. Für beide, die das Vergrößerungsprogramm am Computer benötigen, ist die Beförderung ein wesentlicher Karriereschritt, zum anderen aber auch sehr fordernd, da sie in den meisten Fällen Telefonisten Hilfestellungen leisten müssen, ohne den Bildschirm deutlich sehen zu können. Und als wäre das nicht schon genug, führt das Beispiel der schwerhörigen Ayelet die Herausforderungen und Schwierigkeiten der Beiden noch deutlicher vor Augen, da sie sich an eine Telefonistin anpassen müssen, die aufgrund ihrer Schwerhörigkeit während des Telefonats mitunter in Bedrängnis gerät. Ayelet kam hörend zur Welt, verlor aber aufgrund einer Krankheit im Alter von 30 Jahren ihr Gehör. Sie war jahrelang taub, bis sie die Finanzierung für eine Implantation finden konnte; eine medizinische Prozedur, die bestimmten Tauben das Hörvermögen zurückgibt. Ayelet liess die Operation durchführen und konnte wieder fast vollständig hören. Nach Jahren der Arbeitslosigkeit gelangte Ayelet zu Call Yachol. Damit Ayelet den Kunden am anderen Ende der Leitung besser hören konnte, wurde für sie eine Lautverstärkung am Telefon montiert. Dieses Lautverstärkungssystem besitzt allerdings einen großen Nachteil: Es ermöglicht ihr nur die Person am anderen Ende zu hören und nicht ihre Umgebung. Als Ayelet angestellt wurde, war man sich bei Call Yachol der Tatsache bewusst, dass eine Anpassung der Managementstrukturen in diesem Bereich vorgenommen werden muss.

Die regelmäßig anfallenden Dilemmata werden bei Call Yachol durch technologische Anpassungen sowie persönliche Zugänglichkeit und gegenseitige Unterstützung gelöst. Handelt es sich zum Beispiel um sehbehinderte Teamleiter, wird das Problem durch eine telefonische Unterstützung gelöst. Demnach sitzt der sehbehinderte Teamleiter vor seinem Bildschirm, auf dem das Vergrößerungsprogramm installiert ist und erhält dort die Anfragen zum technischen Support, die er telefonisch beantworten kann ohne sich physisch unter den Telefonisten bewegen zu müssen. Die Schwierigkeit im Falle Ayelets wurde mit einem zusätzlichen Kopfhörer mit angefügtem Mikrofon gelöst, das der Teamleiter für seine fachliche Unterstützung verwenden konnte. Ayelets Teamleiterin stellte sich zusätzlich vor Ayelet auf, sodass sie von ihren Lippen lesen konnte während sie die fachliche Unterstützung erhielt. Uns ist kein weiteres Unternehmen bekannt, in welchem eine blinde Teamleiterin eine taube Mitarbeiterin technisch und fachlich unterstützt. Dennoch hat uns am meisten beeindruckt, dass von den Angestellten und vor allem von den Teamleitern bei Call Yachol über die technologische Lösung hinaus erwartet wird, sich für den Anderen einzusetzen und sich nach Kräften zu bemühen, um alle erwarteten und unerwarteten Hürden, die der Alltag mit sich bringt, zu überwinden.

Die persönlichen Hintergründe der Angestellten sind ein untrennbarer Teil von Call Yachol. Und dennoch darf man die externen Rahmenbedingungen, die auf den potenziellen Erfolg eines Unternehmens wie Call Yachol Einfluss nehmen, nicht unberücksichtigt lassen; vor allem wenn es sich um ein Unternehmen handelt, dass eine „Revolution" bei der Beschäftigung von Menschen mit Behinderung anführen will. Im Falle von Call Yachol liegen diese externen Einflussfaktoren vor allem im gesellschaftspolitischen Bereich sowie im Umgang mit den Kunden.

18.4.2 Herausforderungen im gesellschaftspolitischen Bereich

Damit ein Unternehmen wie Call Yachol langfristig erfolgreich sein kann, benötigt es eine finanzielle Unterstützung durch den Staat. Die Beschäftigung von Arbeitnehmern mit schwerer Behinderung ist teurer als die Beschäftigung eines Arbeitnehmers ohne Behinderung, da die Ausgaben für Menschen mit Behinderung im betrieblichen Alltag höher sind. Diese zusätzlichen Ausgaben mögen zwar unterschiedliche Gründe haben, besitzen letztendlich aber einen gemeinsamen Nenner – für einen Menschen mit Behinderung werden viele Anpassungen benötigt, die Geld kosten: Die meisten Angestellten arbeiten bei Call Yachol aus gesundheitlichen Gründen halbtags, was einen Teil der Ausgaben des Arbeitgebers, wie zum Beispiel die Anzahl der benötigten Teamleiter, erhöht. Ein gewöhnlicher Teamleiter bei Call Yachol, der Leiter eines Teams von 15 halbtags arbeitenden Angestellten ist, arbeitet im Grunde genommen nur halb so lange wie ein „normaler" Teamleiter, dessen Telefonisten im Schichtdienst und Vollzeit arbeiten. Dennoch ist er damit voll ausgelastet, da er seine Mitarbeiter deutlich weitgehender unterstützen muss, als dies Teamleiter in anderen Call Centern müssen (so wird u. a. erwartet, dass Teamleiter kranke Mitarbeiter auch im Krankenhaus besuchen etc.). Auch die emotionale Belastung ist für die Teamleiter damit deutlich ausgeprägter. Daher ist die Anzahl der Teamleiter bei Call Yachol doppelt so hoch, was die Ausgaben entsprechend steigen lässt.

Ein weiteres Beispiel für die Ausgaben des Arbeitgebers liegt im Bereich der behindertengerechten Parkplätze. Ein behindertengerechter Van ist in der Regel ein großer Wagen, der zwei Parkplätze beansprucht. Während man in einem Unternehmen, dessen Angestellte keine Behinderungen haben, eine geringe Anzahl behindertengerechter Wagen erwarten darf, ist die Anzahl der behindertengerechten Parkplätze bei einem Unternehmen, das ausschließlich Menschen mit Behinderung beschäftigt, mehr als doppelt so groß. Darüber hinaus zeigen zumindest unsere Erfahrungswerte, dass Angestellte mit schweren Behinderungen im Durchschnitt dreimal so viele Krankentage aufweisen wie Angestellte ohne Behinderung.

An diesem Punkt wurde uns bereits deutlich, dass trotz unserer Begeisterung, die wir bei jedem Besuch der Call Center des Unternehmens empfanden – ein Unternehmen, welches Menschen mit Behinderung beschäftigt, finanzielle Hilfe benötigen wird, um die eben beschriebenen Diskrepanzen zu überbrücken und um sich auf dem freien Markt behaupten zu können und konkurrenzfähig zu bleiben.

Damit Unternehmen wie Call Yachol eine finanzielle Unterstützung des Staates erhalten können, müssen zwei zentrale Bedingungen erfüllt sein:

1. Es muss eine Gesetzgebung vorhanden sein, die eine finanzielle Unterstützung zulässt. Das Unternehmen Call Yachol ist in seiner Art einzigartig in Israel. Im Gesetzbuch des Staates Israel gibt es keinen Präzedenzfall und die Regierung wurde nie aufgefordert, ein Unternehmen dieser Art zu unterstützen. Eine Gesetzesänderung ist eine nicht ganz einfache Herausforderung, aber bei Call Yachol ist man überzeugt, diesbezüglich erfolgreich sein zu können und arbeitet auf dieses Ziel energisch hin. Dr. Gil Winch investiert täglich seine meiste Energie für diese notwendige Änderung. Als wir ihn baten, uns zu erklären, worin genau die Schwierigkeit besteht, bezog er sich zuallererst darauf, dass jeder Prozess solcher Art eine Kontaktaufnahme mit den Entscheidungsträgern im Staat sowie ihre Überzeugung für das Ziel erfordert. Im Anschluss an das Gewinnen der Regierungsbeamten für die Bearbeitung des Themas werden die Budgets schließlich in amtlichen Entscheidungen freigegeben.

2. Bündelung von Verantwortlichkeiten in Bezug auf die Beschäftigungsförderung von Menschen mit Behinderung Das Thema der Beschäftigungsförderung von Menschen mit Behinderung ist komplex. So sind in Israel viele verschiedene Ämter involviert, die jeweiligen Zuständigkeiten und Verantwortlichkeiten sind oftmals unklar. So erklärte uns Dr. Winch, dass es in Bezug auf die Finanzierung eines Unternehmens wie Call Yachol fünf relevante Ämter gibt und dass es eine der Aufgaben sei, eine Zentrale zu schaffen, um die Zuständigkeiten und Kräfte im Land zu bündeln. Dies würde die Arbeit mit den Ämtern in Zukunft für die Arbeitgeber erleichtern, die sich für eine Beschäftigung von Menschen mit schwerer Behinderung interessieren – seiner Ansicht nach sei dies ein wichtiger und kritischer Bestandteil einer nachhaltigen Beschäftigungsförderung.

Wenn wir etwas von Dr. Winch bei unserer Tätigkeit für Call Yachol gelernt haben, dann dass seine Zielstrebigkeit und sein unendlicher Optimismus die notwendigen Eigenschaften sind, um eine Revolution dieser Art anzuführen. Bei all unseren Treffen betonte Dr. Winch stets, er wäre davon überzeugt, die Lösung könnte vor allem deswegen schnellstmöglich herbeigeführt werden, da der gute Wille seitens der Minister und Vorgesetzten innerhalb der Regierungsministerien vorhanden sei.

18.4.3 Herausforderungen in Bezug auf die Kundenbeziehung

Als wir Dr. Winch fragten, wie es ihm gelang, die Kunden für die Zusammenarbeit mit Call Yachol zu gewinnen, erfuhren wir, was einen potenziellen Kunden ausmacht und vor welchen Herausforderungen ein Unternehmen wie Call Yachol bei der Anwerbung von neuen Kunden steht.

Generell lässt sich sagen: Je komplexer die Aufgabe ist, die der Telefonist zu lösen hat, desto geringer fällt der Lohn aus, den er im Verhältnis zur hierfür erbrachten Leistung erzielen kann. So fällt es solchen Firmen schwer, kompetente Angestellte anzuwerben und langfristig zu binden – dies sind die Unternehmen, die sich für ihre Kundendienst-Aufgaben an Call Yachol wenden und diese entsprechend outsourcen. In Israel handelt es sich vor allem um Kunden aus der Kommunikationsbranche und dem Mobilfunk. Erschwerend kommt hinzu, dass Endkunden solcher Mobilfunkunternehmen gegenüber Callcenter-Mitarbeitern oftmals ein aggressives Verhalten an den Tag legen. So muss sich der Telefonist mindestens einmal in der Stunde vom Kunden beschimpfen lassen, was dazu führt, dass es die Telefonisten durchschnittlich zwischen sechs Monaten und einem Jahr in ihrem Job aushalten.

Während sich die Unternehmen auf Prozesse zur Verbesserung des Kundendienstes und der Kundenerfahrung konzentrieren, wird eigentlich eine berufliche Spezialisierung, Geduld sowie der wirkliche Wille, dem Kunden zu helfen, benötigt. Bisher war die Tätigkeit eines Telefonisten im Call Center kein wirklicher Beruf – vielmehr ist es eine zeitlich befristete Tätigkeit und dadurch ist es schwierig, eine hohe Dienstleistungsqualität zu erreichen. An dieser Stelle kommt Call Yachol sowie der zusätzliche Wert, den das Unternehmen seinen Kunden bietet, ins Spiel: Nämlich mit Mitarbeitern, die sich auf die Tätigkeit des telefonischen Kundendienstes spezialisieren wollen und diesen Beruf für längere Zeit ausüben wollen. Obwohl der gewöhnliche Mitarbeiter bei Call Yachol im Vergleich zu einem 24-jährigen Studenten vielleicht einen langsameren Lernprozess aufweist, erzielen die Angestellten von Call Yachol langfristig gesehen bessere Ergebnisse als die Mitarbeiter „normaler" Call Center – ganz einfach deswegen, weil sie deutlich länger in diesem Beruf verweilen und sich dadurch ein hohes Maß an Professionalität und spezifischem Wissen aneignen. Zudem gehen sie dieser Tätigkeit aus vollem Herzen nach und sehen es nicht nur als Übergangsbeschäftigung. Objektive Vergleichszahlen mit anderen Call Centern in Bezug auf Kundenzufriedenheit, abgewickelte Anrufe pro Stunde etc. bestätigen dies auch empirisch (Abb. 18.2, 18.3).

Von außen betrachtet könnte man vielleicht denken, der Hauptnutzen von Call Yachol bestehe in dem Beitrag für die Gesellschaft, den Call Yachol durch die Beschäftigung

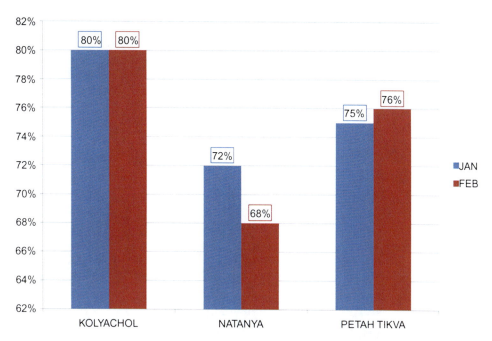

Abb. 18.2 Kundenzufriedenheit

von Menschen mit schwerer Behinderung leiste. Vielen fällt es schwer, sich mit dem Gedanken anzufreunden, dass die Bevölkerungsgruppe der Menschen mit Behinderung tatsächlich eine produktive und gewinnbringende Arbeitsleistung erbringen kann. Es stellt sich jedoch heraus, dass ein Kunde, der die Zusammenarbeit mit Call Yachol gewählt hat, einen großen Nutzen daraus zieht. Diese Kunden erhalten nicht nur einen qualitativ guten Kundendienst durch langjährig tätige und besser ausgebildete Telefonisten, sondern sie können auch weitere Vorteile erzielen, die sich kaum in Zahlen fassen lassen. Die Loyalität der Angestellten bei Call Yachol und der Stellenwert, den diese Arbeit für sie einnimmt, ist so hoch, dass sie selbst auf alltägliche Schwierigkeiten und Verbesserungspotenziale hinweisen. Daran würden Zeitarbeiter nicht einmal denken. Dieser Elan vor Ort stellt eine ausgezeichnete Basis zur Verbesserung des Service für die Kunden dar, dessen sie sich jedes Mal von neuem bewusst werden, wenn sie mit Call Yachol zusammenarbeiten.

Darüber hinaus profitieren alle Kunden von Call Yachol durch die Medienpräsenz, die Call Yachol zuteilwird und erhalten einige Male pro Jahr kostenlose Werbung. Doch vor allem sind die Kunden auf die Zusammenarbeit mit Call Yachol stolz. Mit diesem Stolz werben sie nicht nur nach außen, sondern auch nach innen – innerhalb der eigenen Organisation – wodurch sie auch die Identifikation und Motivation der eigenen Mitarbeiter positiv beeinflussen können.

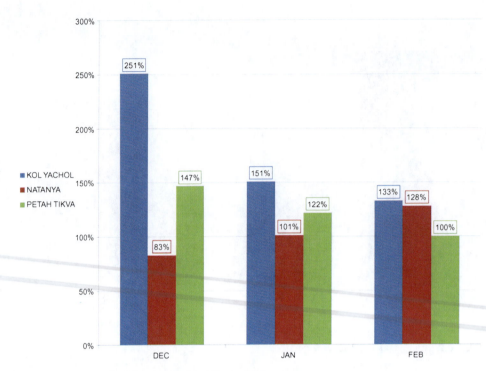

Abb. 18.3 Verkaufszahlen im Wettbewerbsvergleich

18.5 Ausblick: Die Vision des Unternehmens Call Yachol

Der Gründer von Call Yachol, Dr. Gil Winch, möchte eine weltweite Revolution in der Beschäftigung von Menschen mit schwerer Behinderung erreichen. Eine Beschäftigung, die das Leben der Betroffenen, die Gesellschaft sowie die gesamte Wirtschaft beeinflussen wird. In seiner Vision stellt er sich Tausende von Menschen mit schwerer Behinderung weltweit vor, die arbeiten, Geld verdienen und einen wertvollen Beitrag für die Gesellschaft leisten. In Israel hat diese Revolution mit Call Yachol bereits begonnen, nun müssen die gewonnenen Erkenntnisse ausgewertet und auf andere Bereiche übertragen werden.

Obwohl Call Yachol in Israel gegründet wurde, ist es das ausdrückliche Ziel der Gründer, das erfolgreiche Managementmodell des Unternehmens zu übertragen und es somit Menschen mit schwerer Behinderung auf der ganzen Welt zu ermöglichen, dem Kreis der arbeitenden Bevölkerung in ihren jeweiligen Ländern beizutreten und sich produktiv und gut mit ihrer Umwelt und vor allem mit sich selbst zu fühlen.

Israel wurde im Jahr 1948 gegründet. Einen wichtigen Anteil hieran hatte die Gruppe der „Pioniere", die als erste jüdische Gruppen am Ende des 19. Jahrhunderts in das Land kamen. In Bezug auf die Pioniere wird oft erzählt, dass sie mit der Bestrebung kamen, einen jüdischen Staat zu gründen. Im Grunde genommen waren sie aber mit der Trockenlegung der Sümpfe und dem Pflastern der Straßen beschäftigt. Sie taten dies aus Liebe und in dem Bewusstsein, dass nach ihnen noch viele Neueinwanderer die Straßen begehen werden. Orit, Yizhar, Meni, Michal und die weiteren 200 Mitarbeiter von Call Yachol stellen die Pioniere in der Beschäftigung von Menschen mit schwerer Behinderung in Israel dar. Sie wissen, dass sie auf ihrem Weg zum Erfolg „Sümpfe trocknen" und „Straßen bauen" müssen – sie wissen auch, dass als Ergebnis ihrer Arbeit und ihrer Erfolge Hunderttausende von Menschen mit schwerer Behinderung in Zukunft Arbeit finden könnten. Sie bauen somit auch „einen Staat" auf bzw. führen eine Revolution an. Die Angestellten, die Teamleiter, die begleitenden Berater sowie vor allem Dr. Winch sind stolz, Pioniere der Revolution in der Beschäftigung von Menschen mit schwerer Behinderung in Israel zu sein!

18.6 Fazit

Call Yachol wurde mit der Idee gegründet, Arbeitnehmern und Arbeitgebern in Israel und auf der ganzen Welt zu zeigen, dass es möglich ist, Mitarbeiter mit schwerer Behinderung erfolgreich im ersten Arbeitsmarkt zu beschäftigen und hierbei auch marktübliche Löhne zu zahlen. So werden arbeitslose Menschen mit Behinderung bei Call Yachol als großes, bisher ungenutztes Potenzial für die Gesellschaft gesehen. Gelingt es, diese Menschen erfolgreich in den ersten Arbeitsmarkt zu integrieren, so tragen sie erheblich zur Gemeinschaft bei, anstatt die Sozialkassen zu belasten. Trotz ihrer Behinderung haben die Mitarbeiter von Call Yachol es geschafft, die höchstmögliche Produktivität zu erreichen, die sich jederzeit mit der von Menschen ohne Behinderung vergleichen lässt. Bemerkenswert ist ferner, dass dies für fast alle Mitarbeiter und auch langfristig gelang – so sind die meisten der Beschäftigten auch vier Jahre nach Gründung des Unternehmens noch für Call Yachol tätig. Nicht zuletzt deshalb wurde Call Yachol zu einem der erfolgreichsten Call Center in Israel.

Dieser Erfolg kann zu großen Teilen auf das einzigartige Managementmodell von Call Yachol zurückgeführt werden, welches die Beziehung zwischen Führungskraft und Mitarbeiter in einer ähnlichen Weise gestaltet, wie dies auch in Familien bzw. zwischen Eltern und Kindern anzutreffen ist. Das Modell legt die emotionalen Grundlagen, um Mitarbeiter hin zu ihrem vollen Potenzial und einem hohen Maß an Selbstvertrauen zu entwickeln. Fünf der grundlegenden Prinzipien des Modells wurden näher vorgestellt, hierzu gehören u. a. die die fähigkeitsorientierte Personalauswahl, Einfühlungsvermögen und individuelle Beachtung, die Vermittlung von Zugehörigkeit und Sicherheit, der Umgang mit negativen Emotionen sowie die Förderung von positiven Emotionen und Spaß an der Arbeit.

Das Managementmodell von Call Yachol wurde dergestalt entwickelt, dass es übertragbar und skalierbar ist und viele Arbeitsplätze für Menschen mit Behinderung und chronischer Krankheit bietet. Schon heute stellt Call Yachol 25 % aller neuen Arbeitsplätze für Menschen mit Behinderung auf dem ersten Arbeitsmarkt in Israel zur Verfügung.

Diversity-Management bei equalizent (Wien) – Wertschätzung von Vielfältigkeit als Strategie des kulturellen Wandels

19

Monika Haider

Inhaltsverzeichnis

19.1	Vorstellung von equalizent: Ein Unternehmen der Vielfalt	274
19.2	Entwicklung des Ansatzes: Diversity-Management – Warum?	274
19.3	Beschreibung des Ansatzes: Der Weg der Veränderung	276
	19.3.1 Das Diversity-Management bei equalizent	277
	19.3.2 Die equalizent Diversity Score Card	278
	19.3.2.1 Säulen der equalizent Diversity Score Card	278
	19.3.2.2 Weiterentwicklung der equalizent Diversity Score Card	279
	19.3.2.3 Zieldefinition im Rahmen der equalizent Diversity Score Card	280
	19.3.2.4 Neue Säulen/Perspektiven im Rahmen der equalizent Diversity Score Card	282
	19.3.3 Weiterentwicklungen des Diversity-Managements bei equalizent	282
	19.3.3.1 Weiterentwicklung im Bereich der Personalpolitik	282
	19.3.3.2 Weiterentwicklung im Bereich der Produktentwicklung	283
	19.3.3.3 Weiterentwicklung im Bereich der Öffentlichkeitsarbeit	284
	19.3.3.4 Weiterentwicklung im Bereich der Barrierefreiheit	285
19.4	Stärken und Schwächen des Ansatzes	285
19.5	Bisherige Erfahrungen	287
19.6	Ausblick	289
19.7	Fazit: Diversity-Management braucht persönliche Haltung	289
	Literatur	290

M. Haider (✉)
equalizent Schulung und Beratung GmbH,
Obere Augartenstraße 20, 1020 Wien, Österreich
E-Mail: monika.haider@equalizent.com

> **Zusammenfassung**
>
> Als die equalizent Schulungs- und Beratungs GmbH vor sieben Jahren gegründet wurde, hat kaum jemand an den Erfolg geglaubt. Heute ist equalizent ein preisgekröntes Unternehmen. Ursache für den Erfolg ist unter anderem ein Organisationsentwicklungsprozess und die Einbeziehung der Mitarbeitenden. Es handelt sich um einen Prozess des kulturellen Wandels, bei dem die Wertschätzung und das Miteinander von vielfältigen Personen strategisch in die Wege geleitet wurden. Niemand wird im Vorhinein ausgeschlossen, Frauen und Männer mit und ohne Behinderung werden entsprechend ihren Fähigkeiten und Lebensplänen im Unternehmen eingesetzt.

19.1 Vorstellung von equalizent: Ein Unternehmen der Vielfalt

Die equalizent Schulungs- und Beratungs GmbH ist ein Kompetenz-, Schulungs- und Beratungszentrum für Gehörlosigkeit, Schwerhörigkeit, Gebärdensprache und Diversity-Management. Der Schwerpunkt liegt in der Erwachsenenbildung für Gehörlose. Darüber hinaus gibt es Weiterbildungsangebote für Hörende, diverse Forschungs- und Entwicklungsprojekte sowie den Bereich Unternehmensberatung.

Das Unternehmen wurde 2004 gegründet und startete mit zwölf Angestellten. Die Anzahl der Mitarbeitenden stieg in den ersten beiden Jahren rasant an. In den letzten zwei Jahren haben wir uns auf 32 Angestellte mit sehr individuellen Arbeitszeitmodellen eingependelt. Zusätzlich gibt es einen Pool von 16 Personen, welche freiberuflich für uns tätig sind – davon hat die Hälfte eine Hörbeeinträchtigung. Unter den angestellten Mitarbeitenden sind acht Personen gehörlos, eine Person ist schwerhörig, zwei haben physische und eine hat eine psychische Beeinträchtigung. Behinderung ist somit ein selbstverständlicher Teil unserer Belegschaft, rund 40 % besitzen diese Eigenschaft.

Die Alleingeschäftsführung obliegt in unserem Unternehmen mir. Es stehen mir zwei männliche Prokuristen zur Seite, von denen einer gehörlos ist. Auf der zweiten Führungsebene, jener der Projektleitung, stehen sieben Frauen zwei männlichen Kollegen gegenüber. Neben Deutsch und der Österreichischen Gebärdensprache, verfügen die Mitarbeitenden entsprechend ihrer Herkunft über weitere Muttersprachen, wie Bulgarisch, Bosnisch, Libanesisch, Polnisch, Serbisch, Spanisch und Englisch (Abb. 19.1).

19.2 Entwicklung des Ansatzes: Diversity-Management – Warum?

Bereits die equalizent-Gründungsphase war von inneren und äußeren Konflikten geprägt. Schulungen für Gehörlose wurden schon Jahre davor von mehreren Vereinen aus der „Gehörlosen-Szene" durchgeführt; einige hatten Schiffbruch erlitten, andere waren nicht in der Lage, kontinuierlich Trainings anzubieten. Diese Vereine waren nicht

19 Diversity-Management bei equalizent

Abb. 19.1 Teamfoto von equalizent

erfreut, dass sich ein privates Erwachsenenbildungsunternehmen in „ihrem" Aufgabenfeld engagierte. Hierbei handelte es sich um das Wiener Schulungsinstitut „Online" – eine Vorläuferfirma von equalizent, bei welcher unter meiner Aufsicht eine Fachabteilung für Gehörlose aufgebaut wurde. Diese Spezialabteilung sollte 2004 in ein eigenständiges Unternehmen ausgelagert werden. Eine Geschäftsführung mit Gebärdensprachkompetenz wurde für diese Aufgabe gesucht. Auf Stelleninserate in den Karriereteilen der Österreichischen Printmedien „Presse", „Standard" und „Kurier" meldeten sich zwar über hundert interessierte Personen, doch nur eine Einzige war der Gebärdensprache mächtig. Diese wiederum schied aus, da sie für eine Geschäftsführung zu wenige kaufmännische Kenntnisse hatte. In der Zwischenzeit verloren die Mitarbeitenden der Fachabteilung – ausgestattet mit ExpertInnen- bzw. Spezialwissen und ausgezeichneter Gebärdensprachkompetenz – das Vertrauen in ein eigenständiges Unternehmen für Gehörlose. In weiterer Folge verließen wichtige Schlüsselkräfte die Fachabteilung.

Unter diesen erschwerten Bedingungen habe letztendlich ich die Geschäftsführung von equalizent mit rudimentären Gebärdensprachkenntnissen übernommen. Begleitet wurde ich dabei von jeder Menge skeptischem, zum Teil negativem Entgegenkommen, sowohl im Umfeld der Erwachsenenbildungs- als auch der Gehörlosenorganisationen und dem Kreis der verbliebenen Mitarbeitenden aus der Fachabteilung.

Die anfängliche Zusammenarbeit gestaltete sich als schwierig bis unmöglich. Unwillkürlich wirkten bei der Firmengründung im März 2004 die eigenen Erfahrungen mit Diskriminierung mit ein, die viele gehörlose Mitarbeitende gemacht hatten. Sie wurden in den Schulen zum Lippenlesen gezwungen und viele berufliche Möglichkeiten waren (bzw. sind) ihnen aufgrund der Hörbeeinträchtigung verwehrt. Nun arbeiteten sie in einer Firma, die Schulungen für Gehörlose entwickelte sowie umsetzte und wollten die gesellschaftlichen Rahmenbedingungen umgehend bei und durch equalizent gelöst wissen. Tatsächlich mussten sie in einem gemischten Team zurechtkommen, in dem noch nicht alle Mitarbeitenden Gebärdensprachkompetenz besaßen. Darüber hinaus hatten sie mit mir, in einer Firma, die Schulungen für Gehörlose umsetzte, erneut eine Hörende als Vorgesetzte.

Ich beschäftigte mich daher mit systemischen Konflikten, holte Beratungen ein und suchte nach Möglichkeiten, um bestehende oder zu erwartende Konfliktfelder zu lösen. Doch die Mitarbeitenden sind keine Gefäße, in denen sich der Wille einer einzigen Person eingießen lässt, noch dazu wenn die Vorzeichen auf Skepsis und Ablehnung zeigen. Die Frage, die sich mir kontinuierlich stellte, war: Wie gehe ich weiter vor?

Diversity-Management – ein Ansatz, den bis dahin, wenn überhaupt, Großunternehmen aus dem nordamerikanischen Raum (z. B. IBM) umgesetzt hatten – erwies sich meiner Meinung nach als geeignetes Instrument zur Erreichung dieses Ziels. Vordergründig wollte ich eine optimale Zusammenarbeit von hörenden und gehörlosen Personen ermöglichen. In dieser Arbeitskultur sollte Offenheit bestehen, in der persönliche Unterschiede der Mitarbeitenden, Kursteilnehmenden oder Auftraggebenden Platz haben und Individualität respektvoll anerkannt wird.

19.3 Beschreibung des Ansatzes: Der Weg der Veränderung

„Diversity" (lat. Diversitas) bedeutet im ureigensten Sinn „Verschiedenheit" und umfasst all jene menschlichen Identitäten und Charakteristika, die unterscheidend zu anderen Menschen stehen und die Produktivität im Arbeitsleben beeinflussen. Der Grundgedanke von Diversity geht aber über den Differenzierungsaspekt hinaus und trägt der Tatsache Rechnung, dass Menschen in vielerlei Hinsicht unterschiedlich und gleichzeitig ähnlich sind. Damit nimmt Diversity Abstand von der Vorstellung „homogener Gruppen – die je nach dem Zielgruppen von Diskriminierung oder von Fördermaßnahmen sind/waren – und erkennt, dass Gruppen innerhalb einer Gesellschaft selbst nicht homogen sind und dass es zwischen und innerhalb der Gruppen Trennendes und Verbindendes gibt." (Schwarz-Wölzl 2005, S. 3).

Eine Diversity-Kultur in Unternehmen benennt und bekennt sich zu den Unterschieden in der Belegschaft. Im Zentrum der Aufmerksamkeit stehen zunächst:

- Die Einbindung der Menschen mit Behinderungen oder chronischen Erkrankungen;
- die Einbindung von Personen mit Migrationshintergrund auf allen betrieblichen Funktionsebenen;

- die betriebliche Einbindung von Personen aller Altersgruppen;
- die betriebliche Gleichstellung von Frauen und Männern;
- der respektvolle Umgang mit gleichgeschlechtlich lebenden Menschen;
- die Anerkennung unterschiedlicher Religionszugehörigkeiten.

Ziel ist es, die unterschiedlichen Bedürfnisse wahrzunehmen und daraus Gemeinsamkeiten und Ziele für das Unternehmen abzuleiten – und für deren Umsetzung Sorge zu tragen.

19.3.1 Das Diversity-Management bei equalizent

Mit Hilfe des Diversity-Management-Ansatzes gelang den Mitarbeitenden und mir, unsere Zusammenarbeit ganzheitlich zu verstehen und nicht nur auf die Themenfelder gehörlos/hörend zu reduzieren. Seit 2004 ist Diversity-Management explizit im Unternehmen verankert und half uns bei der Schaffung einer offenen und wertschätzenden Unternehmenskultur.

Eine Schlüsselrolle bei der Implementierung von Diversity-Management kommt bis dato dem jährlichen Identitätsseminar zu. An diesem ein- bis zweitägigen Workshop nehmen alle Mitarbeitenden sowie die Geschäftsführung teil. Unter externer Moderation werden wesentliche Weichenstellungen im Unternehmen kommuniziert oder gemeinsam beschlossen. Der Grundstein zur Veränderung in Richtung eines bikulturellen und produktiven Miteinanders wurde 2004 beim ersten Identitätsseminar gelegt. An zwei Tagen haben wir gemeinsam unsere organisationalen Strukturen analysiert sowie Werte, Haltungen, Wünsche, Ziele und Bedürfnisse der gehörlosen und hörenden Belegschaft erfasst. Hierbei wurden vier mögliche Konzepte angesprochen, mit deren Hilfe sich die Begegnung verschiedener Kulturen im Unternehmen charakterisieren lässt:

1. Integration (Herstellen eines Ganzen: Du sollst dazu gehören können – so wie du bist.);
2. Assimilation (Anpassung an das soziale Umfeld: Wir gleichen uns an.);
3. Koexistenz (gleichzeitiges Vorhandensein zweier Kulturen: Ich respektiere dein Dasein und erwarte, dass du mein Dasein respektierst. Eine Kooperation ist möglich.);
4. Diversity Management (Vielfalt als Bereicherung: Erkennen und Akzeptieren von Unterschieden).

In Abgrenzung zu den oben genannten Konzepten wurde der klare Bezug zu Diversity-Management als herausfordernder und produktiver Prozess erkannt und mit allen Mitarbeitenden ein diesbezügliches Commitment erreicht. Damit es nicht beim Lippenbekenntnis blieb, wurde eine Person als Projektleitung eingesetzt und vier Arbeitsgruppen vor Ort festgelegt. Alle Mitarbeitenden bekamen Arbeitszeit zur Verfügung gestellt und waren aufgerufen, in Arbeitsgruppen eine Soll-Ist-Analyse vorzunehmen.

Diese Diversity-Arbeitsgruppen stellten ihre Ergebnisse beim darauffolgenden Identitätsseminar 2005 vor. Sie dienten später u. a. als Grundlage für die detaillierten Zieldefinitionen unserer Diversity-Maßnahmen.

Aus den Ergebnissen dieser Arbeitsgruppen und der Festlegung der relevanten Indikatoren wurde auch eine Unternehmensphilosophie, die alle Wünsche und Bedürfnisse einzubinden versucht, entwickelt. equalizent bekennt sich darin explizit zu gesellschaftlicher Vielfalt und umfassender Barrierefreiheit für unsere KundInnen und Mitarbeitenden. Unser Motto lautet: Vielfalt ist Stärke! Unsere Bildungsangebote sollen Menschen unterstützen, den eigenen Lebensunterhalt zu verdienen oder ihre beruflichen Chancen zu verbessern. Darüber hinaus möchten wir durch unsere Arbeit mit Unternehmen und in Forschungsprojekten einen Beitrag zur Akzeptanz von Vielfalt und dadurch zu einer Verbesserung der gesellschaftlichen Situation leisten.

19.3.2 Die equalizent Diversity Score Card

Zur Messung unseres Diversity-Prozesses wurde ein Instrument – die *equalizent Diversity Score Card* – entwickelt. Damit planen und steuern wir unser Miteinander und unsere Produktentwicklung. Darüber hinaus nutzen wir es als Instrument, das uns hilft, den Diversity-Management-Prozess mit den allgemeinen Zielen und Bedürfnissen der Organisation zu verbinden.

19.3.2.1 Säulen der equalizent Diversity Score Card

Die Diversity Score Card von equalizent beruht auf vier Säulen, die vom Modell der Diversity Score Card der University of California übernommen wurden (Hubbard 2004). Jede dieser Säulen formuliert ein übergeordnetes, strategisches Diversity-Ziel des Unternehmens. Diese Ziele/Säulen sind (Abb. 19.2):

- Zugänglichkeit;
- Organisatorische Lernfähigkeit;
- (Ein-)Bindung/Kommunikation;
- Würdigung besonderer Leistungen.

Auf Basis dieser Säulen wurden die oben erwähnten Arbeitsgruppen mit allen Mitarbeitenden gebildet. Ein Jahr lang wurden in diesen Fokusgruppen relevante Ziele und Maßnahmen unseres Diversity-Managements diskutiert und definiert. Vier bis sieben Personen arbeiteten an einem gemeinsamen übergeordneten Ziel.

Diese Arbeitsgruppen dienten dem Zweck der Ausgestaltung der Diversity Score Card und der Einbindung der Belegschaft in die Zieldefinition von Diversity-Management bei equalizent. Das gesamte Unternehmen hat somit gleichzeitig begonnen, sich mit Diversität zu beschäftigen. „Diversity" – ein für viele Mitarbeitenden zunächst noch abstrakter Begriff – wurde im Zuge der Arbeitsgruppenarbeit auf konkrete Themen, die für unser spezifisches Unternehmen von Bedeutung waren, umgelegt.

Wie soll man sich die Arbeit der Arbeitsgruppen genau vorstellen? Hier als Beispiel ein kurzer Auszug aus einem mehrseitigen Fragebogen, den die interne Arbeitsgrup-

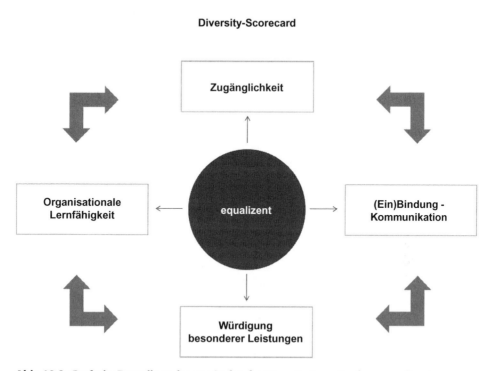

Abb. 19.2 Grafische Darstellung der vier Säulen der Diversity Score Card von equalizent

pe Kommunikation erstellte, an alle KollegInnen sowie die Geschäftsführung verteilte, auswertete und einen Maßnahmenkatalog entwickelte. Die gewählte Variante Fragebogen/Maßnahmenkatalog war in diesem Zusammenhang nicht vorgegeben. Die Art und Weise, ein Thema zu behandeln und schließlich zu präsentieren, blieb den Gruppen selbst überlassen (Tab. 19.1 und 19.2).

19.3.2.2 Weiterentwicklung der equalizent Diversity Score Card

An der Definition von Subzielen für die vier Perspektiven der Diversity Score Card waren somit alle Mitarbeitenden von equalizent beteiligt. Diese gelten z. T. bis heute bzw. deren Umsetzung wird nach wie vor gemessen. Ziele sind z. B. Bilingualität oder ein ausgewogenes Verhältnis von gehörlosen, schwerhörenden und hörenden KursteilnehmerInnen bzw. Mitarbeitenden, damit wir unsere Zielgruppen nicht einseitig fokussieren. Einige Ziele kamen aber auch später hinzu, wie z. B. „Diversität und Personalrecruiting".

Auch bei der Entscheidung bzgl. der relevanten Messdaten bzw. ihrer Erhebung gab es Veränderungen in den vergangenen Jahren. So hat z. B. das Ziel „Medienbekanntheit" zum Aufbau eines professionellen Pressespiegels, gezielter Medienarbeit, dem Bedienen der Social-Media-Möglichkeiten wie Facebook und Twitter, dem Bereitstellen allgemeiner Nachrichten auf der Website und zur Durchführung einer Großveranstaltung einmal pro Jahr geführt.

Tab. 19.1 Auszug aus dem Diversity-Fragebogen – „Kommunikation". (Quelle: Eigene Darstellung)

Wie schaut deine Sprachverteilung (in Prozent) im beruflichen Alltag aus?	
Lautsprache	%
Lautsprache mit bisschen Gebärden	%
Lautsprache mit viel Gebärden	%
Gebärdensprache (ohne Stimme)	%
Gebärdensprache mit Stimme	%
Denkst du, dass sich die 2 Sprachsysteme miteinander verbinden lassen?	
Optimal	☐
Sehr gut	☐
Gut	☐
Na ja	☐
Schwer vorstellbar	☐
Gar nicht vorstellbar	☐
Wie fühlst du dich, wenn du (gehörlos) zu einem Gespräch zwischen zwei Hörenden dazukommst?	
Sehr gut	☐
Gut	☐
Nicht so gut	☐
Schlecht	☐
Egal	☐
Wie fühlst du dich, wenn du (hörend) zu einem Gespräch zwischen zwei Gehörlosen dazukommst?	
Sehr gut	☐
Gut	☐
Nicht so gut	☐
Schlecht	☐
Egal	☐

19.3.2.3 Zieldefinition im Rahmen der equalizent Diversity Score Card

Zusammenfassend kann gesagt werden, dass aus den definierten Zielen für das jeweils kommende Geschäftsjahr Messdaten (Indikatoren) abgeleitet werden, anhand derer die Zielerreichung gemessen wird. Diese Ziele werden im Laufe des Umsetzungsprozesses immer wieder kommuniziert und regelmäßig kontrolliert, sodass eine Steuerung der Aktivitäten im Sinne der Zielerreichung möglich ist. Am Ende des Jahres dienen die gewonnenen Messdaten und Informationen wiederum als Basis für die Definition von neuen Zielen und Maßnahmen (Abb. 19.3).

Als ein Merkmal der Vielfältigkeit bei equalizent definierten die Mitarbeitenden das Ziel der gelebten Bilingualität im Unternehmen. Ausgangspunkt der Messbarkeit von

Tab. 19.2 Auszug aus dem „Katalog der wichtigsten Themen mit Maßnahmenvorschlägen der AG (Ein-)Bindung & Kommunikation". (Quelle: Eigene Darstellung)

Thema	Wichtigste Punkte daraus	Maßnahmenvorschlag

1. Die Anwendung von Sprache
2. Wünsche bezüglich der zwei Sprachsysteme
	Verbindung der zwei Sprachsysteme miteinander:
	• Gehörlose Menschen fühlen sich „nicht so gut", wenn sie zu einem fachlichen Gespräch zwischen Hörenden dazukommen
	• Bei „Privatem": Wunsch der gehörlosen Mitarbeitenden nach offizieller Deklaration, dass es sich hier um ein Privatgespräch handelt und aus diesem Grund nicht mitgebärdet wird
	• Bei offiziellen Terminen: In welchem Sprachsystem präsentiert sich die Firma? Wunsch nach mehr Präsentation der Firma in Gebärdensprache
	• Wunsch nach Verbesserung der Kommunikation zwischen den Sprachsystemen durch
	   – Mehr MSN (Messenger System)
	   – Chatbesprechungen
	   – Gemeinsame Pausen
		Bei fachlichen Themen:
		• Wenn eine gehörlose Person dazukommt, bitte gebärden (mit Stimme)
		• Fachgebärdenkurs für hörende Mitarbeitende
		• Grundsätzlich sind alle Mitarbeitenden von equalizent so sensibilisiert, dass sie erkennen, wann mitgebärdet werden soll
		• Gehörlose Mitarbeitende vorbereiten für Auftreten bei offiziellen Anlässen
		• Siehe auch Arbeitsgruppe Zugänglichkeit
		• Installation von Chatprogrammen auf allen PCs
		• Verbesserung der Schriftsprachkompetenz der GL

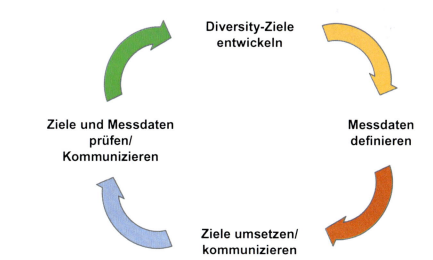

Abb. 19.3 Beispiel für ein Ziel: Bilingualität

verstärkter Bilingualität waren Selbsteinschätzungstests, die über die eigene Kommunikationsfähigkeit Auskunft geben sollten. Diese Tests führte jeder Mitarbeitende am Beginn der Umsetzungsperiode durch. Darauf aufbauend fanden Weiterbildungsmaßnahmen für hörende Mitarbeitende in der österreichischen Gebärdensprache (ÖGS) und für gehörlose Mitarbeitende in Deutsch (Grammatik, Ausdrucksweise etc.) statt. Mittels nochmaliger Selbsteinschätzungstests am Ende des Jahres konnte festgestellt werden, inwiefern diese Maßnahmen zum gewünschten Erfolg führten. Seit Kurzem holen wir auch eine halb-"externe" Perspektive ein. Gehörlose und hörende SprachexpertInnen (LinguistInnen und GebärdensprachdolmetscherInnen) im Unternehmen stufen in Anlehnung an das europäische Sprachenportfolio die Sprachkompetenz der KollegInnen ein.

19.3.2.4 Neue Säulen/Perspektiven im Rahmen der equalizent Diversity Score Card

Im Rahmen der Datenerhebung zum Befüllen der Diversity Score Card sowie der Kommunikationsarbeit stellte sich heraus, dass die Bezeichnung der ursprünglichen Perspektiven (Einbindung, Zugänglichkeit, Lernen und Entwicklung, besondere Leistungen) für verschiedene Mitarbeitende im Zusammenhang mit der Zuordnung von Subzielen verwirrend war. Schließlich entschlossen wir uns, die Subziele beizubehalten, jedoch diese in neue Perspektiven einzuordnen, die großteils von der traditionellen Balanced Score Card inspiriert waren. Ergebnis war eine Diversity-konzentrierte Balanced Score Card (Version II) mit folgenden Säulen (Abb. 19.4):

- Entwicklung und organisationales Lernen
- Interne Perspektive (Mitarbeitende & Geschäftsführung)
- Externe Perspektive (KundInnen, AuftraggeberInnen)
- Finanzwirtschaft.

Eine Vielzahl von Maßnahmen wurde seither durchgeführt.

19.3.3 Weiterentwicklungen des Diversity-Managements bei equalizent

19.3.3.1 Weiterentwicklung im Bereich der Personalpolitik

Die Einstellungspolitik, das Aufnahmeverfahren, die Mitarbeitergespräche und die Weiterbildungsmaßnahmen wurden im Bewusstsein von Diversity-Management weiterentwickelt. Hier einige Beispiele: Es wurden im Sinne der demografischen Entsprechung unserer Belegschaft zwei frei werdende Stellen mit Mitarbeitenden über fünfzig Jahren, eine weitere Position mit einer Trainerin im Rollstuhl und seit Kurzem die Assistenz der Geschäftsführung männlich nachbesetzt. Die Bewerbungsbögen und -gespräche klären die diversitätssensible Einstellung von neuen Mitarbeitenden sowie ihre Bereitschaft, österreichische Gebärdensprache – unabhängig von ihrer Funktion – zu erlernen, ab. Einführungsseminare und themenspezifische Diversity Trainings machen das Konzept

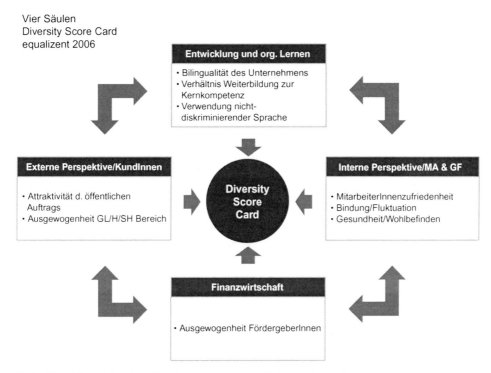

Abb. 19.4 Vier Säulen der Diversity-konzentrierten Balanced Score Card

theoretisch und praktisch für die Mitarbeitenden begreifbarer. Die Thematisierung von Diversity in Firmenforen, im Firmenleitbild sowie in weiteren Schulungen und Workshops integrierten neu hinzukommende Mitarbeitende, welche die Entwicklung nicht von Anfang an mitmachen konnten, in den Prozess. Seit 2009 verfügt equalizent über eine/einen Queer-Beauftragte/n, welche/welcher von Mitarbeitenden und Kursteilnehmenden hinzugezogen werden kann. Er/Sie steht für die Beratung in Bezug auf homosexuelle oder transgender-orientierte Lebensfragen zur Verfügung.

19.3.3.2 Weiterentwicklung im Bereich der Produktentwicklung

Wichtige Veränderungen gab es bei der Produktentwicklung und Qualitätssicherung: Die Anbindung von Diversity an unser Kerngeschäft, d. h. im Bereich der Schulungen und Trainings des Bildungszentrums. Gender- und Diversity-Fragen haben in der Konzeption und Planung für die Projekte einen entsprechenden Niederschlag gefunden und es gibt mittlerweile eine breite Palette an zusätzlichen Angeboten in unseren Projekten. Hier nur ein paar Beispiele.

Die Kurs- und Maßnahmenevaluierungen wurden unter den Aspekten von Gender und Diversity ergänzt. Standardmäßig werden nun auch Kriterien wie Angemessenheit in Sprache und Texten, Diversitykompetenz der TrainerInnen etc. abgefragt. Für alle Unterrichts- und Trainingsbereiche werden gender- und diversitysensible Unterrichtsmittel entwickelt.

In neu formulierten Konzepten – etwa in neuen Lehrgängen – wird Diversity berücksichtigt und fließt direkt in das Angebot ein, z. B. bei einem Konzept für einen Projektmanagement-Lehrgang mit dem Schwerpunkt Gender und Diversity-Management. Damit tragen wir über unsere Konzepte hinaus zu einer geschlechtsneutralen Gebärdensprachentwicklung bei.

Bei einem anderen innovativen Projekt zum Thema Suchtprävention für gehörlose Menschen ist Diversity impliziter Bestandteil: Hier wird eine Broschüre in leichter Sprache produziert, in der z. B. Genderstereotype vermieden werden. Als Vortragende wurde ein Trainer und eine Trainerin aus unserem Haus zum Thema Suchtprävention ausgebildet.

Ein weiteres Beispiel für die Implementierung von Diversity in unsere Lehrgangsinhalte war die Einführung der „Diversity-Freitage". Hier werden kursübergreifend jeden Freitag Themen, die für eine gesteigerte soziale Kompetenz Relevanz haben, unterrichtet und praxisbezogen geübt. Die Arbeit mit den TeilnehmerInnen und das Verhältnis zwischen den KursteilnehmerInnen verlaufen dadurch reibungsloser. Wir betrachten Diversitykompetenz vor allem als eine in der Wirtschaft zunehmend gefragte Schlüsselfähigkeit, verbunden mit höheren sozialen Fähigkeiten im Erwerbsleben. Auch sehen wir in der Vermittlung unserer Teilnehmenden erste Erfolge. Durch das gezielte Ansprechen von Firmen, die Diversity in ihrer Leitkultur verankert haben, sind die zukünftigen Mitarbeitenden in der Wirtschaft besser gerüstet, um in einer pluralistischen, individualisierten Arbeitsgesellschaft Anschluss zu finden.

Derzeit arbeiten wir an der Entwicklung eines Diversitypasses, um die gelernten Inhalte für die AbsolventInnen unserer Kurse noch besser visualisierbar und begreifbar zu machen.

Unsere Angebote wurden durch diese Maßnahmen vielfältiger. Sie beschränken sich nun nicht mehr auf die Zielgruppe gehörloser und schwerhöriger Menschen, sondern weiten sich z. B. auf Kursmaßnahmen speziell für Frauen oder für Menschen mit unterschiedlichen Formen von Behinderungen aus.

19.3.3.3 Weiterentwicklung im Bereich der Öffentlichkeitsarbeit

Unsere Aktivitäten in der Öffentlichkeitsarbeit erfahren durch Diversity-Management eine erfreuliche Aufmerksamkeitssteigerung. Als eines der ersten kleinen Unternehmen in Österreich greifen wir den noch immer recht neuen Ansatz umfassend auf und freuen uns über Preise in sehr unterschiedlichen Bereichen:

- *Europäisches Sprachsiegel 2004* (esis) des Bundesministeriums für Bildung, Wissenschaft und Kultur;
- *Bildungschampion 2005* des Bundesministeriums für Bildung, Wissenschaft und Kultur;
- Anerkennungspreis im Rahmen der Verleihung des *Social Responsible Manager 2006*;
- Innovationspreis der Stadt Wien 2007;
- Wiener Zukunftspreis 2008;
- *Mercur 2008* für Kooperation mit anderen Unternehmen durch die Wirtschaftskammer Wien;
- *Meritus 2009* für die Einbeziehung der Dimension „Homosexualität";

- *Frauen- und familienfreundlichster Betrieb der Stadt Wien 2009* durch das Bundesministerium für Familie;
- *DiversCity Preis* der Wirtschaftskammer Wien 2010;
- *Philipp Lese-Award* für das Projekt Sign Library, 2010;
- *Mercur 2010* als kreativstes Unternehmen durch die Wirtschaftskammer Wien.

Jährlich veranstalten wir mindestens einen barrierefreien Großevent, seit 2007 ist dies der Diversity-Ball. Das traditionelle Kulturgut der WienerInnen wird aufgebrochen und erweitert um die Zusammenführung von unterschiedlichsten Communities mit EntscheidungsträgerInnen aus Wirtschaft, Kultur und Politik. Im Jahre 2011 haben über 1.100 Gäste den Ball genossen.

Wir vernetzen uns mit diversen Gruppen im Rahmen von Projekten (z. B. Kooperation mit Austrian Gay Professionals, Selbstbestimmt-Leben-Bewegung, Österreichischer Gehörlosenbund, jüdische, islamische, katholische und buddhistische Religionsgemeinschaft, Flüchtlings- und Integrationshilfe) oder Großveranstaltungen (z. B. Deaf Beat Club, Diversity-Ball, equalizent-Sommerfest etc.). Beim vierten Diversity-Ball im April 2011 kooperierten wir beispielsweise mit über 70 verschiedenen Organisationen.

Statt eines Unternehmens-Jahresberichts wird jährlich ein gedruckter Diversity-Bericht erstellt.

19.3.3.4 Weiterentwicklung im Bereich der Barrierefreiheit

Durch die Beschäftigung einer mobilitätseingeschränkten Mitarbeiterin richteten wir unseren Fokus gezielt auf die Zugänglichkeit von equalizent. Der „Kampf" um einen Aufzug dauerte fünf Jahre und führte 2007 zur Übersiedlung in neue Firmenräumlichkeiten. Seit 2010 hat equalizent einen Aufzug und ist damit nun auf beiden Etagen auch für RollstuhlfahrerInnen zugänglich. Barrierefreie Toiletten, Induktionsschleifen für Schwerhörige, spezielles Kursmobiliar mit versenkbaren Bildschirmen für Trainings und speziell gestaltete Arbeitstische in den Kursräumen, die das Aufnehmen von Gebärdensprache auch aus den Augenwinkeln aller Teilnehmenden im Kursraum ermöglichen, sind nur einige Beispiele für unsere Barrierefreiheit im Haus.

19.4 Stärken und Schwächen des Ansatzes

Eine Diversity-Kultur setzt bei den Unterschieden der Menschen, die direkt oder im Umfeld eines Betriebes benachteiligt sind, an. Die Betrachtung ist ganzheitlich auf die jeweilige Person ausgerichtet und nicht nur auf eine Eigenheit, wie z. B. Behinderung, bezogen.

Diversity-Management zielt dabei auf einen Perspektivenwechsel ab – Eigenschaften oder unterschiedliche Zugehörigkeiten, die zuvor in der Arbeitswelt als Mangel und Nachteil galten, sollen nun aus der Perspektive der bereichernden Vielfalt betrachtet werden.

Bei Diversity-Management handelt es sich nicht um eine gesellschaftliche Bewegung oder ein politisches Programm, sondern um einen Management-Ansatz für Organisationen und Unternehmen.

Denn Unternehmen sind schließlich in erster Linie Menschen: Produkte werden von Menschen gemacht und gekauft, Dienstleistungen von ihnen angeboten und konsumiert. Es tut daher gut und ist sympathisch, wenn Unternehmen menschlich agieren.

Dermaßen einbindende, sympathische Organisationen dürfen sich dadurch Vorteile auf den Arbeits- und Absatzmärkten erwarten. Denn Märkte sind schließlich keine „abstrakten Wesen", sondern sie bestehen aus Menschen, die von Menschlichem betroffen sind. In Organisationen, die das wertschätzen und berücksichtigen, fühlen sich Menschen wohl und verhalten sich ihnen gegenüber loyal. Das ist im Wesentlichen die Grundannahme im Diversity-Management.

Diversity-Management hat viele Schnittstellen zu Politik, Recht und Gesellschaft, wie etwa zur Antidiskriminierungsgesetzgebung oder zu verschiedenen Emanzipationsbewegungen wie dem Feminismus, der SchwuLesbischQueeren Bewegung und der Behinderten- und Selbstbestimmt-Leben-Bewegung. In jedem Fall aber ist es das Ziel, einen wertschätzenden und offenen Umgang mit persönlichen Unterschieden zu etablieren. Dahinter steht die Absicht, emotionale sowie ökonomisch-produktive Vorteile für die beteiligten Personen – etwa für KundInnen, MitarbeiterInnen, GeschäftsführerInnen, AuftraggeberInnen und damit für den gesamten Betrieb – zu erzielen. Dabei ist es entscheidend, laufend die Balance zwischen ethischem und ökonomischem Handeln zu halten und immer wieder herzustellen. Weder der Aspekt der Ökonomie noch der des ethischen Handelns dürfen mittel- oder langfristig vernachlässigt werden. Ob eine wertschätzende, vielfältige Organisationkultur umgesetzt oder verfehlt wird, hängt von vielen praktischen Aspekten wie etwa den verfügbaren Ressourcen ab, aber auch von den Absichten und Erwartungen der beteiligten Personen. Die Umsetzung bei equalizent zeigt, dass auch ein kleineres Unternehmen mit und trotz beschränkten Ressourcen an Diversity-Management herangehen kann.

Die Kritik an Diversity-Management erlebe ich derzeit insbesondere aus zwei – zum Teil diametral entgegengesetzten Blickwinkeln: Von skeptischen Nichtregierungsorganisationen (NGOs) einerseits sowie von ebenso skeptischen Unternehmen andererseits.

Unternehmen – besonders österreichische Klein- und Mittelbetriebe (KMUs) – kennen Diversity-Management häufig noch nicht. Erstes Interesse geht oft mit großer Skepsis einher, hinter der in der Regel sofort die Frage auftaucht: „Zahlt sich das überhaupt aus? Bringt das wirklich was?". Dahinter wird Widerstand und Zweifel erkennbar, festsitzende, auf Konkurrenz und Misstrauen eingefahrene Unternehmenskulturen tatsächlich verändern zu können.

Auf der anderen Seite begegne ich oft einer reservierten Haltung etwa bei VertreterInnen von NGOs/NPOs, die sich beispielsweise für Menschenrechte einsetzen. Hinter dieser Haltung steckt die Sorge, dass Unternehmen Diversity-Management missbrauchen könnten, um Menschen besser ausnutzen zu können, statt ihre Vielfalt im und um das Unternehmen besser zu nutzen. Ein weiterer, ebenso berechtigter Vorbehalt besteht darin, dass Diversity-

Management dazu beitragen könnte, Stereotypisierungen von Gruppenangehörigen zu verfestigen, statt sie aufzulösen und Individualität zu fördern.

Beide skeptische Haltungen erachte ich für berechtigt und ihre Kritik verweist auf Risiken, die neben den Chancen ebenso existieren. Jedes gute Werkzeug kann auch missbraucht werden und eine konstruktiv kritische Haltung kann dazu verhelfen, die Balance zwischen ökonomischem und ethischem Handeln zu wahren. Im besten Fall könnten diese kritischen Positionen zu größerer Achtsamkeit im Prozess der Einführung und Vertiefung von Diversity-Management führen. Im schlechtesten Fall wird die beträchtliche Chance, die eine Umsetzung bietet, von dieser Kritik schon im Vorfeld ihres Einsatzes zerrieben.

Diversity-Management stellt keine Revolution der kapitalistischen Produktionsbedingungen dar, sondern eine Reform ihrer Grundannahmen. Jede der Win-win-Situationen wird schrittweise erarbeitet. Es geht um einen Prozess, der nicht kurzfristig ist, sondern nur mittel- und langfristig angelegt werden kann, der teilweise experimentell ist und nicht in jedem Moment seiner Umsetzung erfolgreich sein kann.

Wenn also Firmen Diversity-Management ausschließlich zum Zwecke eines besseren Images oder für einen ausnutzenden Umgang mit ihren Arbeitskräften einsetzen, dann ist der Prozess nicht glaubwürdig und schlägt in sein Gegenteil um. Das erzeugt zynische Haltungen in der Organisation oder im Unternehmen und bringt den Betrieb um die Vorteile, die er sich eigentlich erwartet hätte. Wenn sich aber die Haltung von NGOs ausschließlich auf Kritik und Skepsis gegenüber dem gesamten Konzept von Diversity-Management festlegt, kann eine wertvolle Chance verspielt werden: Die Etablierung der Gleichberechtigung und Barrierefreiheit auch in der Arbeitswelt.

19.5 Bisherige Erfahrungen

Nach drei Jahren war das Diversity-Etablierungsprojekt bei equalizent abgeschlossen, aber nicht unser Diversity-Prozess.

Auf der Identitätsebene der Mitarbeitenden ist eine Verankerung von Diversity-Management spürbar. Die Bedeutung von Diversity muss seit rund drei Jahren nicht mehr auf einer grundsätzlichen Ebene geklärt werden. Alle Mitarbeitenden haben entweder im Rahmen der Weiterbildung oder im Rahmen des Unternehmensalltags einen Pool von Erfahrungen und Wissen gesammelt, die sie mit dem Begriff in Verbindung bringen können.

Die ProjektleiterInnen von Kursen und Lehrgängen implementieren Diversity-Aspekte in ihre jeweiligen Projekte. So werden anhand der Kerndimensionen Lehreinheiten gestaltet und in den sogenannten Diversity-Freitagen umgesetzt sowie Unterrichts- und Trainingsbereiche gender- und diversitygerecht entwickelt.

Die Belegschaft liefert selbstständig Evaluationsdaten für unsere Diversity Score Card, sodass die Erhebung der Daten nicht mehr an eine Projektleitung für Diversity-

Management gebunden ist. Jährlich werden diese Daten von der Geschäftsführung gesammelt, überprüft, die Sinnhaftigkeit der Maßnahmen evaluiert und neue Kennzahlen erhoben.

Mittlerweile ist aber auch Alltag in den Umsetzungsprozess eingekehrt, sodass nicht alle Mitarbeitenden sich für die Ergebnisse unserer Datenerhebung im Detail interessieren. Und wir können auch nicht mehr alle Mitarbeitenden in die Entwicklung des Prozesses einbeziehen. Zum Teil würden sie es auch gar nicht wollen.

Identitätsseminare hingegen gibt es weiterhin einmal jährlich. Die Beteiligung der Mitarbeitenden an unserer Weiterentwicklung erfolgt nun, indem sie mit den Stimmen der einfachen Mehrheit die jährliche Schwerpunktsetzung auswählen.

2008/2009 wurde der Schwerpunkt Gesundheit und Wohlbefinden gewählt. Dies führte dazu, dass ein vegetarisches Mittagessen-Catering für die Mitarbeitenden eingeführt sowie wöchentlich ein Obstkorb für alle gefüllt wurde. Zum Entspannen und zur Erholung in den Pausen stehen seitdem mehrere Massagemöbel sowie eine begrünte Terrasse zur Verfügung. Im Rahmen eines extern moderierten Workshops wurden psychische Belastungen benannt und verschiedene Konzepte zur Vorbeugung von Burn-out entwickelt und in vielen Schritten umgesetzt. Neben Teamsupervisionen werden auch Einzelsupervisionen auf Anfrage von der Firma bezahlt und in der Arbeitszeit (seit 2010 reduziert auf 50 % Arbeitszeit) genehmigt.

2010 wurde der Schwerpunkt Religion gewünscht. Insbesondere Homophobie oder Gender-Vorurteile scheinen häufig an religiöse Überzeugungen bzw. kulturelle Traditionen gekoppelt zu sein. Um Miss- und Unverständnisse zu vermeiden, wurden die Religionsbekenntnisse der Mitarbeitenden und Kursteilnehmenden erhoben. Für sie wurden ExpertInnen zu den Glaubenssätzen der Weltreligionen eingeladen, in einem weiteren Schritt organisierten wir Workshops für unsere Kursangebote. Zu den sieben anerkannten Weltreligionsgemeinschaften haben wir Kontakt aufgenommen und Kooperationen geknüpft. Mittlerweile arbeiten wir mit einem Kalender, welcher nicht nur die katholischen, sondern sämtliche Feiertage der anerkannten Weltreligionen beinhaltet.

equalizent hat am 26.11.2010 als Erstunterzeichnerin mit zehn anderen Unternehmen die „Charta der Vielfalt" unterschrieben. Im Rahmen dieser Charta verpflichten wir uns, dass wir:

- eine Unternehmenskultur pflegen, die von gegenseitigem Respekt und Wertschätzung gegenüber Vielfalt geprägt ist;
- Voraussetzungen für diese Werte im Unternehmen schaffen;
- unsere Mitarbeitenden über Diversity informieren und sie bei der Umsetzung einbeziehen.

Die Unterzeichnung der Charta ist und war kein rein formaler Akt! equalizent wird mittlerweile als Unternehmen, welches seine Unternehmensphilosophie tatsächlich lebt und auch als Experte für Diversity-Management wahrgenommen.

19.6 Ausblick

Obwohl wir uns seit sieben Jahren mit Diversity-Management beschäftigen, befinden wir uns weiterhin inmitten dieses Organisationsentwicklungsprozesses. Ein Ende dieses Prozesses ist nicht in Sicht. Diversity-Management bedeutet für equalizent Weiterentwicklung und Erhaltung des gesamten Unternehmens, seiner Belegschaft und KundInnen.

Weiterhin werden wir uns mindestens einmal im Jahr mit unserer Firmenidentität beschäftigen, dort die Vielfalt in den Bezugsgruppen Personal, KundInnen und Produkte thematisieren und Schwerpunkte im Miteinander setzen. Darüber hinaus werden Maßnahmen zur Förderung der Chancengleichheit im Betrieb identifiziert und umgesetzt werden. Auf allen Ebenen im Unternehmen sollen gleichberechtigte Karrieremöglichkeiten vorgefunden werden.

Immer wieder wird es neue Mitarbeitende geben, für die es Strukturen braucht, um unsere Prozesse zu verstehen und mitgestalten zu können.

Und nachdem Schulungen schließlich unser Kerngeschäft sind, gibt es immer wieder neue Kursteilnehmende, die erstmals Inhalte von Diversity-Management im Training erfahren.

Darüber hinaus haben wir ein wichtiges Ziel: Wir wollen ein bilinguales Unternehmen (Gebärdensprache und Lautsprache) sein. Das braucht ebenfalls eine firmen-lebenslange Auseinandersetzung!

Damit wir unsere Ziele erreichen, uns überhaupt konsequent auf den Weg machen und nicht abkommen, brauchen wir ein Steuerungsinstrument – dementsprechend wichtig ist mir das konsequente Befüllen und Prüfen der diversity-konzentrierten Balanced Score Card.

19.7 Fazit: Diversity-Management braucht persönliche Haltung

Diversity-Management ist aus meiner Sicht ein sinnvoller Prozess. Es schafft einen Weg bei der Eingliederung von unterschiedlichsten Frauen und Männern auf gleichberechtigter Basis.

Es ermöglicht ein kooperatives Arbeitsklima und unterstützt die Weiterentwicklung der Beteiligten. Es hilft dabei, langfristig Stereotypisierungen – wie im Fall von Menschen mit Behinderung – nicht aufzusitzen, sondern die Bedürfnisse des Einzelnen zu erkennen und ihn dort einzusetzen, wo seine Fähigkeiten vorhanden sind.

Diversity-Management richtet sich idealerweise an die Belegschaft und KundInnen.

Es braucht ein Commitment in der Geschäftsführung und das Einbinden der Belegschaft. Diversity-Management kann funktionieren, wenn sich die Beteiligten wirklich darauf einlassen.

Die Einführung von Diversity-Management kann nicht jegliches Problem in der Arbeitswelt aus derselben fortschaffen. Und es führt nicht automatisch zur Eingliederung z. B. von Menschen mit Behinderung. Diversity-Management ist viel differenzierter zu betrachten. Diversity-Management stellt nicht mehr, aber auch nicht weniger als eine begrenzte und doch auch wieder nicht geringfügige Verschiebung von Einstellungen, Haltungen und Kulturen dar.

Literatur

Hubbard, E. E. (2004). *The diversity scorecard – Evaluating the impact of diversity on organizational performance*. Burlington: Oxford.

Schwarz-Wölzl, M. (2005). Der Vielfalt eine Chance geben- Wegweiser für Managing Diversity im Betrieb. Handbuch erstellt im Rahmen des EQUAL-Projekts „Managing Diversity – Empowerment durch Vielfalt". Wien. https://zsi.at/attach/2Handbuch_Wegweiser_MD.pdf. Zugegriffen: 16. Aug. 2012.

Gelebte Partnerschaft – Mitarbeiter mit Handicap bei Bertelsmann (Gütersloh)

20

Perdita Müller

Inhaltsverzeichnis

20.1 Vorstellung der Bertelsmann SE & Co. KGaA 292
20.2 Entwicklung des Ansatzes: Die besondere Unternehmenskultur bei Bertelsmann 292
20.3 Beschreibung des Ansatzes: Die Schwerbehindertenvertretung in der Praxis 294
20.4 Stärken und Schwächen des Ansatzes 297
20.5 Bisherige Erfahrungen 297
20.6 Ausblick 299
20.7 Fazit 300

Zusammenfassung

„Für uns sind schwerbehinderte Menschen nichts Besonderes!" – Dieser Satz von Liz Mohn, Ehefrau des verstorbenen Unternehmenspatriarchen Reinhard Mohn und bis heute Sprecherin der Familie Mohn als Anteilseigner von Bertelsmann, symbolisiert die Haltung des Hauses Bertelsmann gegenüber Menschen mit Handicap. Durch Behinderung eingeschränkt zu sein heißt nicht, darauf verzichten zu müssen, bei Bertelsmann ein selbstbestimmtes Arbeitsleben zu führen und nach Kräften zum gemeinsamen Erfolg des Unternehmens beitragen zu können. Ganz im Gegenteil erfahren Menschen mit Behinderung, dass es bei Bertelsmann nicht nur möglich ist, als vollwertige Arbeitskraft anerkannt zu werden, sondern dass dies der geforderte und gewünschte „Normalfall" ist. Das Unternehmen ist sich des hohen Anspruchs, den es sich selbst mit dieser

P. Müller (✉)
Bertelsmann SE & Co. KGaA, Carl-Bertelsmann-Straße 270, 33311 Gütersloh, Deutschland
E-Mail: perdita.mueller.ksbv@bertelsmann.de

Philosophie auferlegt hat, bewusst und hat schon vor Jahren entsprechende Strukturen geschaffen, um Menschen mit Behinderung in die Arbeitsprozesse auf allen Unternehmensebenen zu integrieren.

20.1 Vorstellung der Bertelsmann SE & Co. KGaA

Die Wurzeln von Bertelsmann reichen bis in das Jahr 1835 zurück, als der Drucker und Buchbinder Carl Bertelsmann den C. Bertelsmann Verlag gründete. Was damals als kleiner christlich-protestantischer Verlag begann, ist in über 175 Jahren zu einem starken, weltweit agierenden Medienkonzern gewachsen. Heute ist Bertelsmann ein Unternehmen, das mit den Kerngeschäften Fernsehen (RTL Group), Buch (Random House), Zeitschriften (Gruner + Jahr), Dienstleistungen (Arvato) und Druck (Be Printers) in rund 50 Ländern der Welt aktiv ist. Das Unternehmen erzielte im Geschäftsjahr 2012 einen Umsatz von 16,1 Mrd. Euro. Bertelsmann steht dabei für Kreativität und Unternehmergeist. Diese Kombination ermöglicht die Schaffung erstklassiger Medien- und Kommunikationsangebote, die Menschen auf der ganzen Welt begeistern und Kunden innovative Lösungen aufzeigen.

Über 100.000 Mitarbeiter weltweit arbeiten für Bertelsmann. In Deutschland sind rund 38.400 Menschen für Bertelsmann tätig, davon rund fünf Prozent mit einer anerkannten Behinderung oder Gleichgestellte (Abb. 20.1).

20.2 Entwicklung des Ansatzes: Die besondere Unternehmenskultur bei Bertelsmann

Was Bertelsmann schon früh von den meisten deutschen Wirtschaftsunternehmen unterschied, war die besondere Berücksichtigung der Arbeitnehmerinteressen und die Einbindung der eigenen Mitarbeiter in das wirtschaftliche Erfolgsrezept des Unternehmens. Als nach dem Zweiten Weltkrieg der Ur-Urenkel Carl Bertelsmanns, Reinhard Mohn, die Unternehmensführung übernahm, setzte er konsequent auf die Delegation von Verantwortung und die Schaffung von Entscheidungsspielraum für seine Mitarbeiter. Im Gegenzug beteiligte Mohn seine Mitarbeiter am Unternehmensgewinn. Der Erfolg gibt ihm bis heute Recht. Reinhard Mohn definierte nicht nur sein wegweisendes Partnerschaftsmodell, sondern verankerte auch die soziale Verantwortung seines Unternehmens gegenüber der Gesellschaft in den Statuten von Bertelsmann.

Als Unternehmer, Manager und Firmenbesitzer sowie in späteren Jahren als Aufsichtsratsvorsitzender, Patriarch und Gründer der gemeinnützigen Bertelsmann Stiftung sorgte Reinhard Mohn dafür, dass die Bertelsmann-Unternehmenskultur über alle Führungsebenen hinweg bis in die kleinsten Teileinheiten und Untergliederungen zur Anwendung kam. Betriebsräte waren für Reinhard Mohn ein legitimer Verhandlungspartner, mit denen er auf Augenhöhe verkehrte und denen er Vertrauen entgegenbrachte. Indem er

Abb. 20.1 Inklusive Teamkultur bei Bertelsmann

Verantwortung mit seinen Mitarbeitern teilte, erreichte Reinhard Mohn mit seinem Partnerschaftsmodell eine hohe Identifikation der Menschen mit dem Unternehmen, in dem sie arbeiten – und dies über alle Hierarchien hinweg.

Soziale Verantwortung hört bei Bertelsmann nicht bei Mitspracherechten und einer gerechten Entlohnung auf. Gemäß seinen eigenen hohen Idealen sorgte Mohn dafür, dass auch Menschen mit Behinderung einen Arbeitsplatz und damit eine persönliche Zukunft bekamen. So war es ein logischer Schritt im Sinne der Bertelsmann-Firmenphilosophie, Menschen mit Behinderung eine eigenständige Vertretungsorganisation im Konzern zu verschaffen. Heute gibt es in allen Bertelsmann-Einheiten Schwerbehindertenvertretungen (SBV), die über Firmengrenzen hinweg für die Belange der Kollegen mit Behinderung eintreten und arbeiten. Auf diese Weise ist bei Bertelsmann gewährleistet, dass dem ständigen Anspruch auf besondere Förderung von Menschen mit Einschränkungen Rechnung getragen wird und es auf allen Konzernebenen klare Zuständigkeitsregelungen gibt, wenn es um die Integration und Förderung von Menschen mit Behinderung im Berufsalltag geht.

Selbstverständlich erhalten Menschen mit Behinderung bei Bertelsmann die ihnen zustehende Förderung nach dem bundesdeutschen Sozialgesetzbuch (SGB IX). Die Schwerbehindertenvertretungen auf allen Konzernebenen sind Ansprechpartner sowohl für die Betroffenen als auch für die Personalabteilungen und die Führungskräfte. Darüber hinaus setzen sich die Schwerbehindertenvertreter immer wieder für weitere Verbesserungen für ihre Klienten ein, die zum Teil weit über die gesetzlichen Vorschriften hinausgehen. So werden beispielsweise bei Bertelsmann Auszubildende mit Behinderung garantiert nach ihrer Ausbildung in ein unbefristetes Arbeitsverhältnis im Konzern übernommen – eine entsprechende Konzern-Integrationsvereinbarung zwischen der Konzern-Schwerbehindertenvertretung und dem Bertelsmann-Vorstand macht dies nicht nur möglich, sondern zur rechtlichen Verpflichtung. Auch der Arbeitsplatzwechsel über Unternehmensgrenzen innerhalb des Konzerns hinweg ist dank einer besonderen Vereinbarung bei Bertelsmann im Sinne der Kollegen mit Behinderung klar geregelt: Eine Quote innerhalb von Bertelsmann sorgt dafür, dass Unternehmensfirmen immer wieder aktiv auf die Schaffung zusätzlicher Arbeitsplätze für Menschen mit Behinderung hinarbeiten.

Die bestehende Konzernintegrationsvereinbarung zur Inklusion von Menschen mit Behinderung wurde 2011 komplett überarbeitet, erweitert und aktualisiert. Seit 01.01.2012 gilt die Neufassung und bekräftigt das Bekenntnis des Konzerns zum vollwertigen Einsatz schwerbehinderter Menschen. Damit geht der Konzern nochmals deutlich über die Maßgaben des deutschen Sozialgesetzbuches hinaus und stärkt nachhaltig die Position der Schwerbehindertenvertretungen und der von ihnen betreuten Mitarbeiter in allen Unternehmensteilen.

In der Konzernintegrationsvereinbarung von Bertelsmann werden folgende Punkte geregelt:

- Behinderte Menschen, die wegen ihrer Behinderung auf die Benutzung eines Parkplatzes angewiesen sind, erhalten eine Parkmöglichkeit in der Nähe ihres Arbeitsplatzes;
- Verlängerung der Einarbeitungszeit;
- Bereitstellung erforderlicher Hilfsmittel, wie Arbeitsassistenz im Sinne des Nachteilsausgleichs, personengebundene Zeitzuschläge;
- in den Konzernbetrieben gilt die gesetzliche Pflicht, die Beschäftigungsquote für behinderte Menschen zu erreichen und – falls möglich – zu überschreiten;
- nach erfolgreichem Abschluss einer Berufsausbildung werden behinderte Auszubildende in ein unbefristetes Arbeitsverhältnis übernommen;
- bei betriebsbedingtem Arbeitsplatzabbau sind Behinderte nach Möglichkeit auf andere Arbeitsplätze im Betrieb zu versetzen oder in andere Betriebe zu vermitteln; ggf. Weiterbildungsmaßnahmen zu prüfen;
- bei Verlust des Arbeitsplatzes gilt: Abfindung bis 60 Grad der Behinderung 4.000 €, ab 70 Grad 6.000 €, Sozialplanabfindungen bleiben unberührt;
- bei betriebs-, personen- oder verhaltensbedingten Beschäftigungsschwierigkeiten behinderter Mitarbeiter, die das Arbeitsverhältnis gefährden können, sind frühzeitig mit der SBV alle Möglichkeiten zu erörtern, mit denen diese Schwierigkeiten beseitigt werden können, um das Arbeitsverhältnis dauerhaft fortsetzen zu können.

20.3 Beschreibung des Ansatzes: Die Schwerbehindertenvertretung in der Praxis

Die Belange von Menschen mit Behinderung in der Unternehmenskultur und -struktur zu verankern, hat bei Bertelsmann eine lange Tradition. Sie besteht in der gezielten Förderung des Einflusses der Schwerbehindertenvertretung sowie deren Kooperation mit für die Integration wichtigen Anspruchsgruppen. Eine besondere Stärke der Schwerbehindertenvertretung bei Bertelsmann liegt in dem hohen Grad der individuellen Betreuung vor Ort. Die gewählten Schwerbehindertenvertreter arbeiten über Unternehmensgrenzen mit Personalabteilungen und Betriebsräten zum Nutzen der Beschäftigten mit Behinderung eng zusammen, § 99 SGB IX. Beispielsweise stehen der Schwerbehindertenvertretung laut

§ 95 Abs. 2 SGB IX, sieben Arbeitstage Widerspruchsfrist bei allen Einzelmaßnahmen im Falle einer schwerbehinderten Arbeitskraft zu – bei Bertelsmann ist diese Frist unter gewissen Voraussetzungen auf vier Wochen ausgeweitet, was der Schwerbehindertenvertretung insbesondere gegenüber den Personalabteilungen eine besondere Stellung verschafft.

Beispielgebend für die Arbeitsweise der Schwerbehindertenvertretung bei Bertelsmann sei hier die Karriere eines jungen Mannes „vom Päckchenpacker zum IT-Spezialisten" geschildert.

Tobias A.: Vom Päckchenpacker zum IT-Spezialisten

Tobias A. leidet am Asperger-Syndrom, einer speziellen Ausprägung des Autismus, die von Schwächen in der sozialen Interaktion und Kommunikation sowie von eingeschränkten und stereotypen Aktivitäten und Interessen gekennzeichnet ist. Tobias A. machte eine Ausbildung als Bürokaufmann und arbeitete im großen Logistik-Zentrum der Bertelsmann-Tochter Arvato Services. Doch dass weit mehr in ihm steckte, wurde erst durch einen Zufall von der Schwerbehindertenvertretung entdeckt.

Seinen Kollegen am Arbeitsplatz war schon aufgefallen, dass Tobias A. besonders geschickt im Umgang mit dem PC und insbesondere dem Laptop war. Am Arbeitsplatz und im privaten Umfeld wurden deshalb gern sein Rat und seine tatkräftige Unterstützung eingeholt, wenn es um technische Probleme mit Rechnern ging. So wurde von der Schwerbehindertenvertretung das Integrationsamt für einen Eignungstest für IT-Kenntnisse am Laptop eingeschaltet. Beim Einsatz dieses Gerätes ergab sich ein anwendungstechnisches Problem, welches spontan und kurzfristig von Tobias A. gelöst wurde. Beeindruckt von dieser Leistung beschloss der Kostenträger, gemeinsam mit der Schwerbehindertenvertretung und Rücksprache des Vorgesetzten etwas für den offensichtlich technisch begabten Tobias A. zu tun.

Das war zunächst gar nicht so einfach, denn trotz der bekannten IT-Affinität von Tobias A. war der junge Mann laut Arbeitsvertrag Lagerfacharbeiter. Also setzte sich die Schwerbehindertenvertretung dafür ein, dass Tobias A. einen speziellen Eignungstest für IT-Fachkräfte in Kassel absolvieren konnte – ein Test, den Tobias A. nicht nur auf Anhieb, sondern sogar mit einem speziellen Gutachten und Empfehlung absolvierte. Trotz dieser Leistung blieb die Vermittlung von Tobias A. in eine neue Position eine Herausforderung. In Gesprächen und Vorstellungsrunden unter Begleitung der Schwerbehindertenvertretung und auch des psychosozialen Fachdienstes (Integrationsfachdienst) gelang es, Tobias A. über zwei Bertelsmann-Unternehmen hinweg anzulernen und als Quereinsteiger in den IT-Betrieb zu bringen. Als Glücksfall für den jungen Mann erwies sich dabei der Einsatz eines Arbeitstrainers, der selbst die Fachrichtungen IT vertrat und zusätzlich eine Ausbildung zum Ergotherapeuten und systemischen Berater absolviert hatte: Er konnte Tobias A. optimal in seiner Ausbildung begleiten.

Bevor es so weit war, mussten viele Führungskräfte mit der Problematik an sich und den speziellen Herausforderungen einer Integration eines Kollegen mit Asperger-

Syndrom vertraut gemacht werden – keine leichte Aufgabe, besonders dann, wenn überhaupt keine Vorkenntnisse bestanden. Einige Vorgesetzte machten zum ersten Mal die Bekanntschaft mit der Schwerbehindertenvertretung. Dem Bemühen zu helfen, standen zunächst Unsicherheit und inhaltliche Fragen im Weg. Doch in vielen Einzelgesprächen und Informationsrunden wuchs das Verständnis. Der Arbeitstrainer erleichterte die Zusammenarbeit mit einem Autisten und machte den betroffenen Kollegen klar: Ein Autist benötigt für seine Arbeit klare Führung, klare Strukturen – und manchmal auch klare „Ansagen"! Eine große Hilfe in diesen Gesprächen war das für Tobias A. zuständige Integrationsamt in Münster, das nicht nur den Eignungstest ermöglichte, sondern auch mit eigenem Gutachten und eigener Einrichtung des zusätzlichen Arbeitsplatzes dazu beitrug, schon im Vorfeld eventuell bestehende Bedenken auszuräumen. Darüber hinaus vermittelte das Integrationsamt den schon erwähnten Arbeitstrainer für die individuelle Betreuung. Entscheidend für die erfolgreiche Vermittlung von Tobias A. war sicherlich das Engagement der beiden Geschäftsführer, aber auch die Überzeugungsarbeit der Schwerbehindertenvertretung – sowohl im „abgebenden" wie auch im „aufnehmenden" Betrieb. Die beiden Manager einigten sich bilateral mit den Personalabteilungen über die Aufteilung der Personalkosten und setzten mit ihrer Zustimmung zum Jobwechsel von Tobias A. ein deutliches Zeichen. Es wurde vereinbart, dass Tobias A. in seiner neuen Tätigkeit zunächst mit einer 6-monatigen Probezeit eingestellt wurde – das gab Sicherheit für beide Seiten. Im Anschluss daran wurde ihm ein einjähriges Praktikum inklusive Begleitung ermöglicht, woraufhin er dann fest eingestellt wurde.

Die Schwerbehindertenvertretung beriet Tobias A. zusammen mit der Abteilung und dem Arbeitstrainer bei der Auswahl geeigneter Schulungen und Seminare und sorgte auch dafür, dass die Eltern von Tobias A. in alle Überlegungen und Maßnahmen direkt mit eingebunden waren – vor dem Hintergrund von Tobias' Autismus sicher ein nicht zu unterschätzendes Element. Unter Begleitung des psychosozialen Fachdienstes wurden zudem regelmäßige Feedback-Termine zwischen den Beteiligten – Vorgesetzte, Ausbilder, Schwerbehindertenvertretung, Eltern – vereinbart und durchgeführt. Tobias A. erhielt in seinem direkten Vorgesetzten einen festen Ansprechpartner im neuen Betrieb, der ihm als „Vertrauens- und Führungsperson" einen schnellen Einstieg am neuen Arbeitsplatz ermöglichte und als Bindeglied zwischen den Kollegen fungierte.

Heute arbeitet Tobias A. als IT-Fachkraft in seiner neuen Firma und hat sich als Spezialist für Laptop- und Computer-Einrichtung bei Vorgesetzten und Kollegen bereits einen guten Namen gemacht (vgl. Abbildung am Kapitelanfang). Durch diese Inklusion hat das Unternehmen nun einen zusätzlichen geforderten und geförderten Mitarbeiter. Auch die Fachabteilung ist sehr zufrieden – und nicht zuletzt wurde im abgebenden Bereich ein Arbeitsplatz für einen anderen Menschen mit Behinderung frei.

20.4 Stärken und Schwächen des Ansatzes

Kurze Wege, direkte Ansprechpartner, umfassende Beratung – das sind die Vorteile, die in der Praxis wirklich helfen. Die Konzernintegrationsvereinbarung verschafft den Schwerbehindertenvertretern dabei das genügende „Gewicht", um notfalls auch nachdrücklich die Einhaltung von Konzernabsprachen bei den einzelnen Firmen wirksam einzufordern.

Die Aufstellung im Bertelsmann-Konzern erweist sich als großer Vorteil. Ähnlich wie in der Betriebsratsorganisation sorgen die vorhandenen Eskalationsmöglichkeiten in der Führungshierarchie auch in schwierigen Fragen oft für Ansatzpunkte und damit letztlich Lösungswege, die den Betroffenen zu Gute kommen. Die eingangs beschriebene partnerschaftliche Unternehmensphilosophie des Hauses Bertelsmann wird in allen Unternehmensteilen gelebt und kann durchgängig auf allen Führungsebenen als hilfreicher Türöffner und gemeinsame Gesprächsbasis fungieren. In der täglichen Arbeit auf allen Ebenen bleibt die ständige Information vorgesetzter Führungskräfte über ihre besondere Verantwortung gegenüber Mitarbeitern mit Behinderung eine immer wiederkehrende Aufgabe.

Hilfreich sind auch die Richtlinien und Führungsprinzipien bei Bertelsmann: In diesen grundlegenden und für alle Konzernfirmen verbindlichen Regelungen werden zum Beispiel regelmäßige Routinen der Schwerbehindertenvertretungen mit den jeweiligen Geschäftsleitungen festgeschrieben. Auch die Einrichtung und die Zusammenarbeit mit dem Betriebsärztlichen Dienst sowie dem Betriebssozialdienst sind hier verankert. Die Personalabteilungen der einzelnen Firmen stützen sich ebenso auf diese Vorgaben. Alles in allem entsteht so ein verlässliches Regelwerk, mit dem alle Seiten bestens arbeiten können.

Kollegen sind heute viel freier im Umgang mit Kollegen mit Behinderung. Sie haben gelernt, mit der Krankheit und den Einschränkungen Betroffener natürlich umzugehen und gleichzeitig erkannt, dass diese Handicaps keine Einschränkung für die oft komplexen Arbeitsabläufe sein müssen. Dies hat insgesamt dem menschlichen und kollegialen Zusammenarbeiten in der Abteilung deutlich gut getan. Vorgesetzte haben erkannt, dass die Integration eines schwerbehinderten Kollegen keine Belastung darstellen muss, sondern im Gegenteil zu einem Gewinn für die Abteilung und das ganze Unternehmen führen kann.

Dass der geschilderte Ansatz bei Bertelsmann sehr gut funktioniert, lässt sich auch aus der Tatsache ablesen, dass die Konzernschwerbehindertenvertretung sogar eigene Auszubildende einstellen und ausbilden kann und darf – auch dies ist ein deutliches Zeichen für die Wertschätzung der geleisteten Arbeit der Schwerbehindertenvertretung.

20.5 Bisherige Erfahrungen

Das Beispiel von Tobias A. macht deutlich, wie wichtig die Arbeit der Schwerbehindertenvertretung innerhalb von Bertelsmann ist. Als Vermittler und erste Anlaufstelle vertritt sie zunächst die Interessen der Kollegen mit Behinderung, doch muss sie zugleich die tatsächlichen Möglichkeiten in den Konzernfirmen im Auge behalten. Nicht das Durchsetzen gesetzlicher Ansprüche um jeden Preis, sondern das Werben für Verständnis und das Aufzeigen wirtschaftlich vertretbarer Lösungen bringen im Einzelfall den Erfolg. Gleichzeitig wird deutlich, dass es oft eines hohen individuellen Einsatzes gerade seitens der Schwerbehindertenvertretung bedarf, um den Kollegen mit Behinderung helfen zu können und den Konzern zu stärken.

In der Praxis wird deutlich, dass die Funktion und Aufgabe der Schwerbehindertenvertretung längst nicht durchgehend auf allen Führungsebenen bekannt und akzeptiert ist. Dabei ist es zum größten Teil reine Unkenntnis der Rechtslage und der im Konzern vereinbarten Zuständigkeiten, die verhindern, dass schwerbehinderten Kollegen schnell und umfassend geholfen werden kann. Sind die erforderlichen Informationen dagegen geflossen bzw. an den entscheidenden Stellen bereits bekannt, führt die Arbeit in der Regel zu einvernehmlichen und konstruktiven Lösungen. Die Schwerbehindertenvertretung in den einzelnen Firmen im Bertelsmann Konzern ist meist durchweg durch langjährig erfahrene Vertreter kompetent besetzt.

In Abwägung der Stärken und Schwächen der Schwerbehinderten-Organisation kann festgestellt werden, dass die Arbeit in allen Konzernteilen von den betroffenen Kollegen sehr positiv gesehen wird. Dabei sind es nicht nur die schwerbehinderten Menschen, die direkten Nutzen aus der Schwerbehinderten-Arbeit ziehen können. Gerade das oben beschriebene Beispiel zeigt, dass alle Beteiligten im Prozess der Integration aktiv mitarbeiten, mitgestalten und mitlernen können.

Leider laufen nicht alle Integrationsfälle auf Anhieb so positiv wie im o. g. Beispiel ab. Natürlich gibt es bei Bertelsmann Fälle, die nicht zur völligen Zufriedenheit aller Beteiligten gelöst werden können. Doch auch in diesen Situationen kann man für die nötige Interessenvertretung sorgen, in bereits bestehenden Konflikten vermitteln und für Sachlichkeit im Umgang mit Menschen mit Behinderung eintreten. Die Erfahrungen zeigen, dass eine ständige und nachhaltige Kommunikation über die bestehende Integrationsvereinbarung bei Bertelsmann auf allen Führungsebenen dazu führt, dass die besonderen Belange von Arbeitnehmern mit Behinderung tatsächlich Eingang in die täglichen Arbeitsabläufe erhalten. Dabei sind nicht allein die Führungskräfte gefordert, sondern alle Mitarbeiter. Als unverzichtbar hat sich in der täglichen Praxis das persönliche Gespräch erwiesen. Auch im Zeitalter von Internet, Intranet und Mobiltelefon gibt es keinen echten Ersatz für den direkten Informationsaustausch zwischen den zuständigen Personen. Genauso wichtig ist der persönliche Einsatz der Schwerbehindertenvertreter, ohne die manche Lösungsansätze gar nicht „angedacht" würden.

Das o. g. Beispiel zeigt, welche Möglichkeiten im konstruktiven Zusammenspiel der beteiligten Stellen bei Bertelsmann stecken: Es geht weniger um die Gewährleistung der gesetzlich vorgegebenen Rahmenbedingungen, sondern vielmehr darum, dem Menschen mit Behinderung eine möglichst attraktive und individuell gestaltete Form eigenständigen Arbeitens bieten zu können – eine Lösung, von der sicher immer auch das Unternehmen profitiert.

Aktuell lässt sich festhalten, dass die Schwerbehindertenvertretungen bei Bertelsmann insgesamt sehr gute Möglichkeiten vorfinden, um im konstruktiven Dialog mit der Unternehmensführung aller Hierarchiestufen eine Verbesserung der Arbeitsbedingungen für Menschen mit Behinderung im Konzern zu erreichen. Vieles ist hier in der Vergangenheit erreicht worden – zahlreiche Aufgaben bleiben als tägliche Routine im permanenten Fokus der Schwerbehindertenvertretung. Der Partnerschaftsgedanke, der sich bei Bertelsmann in vielen anderen Zusammenhängen positiv bemerkbar macht, ermöglicht auch bei der Integration von Schwerbehinderten weitreichende und in letzter Konsequenz deutlich überdurchschnittliche Verbesserungen in der täglichen Arbeitswelt, von der auch andere Kollegen profitieren. So wurden zum Beispiel in einem Betrieb für einen Kollegen mit Handicap eine spezielle Wickelmaschine für Folienverpackungen angeschafft – eine Arbeit, die bis dahin rein manuell verrichtet werden musste. Nach dieser Investition von rund 28.000 € können nun auch andere Kollegen diese Maschine nutzen: Das spart Zeit und erleichtert den Verpackungsprozess ganz erheblich! Auch in kaufmännischen Bereichen zeigt sich immer wieder, dass die Integration eines Menschen mit Behinderung oft zu einer Reorganisation der vorhandenen Arbeitsabläufe führt – mit dem Ergebnis, dass die überdachten Prozesse oft viel besser funktionieren als die alten Arbeitsweisen: Ein Vorteil, der dann allen Mitarbeitern zu Gute kommt.

20.6 Ausblick

Für die Zukunft wird es bei Bertelsmann weiterhin Aufgabe sein, die Kommunikation innerhalb des Unternehmens zum Thema Integration von Menschen mit Behinderung zu fördern und zu verbessern. Vieles wurde bereits erreicht, so die Einrichtung von festen Mitarbeitergesprächen alle drei Monate, an denen bei Bertelsmann ganz selbstverständlich die Schwerbehindertenvertretungen teilnehmen. Ganz ähnlich wie bei der vertrauensvollen Zusammenarbeit zwischen Führung und Betriebsräten, die ja im deutschen Betriebsverfassungsgesetz auch ausdrücklich so gefordert wird, hat sich bei Bertelsmann auch der konstruktive Dialog zwischen Führungskräften und Schwerbehindertenvertretungen als sinnvolles Instrument der Unternehmensführung bewährt. Die Schwerbehindertenvertreter nehmen dabei nicht nur einseitig eine Interessensvertretung für die Kolleginnen und Kollegen mit Behinderung wahr, sondern erfüllen in diesem besonderen Geiste des Hauses Bertelsmann auch eine unternehmerische Beratungsfunktion, indem sie der Führung Lösungswege aufzeigen, die zum Nutzen des ganzen Unternehmens wirken.

Nach außen wird die Schwerbehindertenvertretung bei Bertelsmann ebenfalls eine bessere Vernetzung und Kommunikation anstreben. Seit einiger Zeit besteht die Mitgliedschaft in der Interessensgemeinschaft behinderter Menschen in der freien Wirtschaft (IBW), in der auch andere große Konzerne vertreten sind und daher ein Erfahrungs- und Informationsaustausch über die Unternehmensgrenzen hinweg möglich ist.

20.7 Fazit

Das Bekenntnis des Unternehmens zu seiner besonderen Firmenphilosophie gibt Anlass zu einer berechtigten Hoffnung: Bei Bertelsmann werden auch in Zukunft Menschen mit Behinderung ihren Platz zur selbstbestimmten Arbeitsgestaltung finden – und das deutlich über dem Niveau gesetzlicher Regelungen. Eine wichtige Rolle wird dabei die Schwerbehindertenvertretung auf allen Konzernebenen haben, die ihre Aufgabe zum Wohle aller Kollegen weiterhin effektiv wahrnehmen wird. Dass auch Kollegen ohne Behinderung von der Arbeit der Schwerbehinderten profitieren, wird schon heute mehr als deutlich. Wo es gelingt, Berührungsängste und unterschwellige Vorbehalte beim Einsatz schwerbehinderter Menschen durch Information und Unterstützung schon im Vorfeld auszuräumen, arbeiten Menschen mit und ohne Behinderung zufrieden und vertrauensvoll zusammen – zum Wohle des ganzen Konzerns.

# Teil VIII

Supported Employment und externe Integrationsdienstleister

Maßnahmen und Konzepte am Beispiel des Supported Employment der Psychiatrischen Universitätsklinik Zürich

21

Micheline Huber und Wolfram Kawohl

Inhaltsverzeichnis

21.1	Vorstellung des Supported Employment der PUK Zürich	304
21.2	Entwicklung des Ansatzes	304
21.3	Beschreibung des Ansatzes	305
	21.3.1 Unterstützung bei der Stellensuche und dem Antritt einer neuen Stelle	305
	21.3.2 Unterstützung bei der Rückkehr an einen bestehenden Arbeitsplatz	309
21.4	Stärken und Schwächen des Ansatzes	310
21.5	Bisherige Erfahrungen	311
21.6	Ausblick	311
21.7	Fazit	311
Literatur		312

Zusammenfassung

Die Psychiatrische Universitätsklinik (PUK) Zürich bietet mit Supported Employment Job-Coachings nach dem Modell *Individual Placement and Support* (IPS) (Becker und Drake, A working life: The individual placement and support (IPS) program, 1993) an.

M. Huber (✉)
Supported Employment, Zentrum für Soziale Psychiatrie der Klinik für Psychiatrie,
Psychotherapie und Psychosomatik, Psychiatrische Universitätsklinik Zürich,
Militärstrasse 8, 8021 Zürich, Schweiz
E-Mail: micheline.huber@puk.zh.ch

W. Kawohl
Zentrum für Soziale Psychiatrie der Klinik für Psychiatrie,
Psychotherapie und Psychosomatik, Psychiatrische Universitätsklinik Zürich,
Militärstrasse 8, 8021 Zürich, Schweiz
E-Mail: wolfram.kawohl@puk.zh.ch

Das Ziel der Coachings ist es, Menschen mit psychischen Erkrankungen im ersten Arbeitsmarkt zu integrieren. Dieser Beitrag zeigt auf, wie die Zusammenarbeit zwischen Stellensuchenden bzw. Arbeitnehmern mit psychischen Erkrankungen, deren Arbeitgebern, dem Behandlungsteam und Versicherungsträgern mit Hilfe eines Job-Coachs erfolgreich gestaltet werden kann.

21.1 Vorstellung des Supported Employment der PUK Zürich

An der PUK Zürich wird Supported Employment nach dem Individual-Placement-and-Support-Ansatz (IPS-Ansatz; Becker und Drake 1993) seit 2005 angeboten. Das derzeit neunköpfige interdisziplinäre Team mit breitem beruflichem, vorwiegend akademischem Hintergrund, unterstützt Menschen mit psychischen Erkrankungen, die eine Stelle im sogenannten ersten Arbeitsmarkt suchen oder ein Coaching in einem bestehenden Arbeitsverhältnis benötigen. Auftraggeber sind Betroffene selbst, behandelnde Ärzte, Krankentaggeldversicherungen, die eidgenössische Invalidenversicherung und sowohl öffentliche als auch private Arbeitgeber. Je nach Auftraggeber werden die Kosten über Krankentaggeldversicherungen, Arbeitgeber, die Sozialversicherungsanstalt (SVA) oder auch über die Grundversicherung der Krankenkasse getragen.

In Zusammenarbeit mit der Universität Zürich, dem Bundesamt für Sozialversicherungen (BSV), der SVA Zürich und verschiedenen ambulanten psychiatrischen Institutionen leistet das Supported-Employment-Team im Rahmen des Zürcher Impulsprogramms zur nachhaltigen Entwicklung der Psychiatrie (www.zinep.ch) und des Zürcher Eingliederungs-Pilotprojektes (www.zhepp.ch) einen substanziellen Beitrag zur wissenschaftlichen Beurteilung der beruflichen Integration von Menschen mit psychischen Erkrankungen in die freie Wirtschaft.

21.2 Entwicklung des Ansatzes

Arbeit hat in unserer Gesellschaft nicht bloß die Funktion der Existenzsicherung, sondern wirkt entscheidend identitätsstiftend und bestimmt den sozialen Status einer Person entscheidend mit (Eklund 2009). Auch angesichts der hohen Kosten, die eine Invalidisierung verursacht, handelt es sich beim Thema Integration psychisch Kranker in die Arbeitswelt um ein gesellschaftspolitisches Thema mit hoher Aktualität (Baer und Frick 2007; Jäger et al. 2008; Krowatschek et al. 2011). Die Diskriminierung und Stigmatisierung von Menschen mit psychischen Erkrankungen führt jedoch dazu, dass diese stärker als andere gesundheitlich eingeschränkte Arbeitnehmer von Arbeitslosigkeit betroffen sind (Snashall 2008). Dies gilt, obwohl die (Wieder-)Aufnahme einer Tätigkeit ein großer Wunsch vieler Betroffener ist (Marshall et al. 2001).

Das von der Europäischen Union finanzierte Forschungsprojekt EQOLISE zeigte auf, dass Supported Employment nach dem IPS-Ansatz auch in Europa erfolgreich anwendbar ist (Burns et al. 2007): Im Vergleich zur Kontrollgruppe, die herkömmliche Angebote der beruflichen Rehabilitation in Anspruch nahm, fanden bei der Gruppe, die gemäß dem IPS-Ansatz gecoacht wurde, mehr Personen eine Stelle in der freien Wirtschaft. Zudem musste die gecoachte Gruppe nicht nur seltener und kürzer hospitalisiert werden, sondern es verbesserten sich hier auch Angst und depressive Symptome gegenüber der Kontrollgruppe. Diese Resultate zeigen, dass mit einer professionellen Unterstützung auch schwerkranke Menschen mit psychischen Erkrankungen arbeiten können, und dass sich dies positiv auf ihre Gesundheit auswirkt. Die PUK Zürich war an dieser internationalen Studie beteiligt und baute aufgrund der vielversprechenden Untersuchungsdaten das Angebot Supported Employment weiter aus, welches inzwischen fest etabliert ist und intensiv genutzt wird (Kawohl und Rössler 2008).

21.3 Beschreibung des Ansatzes

Das Supported Employment der PUK Zürich bietet Job-Coachings für zwei unterschiedliche Ausgangslagen an. Variante 1: Ein Klient möchte wieder (oder überhaupt zum ersten Mal) in der freien Wirtschaft tätig sein und wünscht sich Unterstützung bei der Suche nach einer geeigneten Stelle. Variante 2: Der Klient hat bereits eine Stelle inne, welche aufgrund einer psychischen Erkrankung jedoch gefährdet ist. Meist liegen in einem solchen Fall längere krankheitsbedingte Abwesenheiten vor und der Klient wünscht sich Unterstützung bei der Rückkehr an den Arbeitsplatz. Nähere Erläuterungen inklusive Fallbeispiele zu den beiden Varianten sind unter 21.3.1 bzw. 21.3.2 zu finden.

Das Supported-Employment-Team ist auch eine Anlaufstelle für Arbeitgeber, die Menschen mit psychisch bedingten Leistungsbeeinträchtigungen einstellen möchten oder sich aus aktuellem Anlass Unterstützung wünschen. Die Notwendigkeit für solche Angebote wird beispielsweise durch Studienergebnisse wie jene von Baer und Kollegen (2011) unterstrichen: Im Umgang mit sogenannten „schwierigen Mitarbeitenden", die Linienvorgesetzten und Personalverantwortlichen bezüglich Leistung und Sozialverhalten negativ auffallen, erhalten Arbeitgeber nur selten Beratung zum Umgang mit den Mitarbeitern, krankheitsbezogenen Leistungseinschränkungen und möglichen Anpassungen des Arbeitsinhaltes oder der Arbeitsgestaltung. Jedoch ist genau dieses Wissen wichtig für die weitere erfolgreiche Zusammenarbeit zwischen Arbeitgeber und Arbeitnehmer (Baer et al. 2011).

21.3.1 Unterstützung bei der Stellensuche und dem Antritt einer neuen Stelle

Bis vor einigen Jahren dominierte im Bereich beruflicher Rehabilitation ein Stufenmodell mit der Leitidee „first train, then place", im Rahmen dessen Menschen mit psychischen

Erkrankungen über Arbeitstrainings und Beschäftigung in geschützten Werkstätten wiedereingegliedert werden sollten. Genau dieser Übergang in den ersten Arbeitsmarkt erwies sich jedoch als schwierig zu bewerkstelligen, mit der Folge, dass viele Betroffene den Übergang vom geschützten in den freien Arbeitsmarkt nicht realisieren konnten (Pfammatter et al. 2000).

Supported Employment kehrt diesen Ansatz in „first place, then train" um, mit dem Ziel einer direkten Platzierung der Stellensuchenden im ersten Arbeitsmarkt ohne vorausgehende Arbeitstrainings. Becker und Drake (1993) entwickelten mit dem speziell für das Coaching von psychisch kranken Menschen zugeschnittenen IPS einen Ansatz, der sich in zahlreichen Studien als äußerst effizientes Modell der beruflichen Rehabilitation erwies und im Bereich des Supported Employment inzwischen am besten untersucht ist (Crowther et al. 2001; Twamley et al. 2005). Die folgenden Prinzipien charakterisieren das Job-Coaching nach IPS (Crowther et al. 2001):

- Das Ziel ist eine bezahlte Arbeit in der freien Wirtschaft;
- vor der Vermittlung an einen Arbeitsplatz werden keine Trainings durchgeführt, sondern das Job-Coaching wird laufend evaluiert;
- das Job-Coaching ist Teil einer psychiatrischen Behandlung;
- der Wunsch und die Motivation, wieder oder weiterhin im ersten Arbeitsmarkt tätig zu sein, bestimmen das individuelle Vorgehen des Job-Coaches;
- nach dem Stellenantritt kann das Job-Coaching ohne vorher festgelegte zeitliche Begrenzung so lange wie nötig fortgesetzt werden.

Im Vordergrund steht die individuelle Ausgestaltung des Job-Coachings, das durch die nicht linearen Verläufe der psychischen Krankheiten, wie beispielsweise wiederkehrenden depressiven Störungen oder Schizophrenien, gefordert ist. Gemäß dem IPS-Ansatz steht der Wunsch der Stellensuchenden im Zentrum des Coachings, weshalb alle Coachings individuell gestaltet werden, sodass sowohl in der Intensität wie auch inhaltlich die Bedürfnisse der Klientin/des Klienten befriedigt werden können. Grundsätzlich sind vier Bausteine erkennbar (Bärtsch und Huber 2011):

- *Erarbeitung der beruflichen Wünsche und Möglichkeiten und des Bewerbungsdossiers*
  Einigen Menschen mit psychischen Erkrankungen fällt es aufgrund ihrer Erkrankung schwer, ihre Arbeitsleistung der Realität gemäß einschätzen zu können. Die Einschätzung des jeweiligen behandelnden Arztes oder Psychotherapeuten ist für die nachhaltige Platzierung äußerst wertvoll. Wenn möglich, holt der Job-Coach Referenzen bei bisherigen Arbeitgebern ein oder erkundigt sich nach Dritteinschätzungen innerhalb der Familie oder Freunden. Hierzu ist das Einverständnis des Klienten nötig.
  Teilweise ist die Arbeitsbiographie geprägt von gesundheitsbedingten Unterbrechungen in der beruflichen Tätigkeit, welche es im Bewerbungsdossier und im Vorstellungsgespräch adäquat zu formulieren gilt. Dabei gibt es keine einheitliche Lösung, welche sich für alle Stellensuchenden bewährt, sondern dies muss individuell mit dem Job-Coach

erarbeitet werden. Ein bewährtes Instrument in der Kommunikation dieser „Lücken" im Lebenslauf stellen Rollenspiele dar, die neben dem Job-Coach auch mit den in der Privatwirtschaft tätigen Personalverantwortlichen geübt werden.

- *Stellensuche/Akquise*
Die Stellensuche wird als gemeinsame Arbeit der Klientin/des Klienten und des Job-Coaches verstanden. Dies macht es nötig, Vereinbarungen zu treffen und Verantwortlichkeiten abzusprechen. So kann einerseits sichergestellt werden, dass der Job-Coach nach Stellen sucht, die den Wünschen und Bedürfnissen der Klientin/des Klienten entsprechen. Andererseits ist durch Anzahl und Qualität der Bewerbungen für den Job-Coach auch die Motivation und Leistung erfahrbar.
Die Stellenakquise erweist sich im Arbeitsalltag als zeitintensive, aber unerlässliche Aufgabe. Bei der Akquise sensibilisiert der Job-Coach Personalverantwortliche für die Problematik von Menschen mit psychischen Erkrankungen, unterstreicht jedoch besonders die Fähigkeiten und Stärken seiner Klientin/seines Klienten. Im Gegenzug erfährt der Job-Coach, wie seitens der Betriebe Anstellungen realisierbar wären und wo Schwierigkeiten bestehen.

- *Begleitung während des Stellenantritts oder im Rahmen eines Arbeitsversuchs*
Eine neue Stelle anzutreten ist für viele Menschen mit psychischer Erkrankung eine große Herausforderung. Dies gilt vor allem, wenn sie länger nicht mehr berufstätig waren oder sie ihre letzte Stelle aufgrund der Erkrankung verloren haben. Eine enge Begleitung ist in dieser Phase somit angezeigt, welche in Form von häufigeren persönlichen Gesprächen, Telefonaten, E-Mails oder SMS bestehen kann. Ist der Klient damit einverstanden, ist es auch denkbar, dass er vom Job-Coach zum ersten Arbeits- oder Schnuppertag begleitet wird. Ideal ist es, ebenfalls ein Feedback seitens der direkten Vorgesetzten und der Mitarbeiter zu erhalten und sich in Probezeitgesprächen gemeinsam mit dem Klienten/der Klientin, dem Chef/der Chefin und dem Job-Coach über die Erwartungen und Leistungen auszutauschen. In der Praxis zeigte sich, dass es sinnvoll sein kann, zunächst mit einer Teilzeittätigkeit einzusteigen und das Arbeitspensum nach einer erfolgreichen Einarbeitungszeit in Absprache mit dem behandelnden Arzt/der behandelnden Ärztin und/oder dem Psychotherapeuten/der Psychotherapeutin zu steigern.
Für Arbeitgeber stellen sich bei einer Neuanstellung oftmals Fragen zu Auswirkungen der psychischen Krankheit auf die Arbeitsleistung sowie zur Gestaltung der Rahmenbedingungen (z. B. Stressvermeidung, Kommunikation im Team, Leistungsbeurteilung etc.). Hier erweist sich eine Übersetzertätigkeit in Bezug auf die arbeitsrelevanten klinischen Symptome als äußerst wertvoll. Besteht aufgrund der psychischen Erkrankung beispielsweise ein Konzentrationsdefizit, können Möglichkeiten für vermehrte Pausengestaltung diskutiert werden. So kann der Umgang mit arbeitsbezogenen Schwierigkeiten offen thematisiert werden.

- *Nachbegleitung über den Stellenantritt hinaus*
Da das Job-Coaching nach IPS keinen zeitlichen Vorgaben unterliegt, ist es möglich, eine längerfristige Begleitung am Arbeitsplatz anzubieten, die solange wie nötig fortge-

setzt werden kann. Der Umgang mit möglichen krankheitsbedingten Einschränkungen am Arbeitsplatz, die Zusammenarbeit im Team und mit den Vorgesetzten sowie das Überprüfen von Über- wie auch Unterforderung stehen im Zentrum des Coachings, wobei der Austausch mit Vorgesetzten und dem Behandlungsteam wichtig ist.

> **Beispiel**
>
> Frau S. erkrankte mit 22 Jahren erstmals an einer Schizophrenie. Trotz entsprechender gesundheitlicher Einschränkungen absolvierte sie ein Studium in Betriebsökonomie und sammelte danach vielfältige berufliche Erfahrung. Bei der Arbeit traten jedoch immer ähnliche Probleme auf: Frau S. bekundete oft Mühe damit, Fristen einzuhalten, erschien mehrmals pro Jahr nicht zur Arbeit, ohne sich bei der Chefin zu melden, und fiel im Kontakt mit einzelnen Teammitgliedern durch ihr ausgeprägtes Misstrauen negativ auf. Frau S. bestand bei zwei Arbeitgebern ihre Probezeit nicht und wechselte häufig die Stellen. Nach einer längeren krankheitsbedingten Abwesenheit verlor Frau S. mit 30 Jahren ihre Stelle.
>
> Frau S. erfährt über ihre Psychiaterin vom Supported Employment der PUK Zürich und kann nach einer kurzen Wartezeit ihre berufliche Situation und ihre Wünsche mit einem Job-Coach des Teams besprechen. Frau S. startet das Job-Coaching äußerst motiviert und reicht pro Monat knapp zwei Dutzend Bewerbungen ein. Die Absagen kommen jedoch umgehend und bei genauerem Nachfragen liegt es zumeist an den bescheidenen Arbeitszeugnissen und häufigen Stellenwechseln.
>
> Nach intensiven Gesprächen mit dem Job-Coach entscheidet sich Frau S. für einen Strategiewechsel: Sie will fortan bereits in der Bewerbungsphase über ihre gesundheitlichen Einschränkungen informieren. Gemeinsam überarbeiten sie ihren Lebenslauf und gehen seither offen auf potenzielle Arbeitgeber zu. Zu Beginn suchte hauptsächlich der Job-Coach im Internet nach passenden Vakanzen und kontaktierte Personalverantwortliche geeigneter Betriebe, sodass Frau S. zu mehreren Vorstellungsgesprächen eingeladen wurde. Gestärkt durch diese positiven Erfahrungen fühlte sich Frau S. bereit, selbst auf Betriebe zuzugehen und fand innerhalb eines Dreivierteljahres eine Anstellung.
>
> In zweimal monatlich stattfindenden Coaching-Gesprächen thematisiert Frau S. mit ihrem Job-Coach gesundheitliche Aspekte, ihre Arbeitsorganisation und die Zusammenarbeit im Team. Der regelmäßige Austausch mit dem direkten Vorgesetzten und der behandelnden Psychiaterin wird durch den Job-Coach koordiniert und von allen Beteiligten geschätzt. Seit ihrer Anstellung kam es zu keinen psychisch bedingten längeren Krankheitsabwesenheiten mehr.

21.3.2 Unterstützung bei der Rückkehr an einen bestehenden Arbeitsplatz

Nach einer krankheitsbedingten Abwesenheit stellt die Rückkehr an den Arbeitsplatz sowohl für Betroffene als auch für Vorgesetzte und Mitarbeiter eine Herausforderung dar. Gemeinsam mit seinem Job-Coach überlegt sich der Klient, wie die Rückkehr an den Arbeitsplatz gestaltet werden kann, wo die Schwierigkeiten liegen und wie mögliche Lösungen aussehen können. Noch während der stationären Behandlung bespricht der Job-Coach mit dem Behandlungsteam den geplanten Klinikaustritt, die weitere ambulante Behandlung und die Prognose für die weitere gesundheitliche Entwicklung. Zugleich nimmt der Job-Coach in Absprache mit der Klientin/dem Klienten Kontakt zum Arbeitgeber auf und initiiert ein gemeinsames Gespräch, um offene Fragen zu klären und Vereinbarungen zu treffen. In den meisten Fällen erfolgt die Rückkehr an den Arbeitsplatz schrittweise, sodass bei einem positiven Verlauf das Pensum aufgestockt werden kann. Auch kann es sinnvoll sein, einige Arbeitsinhalte, wie beispielsweise den Schichtplan, vorübergehend anzupassen und direkten Kundenkontakt oder andere mögliche Stressfaktoren zu verringern. Wichtig ist es hierbei, gemeinsam Lösungen zu finden, die sowohl aus Sicht des Klienten/der Klientin, wie auch aus betrieblicher Sicht umsetzbar sind. Um Konflikten vorzubeugen, sind die im gemeinsamen Gespräch vereinbarten Ziele für alle Beteiligten attraktiv, erreichbar und messbar formuliert sowie mit einer Frist versehen. Wichtig ist es auch, finanzielle Aspekte zu klären und die Kommunikation der Erkrankung im Team festzulegen.

> **Beispiel**
>
> Herr P. arbeitet seit fünf Jahren in einer Papierfabrik als Lagermitarbeiter. Seit über zehn Jahren ist Herr P. bei seiner Psychotherapeutin wegen einer Angststörung ambulant in Behandlung, doch als sich seine psychische Gesundheit nach einem Verkehrsunfall drastisch verschlechtert, wird ein stationärer Aufenthalt vorgeschlagen. Für Herrn P. steht zu Beginn fest, dass er unbedingt an seine Stelle im Papierlager zurückkehren möchte, jedoch erweist sich sein Gesundheitszustand über mehrere Wochen hinweg als zu instabil, um die Rückkehr an den Arbeitsplatz konkret planen zu können. Seit seinem Klinikeintritt steht Herr P. in regelmäßigem Kontakt mit seinem Chef, der viel Verständnis für die Situation aufbringt, jedoch auch wissen möchte, ob und wann er wieder mit seinem Mitarbeiter rechnen kann. Dies löst bei Herrn P. Druck aus und es wird entschieden, ein Job-Coaching zu initiieren. Herr P. berichtet in einem ersten Gespräch von seinem beruflichen Werdegang, der aktuellen Stelle und der momentanen gesundheitlichen Verfassung. Der Job-Coach informiert sich zusätzlich beim behandelnden Arzt und der Psychotherapeutin über den momentanen Gesundheitszustand von Herrn P. und die Prognose bezüglich seiner Arbeitsfähigkeit. In Absprache mit Herrn P. organisiert er ein gemeinsames Gespräch mit Herrn P., seinem direkten Vorgesetzten und dem Abteilungsleiter, um die Rückkehr an den Arbeitsplatz zu besprechen. Im Gespräch wird schnell klar, dass der Arbeitgeber grundsätzlich bereit ist, Herrn P. einen stufenweisen

Wiedereinstieg zu ermöglichen. Zu Beginn wird Herr P. aufgrund des niedrigen Pensums jedoch mit Hilfsarbeiten beauftragt. Dies ermöglicht es Herrn P., seine Arbeitszeit flexibel gestalten zu können und, wie vom Arzt empfohlen, vermehrt Pausen machen zu können. Der vereinbarte Arbeitsversuch dauert drei Monate, danach wird gemeinsam mit Herrn P., dem Arbeitgeber und dem Behandlungsteam entschieden, ob das Pensum weiter ausgebaut werden und Herr P. mittelfristig wieder in seiner bisherigen Funktion tätig sein kann.

21.4 Stärken und Schwächen des Ansatzes

Ein großer Vorteil gegenüber anderen allgemeineren Coachingangeboten ist, dass die PUK Zürich sich mit ihrem Angebot Supported Employment auf die Unterstützung von Menschen mit psychischen Erkrankungen spezialisiert hat. Gemäß dem IPS-Ansatz sind die Coachings zeitlich nicht begrenzt und ermöglichen eine enge Zusammenarbeit mit dem Behandlungsteam der Betroffenen. Studien konnten aufzeigen, dass die berufliche Integration und Rehabilitation in die freie Wirtschaft über den direkten und raschen Einstieg schneller und nachhaltiger erreicht werden können, als dies mit Stufenmodellen der Fall ist (Burns et al. 2007). Der Erfolg der Coachings ist unabhängig von der Diagnose der Klienten (Huber 2010). Die PUK Zürich kann ihre Coachings unabhängig anbieten und ist nicht an Rentenentscheidungen gebunden, um Klienten und Arbeitgebern Unterstützung bieten zu können. Im Unterschied zu anderen Anbietern von Job-Coachings beschränkt sich das Supported Employment der PUK Zürich nicht auf bestimmte Branchen oder Tätigkeiten, in denen ihre Klienten arbeiten können, sondern orientiert sich für die Stellensuche an den Wünschen und Möglichkeiten der Klienten. Diese Vielfalt hat auch für die Zusammenarbeit mit Betrieben positive Auswirkungen: Da die Stellensuchenden unterschiedliche berufliche Erfahrungen und Berufsqualifikationen mitbringen, kann die PUK Zürich für Arbeitgeber aus den verschiedensten Bereichen und für Vakanzen mit unterschiedlichen Tätigkeiten interessante Kandidaten vorschlagen.

Im Unterschied zu anderen Job-Coaching-Angeboten kann das Supported Employment der PUK Zürich nicht direkt Einarbeitungszuschüsse oder Taggelder an Arbeitgeber auszahlen. Jedoch nimmt der Job-Coach gerne mit der zuständigen Stelle der SVA Kontakt auf, um Finanzierungsmöglichkeiten abzuklären. Ein weiterer Nachteil besteht in der langen Wartezeit für Stellensuchende, da die große Nachfrage die Kapazitäten des Teams übersteigt. Im Falle einer Rückkehr an den bisherigen Arbeitsplatz mit dem Ziel des Stellenerhalts kann das Job-Coaching jedoch ohne Wartezeiten begonnen werden, damit der Arbeitsplatz nach Möglichkeit erhalten werden kann.

21.5 Bisherige Erfahrungen

Die langjährige Forschung zur beruflichen Rehabilitation von Menschen mit psychischen Erkrankungen zeigt klar auf, dass IPS einen effektiven und kostengünstigen Ansatz für die berufliche Integration von Betroffenen darstellt. Die bisherigen Erfahrungen des Supported Employments der PUK Zürich zeigen, dass die meisten Klienten sich durch ihren/e Arzt/Ärztin oder Psychotherapeuten/-in für ein Job-Coaching anmelden lassen. Die engste Zusammenarbeit mit Betrieben erfolgt meist in den Fällen, in denen es um einen Stellenerhalt geht, wobei die Arbeitgeber meist sehr entgegenkommend sind und sich für die Rückkehr des Arbeitnehmers in den Betrieb engagieren. Auch im Bereich der beruflichen Integration kann das Supported Employment der PUK Zürich auf viele erfolgreiche Kooperationen mit Firmen zurückblicken. Teilweise kommen auch Firmen gezielt auf Teammitglieder zu, da sie Arbeitsplätze an Menschen mit Leistungseinschränkungen vergeben möchten. Einen Überblick über das bisherige Zusammenarbeiten ist unserer Referenzliste zu entnehmen (www.zhepp.ch).

21.6 Ausblick

Das Ziel des Supported-Employment-Teams der PUK Zürich ist es, Menschen mit psychischen Erkrankungen, die sich eine Stelle in der freien Wirtschaft wünschen, Unterstützungsmöglichkeiten zu bieten. Hierfür werden die Job-Coaches weiterhin den Kontakt zu Betrieben aller Größen und Branchen suchen und aufrechterhalten, um einerseits für die arbeitsbezogenen Schwierigkeiten von Menschen mit psychischen Erkrankungen zu sensibilisieren und andererseits die Vorteile einer Zusammenarbeit aufzuzeigen. Aktuelle Forschungsprogramme (vgl. ZInEP und ZHEPP) wie auch weitere beantragte Untersuchungen garantieren einen hohen Qualitätsstandard und laufende Optimierung der Job-Coachings.

21.7 Fazit

Beim Job-Coaching nach IPS-Ansatz handelt es sich um den am besten erforschten Ansatz bezüglich der beruflichen Rehabilitation von Menschen mit psychischen Erkrankungen, der sich im Vergleich zu den traditionellen Ansätzen durch seine hohe Vermittlungsquote in den ersten Arbeitsmarkt hervorhebt (Bond 2004). Durch die enge Einbindung des Job-Coaches in die gesamtpsychiatrische Versorgung ist das Job-Coaching im Vergleich zu nicht in die psychiatrische Behandlung integrierten Angeboten doppelt so wirksam (Cook et al. 2005).

Das Ziel ist eine direkte und rasche Vermittlung an eine Stelle, die den Wünschen und Fertigkeiten der Stellensuchenden entspricht. Die Begleitung durch den Job-Coach unterliegt keiner zeitlich vorgeschriebenen Begrenzung und kann, so lange wie es den Beteiligten sinnvoll erscheint, fortgesetzt werden. Anders als bei anderen Angeboten müssen Interessenten für das Job-Coaching der PUK Zürich nicht zwingend eine Invalidenrente beziehen, seit einem halben Jahr krankgeschrieben oder mindestens zu 50 % arbeitsfähig sein. Vorausgesetzt wird einzig die Motivation für eine Stelle im ersten Arbeitsmarkt und die psychiatrische Behandlung bei einem Psychiater/einer Psychiaterin und/oder einem Psychotherapeuten/einer Psychotherapeutin.

Die Job-Coaches des Supported Employment leisten nicht nur für ihre Klienten individuelle Unterstützung, sondern bieten auch für Arbeitgeber und Mitarbeiter Unterstützungsmöglichkeiten an, die spezifisch auf den Betrieb, das Team und die Arbeitsinhalte abgestimmt werden.

Literatur

Baer, N., & Frick, U. (2007). Differenzierung der Invalidisierungen aus psychischen Gründen – Marchbarkeitsstudie. http://www.bsv.admin.ch/praxis/forschung/publikationen/index.html?lang=de. Zugegriffen: 9. Mai 2011.

Baer, N., Frick, U., Fasel, T., & Wiedermann, W. (2011). „Schwierige" Mitarbeiter: Wahrnehmung und Bewältigung psychisch bedingter Problemsituationen durch Vorgesetzte und Personalverantwortliche. http://www.bsv.admin.ch/praxis/forschung/publikationen/index.html?lang=de. Zugegriffen: 9. Mai 2011.

Bärtsch, B., & Huber, M. (2011). Job-Coaching für Menschen mit psychischer Erkrankung – konkret. In Bundesarbeitsgemeinschaft für Unterstützte Beschäftigung (Hrsg.), *Job-Coaching: Qualifizieren und Lernen im Betrieb. Betriebliche Teilhabe von Menschen mit psychischen Erkrankungen* (S. 54–83). Hamburg: BAG UB.

Becker, D., & Drake, R. (1993). *A working life: The individual placement and support (IPS) program.* New Hampshire-Dartmouth: New Hampshire-Dartmouth Psychiatric Research Center.

Bond, G. R. (2004). Supported employment: Evidence for an evidence-based practice. *Psychiatric Rehabilitation Journal, 27*(4), 345–359.

Burns, T., Catty, J., Becker, T., Drake, R., Fioritti, A., Knapp, M., Lauber, C., Rössler, W., Tomov, T., Van Busschbach, J., White, S., & Wiersma, D. (2007). The effectiveness of supported employment for people with severe mental illness: A randomised controlled trial. *The Lancet, 370,* 1146–1152.

Cook, J. A., Lehman, A. F., Drake, R., McFarlane, W. R., Gold, P. B., Leff, H. S., & Grey, D. D. (2005). Integration of psychiatric and vocational services: A multisite randomized, controlled trial of supported employment. *American Journal of Psychiatry, 162*(10), 1948–1956.

Crowther, R. E., Marshall, M., Bond, G. R., & Huxley, P. (2001). Helping people with severe mental illness to obtain work: systematic review. *British Medical Journal, 322*(7280), 204–208.

Eklund, M. (2009). Work status, daily activities and quality of life among people with severe mental illness. *Quality of Life Research, 18*(2), 163–170.

Huber, M. (2010). *Supported Employment an der PUK Zürich – eine retrospektive Analyse.* Unveröffentlichte Lizentiatsarbeit. Zürich: Universität Zürich.

Jäger, M., Sobocki, P., & Rössler, W. (2008). Cost of disorders of the brain in Switzerland with a focus on mental disorders. *Swiss Medical Weekly, 138*(1–2), 4–11.

Kawohl, W., & Rössler, W. (2008). Rehabilitation und Supported Employment. *Spectrum Psychiatrie, 1,* 14–15.

Krowatschek, G., Krömer, S., Stahl, F., Rössler, W., & Kawohl, W. (2011). Inpatient and outpatient treatment in a crisis service: Who uses what? *Psychiatrische Praxis, 39*(1), 21–25.

Marshall, M., Bond, G. R., & Huxley, P. (2001). Vocational rehabilitation for people with severe mental illness (Review). *Cochrane Database of Systematic Reviews* (2), CD003080.

Pfammatter, M., Hoffmann, H., Kupper, Z., & Brenner, H. D. (2000). Arbeitsrehabilitation bei chronisch psychisch Kranken. Eine Standortbestimmung. *Fortschritte der Neurologie-Psychiatrie, 68,* 61–69.

Snashall, D. (2008). Health of the working age population. *British Medical Journal, 336*(7646), 677–682.

Twamley, E. W., Padin, D. S., Bayne, K. S., Narvaez, J. M., Williams, R. E., & Jeste, D. V. (2005). Work rehabilitation for middle-aged and older people with schizophrenia: A comparison of three approaches. *The Journal of Nervous and Mental Disease, 193*(9), 596–601.

Integration von Menschen mit psychischen Erkrankungen in den allgemeinen Arbeitsmarkt nach dem Modell Supported Employment am Beispiel dreischiibe (St. Gallen/Herisau)

22

Martina Schubert

Inhaltsverzeichnis

22.1	Vorstellung des Unternehmens	316
22.2	Entwicklung des Ansatzes: Motivation für die Schaffung einer Fachstelle für berufliche Integration	316
22.3	Beschreibung des Ansatzes: Das Modell Supported Employment	318
22.3.1	Phase 1 – Orientierung und Beauftragung	319
22.3.2	Phase 2 – Erstellung eines Fähigkeitsprofils	319
22.3.3	Phase 3 – Arbeitsplatzsuche	320
22.3.4	Phase 4 – Arbeitgeberkontakt	321
22.3.5	Phase 5 – Betriebliche und außerbetriebliche Unterstützung	322
22.4	Stärken und Schwächen des Ansatzes	324
22.4.1	Stärke: Personalrekrutierung und dauerhafte Arbeitsplatzsicherung	324
22.4.2	Schwächen: Finanzierung eines langfristigen Job-Coachings	324
22.5	Bisherige Erfahrungen	325
22.5.1	Was der Arbeitgeber über die Erkrankung seines zukünftigen Mitarbeiters wissen sollte	325
22.5.2	Mögliche Auswirkungen von psychischen Erkrankungen im Arbeitsprozess	325
22.5.3	Grundregeln für die Integration von psychisch erkrankten Personen in den allgemeinen Arbeitsmarkt	326
22.5.4	Entlohnungsmodelle	327
22.5.4.1	Leistungslohn	327
22.5.4.2	Jahresarbeitszeit	327
22.5.4.3	Leistungsangepasste Entlohnung	328
22.5.5	Warum sollten Arbeitgeber Menschen mit einer Beeinträchtigung einstellen?	328
22.6	Ausblick	329
22.7	Fazit	329
	Literatur	330

M. Schubert (✉)
Obvita, Berufliche Integration, Bruggwaldstrasse 53, 9000 St. Gallen, Schweiz
E-Mail: martina.schubert@obvita.ch

> **Zusammenfassung**
>
> In diesem Beitrag wird die Integration von Menschen mit psychischen Erkrankungen in den allgemeinen Arbeitsmarkt am Beispiel der dreischiibe St. Gallen/Herisau aufgezeigt. Die Fachstelle für berufliche Integration arbeitet hier mit dem Modell Supported Employment. Es wird der Begleitprozess dargestellt, aber auch auf mögliche Gefahren und Schwierigkeiten hingewiesen. Weiterhin werden die Voraussetzungen aufgezeigt, die notwendig sind, damit Integration gelingen kann.

22.1 Vorstellung des Unternehmens

Die dreischiibe ist eine Institution zur beruflichen Rehabilitation und Integration von Menschen mit psychischen Erkrankungen. Die Institution bietet Abklärungs-, Ausbildungs- und Trainingsprogramme, geschützte Arbeitsplätze sowie ein Tageszentrum an. Mit Produktions- und Dienstleistungen und der engen Zusammenarbeit mit Wirtschaftsunternehmen kann Arbeitsrehabilitation so in einem wirtschaftsnahen Umfeld stattfinden. In der dreischiibe werden Auszubildende in 10 verschiedenen Berufen ausgebildet. Im Anschluss an die Ausbildung bzw. anderen Integrationsmaßnahmen werden die Klienten von der Fachstelle für berufliche Integration bis zur Zielerreichung mit einem umfangreichen Job-Coaching begleitet. Dieses beinhaltet die Stellensuche und das Job-Coaching am Arbeitsplatz. Ziel ist hier eine Anstellung im allgemeinen Arbeitsmarkt sowie die dauerhafte Erhaltung des Arbeitsplatzes. Das Konzept der Fachstelle wurde immer wieder den Bedürfnissen des Arbeitsmarktes angepasst, und so stützt es sich heute auf das Modell Supported Employment (Abb. 22.1).

22.2 Entwicklung des Ansatzes: Motivation für die Schaffung einer Fachstelle für berufliche Integration

Bereits Anfang der 90er Jahre stellte man in der dreischiibe fest, dass Menschen mit einer psychischen Erkrankung trotz erfolgreicher Rehabilitation und Ausbildung ohne zusätzliche Unterstützung kaum eine Chance haben, eine Anstellung im allgemeinen Arbeitsmarkt zu finden und diese dann auch längerfristig zu behalten. Es ist wichtig und notwendig, dass diese Menschen ihre Fähigkeiten und Fertigkeiten nach erfolgreicher Rehabilitation in einer Arbeit auf dem allgemeinen Arbeitsmarkt einbringen können. So hat sich die dreischiibe zum Ziel gesetzt, die Klienten, die in der Institution eine Ausbildung oder sonstige berufliche Maßnahme durchlaufen haben, im Sinne von Supported Employment zu unterstützen und im allgemeinen Arbeitsmarkt langfristig zu integrieren.

Abb. 22.1 Auszubildende in der Bäckerei der dreischiibe

Gerade für Menschen mit einer psychischen Erkrankung hat Arbeit und die Integration in das Arbeitsleben eine große Bedeutung.

- Arbeit schafft die Möglichkeit der eigenen Existenzsicherung. Diese gibt Sicherheit und gewährleistet die Teilnahme am gesellschaftlichen Leben;
- Arbeit ermöglicht normale soziale Rollen zu erfüllen und wirkt so einem chronischen Krankenstatus entgegen;
- Arbeit bringt auch persönliche Erfolge, dies steigert das Selbstvertrauen und das Selbstwertgefühl;
- Arbeit schafft sozialen Status und Identität;
- Arbeit ermöglicht soziale Kontakte, Unterstützungen, aber auch Verbindlichkeiten;
- Arbeit schafft einen strukturierten Tagesablauf.

Integration in den Arbeitsprozess bedeutet für die Betroffenen, aktiv am Arbeitsleben teilnehmen zu können. Dies kann zur Genesung beitragen. Förderlich ist hier die professionelle und langfristige Begleitung durch eine Fachperson.

22.3 Beschreibung des Ansatzes: Das Modell Supported Employment

Das Modell wurde Ende der 1970er Jahre in den USA und Kanada entwickelt und richtete sich damals vornehmlich an Menschen mit geistiger Behinderung, die zuvor keinen Zugang zum allgemeinen Arbeitsmarkt hatten. In der Schweiz richtete sich das Angebot zuerst an Menschen mit psychischen Erkrankungen. Heute ist dieses Modell in der Schweiz wie auch in anderen Ländern zunehmend an alle Menschen gerichtet, die ohne Unterstützung keinen Zugang zum allgemeinen Arbeitsmarkt finden.

Supported Employment Schweiz wie auch der EUSE (Europäische Dachverband für Unterstützte Beschäftigung; www.euse.org) definieren Supported Employment so auch als: „Unterstützung von Menschen mit Behinderung oder von anderen benachteiligten Gruppen beim Erlangen und Erhalten von bezahlter Arbeit in Betrieben des allgemeinen Arbeitsmarktes".

Der Fokus wird bei Supported Employment auf das Erlangen von Arbeit im allgemeinen Arbeitsmarkt, sowie auf die Nachhaltigkeit der Vermittlung gelegt. Das Modell stützt sich auf die Konzepte des Empowerments und der sozialen Inklusion und wird von Werten und Prinzipien wie Individualität, Respekt, Vertraulichkeit und Selbstbestimmung geleitet. Supported Employment stellt die arbeitsuchende Person mit ihren individuellen Fähigkeiten, den jeweiligen Bedürfnissen, aber auch den vorhandenen Einschränkungen in den Mittelpunkt. Zudem wird die aktive Zusammenarbeit mit den Arbeitgebern gesucht, was ein wichtiger Bestandteil für eine gelingende Integration ist. Die Integration in den allgemeinen Arbeitsmarkt soll leistungsentsprechend von Arbeitgebern bezahlt werden. Für die Arbeitgeber heißt das, dass diese die tatsächlich erwirtschaftete Leistung der Mitarbeiter entlohnen.

Supported Employment bezieht sich auf den ganzen Prozess von der Stellensuche bis zum Erlangen der Arbeitsstelle. Um die Nachhaltigkeit zu unterstützen oder zu sichern wird ein individuelles Job-Coaching angeboten, das bestenfalls unbegrenzt fortgeführt werden sollte. Die dreischiibe bietet ein längerfristiges Job-Coaching für ihre Klienten an, das an eine individuelle Zielvereinbarung mit den Klienten geknüpft ist und in der Regel so lange dauert, bis das vereinbarte Ziel erreicht ist.

Das Modell Supported Employment gliedert sich in 5 Phasen. Diese sind:

- Orientierung und Beauftragung
- Erstellung eines Fähigkeitsprofils
- Arbeitsplatzsuche
- Kontakt mit Arbeitgeber
- Betriebliches und außerbetriebliches Job-Coaching

Die 5 verschiedenen Phasen werden im Folgenden näher erläutert.

22.3.1 Phase 1 – Orientierung und Beauftragung

Die zu unterstützende Person wird umfänglich über unser Angebot informiert. Wenn sich die Person für eine Zusammenarbeit mit unserer Fachstelle entscheidet, wird eine verbindliche Vereinbarung getroffen. Eine Zusammenarbeit mit der Invalidenversicherung (IV) ist, solange eine Unterstützung noch notwendig ist, unumgänglich. Die dort zuständige Person wird über den Verlauf informiert und bleibt weiterhin Hauptverantwortliche für die Integration. In den nun stattfindenden Gesprächen mit den Klienten und dem Umfeld (Psychiatern, Therapeuten, Eltern, Ehepartner etc.) findet eine erste Orientierung statt.

Die Ergebnisse werden in einem umfangreichen Assessment zusammengetragen und geben Auskunft zu folgenden Themen:

- Diagnose (Behandlungssituation, Krankheitsverlauf, Copingstrategien?);
- Arbeit (Ausbildung, Arbeitsbiografie?);
- Tagesstruktur (Strukturen vorhanden?);
- Familie (Familiensituation und Kontakte?);
- Finanzen (Ausgeglichenes Budget oder Unterstützung notwendig?);
- Wohnen (Wohnform passend und angemessen?);
- Soziale Kontakte (vorhanden? Wie eingebettet?);
- Persönliche Interessen (vorhanden? Und wenn ja, welche?).

Das Assessment dient der Orientierung und um mögliche Gefahren und Risiken in der Begleitung rechtzeitig zu erkennen. Es bleibt während des gesamten Begleitprozesses ein wichtiges Hilfsmittel. Es zeigt Förder- und Unterstützungsbedarf auf. So bedeuten fehlende Copingstrategien z. B., dass bei Stress oder in einer Krise die bedürftige Person möglicherweise nicht in der Lage sein wird, adäquat zu reagieren. Das bedeutet, dass geeignete Copingstrategien in Zusammenarbeit mit den Psychotherapeuten erarbeitet werden müssen, da sie eine wichtige Voraussetzung für eine gelingende Integration sind. Auch ungelöste Probleme in der Familie oder Partnerschaft sowie nicht ausreichende finanzielle Absicherung können zu einer Krise führen und sich negativ auf das Arbeitsverhalten und die Arbeitsleistung auswirken. Der Job-Coach ist daher auch für die Vermittlung weiterer Angebote zuständig, z. B. die Vermittlung an eine Budgetberatungsstelle oder eine Wohnbegleitung.

22.3.2 Phase 2 – Erstellung eines Fähigkeitsprofils

In Zusammenarbeit mit der zu begleitenden Person wird ein Fähigkeitsprofil erstellt. Es soll dazu dienen, für die Person den bestmöglich geeigneten Arbeitsplatz zu finden. Dazu ist es notwendig, die Fähigkeiten, Fertigkeiten, Stärken und Schwächen der Person zu kennen. Ein wichtiger Bestandteil in dieser Phase ist die Auseinandersetzung mit der Arbeitsbiografie der Person, oder wenn diese noch nicht vorhanden ist, die Rückmeldungen des Berufsbildners bzw. der Bezugsperson aus der Institution. Verfügt die Person bereits über eine Arbeitsbiografie, kann diese sehr aufschlussreich für die Prognose zukünftiger Arbeitsverhältnisse sein.

Auch Auskünfte bei früheren Arbeitgebern sind hilfreich. Hier ist natürlich immer das Einverständnis der zu begleitenden Person vorauszusetzen. Es ist wichtig, dass der Job-Coach nicht nur die Fähigkeiten, Fertigkeiten und Stärken der Person kennt, sondern sich unbedingt auch mit den Schwächen und Risiken auseinandersetzt. Erfahrungsgemäß werden diese Risiken bei einem zukünftigen Arbeitsverhältnis auf kurz oder lang erneut zu Schwierigkeiten bzw. zu Krisen führen. Sind diese jedoch bekannt, kann schneller reagiert werden und Gegenmaßnahmen können getroffen werden. Auch wird mit der betroffenen Person in den Coachinggesprächen an diesen Themen gearbeitet.

22.3.3 Phase 3 – Arbeitsplatzsuche

Diese Phase wird von einem intensiven Bewerbungscoaching begleitet. Dieses beinhaltet:

- Die Erstellung eines Bewerbungsdossiers;
- das Üben von Vorstellungsgesprächen;
- die Frage, wie man mit Lücken im Lebenslauf umgeht (Wie erzähle ich einem potenziellen Arbeitgeber „meine Arbeitsbiografie", mit Lücken und krankheitsbedingten Ausfällen? Was sollten die Arbeitgeber von mir unbedingt wissen und was nicht?);
- die Stellensuche;
- das Auswählen und Prüfen von Stellenanzeigen, ob eine ausgeschriebene Stelle geeignet wäre (Passgenauigkeit).

In dieser Phase stellt sich immer wieder die Frage, wie früh die Arbeitgeber von der psychischen Erkrankung der stellensuchenden Person erfahren sollten. Immer wieder haben wir in unserer Institution Personalverantwortliche zu diesem Thema interviewt. Die Aussagen der Arbeitgeber sind hier ziemlich klar. Sie wünschen sich, frühzeitig über das Vorliegen einer psychischen Erkrankung informiert zu werden. Die Realität zeigt aber, dass eine Mitteilung über psychische Erkrankungen im Bewerbungsschreiben fast immer zu einer Aussortierung dieses Dossiers führt. Dies ist nachvollziehbar. Denn bei der Flut von Bewerbungen, die Arbeitgeber auf eine ausgeschriebene Stelle erhalten, werden sich diese nicht für eine Person mit einer bereits bekannten psychischen Erkrankung entscheiden, da sie zu viele Probleme auf sich zukommen sehen. Hilfreich kann hier ein Hinweis des Job-Coaches an den Personalverantwortlichen sein, sich das Dossier näher anzusehen und auf die spezifischen Fähigkeiten der Person sowie die Vorteile des Job-Coaching-Angebots hinzuweisen. Auch ein Hinweis auf eventuelle Förderungen von Seiten der IV kann hilfreich sein.

Für Menschen mit einer psychischen Erkrankung ist die Chance, eine Anstellung zu finden, immer noch gering. Es sei denn, es handelt sich um eine Stelle, für die erfahrungsgemäß sehr wenige Bewerbungen eingehen oder wenn bereits Kontakte zu diesem Unternehmen durch den Job-Coach bestehen.

Ob die psychische Erkrankung bereits im Bewerbungsschreiben angegeben werden sollte, ist deshalb abschließend nicht zu beantworten. Erfahrungsgemäß sollte jedoch beim Vorstellungsgespräch auf die krankheitsbedingten Lücken im Lebenslauf eingegangen und auch aufgezeigt werden, warum dies bei einem zukünftigen Arbeitsverhältnis nicht erneut zu einer Krise führen muss. Eine Umdeutung oder „Verschönerung" der Lebens- und Arbeitsbiografie erweist sich hingegen in den meisten Fällen als nicht angebracht.

Eine weitere Schwierigkeit bei der Arbeitsplatzsuche ist die häufige Überqualifizierung von stellensuchenden Menschen, die in ihrer Lebensmitte erkranken. Sie verfügen häufig über ein breites Wissen und meist auch eine gute Ausbildung. Sie standen bis zu Ihrer Erkrankung im Arbeitsprozess. Aufgrund dieser Erkrankung ist es oftmals nicht mehr möglich, im erlernten Beruf zu arbeiten. Eine gelernte Pflegefachfrau mit Burnout kann bspw. aufgrund der hohen psychischen Belastung nicht mehr in ihrem Beruf arbeiten und sucht deshalb eine Anstellung in einer angepassten Tätigkeit. Die angepasste Tätigkeit kann nun so aussehen, dass die Person aufgrund eines Burn-outs mit Folge einer schweren Depression nur noch zu 50 % arbeitsfähig ist und deshalb eine einfache Tätigkeit ohne große Verantwortung sucht. Im normalen Bewerbungsprozess gilt diese Person häufig als überqualifiziert für eine einfache Stelle und wird deshalb bei der Vergabe nicht berücksichtigt, obwohl eine solche Stelle genau auf ihre momentane Situation passen würde und die Person dort eine hundertprozentige Arbeitsleistung erbringen könnte. Für diese Personengruppe ist das übliche Bewerbungsverfahren nicht der geeignete Weg und sie benötigt Unterstützung durch erfahrene Fachleute bei der Stellensuche.

22.3.4 Phase 4 – Arbeitgeberkontakt

Sehr gute Ergebnisse bei der Integration von Menschen mit psychischer Erkrankung sind dann vorhanden, wenn die Person zuvor beim Arbeitgeber ein Praktikum absolviert hat. Die Arbeitgeber können sich so von den Fähigkeiten und Fertigkeiten ein Bild machen. Umgekehrt kann die stellensuchende Person für sich entscheiden, ob dieser Arbeitsplatz bzw. dieses Unternehmen für sie geeignet ist. Aufgabe des Job-Coaches ist es, wachsam zu sein, um mögliche Risiken identifizieren zu können und im Vorfeld mit dem Arbeitgeber nach Lösungen zu suchen, falls es zu einer Anstellung kommen sollte.

Wichtig im Beratungsprozess ist auch die Beantwortung folgender Fragen:

- Stimmt die Chemie und treffen sich die gegenseitigen Erwartungen?
- Gibt es eine Ansprechperson für die zu integrierende Person?
- Braucht die Person weitere Unterstützung? Eventuell eine längere Einarbeitungszeit?
- Wie hoch ist die Leistungsfähigkeit der Person?

Bestenfalls ist eine Festanstellung der Person nach dem Praktikum möglich. Aber auch eine verlängerte Einarbeitungszeit mit finanzieller Unterstützung der IV (Invalidenversicherung) oder Anstellung mit einem Leistungslohn können als Erfolg bezeichnet werden. Je passgenauer der Arbeitsplatz ist, desto höher sind die Chancen auf eine langfristige Integration.

22.3.5 Phase 5 – Betriebliche und außerbetriebliche Unterstützung

Job-Coaching ist ein sehr individueller Prozess, der von verschiedenen Faktoren abhängig ist.

Menschen mit psychischen Problemen haben oftmals Schwierigkeiten in der Kommunikation. Der Job-Coach kann hier häufig als „Übersetzer" agieren.

> **Beispiel**
>
> Eine junge Frau, die nach einer schweren Depression wieder den Weg zurück ins Arbeitsleben gefunden hat, arbeitet seit Kurzem bei einem Rechtsanwalt als Sekretärin. Sie hat den Auftrag, ein umfangreiches Dossier zu fotokopieren. Sie ist bereits seit längerer Zeit am Kopierer, als eine Kollegin kommt und fragt: „Brauchst du noch lange?"
> Durch diesen einen Satz gerät die junge Frau möglicherweise in eine Krise. Sie beginnt zu grübeln und dies führt dazu, dass sie nicht weiterarbeiten kann. Nach einem Telefongespräch mit dem Job-Coach treffen sich diese in der Mittagspause und besprechen das Vorgefallene. Es stellt sich heraus, dass sich die junge Frau durch diesen Vorfall selbst komplett in Frage stellt.
> Folgendes ging ihr durch den Kopf: „Ich bin zu langsam!", „Sie werden mich noch während der Probezeit entlassen!", „Ich genüge nicht!", „Man sieht mir an, dass ich krank bin!" Hätte die Frau keine psychische Erkrankung, hätte sie mit großer Wahrscheinlichkeit geantwortet: „Ja, ich brauche noch eine Weile! Aber ich kann gerne unterbrechen und du kannst den Kopierer schnell benutzen!"
> Die junge Frau hat stattdessen gar nicht geantwortet und erschien recht hilflos, sodass die Kollegin sie bat, doch kurz zu unterbrechen, was sie dann auch tat. Sie schämte sich für ihr in ihren Augen, „kindliches" Verhalten, was zusätzlich noch Scham hervorrief.

Im Coachinggespräch konnte diese Situation genutzt werden, um ihr bewusst zu machen, dass es hier nicht um sie, sondern um die Sache ging. Außerdem konnte ihr gezeigt werden, wie sie in Zukunft in solchen Situationen adäquater reagieren könnte. Dies erleichtert ihr den Einstieg in den Arbeitsprozess.

Häufig geht es auch um Wahrnehmungen, Empfindungen oder Vermutungen in der zwischenmenschlichen Auseinandersetzung, die der Klient mit ins Coachinggespräch bringt. Hier gilt es herauszufinden, ob diese realistisch sind oder aufgrund der psychischen Erkrankung zum Thema werden. Der Job-Coach sollte über die nötige Sensibilität und Erfahrung mit den Klienten verfügen, um abzuschätzen, wie er/sie adäquat reagieren sollte. Die Zusammenarbeit mit den zuständigen Psychotherapeuten kann hilfreich und von Vorteil sein.

Häufig stehen die Fragen im Coaching in engem Zusammenhang mit dem Selbstwert und dem Selbstvertrauen der Klienten.

So könnten z. B. folgende Probleme der Klienten zum Thema werden:

- Es wird hinter meinem Rücken über mich gesprochen;
- Meine psychischen Probleme werden nicht verstanden;
- Ich werde „speziell" freundlich behandelt. Man „schont" mich;
- Man meidet mich, bezieht mich nicht mit ein;
- Es werden Bemerkungen über psychische Erkrankungen oder psychische Kliniken gemacht, die meinen sicherlich mich;
- Man glaubt, ich sei inkompetent;
- Ich genüge nicht, ich bin zu langsam;
- Ich kann dem Druck nicht standhalten;
- Ich werde bereits für das Kleinste gelobt;
- Man enthält mir anspruchsvolle Arbeit vor;
- Ich traue mich nicht, etwas Kritisches zu sagen;
- Ich traue meiner eigenen Wahrnehmung nicht mehr;
- Ich weiß nicht, ob meine Leistung genügt;
- Ich bekomme kein Feedback, ob meine Arbeit ausreichend ist.

Der Zusammenarbeit mit den Arbeitgebern kommt daher eine große Bedeutung zu, um Missverständnisse frühzeitig aufzuklären und auch, um immer wieder ein realistisches Bild vom Arbeitsplatz zu erhalten. Es finden im Betrieb regelmäßig Standortgespräche statt. Diese sind den Bedürfnissen der Arbeitgeber sowie der Klienten angepasst. Im außerbetrieblichen Coaching geht es meist um das Lösen von praktischen Problemen, die sich zu Beginn einer Begleitung vermehrt stellen. So ist es für den Job-Coach wichtig, dass mögliche Themen wie Finanzen, Wohnen etc. möglichst bis Stellenantritt bei den entsprechenden Fachstellen und Fachpersonen angesprochen wurden, damit solche Probleme nach Möglichkeit nicht zu großen Raum im Coaching einnehmen. Im Sinne des Case Managements ist die Zusammenarbeit aller involvierten Personen jedoch ein wichtiger Bestandteil, der nicht unterschätzt werden sollte.

22.4 Stärken und Schwächen des Ansatzes

22.4.1 Stärke: Personalrekrutierung und dauerhafte Arbeitsplatzsicherung

Ist für Menschen mit einer psychischen Erkrankung ein Arbeitsplatz im allgemeinen Arbeitsmarkt wirklich realistisch? Und auf Dauer erfolgreich? Welche Voraussetzungen sollten erfüllt sein? Ja, es ist realistisch, Menschen mit psychischen Erkrankungen im allgemeinen Arbeitsmarkt zu integrieren. Bevor hier jedoch näher darauf eingegangen wird, was von Seiten der Arbeitgeber beachtet werden sollte, wird eine Frage an die Arbeitgeber gestellt: Wie oft kam es in Ihrem Betrieb schon vor, dass ein vermeintlich gesunder Mitarbeiter kurz nach der Einstellung erkrankte oder sich als „schwieriger Mitarbeiter" entpuppte? Sicherlich kommt Ihnen der eine oder andere Fall sofort wieder in den Sinn. Personalauswahl ist nicht immer einfach. In der Regel finden nach dem Sichten des Bewerbungsdossiers ein oder zwei Gespräche statt. Manchmal folgt noch ein halber oder ein ganzer Schnuppertag. Oft entscheidet man sich dann nach dem Bauchgefühl für den einen oder anderen Bewerber. Das Risiko, sich für den „falschen" Mitarbeiter zu entscheiden, lässt sich nie ganz vermeiden.

Bei einer Person, die im Sinne von Supported Employment begleitet wird, sind allfällige Risikofaktoren bekannt. Bei der Stellensuche wird das Fähigkeitsprofil der Person mit dem Anforderungsprofil des Betriebs verglichen. Es geht im Supported-Employment-Prozess darum, die „passgenaue" Stelle für eine Person zu finden. Dies ist natürlich nicht immer einfach. Änderungen und Anpassungen am Arbeitsplatz sind oft möglich, wenn man im Voraus weiß, wo Schwierigkeiten vorprogrammiert sein können. Durch ein vorausgehendes längeres Praktikum können sich stellensuchende Personen und Arbeitgeber, Vorgesetzte oder Teams besser kennenlernen. So kann frühzeitig erkannt werden, ob eine Person in ein Team passt und integriert werden kann oder nicht. Dabei können auch die Fähigkeiten und Fertigkeiten der stellensuchenden Person überprüft werden. Die Leistungsfähigkeit ist dann bekannt. Zudem kann die Länge der Einarbeitungszeit festgelegt und mit der Invalidenversicherung über eine mögliche finanzielle Unterstützung gesprochen werden. Die Person wird weiterhin mit einem Job-Coaching unterstützt. Der Job-Coach arbeitet mit dem Vorgesetzten zusammen. Bei Schwierigkeiten, Fragen oder Unklarheiten kann der Arbeitgeber oder Vorgesetzte direkt mit dem Job-Coach Kontakt aufnehmen. In gemeinsamen Gesprächen wird dann nach Lösungen gesucht. Der Betrieb ist bei psychosozialen Themen entlastet und wird nach Möglichkeit auch nicht mit diesen Themen konfrontiert.

22.4.2 Schwächen: Finanzierung eines langfristigen Job-Coachings

Die Finanzierung einer langfristigen Begleitung in Form eines Job-Coachings ist noch nicht immer abgesichert. Die dreischiibe bietet dieses Modell als Institution an, da nur so die langfristige Arbeitsplatzsicherung für Menschen mit einer psychischen Erkrankung gesichert ist. Die Rehabilitationsfortschritte und Gesundungsprozesse können so weiterhin unterstützt und gefördert werden.

Das kurzfristige und nicht präventive Denken von Kostenträgern trägt dazu bei, dass eine langfristige Finanzierung noch nicht gesichert ist. Im Moment steht, ausgelöst durch den enormen Spardruck in der Invalidenversicherung, die rentenwirksame Integration im Vordergrund, es ist jedoch keine Rückfallprophylaxe vorgesehen. Dies bedeutet für die entsprechende Person, dass ein Job-Coaching in der Regel nur kurzfristig vom Versicherungsträger verfügt wird und die IV-Maßnahme mit Abschluss des Arbeitsvertrages und einer anschließenden Einarbeitungszeit abgeschlossen ist.

22.5 Bisherige Erfahrungen

22.5.1 Was der Arbeitgeber über die Erkrankung seines zukünftigen Mitarbeiters wissen sollte

Der Vorgesetzte und die Mitarbeiter, die mit der entsprechenden Person zusammenarbeiten, sollten über die psychischen Probleme informiert sein. Hier geht es nicht darum, Diagnosen bekannt zu geben, sondern eventuelle Funktionseinschränkungen, die Einfluss auf den Arbeitsplatz haben, zu erläutern. Probleme sollten nicht verheimlicht oder mystifiziert werden. Die Arbeitgeber müssen wissen, was sie von der Person erwarten können. Auch sollten die Arbeitgeber über mögliche Belastungssituationen informiert werden. Was sind z. B. Anzeichen für eine Krise? Vorgesetzten und Mitarbeitern fällt es häufig schwer, eine Abgrenzung zwischen vermeintlichen „Charaktersachen" und psychischen Erkrankungen zu finden. Hier sollten sich Vorgesetzte nicht scheuen, solche Wahrnehmungen an den Job-Coach weiterzugeben (Baer et al. 2010).

22.5.2 Mögliche Auswirkungen von psychischen Erkrankungen im Arbeitsprozess

Wie bereits oben erwähnt, ist es für die Arbeitgeber nicht von Bedeutung, welche Diagnose die betroffene Person hat, sondern wie sich die Erkrankung auf den Arbeitsprozess auswirkt. Die Aufgabe des Job-Coaches ist es, den Arbeitgeber vollumfänglich über Störungen und Erkrankungen, die Einfluss auf die Arbeit haben könnten, aufzuklären.

Psychische Erkrankungen zeigen sich möglicherweise in Störungen

- im Denken und in der Auffassung;
- im Sozialverhalten;
- in der Konzentration;

- im Gefühlsleben;
- in der Kommunikation;
- im Antrieb und in der Motivation;
- in der Teilnahme am sozialen Leben und Geschehen im Betrieb.

Unsere Erfahrungen zeigen auf, dass ein länger dauerndes Job-Coaching zum langfristigen Arbeitsplatzerhalt beiträgt. Die Intensität der Coachinggespräche nimmt in der Regel mit Festigung des Arbeitsverhältnisses kontinuierlich ab. Bei Krisen oder in veränderten Lebensphasen kann der Coaching-Bedarf jedoch wieder über einen begrenzten Zeitrahmen hinweg intensiver und unbedingt notwendig werden.

Der unkomplizierte intensivere Einstieg des Job-Coaches bei einer Krise ist hier erfolgsversprechend, da bereits ein Vertrauensverhältnis besteht.

22.5.3 Grundregeln für die Integration von psychisch erkrankten Personen in den allgemeinen Arbeitsmarkt

Im Folgenden werden einige Grundregeln für die Integration von psychisch erkrankten Personen in den allgemeinen Arbeitsmarkt geschildert.

Klarheit und Transparenz der Arbeitssituation Es liegt eine Stellenbeschreibung vor. Die Arbeitsabläufe sowie Aufgaben sind klar und verständlich. Es gibt eine Ansprechperson, an die sich der Betroffene bei Unklarheiten oder Fragen wenden kann.

Klare und eindeutige Kommunikation Die Kommunikation sollte immer klar sein, keinen Spielraum für mögliche Interpretationen lassen und sollte Ironie, Sarkasmus, Anspielungen etc. aussparen. Ein „Nein" sollte immer als Nein wahrgenommen werden können. Und ein „Ja" immer als ein Ja. Man sollte nicht über sie, sondern mit der betroffenen Person sprechen.

Vermeidung von Über- oder Unterforderung Die Arbeitsinhalte sollten nicht zu monoton und einfach sein. Diese Tätigkeiten lassen zu viel Raum für den Rückzug in die eigene Gefühls- und Gedankenwelt zu. Dies wirkt sich negativ auf die Arbeitsleistung und die Teilnahme am sozialen Geschehen aus. Die Tätigkeit sollte in der Mitte zwischen Unterforderung und Überforderung stehen.

Integration ins Team Das Team sollte in den Entscheidungsprozess, bei dem eine Person mit einer psychischen Erkrankung eingestellt wird, miteinbezogen werden. Nur wenn das Team diese Entscheidung mitträgt, kann eine Integration erfolgreich sein. Die betroffene Person sollte als vollwertiger Partner im Team integriert werden. Das Team wird über die psychische Erkrankung und die eventuellen Folgen im Arbeitsverhalten und in der Arbeitsleistung informiert; allenfalls auch darüber, dass der betroffene Mitarbeiter nur einen „Leistungslohn" erhält, damit im Team keine schlechte Stimmung aufkommt, wenn er nicht die „normale Leistung" erbringt. Mitarbeiter sollten aber auch die Möglichkeit haben, ihrem Vorgesetzten sowie den Betroffenen ihre eigene Akzeptanzgrenze mitzuteilen. Dies bedeutet, dass ein Mitarbeiter eventuelle Schwierigkeiten, Unstimmigkeiten oder Auffälligkeiten ansprechen soll und kann. Diese sollten dann wiederum ins Job-Coaching einfließen.

Veränderungen der Arbeitssituation Veränderungen in der Arbeitssituation und -umgebung sollten der betroffenen Person rechtzeitig mitgeteilt und mit ihr besprochen werden. Menschen mit psychischen Erkrankungen reagieren oft sehr sensibel auf Veränderungen und benötigen mehr Zeit, sich neuen Situationen anzupassen.

22.5.4 Entlohnungsmodelle

22.5.4.1 Leistungslohn

Es ist selbstverständlich, dass auch Menschen mit psychischen Erkrankungen nach marktüblichen und unternehmensüblichen Löhnen entlohnt werden. Nun kann es jedoch vorkommen, dass eine betroffene Person aufgrund ihrer Erkrankung nicht die Leistung erbringen kann, die sie erbringen würde, wenn sie nicht erkrankt wäre. Die Person sollte dann nach der von ihr erbrachten Leistung vergütet werden. Dies ist einfach umsetzbar, wenn die entsprechende Person einer Tätigkeit nachkommt, die nach klaren Kriterien messbar ist (wenn der Output bei einer gesunden Person bspw. 500 Stück pro Tag beträgt). Schwieriger wird dies in anderen Bereichen, in denen die Leistung nicht nach klaren Kriterien gemessen werden kann. Wie kann man hier einen realistischen Lohn ermitteln? Es sollte von dem Lohn ausgegangen werden, den das Unternehmen normalerweise für diese Tätigkeit zahlt.

Folgende Faktoren fließen in die Lohnberechnung mit ein:

- Wie hoch ist der Betreuungsaufwand für die Person?
- Fehlzeiten?
- Wie hoch ist die Quantität der Arbeit?
- Wie hoch die Qualität der Arbeit?
- Müssen Fehlerkontrollen durchgeführt werden?
- Wie viel Zeit müssen andere Mitarbeiter für Kontrollen aufbringen?

22.5.4.2 Jahresarbeitszeit

Ein anderes Entlohnungsmodell ist das Modell der Jahresarbeitszeit. Bei Menschen, die eine hohe, nicht voraussehbare krankheitsbedingte Absenz haben, kann dieses Modell zur Entlastung beitragen. Dies bedeutet jedoch, dass die Arbeiten, die die Person zu verrichten hat, nicht dringend sind und nicht ins Tagesgeschäft einfließen. Auch muss in etwa einschätzbar sein, wie hoch die Absenzen sein könnten.

22.5.4.3 Leistungsangepasste Entlohnung

Bei diesem Modell besteht eine bekannte Leistungsminderung. Um diese zu kompensieren, arbeitet die Person dann länger, wird jedoch nur für ihre definitive Leistung bezahlt. Dieses Modell findet bei Teilzeitkräften Einsatz, z. B.: Die Arbeitsleistung beträgt bei einer Anwesenheit von 100 % nur 50 %. Es wird auch hier nur die Arbeitsleistung entlohnt. Dieses Modell ist sinnvoll bei einer Tätigkeit, die Auswirkungen auf das Tagesgeschehen hat und am gleichen Tag erledigt sein muss. Es ist für Mitarbeiter geeignet, die in ihrer Arbeitsquantität beeinträchtigt sind.

Bei allen Modellen, die eine Leistungsminderung berücksichtigen, sollte es jedoch selbstverständlich sein, dass die Minderung mindestens ein Mal jährlich überprüft wird und der Lohn der momentanen Leistung entspricht. Auch Menschen mit psychischen Erkrankungen können ihre Leistung steigern. Oftmals benötigen Sie nur eine längere Zeit der Anpassung und Gewöhnung.

Menschen mit einer Leistungseinschränkung haben in der Regel Anspruch auf eine IV-Rente sowie Ergänzungsleistungen von der Invalidenversicherung, die ihren Leistungsminderungen entspricht.

22.5.5 Warum sollten Arbeitgeber Menschen mit einer Beeinträchtigung einstellen?

Rekrutierungskosten werden gesenkt Damit Integration gelingen kann, braucht es eine möglichst passgenaue Arbeitsstelle. Damit diese gefunden werden kann, wird sich der Job-Coach intensiv mit dem oder der Betroffenen auseinandersetzen. Es wird gemeinsam ein Fähigkeitsprofil erstellt und die Arbeitsbiografie besprochen und bearbeitet. Dies bedeutet, dass die Einschränkungen, aber auch die Fähigkeiten, gut erkannt werden. Der Arbeitgeber wird informiert und weiß, was ihn mit dem Mitarbeiter erwarten könnte. Hohe Rekrutierungskosten entfallen somit.

Sie sind als Arbeitgeber nie sicher, ob Sie eine gesunde Person anstellen oder nicht 50 % der Bevölkerung leiden irgendwann in Ihrem Leben an einer psychischen Erkrankung. Krisen, Probleme und auch Krankheiten gehören zu unserem Leben. Sie als Arbeitgeber können nie sicher sein, wen Sie einstellen. Bei der Einstellung eines Mitarbeiters, der durch einen Job-Coach im Sinne von Supported Employment begleitet wird, wissen Sie im Voraus, was sie erwarten könnte. Sie haben als Arbeitgeber immer einen Ansprechpartner, wenn Probleme oder Fragen im Zusammenhang mit dem Mitarbeiter auftreten sollten. Es wird dann gemeinsam nach einer zufriedenstellenden Lösung gesucht.

Menschen mit einer psychischen Erkrankung verfügen häufig über eine hohe Sozialkompetenz Menschen, die von einer psychischen Erkrankung betroffen sind, verfügen häufig über eine hohe Sozialkompetenz. Durch die Auseinandersetzung mit ihrer Erkrankung sind sie emotional und intellektuell sehr kompetent. Sie kennen ihre Belastungsgrenzen und sind für Vorgesetzte oft in der Führung und im Umgang angenehm. Ihre Loyalität dem

Unternehmen gegenüber ist hoch und sie bleiben einem Unternehmen meistens länger treu.

Soziales Engagement zeigen Die Anstellung einer Person mit einer psychischen Beeinträchtigung zeigt Ihr soziales Engagement. Auch für die anderen Mitarbeiter in Ihrem Betrieb ist dies ein Zeichen, das zeigt, wie Sie im Falle einer Erkrankung mit Ihren Mitarbeitern umgehen. Dies kann zu einem guten Betriebsklima beitragen.

Zunehmender Fachkräftemangel Menschen mit einer psychischen Erkrankung sind häufig sehr gut ausgebildet. Durch ein vorausgehendes Praktikum sind die Fähigkeiten wie auch die Beeinträchtigungen bekannt.

22.6 Ausblick

Psychische Erkrankungen führen oft zu Stigmatisierung. Ganz besonders in der Arbeitswelt. Deshalb ist es uns ein Anliegen, Arbeitgeber noch mehr einzubinden und uns mit Arbeitgebern noch besser zu vernetzen. Öffentlichkeitsarbeit und Aufklärungsarbeit bei Arbeitgebern ist deshalb für uns ein weiteres wichtiges Ziel.

22.7 Fazit

Das langfristige Job-Coaching sowie die Umsetzung des Modells Supported Employment, welches die dreischiibe ihren Klienten anbieten kann, tragen zum langfristigen Integrationserfolg bei. So kann in Krisen schnell und unproblematisch reagiert werden. Die Vernetzung mit dem Arbeitgeber, den behandelnden Ärzten und Psychotherapeuten ist dann bereits vorhanden und muss nicht erst aufgebaut werden. Diese sind wichtige Erfolgsfaktoren in der Arbeitsintegration. Aber auch „gescheiterte" Integrationsversuche bedeuten nicht unbedingt, dass diese Person für den allgemeinen Arbeitsmarkt ungeeignet ist. Für die betroffenen Personen sind solche Abbrüche ein weiterer Lernschritt und oftmals notwendig für die Rehabilitation. So kann es sein, dass diese Realitätsüberprüfung den nochmaligen Förderbedarf aufzeigt oder eventuell in eine ganz andere Berufsrichtung führt. Denn Arbeitsintegration von Menschen mit psychischen Erkrankungen benötigt Zeit. Das Sammeln von positiven Arbeitserfahrungen, der Aufbau des Selbstwertes, das Krisenmanagement usw. kann nicht in 3–6 Monaten abgeschlossen sein.

Trotz der durchaus positiven Erfahrung bei der Integration von Menschen mit psychischen Erkrankungen, die wir in der dreischiibe sammeln, sollten sich Arbeitgeber bewusst sein, dass es auch zu Schwierigkeiten und Problemen kommen kann. Dies bedingt, dass Sie als Arbeitgeber bei der Einstellung eines psychisch erkrankten Mitarbeiters auf ein

Job-Coaching hinweisen. Noch ist die Finanzierung dieses Modells nicht immer möglich. Der Invalidenversicherung stehen jedoch Mittel und Wege zur Verfügung.

Literatur

Baer, N., Frick, U., Fasel, T., & Wiedermann, W. (2010). „Schwierige" MitarbeiterInnen; Wahrnehmung und Bewältigung psychisch bedingter Problemsituationen durch Vorgesetzte und Personalverantwortliche. Bericht im Rahmen des Forschungsprogramms zu Invalidität und Behinderung (FoP-IV). *Eine Pilotstudie in Basel-Stadt und Basel Landschaft Bundesamt für Sozialversicherung.* Bern: BBL.
Bundesarbeitsgemeinschaft für Unterstützte Erkrankung am Ar-beitsplatz. http://www.bag-ub.de/publikationen/psychische_erkrankung_am_arbeitsplatz_2011.pdf. Zugegriffen: 1. Nov. 2011.
Doose, S. (2006). *Unterstützte Beschäftigung: Berufliche Integration auf lange Sicht.* Marburg: Lebenshilfe-Verlag.
European Union of Supported Employment. (2011a). Verhaltensrichtlinien und Qualitätsstandards. http://upload.sitesystem.ch/B2DBB48B7E/684C6E7C52/BE259DC453.pdf. Zugegriffen: 1. Nov. 2011.
European Union of Supported Employment. (2011b). Europäischer Werkzeugkoffer für Unterstützte Beschäftigung. http://www.euse.org/supported-employment-toolkit-2/EUSE%20Toolkit-%202010%20-%20Austria.pdf. Zugegriffen: 1. Nov. 2011.
Hoffmann, H., Baettig, V., & Jäckel, D. (2004). Das Berner Job-Coaching-Modell – ein wegweisender Ansatz. http://www.gesunde-maenner.ch/data/data_113.pdf. Zugegriffen: 1. Nov. 2011.
Kardoff, E. (2000). Die Bedeutung der Arbeit für psychisch kranke Menschen im gesellschaftlichen Wandel. Soziologische Anmerkungen zur beruflichen Rehabilitation. *Impulse, 15,* 12–17.
Meise, U., Kemmler, G., & Holzner, B. (2011). Zur Bedeutung von Arbeit und Beschäftigung in der sozialpsychiatrischen Rehabilitation. http://www.gpgtirol.at/fileadmin/media/Veroeffentlichungen/RehabilitationArbeit-BeruflIntegration.pdf. Zugegriffen: 1. Nov. 2011.
Rössler, W., & Bärtsch, B. (2005). Supported Employment. Der Weg zurück in den ersten Arbeitsmarkt. www.puk-west.unizh.ch/de/aktuell/index.shtml. Zugegriffen: 1. Nov. 2011.
Rüst, T., & Debrunner, A. (2005). *Supported Employment. Modelle Unterstützter Beschäftigung bei psychischer Beinträchtigung.* Zürich: Rüegger.
www.dreischiibe.ch
www.supportedemployment-schweiz.ch
www.bag-ub.de
www.compasso.ch

Napra Forgó (Ungarn) – Wiedereingliederung von Menschen mit Behinderung durch das „Arbeitsteam-Modell"

Rita Héjj

Inhaltsverzeichnis

23.1 Vorstellung der Napra Forgó gGmbH 332
23.2 Entwicklung des Ansatzes: Menschen mit Behinderung eine Chance geben 333
23.3 Beschreibung des Ansatzes: Das „Arbeitsteam-Modell" der Napra Forgó 335
23.4 Stärken und Schwächen des Ansatzes 338
23.5 Bisherige Erfahrungen 339
23.6 Ausblick 340
23.7 Fazit 340
Literatur 341

Zusammenfassung

Die in Ungarn vor zehn Jahren gegründete Napra Forgó gemeinnützige GmbH (auf Deutsch: „Sonnenblume") strebt die Arbeitsrehabilitation von Menschen in benachteiligten Situationen mit dem Ziel an, sie im ersten Arbeitsmarkt zu (re-)integrieren. Das Unternehmen bietet Arbeitsmarktdienstleistungen sowohl für Arbeitssuchende als auch für Arbeitgeber an. Napra Forgó stellt gezielt gemischte Arbeitsteams aus Menschen mit und ohne Behinderung zusammen, deren Arbeitskraft externen Unternehmen als Dienstleistung verkauft wird. Durch innovative und integrierte Arbeitsrehabilitation bringt Napra Forgó Menschen mit Behinderung (zurück) in den Arbeitsmarkt. Von den verschiedenen Arbeitsmöglichkeiten innerhalb des Reintegrationsprozesses sind besonders die Napra-Forgó-Arbeitsteams hervorzuheben, die aus Menschen mit und ohne Behinderung zusammengestellt werden und die bei externen Kunden arbeiten.

R. Héjj (✉)
Ministerium für gesellschaftliche Ressourcen, Budapest, Ungarn
E-Mail: hejjrita@gmail.com

Bei dieser Lösung werden die individuellen Einschränkungen ausgeglichen: Obwohl alle Menschen mit Behinderung eine individuelle Schwäche haben, kann jede Person in bestimmten Bereichen vollwertig arbeiten. Bei einem zusammengesetzten Team werden somit die Schwächen des Einzelnen von außen nicht wahrgenommen – die Arbeitsaufgaben werden erfolgreich ausgeführt, indem die Aufgaben im Team verteilt werden. Die externen Unternehmen, bei denen die Arbeitsteams von Napra Forgó eingesetzt werden, stellen für diese integrierte Rehabilitationsbeschäftigung den organisatorischen Rahmen dar.

23.1 Vorstellung der Napra Forgó gGmbH

Die Firma wurde am 3. Januar 2000 von mehreren ungarischen Unternehmern gegründet – mit dem gemeinnützigen Ziel der Arbeitsrehabilitation von Menschen in benachteiligten Situationen: Menschen mit Behinderung oder dauerhaft (mehr als 5 Jahre) Arbeitslosen. Hintergrund der Unternehmensgründung ist, dass Menschen mit Behinderung 7 % der ungarischen Bevölkerung ausmachen und davon nur etwa 13 % erwerbstätig sind, wohingegen in Europa ca. 30 % am Arbeitsleben teilnehmen. Diese Gegebenheit stellt ein Problem für die individuelle Person, die keine Arbeit findet, und für den Staat (finanzielle Unterstützung statt Wertschöpfung) dar.

Das Unternehmen hat sich auf das gemeinnützige Ziel integrierter Beschäftigungsrehabilitation spezialisiert (Orbán et al. 2009). Die rechtliche Unternehmensform ist eine Non-Profit-Gesellschaft mit beschränkter Haftung, die über einen gemeinnützigen Status verfügt. Ziel der ungewöhnlichen Unternehmensgründung war es, eine Vorbildorganisation zu entwickeln, die aufzeigt, wie man mit Management-Wissen und Verantwortung die Integration von Menschen mit Behinderung im ersten Arbeitsmarkt erfolgreich unterstützen kann. Der Klientenkreis der Napra Forgó stammt aus der Kleinstadt Érd und Umgebung (südwestlich von Budapest).

Napra Forgó hat 45 Personen als Vollzeitarbeitnehmer und bis zu 20 weitere auf Abruf für Teilzeitarbeit angestellt. Davon haben 50–60 % eine Behinderung. Zusätzlich zu den eigenen Arbeitnehmern wurden im Jahr 2010 weitere 55 Menschen mit Behinderung durch Unterstützung der Napra Forgó durch Outsourcing bei verschiedenen Firmen fest angestellt. Ziel der Gründer war es, die nicht erwerbstätigen Menschen mit Behinderung auf den Arbeitsmarkt vorzubereiten sowie ihnen Betreuung bei der Arbeitsvermittlung anzubieten, damit diese letztlich in die Arbeitswelt reintegriert werden können. Zusammen mit und für Menschen mit Behinderung zu arbeiten, bedeutet bei Napra Forgó „einem Menschen mit Behinderung Arbeit zu geben, damit er nicht auf das Mitleid seiner Mitmenschen angewiesen ist" (Héjj 2008) (Abb. 23.1).

Napra Forgó basiert auf einem Non-Profit-Private-Equity-Modell, das die Umsetzung von Veränderungsprozessen unterstützt. Die Haupttätigkeit der Napra Forgó ist die Bereitstellung externer Dienstleistungen (Orbán et al. 2009). Arbeitssuchenden bietet sie

Abb. 23.1 Das Arbeitsteam-Modell der Napra Forgó

Arbeitsvorbereitung (einzeln oder in einer Gruppe), Arbeitsbeschaffung und Nachbetreuung an. Für Arbeitgeber werden Arbeitsmarktberatung, Vorbereitung auf die Zusammenarbeit mit Menschen mit Behinderung, Informationen über die Napra-Forgó-Arbeitsteams, Vermittlung und professionelle Begleitung des Integrationsprozesses angeboten. Typische Einsatzgebiete für Menschen mit Behinderung sind Verpackungsarbeiten, Zusammenstellen von Waren, Etikettieren, Lager-Aushilfsarbeiten im Logistikbereich, Telefonmarketing (Call Center), Datenerfassung und Beaufsichtigungsarbeiten (wie bspw. in der Wirtschaftshochschule in Budapest oder im Budapester Zoo). Napra Forgó kooperiert mit Firmen und mit Einzelpersonen und bringt diese Stakeholder zusammen. Die Partnerunternehmen werden aktiv gesucht: Napra Forgó organisiert jährlich eine Konferenz für HR-/Personalfachleute und vierteljährlich werden HR-Vertreter von Firmen aus der Region zu einem Business Lunch eingeladen. Darüber hinaus wirken Vertreter von Napra Forgó auf anderen HR-Konferenzen als Referenten mit. Außerdem sind die Arbeitsämter über die Tätigkeit von Napra Forgó informiert, sodass auch über diesen Weg Partnerunternehmen gefunden werden können. Zudem sind die Homepage sowie Online- und Zeitungsartikel Teil der Öffentlichkeitsarbeit und Marketingaktivität von Napra Forgó. Neben den Arbeitsmarktdienstleistungen stellt Napra Forgó seine Erfahrungen der Forschung zur Verfügung. In Kooperation mit der Budapester Corvinus Universität wurden Forschungsprojekte zu Arbeitsrehabilitation und Reintegrationserfahrungen durchgeführt (Abb. 23.2).

23.2 Entwicklung des Ansatzes: Menschen mit Behinderung eine Chance geben

Es handelt sich bei Napra Forgó um eine Wiedereingliederung durch optimierte Nutzung von Ressourcen: Mehr Menschen auf dem Arbeitsmarkt bei weniger Subventionen. Dazu zählen die Schaffung eines Zugangs zum Arbeitsmarkt für Menschen mit Behinderung oder Menschen in benachteiligten Situationen und der Wissensaustausch zwischen den Stakeholdern.

Abb. 23.2 Partnerunternehmen der Napra Forgó

Die Beschäftigung von benachteiligten Personen ist eine globale Herausforderung, aber im Hinblick auf Ungarn gesondert zu betrachten (Pulay 2009). Ungarns Beschäftigungssituation sieht folgendermaßen aus (Quelle: Wirtschaftsministerium Ungarn; http://www.kormany.hu/en/ministry-for-national-economy):

Während die nationale Arbeitslosenquote 11,6 % beträgt (489.000 Arbeitslose), liegt das nationale Beschäftigungsverhältnis bei 48,6 % (3,7 Mio. Beschäftigte). Der vom Wirtschaftsministerium geschätzte Anteil der Menschen mit Behinderung zwischen 15 und 64 Jahren beträgt in Ungarn 7 %. Von diesen 7 % liegt der geschätzte Anteil der Beschäftigten bei lediglich 13 %. Zudem beträgt das durchschnittliche Brutto-Jahresgehalt von Menschen mit Behinderung im Vergleich zum durchschnittlichen Brutto-Jahresgehalt lediglich 40 %. Der geschätzte Anteil der Beschäftigten mit Behinderung in staatlich „geschützten" Arbeitsplätzen und in sozialen Einrichtungen beträgt 6 % (von 7 %). Der geschätzte Anteil der Menschen mit Behinderung, der staatliche Renten bezieht, beträgt 12 %. Diese Zahlen zeigen, dass der Arbeitsmarkt von einem ungünstigen Verhältnis geprägt ist: Es gibt zu wenige Erwerbstätige mit Behinderung, da diese Personengruppe nur sehr schwer Arbeit im ersten Arbeitsmarkt findet.

Die meisten Gründer der Napra Forgó gGmbH sind Mitglied des Topmanagements von *Proactive Management Consulting* (PMC), einer ungarischen Unternehmensberatung, die sich auf Strategieentwicklung, Benchmarking und Best Practice spezialisiert hat. Die strategische Beratungsfirma hatte sich zum Ziel gesetzt, ihre Fähigkeiten und Kompetenzen durch ehrenamtliche Arbeit zum Wohle der Gesellschaft zur Verfügung zustellen. Napra Forgó wurde im Rahmen der CSR-Aktivitäten (Corporate Social Responsibility, Unternehmerische Gesellschaftsverantwortung) von PMC gegründet und mit ehrenamtlicher Managementberatung und Spenden für die unbezahlten Extra-Aufgaben unterstützt (Héjj 2008).

Die Mission der Napra Forgó ist es, für bedürftige Menschen mit Behinderung Arbeitsplätze zu schaffen und ihren Rückfall in die „Abhängigkeit von Almosen" zu verhindern. Napra Forgó hat das Ziel, allen Anspruchsgruppen zu helfen – den Menschen mit Behinderung, den Arbeitgebern, aber auch den Arbeitnehmern ohne Behinderung, die häufig Vorurteile gegenüber Menschen mit Behinderung haben und dadurch letztendlich der ganzen Gesellschaft (Orbán et al. 2009). Die Stigmatisierung von Menschen mit Behinderung soll überwunden und ihre Anstellung gefördert werden, um ihre Fähigkeiten herauszustellen und ihren Wert für die Gesellschaft aufzuzeigen. Dieses Ziel wird unter den gegebenen Marktbedingungen angestrebt. Napra Forgó finanziert sich durch eigene Einnahmen, die durch das Angebot von marktfähigen Dienstleistungen generiert werden. Die Zielgruppe der Organisation umfasst die folgenden Personen: Menschen mit Behinderung (z. B. körperliche Behinderungen, Hörbehinderungen, leichte geistige Behinderungen oder Behinderungen als Folge einer Krankheit wie zum Beispiel Krebs), Menschen in benachteiligten Situationen, Menschen, die älter als 50 Jahre alt sind, Menschen mit veralteten Berufsbildern, Jugendliche mit niedrigem Bildungsniveau, Jugendliche ohne Berufserfahrung und Menschen, die versuchen, nach einer langen Zeit der Arbeitslosigkeit wieder auf den Arbeitsmarkt zurückzukehren.

23.3 Beschreibung des Ansatzes: Das „Arbeitsteam-Modell" der Napra Forgó

Napra Forgó beschäftigt sich mit Arbeitsvermittlung als Weg der Arbeitsrehabilitation. Das Unternehmen hilft Menschen mit Behinderung, auf den Arbeitsmarkt zurück zu kehren. Sie wirken in der eigenen Geschäftsführung (bei Napra Forgó) mit oder bekommen ausgelagerte Aufgaben von externen Unternehmen zugeteilt, die entweder bei Napra Forgó oder direkt bei den Kunden (im Rahmen der Napra-Forgó-Arbeitsteams) verrichtet werden. Wenn sich eine Person mit Behinderung bewährt hat, besteht die Möglichkeit, dass sie von einem Kunden fest angestellt wird. Aufgrund der gesammelten Erfahrungen in der Teamarbeit beim Erfüllen von ausgelagerten Aufgaben können Programmteilnehmer ausgewählt und ohne den Schutz des Napra-Forgó-Teams bei Unternehmen zu 100 % eingestellt werden.

Napra Forgó basiert auf dem Konzept von Integration und Reintegration. Integration zielt auf die Zusammenarbeit von Menschen mit und ohne Behinderung ab. In einem Arbeitsteam arbeiten Menschen mit Behinderung nicht getrennt von Menschen ohne Behinderung, sondern in einer normalen Arbeitsumgebung ohne spezielle Erleichterungen mit gesunden Personen zusammen. Sie arbeiten wie alle anderen als „normale" Arbeitnehmer. Reintegration wird als Prozess verstanden, der Personen zurück ins Arbeitsleben bringt, die zuvor ihren Arbeitsplatz verloren haben oder aufgeben mussten. Ohne die Prozesse der Integration und Reintegration könnten Menschen mit Behinderung und andere dauerhaft Arbeitslose schwer einen Weg zurück in den Arbeitsmarkt finden.

Der Reintegrationsprozess setzt sich aus mehreren Stufen zusammen. Er beginnt mit der Rekrutierung: Menschen mit Behinderung melden sich bei Napra Forgó, nachdem sie vom Arbeitsamt oder durch persönliche Empfehlungen auf Napra Forgó aufmerksam gemacht wurden und sich eventuell auf der Internetseite von Napra Forgó über den Ansatz informiert haben. Im Zuge des Angebots von Personaldienstleistungen (z. B. psychologische Beratung und Fachberatung) werden die individuellen Kompetenzen und Fähigkeiten einer Person identifiziert. Oftmals werden den Personen ihre Stärken erst innerhalb dieses Prozesses bewusst, was zu einer Verbesserung von Selbstsicherheit, Selbsterkenntnis, Selbstvertrauen und Motivation führen kann. Auf die individuellen Kompetenzen und Fähigkeiten einer Person abgestimmt, folgt eine Fachausbildung für eine spezifische Aufgabe.

Die Arbeit (im Rahmen von Outsourcing) beginnt in einer geschützten Umgebung: Menschen mit Behinderung arbeiten bei Napra Forgó (am Standort) mit anderen Menschen mit Behinderung zusammen. Erst nach dem Arbeiten in der geschützten Umgebung verlassen sich die meisten Mitarbeiter auf die Sicherheit der Napra-Forgó-Arbeitsteams, in denen sich die Teammitglieder unter „Ihresgleichen" fühlen. Aus Napra-Forgó-Angestellten werden Arbeitsteams von Menschen mit und ohne Behinderung zusammengestellt, um bei externen Firmen bestimmte Leistungen zu erbringen. Die Mitarbeiter arbeiten bei den Kunden unter „normalen" Bedingungen und Umständen. Dadurch kann wahre Integration und eine höhere Stufe von Reintegration geschaffen werden, da die Menschen mit Behinderung nun in einer „echten" Firma tätig sind, an den Maßstäben einer „For-Profit-Firma" gemessen werden, und Ihre Löhne durch „echte" Wertschöpfung verdienen.

Eine vollständige Reintegration ist erreicht, wenn ein externes Unternehmen einem Napra-Forgó-Mitarbeiter (bewährte Personen aus den Arbeitsteams) einen festen Arbeitsplatz anbietet. Durch die Festanstellung von Menschen mit Behinderung wird die Lebensqualität der Teilnehmer auch stufenweise verbessert, weil sie nun sowohl finanziell abgesichert als auch mental gefordert sind.

In der Regel durchläuft ein Teilnehmer alle oben genannten Phasen des Reintegrationsprozesses in der vorgestellten Reihenfolge, wobei ein Sprung zwischen den Phasen auch möglich ist. Neu an dem Ansatz ist, dass die Stufen aufeinander aufbauen. Staatliche Rehabilitationsinstitutionen und Unternehmen hingegen befassen sich in der Regel nur mit der Rekrutierungsphase und eventuell mit der geschützten Tätigkeit. Das wichtigste und innovativste Element des Prozesses stellen die Napra-Forgó-Arbeitsteams dar, die bei externen Arbeitgebern eingesetzt werden und Integration verwirklichen.

Das „Arbeitsteam-Modell" ist ein Ansatz der teambasierten Gruppenarbeit unter Leitung eines berufserfahrenen Teamleiters (Orbán et al. 2008). Die Arbeitsteams (von Menschen mit und – wenn es wegen der Arbeit nötig ist – ohne Behinderung) arbeiten unter den Bedingungen des ersten Arbeitsmarkts. Obwohl die Teammitglieder verschiedene Behinderungen haben, weisen sie gemeinsam alle nötigen Kompetenzen und Fähigkeiten auf, um die geforderten Leistungen zu erbringen. Das heißt, dass für alle Teammitglieder Aufgaben gefunden werden sollen, bei denen die einzelnen Personen eine vollwertige Leistung erbringen können.

Die Arbeitsteams tragen die Verantwortung für das Erfüllen der Aufgaben gemeinsam. Innerhalb der einzelnen Teams trägt jeder Mitarbeiter die Verantwortung für seinen Aufgabenteil selbst. Aufgrund der kollektiven Verantwortung nach außen kann dem Auftraggeber eine gleichmäßig gute Teamleistung angeboten werden, wodurch sein finanzielles Risiko gemindert wird. In einem Arbeitsteam entwickeln sich die Teammitglieder, dem Prinzip der sogenannten „self-help groups" entsprechend, durch gewonnene Erfahrungen. Die Bedeutung des Wortes „erwerbsbehindert" verliert an Bedeutung.

Jedes Arbeitsteam wird für die Ausführung einer Reihe bestimmter Aufgaben ausgebildet. Je nach Umfang der Aufgabe, die geleistet werden soll, kann das Team erweitert oder verkleinert werden. Sämtliche Aufgaben werden direkt beim Kunden verrichtet. Die Arbeit in einem solchen Arbeitsteam stellt gleichzeitig einen Entwicklungs- und Rehabilitationsprozess für die Teilnehmer dar, der ihre Effizienz und ihr Selbstvertrauen stärkt. Für den Kunden ist diese Methode eine kostengünstige, planbare und zuverlässige Lösung, um übertragbare Aufgaben im Rahmen des Outsourcings zu erfüllen. Die Mitglieder des Arbeitsteams führen gemeinsam unterschiedliche Aufgaben als Leiharbeiter von Napra Forgó aus (z. B. verpacken, reinigen, Aufsicht in Bibliotheken oder Computerräumen von Hochschulen, Daten erfassen und bearbeiten).

Bei den meisten ausgelagerten Aufgaben arbeiten Menschen mit Behinderung mit Mitarbeitern ohne Behinderung der Kunden zusammen (Orbán et al. 2008). Den Firmen werden Gesamtleistungen und nicht die Leistung der einzelnen Personen verrechnet. Die Erwartungen an die Mitarbeiter von Napra Forgó scheinen den Erwartungen gegenüber den eigenen Mitarbeitern größtenteils zu entsprechen. Napra-Forgó-Mitarbeiter unterliegen den Vorschriften und Regeln des externen Unternehmens, ohne spezielle Erleichterungen zu erhalten. Die Arbeitsteams kompensieren Behinderungen: Sie geben Menschen mit Behinderung eine Chance, sich zu beweisen und Arbeit zu finden.

Wenn ein neues Team von *Napra Forgó outsourcing* seine Arbeit beim Kunden aufnimmt, ist es nicht nötig, dass sich der Kunde mit dem „Einzelnen" und seiner Behinderung beschäftigt. Ein Arbeitsteam wird so zusammengestellt, dass alle nötigen Kompetenzen vorhanden sind und die Mitglieder die Dienstleistungen (z. B. verpacken, putzen, beaufsichtigen, Daten erfassen) gemeinsam erbringen können (Orbán et al. 2008). Das Team wird von einem Napra-Forgó-Arbeitsleiter zusammengestellt, der sowohl die Erwartungen des Kunden als auch die verfügbaren Mitarbeiter gut kennt. Es tritt nach außen geschlossen auf und schützt den Einzelnen intern – die Mitglieder kennen sich, akzeptieren einander mit ihren Behinderungen und arbeiten regelmäßig miteinander. Die Arbeit wird als Gesamt-Dienstleistung vereinbart. Der Napra-Forgó-Arbeitsleiter teilt den Auftrag in einzelne Prozesse auf und weist die daraus entstehenden Aufgaben wiederum einzelnen Teammitgliedern zu. Während der Arbeit werden die Teammitglieder mit den konkreten Arbeitserwartungen konfrontiert. Die Arbeit ist in der Regel vielseitig. Sowohl Menschen mit Behinderung als auch die externen Arbeitgeber sind motiviert, zusammen zu arbeiten.

Zu den wesentlichen Aufgaben von Napra Forgó gehört unter anderem das Personalmanagement ihrer Mitarbeiter: Interne Trainings als Vorbereitung auf die Arbeit (individuell und in Teams), die Schaffung von Beschäftigungsmöglichkeiten durch die Arbeit in Teams („Arbeitsteam-Modell") sowie Personalbeschaffungs-Beratungen und Kampagnen zur Förderung der Festanstellung von Menschen mit Behinderung. In Zusammenarbeit mit Hochschulen und Unternehmen werden des Weiteren Forschung und Entwicklung als Gemeinschaftsprojekte durchgeführt (Orbán et al. 2009).

23.4 Stärken und Schwächen des Ansatzes

Die größte Stärke des Ansatzes von Napra Forgó ergibt sich aus der ganzheitlichen Ausrichtung des Konzepts, die einzigartig ist. Das Neue an dem Modell ist der vollständige Prozess – Reintegration wird anstelle einer einmaligen und schnellen Lösung über verschiedene Stufen erreicht. Das Modell ist eine innovative Lösung, die sich an Bedarfe anpasst; eine systematische und proaktive Beziehung mit den potenziellen Kunden (Partnerunternehmen). Obwohl Napra Forgó als Unternehmen klein und ortsgebunden ist (z. B. wegen Fahrtkosten) und deshalb schwer wachsen oder expandieren kann, ist das Konzept auch auf andere Regionen übertragbar.

Die Aktivitäten von Napra Forgó verbessern neben der Position der Menschen mit Behinderung, die Arbeit finden, auch die des Staates: Durch die höhere Beschäftigungsquote von Menschen mit Behinderung muss der Staat weniger Subventionen leisten. Menschen mit Behinderung können von ihrem Einkommen leben und sind unabhängig von staatlichen Leistungen. Sie zahlen Steuern, konsumieren und können ein selbstbestimmtes Leben führen. Dadurch werden sie nicht nur in die Wirtschaft reintegriert, sondern gleichzeitig und automatisch auch in die Gesellschaft, was den sozialen Zusammenhalt der Gesellschaft als Ganzes fördert.

Die Schwächen des Ansatzes sollen ebenfalls berücksichtigt werden: Rehabilitation ist eine komplexe Tätigkeit (Pulay 2009). Aufgrund von Kapazitäten und Kosten kann Napra Forgó nicht für alle Menschen mit Behinderung eine integrierte Arbeitsrehabilitation anbieten. Zudem ist eine vollständige Rehabilitation, das heißt, das selbstständige Arbeiten unter Arbeitsbedingungen des ersten Arbeitsmarkts und das Erbringen einer mit einem durchschnittlichen Arbeitnehmer vergleichbaren Leistung, nicht immer möglich. Manche Menschen mit Behinderung sind auf eine ständige Unterstützung während ihrer Arbeit angewiesen (Teilrehabilitation), andere können nur innerhalb eines geschützten Rahmens arbeiten (Beschäftigungsrehabilitation), wobei in beiden Fällen eine geringere Arbeitsleistung als die des durchschnittlichen Arbeitnehmers erzielt wird.

Auch haben Menschen mit Behinderung oft nicht nur physische Behinderungen, sondern daraus resultierend auch mentale Barrieren. Sie haben z. B. Angst vor fremden Menschen und sind daher als Arbeitnehmer, wenn überhaupt, nur mit Hilfe eines längeren

Integrationsprozesses einstellbar. Folglich gelingt die Rehabilitation in manchen Fällen nur teilweise.

Eine andere Schwäche ist, dass Kunden aktiv gesucht werden müssen, was ein Wachstumshindernis darstellt. Angebot und Nachfrage treffen sich nicht „von selbst". Leider gibt es weiterhin viel mehr Menschen mit Behinderung, die Arbeit suchen, als Firmen, die Arbeitsplätze anbieten können bzw. die dazu bereit sind, Menschen mit Behinderung in ihrem Unternehmen zu integrieren.

23.5 Bisherige Erfahrungen

Rehabilitation wird allgemein als komplexer Prozess angesehen und Arbeitsrehabilitation wird als wesentlicher Bestandteil dieses Prozesses verstanden. Integrierte Beschäftigungsrehabilitation wird heute als wichtigstes Ziel anerkannt (Pulay 2009). Um dieses Ziel zu erfüllen, arbeitet Napra Forgó sowohl mit lokalen als auch mit multinationalen Partnerunternehmen zusammen. Kennzahlen der Arbeitsmarktdienstleistungen in 2011 sind folgende:

- 232 Menschen mit Behinderung waren am Auswahlprozess beteiligt (Vorfilterung, Fähigkeitsprüfung, Berufsprofil, Rückmeldung);
- 212 Menschen mit Behinderung wurden vermittelt;
- 67 Menschen mit Behinderung haben eine Arbeit im ersten Arbeitsmarkt gefunden;
- 75 Arbeits- und Berufsberatungen für registrierte Arbeitssuchende haben stattgefunden;
- 450 persönlich und maßgeschneidert durchgeführte Informationsveranstaltungen für Arbeitssuchende wurden durchgeführt.

Grundprinzip ist, dass die Napra Forgó unter den gegebenen Marktbedingungen aus den Einnahmen, die durch Dienstleistungen generiert werden, nachhaltig wirtschaften kann. Dieses Ziel hat die Organisation erreicht: Die Jahresumsätze sind bis zur Wirtschaftskrise im Jahr 2008 gestiegen. Als Folge der Wirtschaftskrise sind die Aufträge um 10–15 % zurückgegangen, was wegen der Fixkosten schwer auszugleichen ist. Napra Forgó hofft darauf, dass die Rezession nicht mehr lange anhält. Dennoch haben die Jahresumsätze zwischen 2009 und 2011 – auch mit dem durch die Krise verursachten Rückschlag – den Stand von 2007 überstiegen.

Napra Forgó wurde im Jahr 2007 von der Schwab-Stiftung als *Social Entrepreneur of the Year* (Das gesellschaftsbewussteste Unternehmen Ungarns – 2007) ausgezeichnet.

23.6 Ausblick

Obwohl das ganzheitliche Konzept in Ungarn einzigartig ist, sind global gesehen einige Organisationen mit ähnlichen Konzepten tätig, was eine Möglichkeit der Zusammenarbeit für Napra Forgó darstellt. Unabhängig voneinander haben DePaul in den USA und Napra Forgó in Ungarn das gleiche Modell entwickelt. In beiden Fällen wird auf die Einstellung von Menschen mit Behinderung in Non-Profit- oder For-Profit-Unternehmen abgezielt. Menschen mit Behinderung arbeiten mit Menschen ohne Behinderung zusammen. Sowohl Napra Forgó als auch DePaul agieren als konkurrenzfähige Unternehmen auf dem freien Markt: Die Organisationen werden nachhaltig geführt, das heißt, sie finanzieren sich in erster Linie durch generierte Betriebseinnahmen – ohne signifikante Privatspenden oder Staatsförderungen. Die besten Arbeitskräfte werden von den Kunden übernommen, wodurch Menschen mit Behinderung (wieder) eine feste Arbeitsstelle finden können. Beide Organisationen werden von Fachleuten mit einem betriebswirtschaftlichen Hintergrund und von ehrenamtlichen Führungskräften geleitet, die ähnliche Werte teilen. Die Unternehmen sind bereit, ihr Fachwissen mit allen zu teilen, die in ihre Fußstapfen treten oder kooperieren möchten. Eine institutionalisierte Beziehung und Zusammenarbeit zwischen DePaul und Napra Forgó könnte einen Mehrwert für alle Beteiligten schaffen. Deshalb werden diesbezüglich Gespräche zwischen den beiden Unternehmen geführt.

Alle Voraussetzungen für eine erfolgreiche Zusammenarbeit mit einem landesweiten oder sogar internationalen Wirkungsbereich sind gegeben. Die Synergien sind aus Sicht der Stakeholder beträchtlich. Außerdem ist DePaul bereit, global tätig zu werden. Napra Forgó ist ein ungarisches Vorbild das auf „small is beautiful" (das Konzept von einer kleinen Organisation) basiert, eine Privatinitiative mit minimaler staatlicher Unterstützung (unter 5 %), die offen für Kooperationen im In- und Ausland ist. Proactive Management Consulting verfügt über Management-Know-how, wird von allen Anspruchsgruppen akzeptiert und ist bereit, die Kooperation zu planen und zu leiten. Als eine ungarische Firma mit zum Teil amerikanischen Miteigentümern öffnen sich neue Marktsegmente. Hauptsächlich würden die in Ungarn tätigen Firmen aus den USA als ein neuer Markt in Frage kommen. Die Kooperation der ähnlich geführten Unternehmen würde eine Win-win-Situation darstellen, da beide Unternehmen vom anderen in Form von Know-how und finanziellen Mitteln profitieren könnten.

23.7 Fazit

Durch innovative und integrierte Arbeitsrehabilitation bringt Napra Forgó nichterwerbstätige Menschen mit Behinderung (zurück) in den ersten Arbeitsmarkt. Durch das Arbeitsteam-Modell können individuelle Schwächen ausgeglichen werden, da ein Team so zusammengesetzt wird, dass die jeweiligen Stärken seiner einzelnen Mitglieder optimal genutzt werden. Statt den Fokus auf Behinderungen bzw. Einschränkungen zu legen, konzentriert sich Napra Forgó somit bewusst auf die Fähigkeiten, die jede/r Einzelne ins Team einbringen kann. Dadurch wird die Perspektive von einer Defizitorientierung hin zu einer Ressourcenorientierung (was bringt der Einzelne mit?) verschoben.

Am Beispiel von Napra Forgó konnte gezeigt werden, dass die Wiedereingliederung von Menschen mit Behinderung in den Arbeitsmarkt möglich ist und im besten Fall eine vollständige Reintegration erreicht werden kann. Dies ist nicht nur ein Vorteil für Menschen mit Behinderung, sondern auch für den Staat, da er weniger Subventionen leisten muss.

Literatur

Héjj, R. (2008). *Socially responsible clusters in theory and practice: The collaborative enterprise. Creating values for a sustainable world*. Mailand: Bocconi Universität.

Orbán, P., Baritz, S. L., Csillag, S., Kuslits, K., Héjj, R., & Szilas, R. (2008). Modellek az integrációra – „Dolgozni velük és értük" – a Napra Forgó. Referate aus der Napra Forgó Konferenz 2008.

Orbán, P., Csillag, S., Kuslits, K., Kóródi, E., Fischer, Z., & Orbánné, L. (2009). *Integrációs lépcsö – Közösségi alapú foglalkoztatás*. Érd: Napra Forgó Nonprofit Kft.

Pulay, G. (2009). A megváltozott munkaképességü személyek támogatási rendszere társadalmigazdasági hatékonyságának vizsgálata. Forschungsinstitut des ungarischen Staatlichen Rechnungshofs. http://www.asz.hu/ASZ/tanulmanyok.nsf/0/46CB56B1AA696602C125765700344881/$File/t315.pdf. Zugegriffen: 25 Aug 2011.

Fortbildungsakademie der Wirtschaft (Hamburg) – Beratung mit Arbeitgeberorientierung

24

Manfred Otto-Albrecht und Hans-Günther Ritz

Inhaltsverzeichnis

24.1	Vorstellung des Unternehmens	345
24.2	Entwicklung des Ansatzes: Wie ist der Ansatz entstanden?	345
24.3	Beschreibung des Ansatzes	347
	24.3.1 Die Krux des Ansatzes	347
	24.3.2 Persönliche Beratung – immer wieder!	348
	24.3.3 Wirkungsfelder des Ansatzes	349
	24.3.4 Wer soll das alles leisten?	350
24.4	Beschreibung des Ansatzes: Projektverlauf und Projektaktivitäten	351
	24.4.1 Chronologie der Projekte	351
	24.4.2 Projektaktivitäten	351
	24.4.2.1 Beratungsarbeit	351
	24.4.2.2 Unternehmensnetzwerk „Runder Tisch"	353
	24.4.2.3 Die Kampagne „… und es geht doch"	354
	24.4.2.4 Installierung, Qualifizierung und Unterstützung von Arbeitgeberbeauftragten	355
24.5	Stärken und Schwächen des Ansatzes	355
	24.5.1 Stärken	355
	24.5.1.1 Strategische Partnerschaft mit den Arbeitgeberverbänden	355
	24.5.1.2 Klares Profil	356

M. Otto-Albrecht (✉)
Fortbildungsakademie der Wirtschaft (FAW) gGmbH,
Spohrstraße 6, 22083 Hamburg, Deutschland
E-Mail: manfred.otto-albrecht@faw.de

H.-G. Ritz
Behörde für Arbeit, Soziales, Familie und Integration,
Amt für Familie, Stabsstelle Stadtprojekte, FS-S 45,
Hamburger Straße 37, 22083 Hamburg, Deutschland
E-Mail: dr.ritz@daybyday.de

24.5.1.3	Thematische Vielfalt	356
24.5.1.4	Orientierung am Bedarf	356
24.5.1.5	Berater als Verbündete im innerbetrieblichen Kräftespiel	356
24.5.1.6	Von der Trägheit des Erfolges: Nachhaltige Verbesserungen statt kurzfristiger Effekte	357
24.5.1.7	Teilhabe hat viele Seiten	357
24.5.2	Schwächen	358
24.6	Bisherige Erfahrungen	358
24.7	Ausblick	360
24.8	Fazit	361

Zusammenfassung

In Form einer spezifischen Public-Private-Partnership finden in Hamburg unter dem Namen BIHA seit 2001 Projekte mit stets neuen arbeitsmarktpolitischen und fachlichen Schwerpunkten zur Unterstützung von kleinen und mittelständischen Arbeitgebern bei der Beschäftigung schwerbehinderter Menschen statt.

Mit dem Profil einer eindeutigen Arbeitgeberorientierung richten sich die Projekte unmittelbar an die Personalverantwortlichen der Unternehmen und Betriebe und verbinden das Instrumentarium einer sozialverantwortlichen Unternehmensberatung mit der sozialpolitischen Aufgabenstellung und der Fachlichkeit eines Integrationsfachdienstes. Know-how, Aufbauorganisation und Ablaufstrukturen der Unternehmen werden durch fachliche und juristische Unterstützung weiterentwickelt mit dem Ziel, teilhabeförderliche, inklusive und barrierefreie betriebliche Strukturen aufzubauen und dauerhaft bessere Bedingungen für die Beschäftigung von Menschen mit Behinderung zu schaffen.

In Form von persönlichen Beratungen, Moderationen und Prozessbegleitungen in den Unternehmen sowie durch Netzwerke, Kooperationen, Veranstaltungsreihen, Schulungs- und Trainingsaktivitäten, Kampagnen, Referententätigkeiten und eine umfangreiche Öffentlichkeitsarbeit werden Unternehmen und Betriebe informiert, sensibilisiert, beraten, unterstützt und begleitet.

Über 550 Unternehmen und Betriebe mit rund 40 % aller sozialversicherungspflichtig Beschäftigten in Hamburg wurden bislang in rund 2.000 persönlichen Beratungen erreicht.

Im Ergebnis etabliert diese strategische Zusammenarbeit von Arbeitgeberverbänden, Integrationsamt und wirtschaftsnahem Rehabilitationsdienstleister (Fortbildungsakademie der Wirtschaft (FAW) gGmbH) einen qualifizierten und stabilen Diskussions- und Arbeitszusammenhang zur Verbesserung der Beschäftigung schwerbehinderter Menschen.

24.1 Vorstellung des Unternehmens

Die Fortbildungsakademie der Wirtschaft (FAW) gGmbH zählt zu den großen deutschen Bildungs- und Personaldienstleistern und ist ein anerkannter Partner der Wirtschaft.

Schwerpunkt der Arbeit der FAW ist die berufliche Rehabilitation für Menschen, die wegen Krankheit oder Unfall ihren bisherigen Beruf nicht mehr ausüben können. Oberstes Ziel aller Dienstleistungen ist die Vermittlung in den ersten Arbeitsmarkt oder die langfristige Sicherung des bestehenden Arbeitsplatzes.

Die FAW beschäftigt rund 2.000 Mitarbeiter und ist in 12 Bundesländern mit 33 Akademien an über 150 Standorten vertreten. Dies ermöglicht ein engmaschiges Netz zu allen Akteuren des Arbeitsmarktes, zu den Trägern der Rehabilitation und zu den Integrationsämtern.

Über besondere Kompetenzen verfügt die FAW bei der Eingliederung von Menschen mit psychischen Erkrankungen oder seelischen Behinderungen. In den vergangenen Jahren hat die FAW zunehmend auch selbst Arbeitsplätze für Menschen mit Behinderung geschaffen, vielfach in dafür eigens gegründeten neuen Projekten.

Mehr als 5 % der Beschäftigten der FAW haben eine anerkannte Schwerbehinderung, damit erfüllt die FAW die gesetzliche Vorgabe zur Beschäftigung schwerbehinderter Menschen und liegt deutlich über dem Durchschnittswert der deutschen Wirtschaft (Abb. 24.1).

24.2 Entwicklung des Ansatzes: Wie ist der Ansatz entstanden?

Der BIHA-Ansatz entstand in einer Situation der Veränderung, in einer Situation also, die Chancen birgt und Potenziale sichtbar macht, als sich am 1. Juli 2001 in der Geschichte der deutschen Sozialgesetzgebung ein wichtiger Schritt vollzog.

Das neunte Buch des Sozialgesetzbuches (SGB IX) vereint Vorschriften für die Rehabilitation und Teilhabe von Menschen mit Behinderung und fügt Rehabilitationsrecht und Schwerbehindertenrecht in das Sozialgesetzbuch ein. Damit ändern sich für Betriebe und Unternehmen gesetzliche Rahmenbedingungen für die berufliche Teilhabe schwerbehinderter Menschen.

In dieser Situation erkennen drei Akteure unterschiedlicher gesellschaftspolitischer Tradition und Verortung, dass insbesondere kleine und mittelständische Unternehmen bei der Umsetzung der gesetzlichen Regelungen Unterstützung benötigen, wenn, wie vom Gesetzgeber angestrebt, die berufliche Teilhabe schwerbehinderter Menschen nachhaltig verbessert werden soll:

- Behördlicherseits dominiert die sozialpolitische Aufgabe, neue gesetzliche Regelungen umzusetzen und in betriebliches Handeln zu überführen;
- seitens der Unternehmen besteht Interesse an rechtssicherem und sozialverantwortlichem Agieren der betrieblichen Akteure;

Abb. 24.1 Alles eine Frage der Perspektive- Wenn aus Schwächen Stärken werden!

- fachlich manifestiert sich der Anspruch, Teilhabe und Chancengleichheit schwerbehinderter Menschen über neue und innovative Maßnahmen besser zu organisieren.

Das Integrationsamt Hamburg als Auftraggeber finanziert das Projekt von Beginn an, seit 2008 gemeinsam mit dem Europäischen Sozialfonds (ESF). Durchgeführt wird das Projekt von der Fortbildungsakademie der Wirtschaft (FAW) gGmbH. Wichtiger strategischer Partner im Hinblick auf die Wirtschaftsnähe der Projekte ist UVNord (Vereinigung der Unternehmensverbände in Hamburg und Schleswig Holstein e. V.), der wirtschafts- und sozialpolitische Spitzenverband der norddeutschen Wirtschaft. Dieser vertritt 59 Mitgliedsverbände mit rund 27.000 Unternehmen, in denen rund 1,2 Mio. Menschen Beschäftigung finden.

Die strategische Kooperation zwischen Behörde, Wirtschaft und privatem Dienstleister, insbesondere die konsequente Einbeziehung der Arbeitgeber, die im Aufgabenfeld der Teilhabe häufig als vermeintliche Gegner betrachten werden, welche die Beschäftigungsquote nicht erfüllen und sich lieber „freikaufen", birgt Potenzial, aber auch Zündstoff.

Es handelt sich bei dieser Kooperation um eine durchaus ungewöhnliche Allianz von Behörde, Arbeitgebern und Rehabilitationsdienstleister – oder – ironisch formuliert, um eine Allianz von Bürokratie, Marktwirtschaft und Sozialromantik, bei der jeder der drei Partner mindestens in seinem eigenen „Lager" Widerstände, Misstrauen, Skepsis, Vorsicht und Unsicherheit überwinden muss. In der Zusammenarbeit dieser unterschiedlich beheimateten Partner entsteht, lange vor Verabschiedung der UN-Behindertenrechtskonvention und vor der Idee der Inklusion, auf der fachlichen Ebene ein Konzept, das Teilhabe weitestgehend „von vornherein" ermöglichen will, statt schwerbehinderte Menschen „nachträglich" integrieren zu müssen. Habituell, methodisch und instrumentell soll das Projekt nach dem Willen der Partner als sozialverantwortliche Unternehmensberatung agieren.

Mehr Information, besseres Know-how, barrierefreie Ablaufstrukturen, geänderte Aufbaustrukturen, kurzum eine systematische, organische und nachhaltige Verankerung des Themas in den Strukturen, in den Köpfen und in der Kultur der Unternehmen – das war das Ziel des neuen Projektes.

In der Praxis führt(e) diese Zusammenarbeit dazu, dass „fremde Welten" auf Augenhöhe kommunizieren müssen, dass Begehrlichkeiten entstehen, dass Anziehungskräfte und Fliehkräfte unerwarteter Herkunft wirken und dass disparat sich gegenüberstehende Akteure ihre Rollenverständnisse und Lagermentalitäten überdenken müssen, um in eine geordnete Kommunikationsstruktur eintreten zu können, die dauerhaft und nachhaltig wirkt.

Man konnte ahnen, dass es in der „Szene" der klassischen und auch erfolgreichen Fachdienste kritisch beobachtet würde, dass da ein „soziales Projekt" gemeinsame Sache mit den Arbeitgeberverbänden machen sollte und wollte (!). Unausgesprochen wurde eine Verbrüderung mit dem Arbeitgeberlager befürchtet, gleichwohl wurde aber von Beginn an bis heute die Nähe zu den Arbeitgebern genau beobachtet, mal skeptisch, mal neidisch – doch meist anerkennend.

Der Ansatz stand nicht unerwartet auf der Kippe, als die erwarteten Ergebnisse nicht in dem Tempo und der Systematik eines Zuwendungsbescheides eintrafen, zumal Integrationsamt, Dienstleister und Arbeitgeberverband nicht immer in allen Punkten deckungsgleiche Interessen mit dem Projekt verbanden. Doch das Potenzial und die Qualität des Ansatzes, der Vorteil der strategischen Partnerschaft sowie die konstruktive Zusammenarbeit der drei Partner setzten sich in mehrjähriger Arbeit durch.

24.3 Beschreibung des Ansatzes

24.3.1 Die Krux des Ansatzes

Das Besondere des Ansatzes ist es, das Instrumentarium einer sozialverantwortlichen Unternehmensberatung mit der Fachlichkeit und der sozialpolitischen Aufgabenstellung eines Integrationsfachdienstes zu kombinieren. Das war und ist bis heute in Verbindung mit dem klaren und eindeutigen Profil der Arbeitgeberorientierung die Krux des Projektes und macht in der Konsequenz die besondere Qualität des Ansatzes aus.

Aus diesem Ansatz entfaltete sich sukzessive in einem intensiven Kommunikations- und Arbeitsprozess mit der Sozialbehörde in Hamburg, mit der Arbeitgebervereinigung UVNord und mit der FAW gGmbH ein Projekt, das fachliche und juristische Beratung, Begleitung von Veränderungsprozessen, Netzwerk- und Lobbyarbeit sowie eine an professioneller Unternehmenskommunikation orientierte Öffentlichkeitsarbeit entwickelt. Damit konnte sich das Projekt als Partner auf Augenhöhe für kleine, mittelständische und teilweise auch große Unternehmen etablieren.

In der Umsetzung bedeutet dies, konsequent die Erfahrungswelt der Betriebe, ihre wirtschaftlichen Rahmenbedingungen, die Sachzwänge der handelnden Personen, die ökonomischen Interessen, die arbeitsrechtlichen Grundlagen und die Erwartungen der Stakeholder zu berücksichtigen, zu verstehen und dennoch mit „sanfter Hartnäckigkeit", mit Geduld und Konsequenz das Thema der beruflichen Teilhabe von Menschen mit Behinderung immer wieder so auf der Agenda der Personalverantwortlichen zu verankern, dass es nicht als Klotz am Bein oder als Fessel der unternehmerischen Freiheit gesehen wird, sondern als Chance zur Weiterentwicklung der Human Resources.

Die Verbindung zum Instrumentarium einer Unternehmensberatung erwächst aus dem Verständnis der Teilhabe schwerbehinderter Menschen als einem unternehmerischen Aufgabenfeld im Kontext von Organisationsentwicklung, Personalentwicklung, Gesundheitsmanagement und Change Management; im Kontext von Themen also, die typischerweise der Expertise von Unternehmensberatungen zugerechnet und von diesen dominiert werden. Es ist dieses Selbstverständnis, das die Kompetenz und die Kreativität in der Entwicklung neuer Produkte und Dienstleistungen gleichzeitig ermöglicht, erfordert und befördert.

24.3.2 Persönliche Beratung – immer wieder!

Wie wird im praktischen Alltag der Kern des Ansatzes greifbar? Es ist die persönliche Beratung von Personalverantwortlichen in den Unternehmen, die das wichtigste Arbeitsfeld der Projektaktivität darstellt. Das persönliche Gespräch ist die Keimzelle der Veränderung.

Unverändert ist es deshalb die vornehmste Aufgabe der Projektmitarbeiter, durch Mailingaktionen, Veranstaltungen, Netzwerk- und Öffentlichkeitsarbeit sowie begleitende telefonische Kontaktaufnahmen persönliche Beratungsgespräche zu terminieren und zu vereinbaren. Dabei wird im Ansatz eine Akzentverschiebung vorgenommen, die einen kleinen Schritt für das Beraterverständnis, aber einen großen Schritt für den Beratungserfolg bedeutet: Es werden nicht primär die Angebote des Projektes präsentiert, sondern die Berater schürfen nach dem, was in den Betrieben benötigt wird.

24.3.3 Wirkungsfelder des Ansatzes

Inhaltlich gilt es dabei, in den Unternehmen im Wesentlichen auf drei Ebenen zu agieren:

- Kompetenz der betrieblichen Akteure;
- Ablaufstrukturen;
- Aufbauorganisation.

Der Ansatz ist primär nicht durch eine Orientierung auf den Fall eines einzelnen, schwerbehinderten Beschäftigten gekennzeichnet, sondern er zielt darauf, in den Unternehmen grundsätzlich und von vorneherein Bedingungen für eine Beschäftigung schwerbehinderter Menschen zu verbessern, damit idealerweise bei jedem zukünftigen Einzelfall die Teilhabe (eher) gelingt. Es gilt zudem, durch eine hochwertige Netzwerk- und Öffentlichkeitsarbeit, durch Veranstaltungsreihen, Kampagnen und Vortragstätigkeiten das Thema der Teilhabe aus einer Nische herauszuholen, aufzuwerten, zu einem selbstverständlichen und bedeutenden Thema der Unternehmenskommunikation zu machen und dafür zu sorgen, dass die Anforderungen der Inklusion bei allen personalrelevanten betrieblichen Handlungsfeldern berücksichtigt werden.

Bezüglich der Kompetenzentwicklung der betrieblichen Akteure sind die Personalverantwortlichen die wesentliche Zielgruppe des Projektes. Um die erforderlichen fachlichen, juristischen und personalentwicklerischen Kompetenzen breiter und weniger von Einzelpersonen abhängig in den Unternehmen zu verankern, werden weitere betriebliche Akteure in die Arbeit einbezogen, unter anderem Betriebsärzte, Führungskräfte, Fachkräfte für Arbeitssicherheit, Integrationsteams und Arbeitskreise für Gesundheit; folglich möglichst viele Akteure, die für die Aufgabenfelder Rehabilitation, Prävention oder Gesundheit wichtig sind. So ergeben sich systematisch mehr Ansatzpunkte für eine Zusammenarbeit mit den Unternehmen. Einbezogen werden auch Themen, die die Teilhabe von Menschen mit Behinderung mittelbar betreffen, die aber eine besondere Bedeutung für Unternehmen besitzen. Dazu gehören demografischer Wandel, Fachkräftemangel, Corporate Social Responsibility (CSR), Diversity-Management, Gesundheitsmanagement, Disability Management und Qualifizierung.

Was bedeutet es auf der operativen Ebene, Teilhabe schwerbehinderter Menschen durch Veränderungen der betrieblichen Ablaufstrukturen zu erreichen?

Grundsätzlich ist es eine schmerzliche Projekterfahrung, dass das Tempo der Veränderung betrieblicher Ablaufstrukturen nicht lange nach Förderzeiträumen und Zuwendungsbescheiden fragt. Die Einflussmöglichkeiten auf betriebliche Veränderungen und Entscheidungsprozesse bzw. deren Steuerungsmöglichkeiten sind für externe Berater begrenzt. Solche Prozesse können bestenfalls begleitet, moderiert, vorbereitet und unterstützt werden. Insbesondere Veränderungen, welche die Beteiligungsrechte der Interessenvertretungen berühren, benötigen häufig mehr Zeit als dies von aktuellen Zuwendungsrichtlinien vorgesehen ist. Der Hinweis etwa an betriebliche Akteure, man möge doch einzelne Prozesse noch vor Ablauf der Förderperiode abschließen, wird bestenfalls ungehört verhallen. Dafür wiederum haben aber die Kostenträger eines solchen Projektes verständlicherweise wenig Verständnis – sie benötigen Ergebnisse im laufenden Bewilligungszeitraum. Gerade deshalb wirkt das Projekt verstärkt und systematisch auf die teilhabegerechte bzw. inklusive Gestaltung betrieblicher Abläufe insbesondere bei Stellenbesetzungen, Bewerberauswahl, Baumaßnahmen, Personaleinsatz und Personalentwicklung, Ausbildung und Fortbildung, Arbeitsplatzgestaltung und Arbeitsorganisation, Gesundheitsmanagement und weiteren personalrelevanten Handlungsfeldern.

Bezüglich der Veränderung der Aufbauorganisation eines Unternehmens gilt es, Ansatzpunkte zu finden, um Teilhabe geordnet in der Organisation des Unternehmens zu verankern. Beispielhaft genannt seien die Benennung und Qualifizierung der Arbeitgeberbeauftragten (gemäß § 98 SGB IX – Teil II), die Installierung von Disability Managern (CDMP – Certified Disability Management Professionals) und der Abschluss von Integrationsvereinbarungen und von Vereinbarungen zum betrieblichen Eingliederungsmanagement.

24.3.4 Wer soll das alles leisten?

Die Frage nach dem geeigneten Personal hat das Projekt länger als geplant begleitet. Sie tangiert Eingruppierungen, Berufsethos, Selbstverständnis, Rollenverständnis, Stellenbeschreibungen und nicht zuletzt Kompetenzen.

Die durchgängige Arbeitgeberorientierung muss prägende Haltung und Selbstverständnis der handelnden Projektmitarbeiter sein. Gleichzeitig müssen sie mit der notwendigen fachlichen Kompetenz und Unabhängigkeit agieren. Als Berater müssen sie zudem zuhören und reden können, noch dazu in dieser Reihenfolge. Sie müssen in der Lage sein, alle unterschiedlichen Anspruchsgruppen des Projektes „bedienen" zu können, ohne sich zwischen verschiedenen Fronten zerreiben zu lassen und ohne das eigene Profil zu verleugnen oder zu verlieren. Und darüber hinaus braucht es Mitarbeiter, die von den Ansprechpartnern aus dem mittleren und höheren Management der Unternehmen als gleichwertige Gegenüber und Partner akzeptiert werden.

Dass mit diesem spezifischen Ansatz des Projektes tatsächlich etwas Neues entstanden war, gepaart mit gewissen Inkompatibilitäten zu vorhandenen Berufsbildern und Denkmustern, zeigte sich mehrfach auch an mit dem Ansatz und seinen Stakeholdern nicht gänzlich kompatiblen Projektmitarbeitern und einer entsprechenden Fluktuation in der länger als erwartet andauernden Anfangsphase des Projektes.

Wer sollte die skizzierten Stellenprofile erfüllen?

Juristen? Ihnen fehlt häufig die Beratungskompetenz oder das berufliche Selbstverständnis, Aufgaben der Teilhabe und Rehabilitation innerlich anzunehmen.

Klassische Unternehmensberater mit betriebswirtschaftlichem Hintergrund? Diese haben vielfach andere finanzielle Vorstellungen, gepaart mit wechselseitiger Skepsis, ob das „kulturell" passen würde.

Sozialpädagogen und Rehabilitationsfachkräfte? Sie wiederum sehen sich eher als Anwälte von Rehabilitanden und Menschen mit Behinderung, denken in den Kategorien „Klienten" und „Teilnehmer" und betrachten die Arbeitgeberseite und das entsprechende Auftreten vielfach mit Skepsis und Vorbehalten.

Erst nach und nach entwickelte sich, unter Nutzung eines Höchstmaßes an zuwendungsrechtlicher Geduld und Demut, ein Team, das gerade durch seine Heterogenität die erforderliche Homogenität, Professionalität und Stabilität als Team zusammenfand. Interdisziplinäre und fachübergreifende Kompetenz zeichnet das heutige vierköpfige Projektteam aus. Dazu kommt die notwendige menschliche und persönliche Harmonie, um die Fliehkräfte und Zugkräfte der unterschiedlichen Anspruchsgruppen, Gegner, Skeptiker, Freunde und Partner des Projektes unbeschadet zu überstehen.

24.4 Beschreibung des Ansatzes: Projektverlauf und Projektaktivitäten

24.4.1 Chronologie der Projekte

Unter dem gemeinsamen Namen BIHA finden seit 2001 Projekte mit immer neuen und aktualisierten fachlichen bzw. arbeitsmarktpolitischen Schwerpunkten statt, die hier tabellarisch skizziert seien (Tab. 24.1).

Die für BIHA-5 angegebenen Zahlen beziehen sich auf einen Auswertungszeitraum von 14 Monaten, von Januar 2011 bis Februar 2012.

24.4.2 Projektaktivitäten

24.4.2.1 Beratungsarbeit

BIHA hat im Zeitraum vom 15.10.2001 bis zum 31.03.2012 insgesamt rund 2.000 Beratungen in Betrieben und Unternehmen zum Thema der Beschäftigung schwerbehinderter Menschen durchgeführt, daran haben von Seiten der Unternehmen insgesamt rund 4.250 Personen teilgenommen.

Damit wurden die Personalverantwortlichen von rund 550 verschiedenen Unternehmen erreicht. In diesen Unternehmen finden rund 320.000 Menschen eine Beschäftigung, das entspricht rund 40 % aller sozialversicherungspflichtig Beschäftigten in Hamburg.

Gleichzeitig wurden damit die Personalverantwortlichen für rund 11.000 schwerbehinderte Beschäftigte in Hamburger Unternehmen informiert, beraten, unterstützt und begleitet bei der betrieblichen Umsetzung der Regelungen aus dem Sozialgesetzbuch IX.

Allein in den Jahren 2008–2010 wurden 290 Unternehmen erreicht. Es wurden in diesem Zeitraum 720 Einzelberatungen mit 1.508 Vertretern dieser Unternehmen – mehrheitlich Führungskräften – durchgeführt.

In vielen Fällen werden betriebliche Veränderungsprozesse über einen längeren Zeitraum kontinuierlich begleitet. Dies wird beispielsweise bei der Einführung des be-

Tab. 24.1 BIHA-Einzelprojekte in der Übersicht. (Quelle: Eigene Darstellung)

Phase	Zeitraum	Schwerpunkt	Beratene Unternehmen	Davon neue Unternehmen	Beratungen	Beratene Personen	Projektlaufzeit in Monaten
BIHA-1	2001–2003	Unternehmen informieren über neues SGB IX und Umsetzung in betriebliches Handeln initiieren	222	222	242	532	24
BIHA-2	2003–2005	Betriebliche Umsetzung der Novellierung des SGB IX inkl. der Regelung zum betrieblichen Eingliederungsmanagement	229	78	341	750	24
BIHA-3	2005–2007	Demografischer Wandel und BEM	172	74	377	952	26,5
BIHA-4	2008–2010	Demografischer Wandel, BEM und Qualifizierung	290	139	720	1508	36
BIHA-5	2011–2012	Demografischer Wandel, BEM, Qualifizierung und Einzelfallunterstützung	157	42	309	602	24

trieblichen Eingliederungsmanagements (§ 84 Abs. 2 SGB IX) erforderlich; ein Prozess, der auch Aufgaben in Verbindung mit der Organisationsentwicklung umfassen kann.

Auch bei der Moderation von Verhandlungen zum Abschluss einer Integrationsvereinbarung, bei der Beratung zum demografischen Wandel und der Durchführung von Altersstrukturanalysen ergeben sich häufig längere Prozessbegleitungen in Form von Beratungsketten.

Im Kontext des Projektschwerpunkts der Qualifizierung entstehen längere Unterstützungsprozesse bei der Erhebung von Bildungsbedarfen und der Entwicklung von passenden Qualifizierungsmodulen für schwerbehinderte Beschäftigte und für die betrieblichen Akteure auf Seiten der Arbeitgeber.

Im Rahmen einer Kundenbefragung gaben insgesamt 74 % der Unternehmen, die sich an der Befragung beteiligt hatten, an, konkrete Maßnahmen zur Verbesserung der Beschäftigung schwerbehinderter Menschen durchgeführt zu haben.

In einem ausgewählten Projektzeitraum von 18 Monaten (1.1.2008 bis 31.6.2009) wurde eine differenzierte Analyse der Beratungsinhalte und -ergebnisse vorgenommen. In diesem Auswertungszeitraum fanden insgesamt 330 Beratungen in 188 verschiedenen Unternehmen statt. Diese Unternehmen beschäftigten rund 4.869 schwerbehinderte Menschen.

Bei den 330 Beratungen wurden in

- 193 Fällen Lösungen konkreter Einzelfallproblematiken schwerbehinderter Beschäftigter erarbeitet. Gegenstand waren dabei in der Regel deutliche Leistungseinschränkungen, erhöhte Fehlzeiten, Probleme in der Zusammenarbeit im Team und mit Führungskräften oder sonstige aus Sicht der Arbeitgeber nicht mehr zumutbare Belastungen;
- 53 Fällen konkrete Einstellungsmöglichkeiten für schwerbehinderte Beschäftigte besprochen;
- 107 Fällen konkrete Fördermöglichkeiten zur Sicherung bedrohter Arbeitsplätze geklärt;
- 75 Fällen eine Zusammenarbeit mit anderen Fachdiensten und Rehabilitationsträgern hergestellt;
- 145 Fällen die Ausgestaltung und die Einführung des betrieblichen Eingliederungsmanagements besprochen;
- 81 Unternehmen Schritte zur Bewältigung der Auswirkungen des demografischen Wandels auf die Gruppe der schwerbehinderten Beschäftigen besprochen;
- 14 Unternehmen die vollständigen Personaldaten an das Projekt übergeben zur Erstellung einer Altersstrukturanalyse unter besonderer Berücksichtigung der schwerbehinderten Beschäftigten;
- 35 Unternehmen Maßnahmen zur Verhinderung beabsichtigter Kündigungen geplant;
- 19 Fällen juristische Fragen zur Beschäftigung schwerbehinderter Menschen geklärt;
- 83 Unternehmen weiterführende Informationsbedarfe über entsprechende Recherchen abgedeckt;
- 56 Fällen konkrete Qualifizierungsbedarfe schwerbehinderter Menschen geklärt und Qualifizierungsprogramme der Arbeitsmarktinstitutionen vorgestellt.

24.4.2.2 Unternehmensnetzwerk „Runder Tisch"

Der erfolgreiche Aufbau des Unternehmensnetzwerkes und Expertenforums „Runder Tisch" mit den fachlichen Schwerpunkten „Betriebliches Eingliederungsmanagement", „Demografischer Wandel" und „Qualifizierung" dokumentiert den Unterstützungsbedarf der Unternehmen und den funktionierenden Arbeits- und Kommunikationsprozess.

Seit März 2005 gibt es die entsprechende Veranstaltungsreihe „Runder Tisch". Insgesamt haben bis heute (Stand: 31.3.2012) 46 „Runde Tische" stattgefunden, bei denen der

Erfahrungsaustausch zwischen den Unternehmen und mit den Trägern der Rehabilitation, die Präsentation von guter Teilhabepraxis („best practice"), die Vorstellung ausgewählter Projekte sowie Fachvorträge von Wissenschaftlern, Medizinern, Disability Managern, Personalverantwortlichen und anderen Fachleuten im Mittelpunkt stehen.

An diesem Unternehmensnetzwerk haben über 200 Unternehmensvertreter aus rund 130 verschiedenen Unternehmen sowie rund 40 Experten und Fachleute teilgenommen; viele nehmen regelmäßig bzw. wiederholt teil. Das bedeutet, dass neben der regulären Beratungsarbeit durchschnittlich jeden zweiten Monat eine entsprechende Netzwerkveranstaltung durchgeführt wurde. Für die Kommunikation dieses Netzwerkes wurde 2010 die Dokumentation „Chefsache Prävention – Unternehmen lernen im Netzwerk" produziert.

An den Runden Tischen nehmen neben den Vertretern der Unternehmen und Betriebe auch die Vertreter der Rehabilitationsträger, des Integrationsamtes und der Integrationsfachdienste, der Arbeitsmarktinstitutionen sowie Fachleute und Wissenschaftler teil. Somit bilden diese Aktivitäten einen wesentlichen Beitrag zum Know-how-Aufbau – Unternehmen lernen voneinander–, aber auch zur Etablierung eines Arbeitszusammenhanges zwischen Unternehmen und den Akteuren der Teilhabe.

24.4.2.3 Die Kampagne „… und es geht doch"

Im Jahr 2004 hat das Projekt gemeinsam mit zwei Partnern die Kampagne „… und es geht doch" gegründet. Ziel der Kampagne ist es, mit außergewöhnlichen Veranstaltungsformaten, mit ungewöhnlichen Blickwinkeln auf das Thema der Teilhabe, durch die Gewinnung namhafter Unternehmen als Sponsoren und durch die Wahl außergewöhnlicher Veranstaltungsorte immer mehr und neue Unternehmen für die Teilhabe schwerbehinderter Menschen zu gewinnen und dabei auch Themen aus dem klassischen Portfolio von Unternehmensberatungen aufzugreifen (siehe Punkt 24.3.1, Absatz 2, letzter Satz) und in den Kontext der Teilhabe zu stellen.

Die Kampagne „… und es geht doch" ist somit gleichermaßen Organisator größerer „leuchtturmartiger" Fachveranstaltungen und Marketinginstrument, um das Thema der beruflichen Teilhabe schwerbehinderter Menschen aus den Mühen und Mühlen des Alltags zu heben und mit positiven Bildern und Erfahrungen zu verknüpfen.

So konnte im Jahr 2010 ein 45-minütiger Dokumentarfilm mit dem Titel „… und es geht doch" produziert werden, der beispielhaft fünf Unternehmen und sechs konkrete Einzelbeispiele der Beschäftigung schwerbehinderter Menschen präsentiert.

Bei der Auswahl der Beispiele wurde bewusst auf eine möglichst große Vielfalt geachtet: Gezeigt werden Menschen mit unterschiedlichen Handicaps, mit unterschiedlichem Bildungsniveau, in unterschiedlichen Berufsfeldern und in Unternehmen unterschiedlicher Branchen mit unterschiedlicher Größe. Dies unterstützt die Übertragbarkeit der Beispiele in möglichst viele andere Unternehmen.

Bei den gezeigten Unternehmen werden technische Hilfen, Förderung der Personalentwicklung, Qualifizierung von Mitarbeitern und Kollegen, Prozessbeschreibung und Dokumentation von Arbeitsabläufen und bauliche Veränderungen als konkrete Maßnahmen der beruflichen Integration präsentiert, die in das Resümee münden: „… und es geht doch".

So wird beispielsweise ein Unternehmen der Metallverarbeitung (Grünthal Feinblech Technik GmbH) mit 43 Mitarbeitern gezeigt, das insgesamt 13 schwerbehinderte Mitarbeiter beschäftigt, von denen wiederum 11 gehörlos sind. Dabei handelt es sich wohlgemerkt um ein „normales" Unternehmen, nicht um einen Integrationsbetrieb. Es wird deutlich, dass es Vorteile und Erleichterungen bringt, mehrere Beschäftigte mit gleichem Handicap zu beschäftigen, und dass eine bessere Dokumentation und Verschriftlichung von Arbeitsprozessen nicht nur den Mitarbeitern mit Handicap zu Gute kommt, sondern dass auch die Prozesse im Unternehmen grundsätzlich davon profitieren und so Strukturen entstehen.

Im Film wird auch dargestellt, wie der Hamburger Flughafen mit der Anschaffung von Hebehilfen für die Gepäckabfertigung die Weiterbeschäftigung schwerbehinderter Menschen am bisherigen, körperlich anspruchsvollen Arbeitsplatz ermöglicht. Zudem wird gezeigt, welche Förderungen, Unterstützungen und Assistenzen Unternehmen bei der Beschäftigung schwerbehinderter Menschen in Anspruch nehmen können.

Unternehmen für Projekte wie diesen Kampagnenfilm zu gewinnen, ist Ergebnis und Bedingung für die Entwicklung stabiler und geordneter Kommunikations- und Arbeitszusammenhänge zum Thema berufliche Teilhabe; zumal die Unternehmen die Kosten für die Produktion des Filmes übernommen haben. An den bisherigen neun Veranstaltungen der Kampagne „... und es geht doch" haben insgesamt rund 800 Unternehmensvertreter teilgenommen.

24.4.2.4 Installierung, Qualifizierung und Unterstützung von Arbeitgeberbeauftragten

Seit Beginn 2010 erfolgen systematisch über verschiedene Wege der Unternehmenskommunikation (E-Mail, Newsletter, Homepage, Zeitschrift, Flyer etc.) Informationen an Arbeitgeber zur gesetzlichen Verpflichtung der Benennung eines Arbeitgeberbeauftragten, der den Arbeitgeber in Fragen der Beschäftigung schwerbehinderter Menschen vertritt (§ 98 SGB IX).

Im Ergebnis wurden von den Kunden daraufhin im Zeitraum von 15 Monaten insgesamt 35 Personen für eigens entwickelte Qualifizierungen zum Arbeitgeberbeauftragten angemeldet, entsprechend wurden sieben Schulungen durchgeführt. Arbeitgeberbeauftragte von insgesamt 21 verschiedenen Firmen mit rund 900 schwerbehinderten Beschäftigten wurden qualifiziert. Die Expertise der Unternehmen wurde damit an zentraler Stelle verbessert und strukturell verankert.

24.5 Stärken und Schwächen des Ansatzes

24.5.1 Stärken

24.5.1.1 Strategische Partnerschaft mit den Arbeitgeberverbänden

Die Kooperation mit den Arbeitgeberverbänden durch die Partnerschaft mit dem wirtschafts- und sozialpolitischen Spitzenverband der Wirtschaft in Norddeutschland,

UVNord, und die Trägerschaft durch den wirtschaftsnahen Personaldienstleister FAW gGmbH bieten einen gewissen Standortvorteil in der Kommunikation mit den Betrieben und Unternehmen. Die Kooperation ermöglicht es dem Projekt, in der Ansprache der Unternehmen als wirtschaftsnaher Dienstleister und Partner der Unternehmen aufzutreten, der für die Arbeitgeberverbände und im Auftrag der Arbeitgeberverbände tätig wird.

24.5.1.2 Klares Profil
Die Beauftragung des Projekts mit der ausschließlichen Unterstützung für Arbeitgeber führt zu einem eindeutigen, klaren und unverwechselbaren Profil. Gerade im Umfeld der Rehabilitation, der Teilhabe und der Tätigkeit der klassischen Integrationsfachdienste, bei dem in der Regel die einzelfallorientierte Unterstützung für einen schwerbehinderten Menschen im Vordergrund steht, ist mit dem unternehmensberaterischen Ansatz ein großer Bedarf bei den Unternehmen entdeckt und gedeckt worden.

Bis heute führt es bei neuen Kunden immer wieder zum Erstaunen, dass im Feld der Teilhabe eine arbeitgeberorientierte Unterstützung durch die Sozialsysteme vorgehalten wird. Immer wieder erhalten wir überregionale Anfragen, ob es Projekte mit gleichem Ansatz auch in anderen Bundesländern gibt. Uns selbst sind Projekte mit einem vergleichbaren Ansatz und Profil, die von einem wirtschaftsnahen Dienstleister in Partnerschaft mit einem Arbeitgeberverband durchgeführt werden, nicht bekannt. Es ist häufig nicht die Exklusivität der Fachinformationen, sondern die Gewissheit, bei einem Partner der Wirtschaft mit seinen Anliegen gut aufgehoben zu sein, was Unternehmen zur Zusammenarbeit mit dem Projekt bringt.

24.5.1.3 Thematische Vielfalt
Innerhalb des klaren Profils der Arbeitgeberorientierung eröffnet der Projektansatz die Möglichkeit, alle Aspekte der betrieblichen Unterstützung von Unternehmen bei den Teilhabeanstrengungen aufzugreifen und operativ zu begleiten. Die Tatsache, dass nicht einzelne Maßnahmen aus dem operativen Repertoire der klassischen Integrationsfachdienste festgeschrieben werden, ermöglicht erst die Orientierung auf den tatsächlichen Bedarf der Unternehmen, um auf sich verändernde wirtschaftliche, rechtliche, soziale und kulturelle Rahmenbedingungen der Unternehmen reagieren, und sich tatsächlich „in die Unternehmen hineinversetzen" zu können.

24.5.1.4 Orientierung am Bedarf
Gerade kleine und mittelständische Unternehmen haben vielfach in der Tat nicht die innerbetrieblichen Ressourcen, um die Regelungen zur betrieblichen Teilhabe, wie vom Gesetzgeber angestrebt, umzusetzen. Hier findet der Ansatz einen Bedarf, der einen entscheidenden Beitrag zur Akzeptanz und zum Nutzen des Projektes liefert.

24.5.1.5 Berater als Verbündete im innerbetrieblichen Kräftespiel
Der beratende Ansatz ermöglicht es, sich im inhomogenen Kräftespiel der Teilhabe in den Unternehmen als Verbündete und Unterstützer derjenigen zu engagieren, die sich

mit positiven Ansätzen der Beschäftigung von Menschen mit einer Schwerbehinderung bislang nicht durchsetzen konnten. Fachlich, methodisch, habituell und kulturell gestattet der BIHA-Ansatz eine Unterstützung, die zu einer besseren Platzierung des Themas und seiner Akteure im Unternehmen führt.

Wurde das Engagement „teilhabefreundlicher" Akteure innerbetrieblich gerne als „soziale Attitüde" abgetan, so entwickeln die Akteure mit wachsender Kompetenz eine „attitude", sprich eine Haltung und eine Einstellung, deren Professionalität sehr viel schwieriger ignoriert oder abgetan werden kann.

24.5.1.6 Von der Trägheit des Erfolges: Nachhaltige Verbesserungen statt kurzfristiger Effekte

Entscheidender Vorteil des Ansatzes, gleichzeitig auch entscheidender Nachteil ist, dass er langsam wirkt, dafür aber nachhaltig. Programme, die auf die Förderung einzelner Beschäftigungsverhältnisse zielen, sind gut und wichtig, auch wenn Verfahrensregeln und Antragsformulare, welche die allseits befürchteten Mitnahme-Effekte verhindern sollen, manchmal die Förderung selbst verhindern, weil sie vielfach zu aufwendig oder zu realitätsfern konzipiert sind. Ohne die Sinnhaftigkeit solcher Programme prinzipiell in Frage stellen zu wollen, wurden damit in der Vergangenheit auch kurzfristige Effekte erreicht, die aber bald verflogen, und keine einzelfallunabhängige bzw. nachhaltige Veränderung bewirken konnten.

Der im beschriebenen Projekt aber wirkende Ansatz setzt gerade explizit nicht auf eine einseitige Einzelfallunterstützung, sondern auf strukturelle und kulturelle Veränderungen der Unternehmen, die unabhängig von einzelnen handelnden Personen und von verebbenden und wieder aufblühenden Förderlandschaften gedeihen. Aus dem Ansatz resultiert also, dass Erfolge zwar sehr viel mühsamer errungen werden (vergl. 24.3.3.), diese dann aber „tragen". Es zeigt sich, dass sie eine „positive Trägheit" und Stabilität besitzen, die sie widerstandsfähiger machen gegen ökonomische und unternehmenskulturelle Turbulenzen und gegen die Auswirkungen von Personalfluktuation und wechselnden Kräfteverhältnissen in den Unternehmen.

24.5.1.7 Teilhabe hat viele Seiten

Während sich der Controller auf unser Rechenmodell zur Berechnung der Ausgleichsabgabe konzentriert, interessiert sich der Betriebsarzt für den präventiven Ansatz unserer Arbeit zum BEM, die Führungskraft für die bessere Einsatzfähigkeit schwerbehinderter Mitarbeiter, der Prokurist für das rechtssichere Agieren des Unternehmens und die Recruitingabteilung für die schwerbehinderten Menschen als Arbeitsmarktreserve. Der Personaler braucht unsere Unterstützung bei den für den Personaleinsatz relevanten Bestimmungen aus dem Sozialgesetzbuch IX, der Betriebsleiter will die Folgen des demografischen Wandels abschätzen und das Integrationsamt möchte weniger Kündigungsanträge und einen möglichst effektiven Einsatz der Mittel aus der Ausgleichsabgabe. Durch die strategische Verbindung unterschiedlicher Partner mit den je spezifischen Interessen bietet das Projekt eine größere Projektionsfläche und mehr Anknüpfungspunkte für diese unterschiedlichen Interessen und Akteure.

24.5.2 Schwächen

Schwierigkeiten des Ansatzes ergeben sich aus der Tatsache, dass das Projekt konkurrierende Anforderungen erfüllen muss, nämlich einerseits die Erwartung, längerfristig mit Unternehmen zusammenzuarbeiten, um größere Veränderungen erreichen zu können und andererseits die Erwartung, stets neue Unternehmen zu gewinnen, um eine bessere Reichweite des Projektes zu erreichen. Zudem sind die angestrebten Veränderungen auf den Ebenen Kompetenz der betrieblichen Akteure, Aufbauorganisation und Ablauforganisation weniger leicht messbar und quantifizierbar als klassische Vermittlungserfolge und nicht immer eindeutig und monokausal dokumentierbar. Außerdem zeitigen die auf langfristige und nachhaltige Veränderungen zielenden Projektaktivitäten ihre Ergebnisse und Erfolge nicht immer zuwendungszeitraumgerecht bzw. -adäquat. Und der Vorteil, auf eine Allianz aus Behörde, Arbeitgeberverband und privatwirtschaftlichem Dienstleister zurückgreifen zu können, führt in der regelhaften Kommunikation dieser Partner auch gelegentlich zu Reibungsverlusten.

24.6 Bisherige Erfahrungen

Es ist festzustellen, dass in kleinen und mittelständischen Unternehmen eine Verbesserung der Beschäftigungssituation schwerbehinderter Menschen nur über eine qualifizierte und dauerhafte betriebsnahe Unterstützung und Begleitung erreicht wird.

In der nun zehnjährigen Tätigkeit des Projektes zeigte sich, dass diesbezügliche Beratungsbedarfe von Unternehmen ein sehr dynamisches Phänomen sind. Vereinfacht: Beratungsinteresse besteht in sehr vielen Unternehmen, es muss „nur" der richtige Zeitpunkt und insbesondere die richtige Form der Ansprache gefunden werden und es müssen Kompetenz und Verlässlichkeit transportiert werden. Die Projektmitarbeiter sprechen die Unternehmen in der Regel zunächst telefonisch oder per Mailing an. Hierfür sind die Reputation des arbeitgebernahen Trägers und der Bezug auf die Unterstützung der Maßnahme durch den Unternehmensverband Nord wichtige „Türöffner". Es werden mit dieser Form der Ansprache eindeutig mehr betriebliche Entscheidungsträger erreicht, als wenn dies die Behörden selbst versuchen. Trotzdem ergeben sich immer nur mit einem Teil der so angesprochenen Geschäftsführungen persönliche Gespräche. Es zeigt sich bei der systematischen Akquisition von Beratungsbedarfen und Beratungsinteressen der Unternehmen, dass eine wiederholte Akquisition zielführend sein kann, da sie möglicherweise auf eine veränderte betriebliche Interessenlage oder auf andere Ansprechpartner stößt: Häufig kommt es zu einem späteren Zeitpunkt doch noch zu einer Beratung und Zusammenarbeit.

Bei einem erheblichen Teil der Erstberatungen kann das Projekt die entstandene Beratungsbeziehung ausbauen. Von zwei Dritteln der über 550 bisher beratenen Unternehmen wurden die Dienstleistungen wiederholt in Anspruch genommen, oft in Form kontinuierlicher Beratungen zu ausgewählten innerbetrieblichen Prozessen im Kontext der Beschäftigung schwerbehinderter Menschen.

Dabei muss berücksichtigt werden, dass es eine weitere wichtige Aufgabe des Projektes ist, explizit einen hohen Anteil von Unternehmen zu akquirieren, die bislang noch nicht von BIHA beraten wurden, um auf diese Weise eine größere Reichweite zu erzielen. Zwischen diesen beiden konkurrierenden Projekterfordernissen gilt es insofern die richtige Balance zu halten, um beiden Anforderungen gerecht werden zu können.

Auch der erfolgreiche Aufbau des Unternehmensnetzwerkes und Expertenforums „Runder Tisch" mit den fachlichen Schwerpunkten „Betriebliches Eingliederungsmanagement", „Demografischer Wandel" und „Qualifizierung", dokumentiert den Unterstützungsbedarf der Unternehmen und den funktionierenden Arbeits- und Kommunikationsprozess (www.faw-biha.de/veranstaltungen.html).

Das Projekt erreicht unter Bezugnahme auf den Unternehmensverband insbesondere auch solche Betriebe, die zuvor von den staatlichen Stellen nicht erreicht wurden. Immerhin geben rund 65 % der jeweils neu akquirierten Unternehmen an, dass sie zuvor mit den Fachstellen der Bundesagentur für Arbeit und/oder dem Integrationsamt im Hinblick auf die Beschäftigung schwerbehinderter Menschen noch keinen Kontakt hatten. Vielfach waren den Ansprechpartnern die Aufgaben dieser staatlichen Stellen und ihre Unterstützungsmöglichkeiten nicht bekannt.

Parallel hat das Projekt besondere Netzwerke für Unternehmen aufgebaut, deren Ziel es ist, die Beschäftigungsfähigkeit von schwerbehinderten Menschen zu verbessern. In den verschiedenen Netzwerken arbeiten zeitweilig oder dauerhaft über 130 Unternehmen mit.

Die Beschäftigung schwerbehinderter Menschen ist in vielen Unternehmen ein Thema von nachrangiger Priorität: Es steht nicht auf der Firmenagenda, weil es nur eine geringe Anzahl von Beschäftigten betrifft. Es muss zudem anerkannt werden, dass ein relativ hoher Anteil der arbeitslosen Menschen mit einer anerkannten Schwerbehinderung nicht über eine qualifizierte Ausbildung, gute Berufserfahrung oder einen qualifizierten Schulabschluss verfügt und so für viele vakante Stellen nicht in Frage kommt.

Mit dem demografischen Wandel, der Erhöhung des Renteneintrittsalters und dem ohnehin mit steigendem Altern zunehmenden Anteil schwerbehinderter Menschen stehen Unternehmen vor weiteren Herausforderungen bei der Sicherung der Arbeitsplätze schwerbehinderter Beschäftigter.

Zudem beobachten wir, dass unter dem wachsenden ökonomischen Druck auch globalisierter Wettbewerbsbedingungen sogenannte „Nischenarbeitsplätze" oder „Schonarbeitsplätze" immer weniger existieren. Nur Unternehmen mit einem ausgesprochen hohen und expliziten Anspruch an die eigene soziale Verpflichtung widerstehen dem Druck (oder der Versuchung!), solche Arbeitsplätze abzubauen.

Dabei ist allerdings zu berücksichtigen, dass mit der Auflösung entsprechender Arbeitsplätze und Abteilungen auch eine Praxis der „Abschiebung" von Mitarbeitern mit Einschränkungen auf solche Arbeitsplätze beendet wird, was vielfach darin mündet, dass Unternehmen verstärkte Anstrengungen der Prävention unternehmen, um gesundheitliche Einschränkungen bzw. Behinderungen zu vermeiden.

Die fortschreitende Ökonomisierung auch kleinerer betrieblicher Prozesse und kleinerer Organisationseinheiten führt dazu, dass bei immer geringerer Abweichung von einem idealen Austauschverhältnis zwischen Entlohnung und Arbeitsleistung Arbeitsplätze zur Disposition gestellt werden.

Die Projektschwerpunkte demografischer Wandel und Qualifizierung sind angesichts dieser Entwicklungen in besonderer Form dazu geeignet, Beschäftigung schwerbehinderter Menschen zu fördern und zu sichern. Kleine und mittelständische Unternehmen sind hier auf die Ressourcen und die Expertise begleitender wirtschaftsnaher Projekte angewiesen.

Die Notwendigkeit einer wirtschafts- und betriebsnahen Unterstützung von kleinen und mittelständischen Unternehmen ist zudem dadurch gewachsen, dass mit der durch die UN-Behindertenrechtskonvention (UN-BRK) gestellten Aufgabe, Teilhabe inklusiv zu gestalten, neue Anforderungen auf die Unternehmen zukommen. Diese können insbesondere von kleinen und mittelständischen Unternehmen nicht kompetent bewältigt werden, zumal die Ausformulierung und Konkretisierung des Inklusionsprogrammes für den Bereich Arbeit und Beschäftigung, im Gegensatz zum Bereich Schule und Bildung, bislang weitestgehend noch nicht erfolgt ist und im Stadium der Vision steckt.

24.7 Ausblick

BIHA wird in der Konsequenz der bisherigen Projektergebnisse mit einer noch stärkeren Fokussierung auf die Kernaufgaben gerade für die Zielgruppe der kleinen und mittelständischen Unternehmen reagieren. Damit wird der Problematik entgegengewirkt, dass gerade fehlende Informationen und Erfahrungen sowie fehlendes fachliches und juristisches Know-how, fehlende Netzwerke und der Mangel an positiven Bildern die Teilhabebereitschaft von Unternehmen behindern. Pauschale Vorurteile oder abstrakte, negative Einstellungen gegenüber der Beschäftigung schwerbehinderter Menschen spielen in der betrieblichen Praxis keine wesentliche Rolle.

Aussagen wie „Ich wusste gar nicht, dass es immer noch Schwerbeschädigte gibt", sind zwar in ihrer Formulierung nicht typisch und auch nicht alltäglich, illustrieren aber sehr pointiert das Grundproblem fehlender Information und Fachlichkeit.

Es ist andererseits als Folge der Beratungsarbeit zu beobachten, dass mit dem Fachkräftemangel langsam in einzelnen Unternehmen, wiederum bei Großunternehmen beginnend, die Gruppe der schwerbehinderten Menschen zunehmend als Arbeitsmarktreserve wahrgenommen wird und erschlossen werden soll – entsprechende Projektanfragen gehen zurzeit bei BIHA ein und werden zukünftig verstärkt aufgegriffen und weiterentwickelt.

Auch die Erwartungen an die Qualifikation von Bewerbern werden langsam an die Realität der Bewerbersituation angepasst bzw. es wird mit verstärkten Qualifikationsanstrengungen reagiert, auf die der hier beschriebene Projektansatz antworten kann. Diese Entwicklung ist aufzugreifen, weiterzuentwickeln und in kleine und mittelständische Unternehmen zu transportieren.

Dazu, wie auch zur grundlegenden Verbesserung der Akzeptanz für das Thema, sind die Öffentlichkeitsarbeit, die Unternehmenskommunikation und die Verbreitung von „Best

Practice" mit dem vorliegenden Projektansatz ein ausgezeichnetes Mittel. Hilfreich sind in einem übergeordneten Kontext die Kommunikation des Themas, auch hier zunächst bezogen auf größere Unternehmen, die Unterzeichnung der UN-Behindertenrechtskonvention (UN-BRK) und die staatlichen Programme und Anstrengungen zu ihrer Umsetzung. Es wird die Notwendigkeit deutlich, diese übergreifenden Themen aufzugreifen und in den Betrieben zu entwickeln, da sich insbesondere staatliche Aktionsprogramme zur Umsetzung der UN-BRK häufig auf den Schwerpunkt Bildung konzentrieren und sich wenig mit dem Bereich Arbeit beschäftigen. Hier geht es zukünftig verstärkt darum, mit dem BIHA-Ansatz die Vorgaben zur Inklusion für das Feld Arbeit auszuformulieren, zu konkretisieren und in betriebliche Praxis zu überführen.

24.8 Fazit

Unabhängig von jeweils aktuellen sozialpolitischen Paradigmen (Fürsorge, Integration, Assistenz, Teilhabe, Inklusion) und unabhängig von politischen Konstellationen und gesetzgeberischen Rahmensetzungen ist, angesichts der Dauerhaftigkeit ökonomischer Wirkungszusammenhänge und angesichts der Vielfalt der individuellen, persönlichen Verarbeitung gesundheitlicher Einschränkungen durch die Betroffenen, die berufliche Teilhabe von Menschen mit Behinderung ebenso als dauerhafte Herausforderung und Prozess zu betrachten – als eine permanente Aufgabe, die zwar nicht sisyphosartig den stets gleichen Stein wälzt, in der betrieblichen Praxis aber stets neue Steine zu wälzen hat.

Zur Herstellung der Kompatibilität von Rehabilitationsstrukturen und betrieblichen Erfordernissen bedarf es regelmäßig der kommunikativen Vermittlung durch unternehmensorientierte Beratung. Die Verfahren zur Beantragung von Leistungen zur Teilhabe führen trotz verbesserter Reglements bezüglich Bearbeitungsfristen und Weiterleitungen immer noch zu bürokratischen Hemmnissen und Verzögerungen, die den betrieblichen Erfordernissen nicht gerecht werden. Dies führt immer wieder zu Entscheidungen von Betrieben, zukünftig das Risiko und die Unwägbarkeit bei der Beantragung benötigter Leistungen zur Teilhabe nicht mehr einzugehen und die Einstellung eines schwerbehinderten Menschen nicht (wieder) vorzunehmen.

Trotz verbesserter und spürbar erfolgreicherer Strukturen und Dienstleistungen der Agenturen für Arbeit bzw. der Jobcenter und deren Arbeitgeberservices bedarf es wirtschaftsnaher Dienstleister, um flächendeckend diejenigen Betriebe und Unternehmen zu erreichen und zu gewinnen, die nicht anlassorientiert mit den Agenturen für Arbeit bzw. mit dem Integrationsamt zusammenarbeiten.

Hinzu kommt, dass auch eine entsprechende „kulturelle Vermittlung" der sich nach wie vor häufig disparat gegenüberstehenden Welten von „Behörde und Betrieb" durch wirtschaftsnahe Träger, wie die FAW und entsprechende betriebsnahe Projekte, geleistet werden kann und muss.

Schlusswort des Vizedirektors des Bundesamtes für Sozialversicherungen, Leiter Geschäftsfeld Invalidenversicherung (Schweiz)

Liebe Leserinnen und Leser,

Invalidisierungen aufgrund von psychischen und physischen Erkrankungen stellen die Sozialsysteme aller entwickelten Volkswirtschaften vor große Herausforderungen. Auch wenn es in der Schweiz gelang, die Neuberentungen seit dem Jahr 2003 entscheidend zu verringern, ist die absolute Zahl von ca. 450.000 LeistungsbezügerInnen (im Jahr 2011) noch immer als hoch einzuschätzen. Zudem zeigen viele wissenschaftliche Studien, dass Menschen mit Behinderung arbeiten wollen und sich auch ihr Gesundheitszustand und Wohlbefinden dadurch verbessert – eine Berentung kann daher immer nur der letzte mögliche Schritt sein.

Die nach wie vor hohe Anzahl an IV-Renten liegt nicht zuletzt an der Zunahme der Berentungen aufgrund psychischer Krankheiten, die beispielsweise in der Schweiz inzwischen rund 40 % des gesamten Rentenbestandes ausmachen. Die Ursachen für das Auftreten psychischer und physischer Erkrankungen sowie damit verbundener Berentungen sind vielfältig und sind unter anderem auf gesellschaftliche Ausschlussprozesse sowie psychosoziale und arbeitsplatzbezogene (Fehl-)Belastungen zurück zu führen.

Die Weichen für eine IV-Berentung werden meist schon lange vor dem Erstkontakt mit der Invalidenversicherung gestellt. Mitunter fühlen sich Arbeitgeber mit der gesellschaftlichen Forderung, Mitarbeitende mit Krankheit oder Behinderung im Betrieb zu halten, überfordert. Oft scheint die Auflösung des Arbeitsverhältnisses der einzig mögliche Ausweg zu sein. Die Invalidenversicherung versucht dem aktiv entgegenzuwirken, indem unterschiedliche Unterstützungsleistungen für die Betriebe angeboten werden. Diese reichen von der Früherfassung und Frühintervention bis hin zu vielfältigen Rehabilitations- und Integrationsmaßnahmen.

Auch die Neueinstellung von Menschen mit Behinderung stellt Unternehmen vor Herausforderungen, denen sie sich teilweise nicht gewachsen fühlen. Für die Personengruppe von Menschen mit Behinderung ist es oft ungleich schwieriger, eine Arbeitsstelle zu finden und zu halten. Dies belegen lange Zeiträume der Erwerbslosigkeit und erneute Stellenverluste, was eine Spirale von Dauerarbeitslosigkeit und IV-Verrentung in Gang setzen kann. Um dem entgegen zu wirken, bietet die Invalidenversicherung eine Vielzahl von beruflichen Maßnahmen an, die u. a. eine Berufsberatung, Arbeitsvermittlung oder Beiträge an Ausbildungen umfassen können.

Um eine nachhaltige Verbesserung der Situation zu erreichen, sollten die beteiligten Akteure – Invalidenversicherung, Arbeitgeber, Gewerkschaften, Privatversicherungen, Rehabilitation, Ärzteschaft, Sozialversicherungsgerichte sowie Politik – eine breite öffentliche und nicht stigmatisierende Diskussion zur Haltung gegenüber Mitarbeitenden mit seelischen, geistigen und körperlichen Behinderungen am Arbeitsplatz initiieren. Durch einen konstruktiven Austausch aller Akteure können fachlich fundierte und hinreichend differenzierte Maßnahmen und Prozesse entwickelt werden, durch welche die Betriebe noch besser in der Lage sind, Menschen mit gesundheitlichen Einschränkungen zu integrieren.

Neben der Invalidenversicherung und anderen sozialen Sicherungssystemen kommt der Arbeitgeberseite eine zentrale Rolle zu. Es mangelt häufig nicht am Engagement der einzelnen Vorgesetzten und Personalverantwortlichen, sondern vielmehr an Information, Aufklärung und Schulung sowie an konkreten, handhabbaren „Instrumenten" zur effizienten Problembewältigung in den Betrieben.

Das Buch „Inklusion von Menschen mit Behinderung" von Prof. Dr. Böhm und Kollegen setzt an diesem Punkt an und stellt erfolgreiche Inklusions-Konzepte aus der Unternehmenspraxis vor. Getreu dem Motto des ComToAct-Awards „Zeigen Sie, dass es geht" demonstrieren die Best-Practice-Beispiele, dass Unternehmen und Organisationen durch differenzierte Maßnahmen und persönliches Engagement Menschen mit Behinderung wirtschaftlich erfolgreich integrieren können.

Ich hoffe, das Buch wird Sie zum gegenseitigen Austausch anregen und zum Nachahmen inspirieren. Es stellt einen weiteren kleinen – aber vielleicht entscheidenden – Schritt auf dem Weg zu einer nachhaltigen Inklusion von Menschen mit Behinderung in Unternehmen und Gesellschaft dar. Zeigen auch Sie, dass es geht und engagieren Sie sich – im Großen und im Kleinen – für ein vorurteilsfreies und erfolgreiches Miteinander!

Wir hoffen zukünftig auf weitere positive Entwicklungen in Unternehmen, Wissenschaft und Politik, die uns zeigen, dass die Akteure ihrer jeweiligen Verantwortung gerecht werden und die erfolgreiche Inklusion von Menschen mit Behinderung maßgeblich fordern und fördern.

Stefan Ritler
Vizedirektor Bundesamt für Sozialversicherungen, Leiter Geschäftsfeld Invalidenversicherung

Autorenprofile

Miriam K. Baumgärtner (miriam.baumgaertner@unisg.ch) Diplom-Psychologin, ist wissenschaftliche Mitarbeiterin am Center for Disability and Integration (CDI-HSG) und Doktorandin im Programm Strategy and Management an der Universität St. Gallen. Ihre Forschungsinteressen liegen im Bereich der Workplace Diversity, insbesondere der beruflichen (Re-)Inklusion von Menschen mit Behinderung, und im betrieblichen Gesundheitsmanagement. Sie studierte an den Universitäten Konstanz und Mannheim sowie an den amerikanischen Universitäten University of North Carolina und Western Carolina University. Sie war mehrere Jahre Mitarbeiterin bei gesis (Leibniz-Institut für Sozialwissenschaften) und arbeitete als Unternehmensberaterin im Bereich Mitarbeiterbefragungen und HR-Managementlösungen bei der Kenexa GmbH.

Dr. Beatrix Behrens (beatrix.behrens@arbeitsagentur.de) ist Bereichsleiterin Personalpolitik und Personalentwicklung in der Zentrale der Bundesagentur für Arbeit (BA). In dieser Funktion war sie auch mit der Projektleitung zum Aufbau und zur Einführung eines integrierten Personalmanagements bei der BA betraut. Sie studierte Verwaltungswissenschaften an der Universität Konstanz sowie der Deutschen Hochschule für Verwaltungswissenschaften in Speyer und promovierte in Wirtschaftswissenschaften an der Universität St. Gallen. Sie war mehrere Jahre in der Privatwirtschaft und bei einer Non-Profit-Organisation in den USA tätig, bevor sie im Personalbereich als Trainerin sowie im Bereich personalstrategischer Konzeptentwicklung langjährige Führungserfahrung sammelte. Sie hat international sowie national Vorträge gehalten und Beiträge über Personalentwicklung und Personalpolitik veröffentlicht. Zudem war sie als Expertin beim European Institute of Public Administration mit den Schwerpunkten HRM und Leadership tätig.

Katharina Benson (katharina.benson@globetrotter.de) ist seit 1996 bei Globetrotter Ausrüstung beschäftigt. 2008 hat sie die Leitung der Personalabteilung übernommen.

Prof. Dr. Stephan A. Böhm (stephan.boehm@unisg.ch) ist Direktor des Center for Disability and Integration (CDI-HSG) und Assistenzprofessor an der Universität St. Gallen (HSG). Er studierte Betriebswirtschaftslehre an der Universität St. Gallen (Schweiz), der HEC Lausanne (Schweiz) sowie an der University of Stellenbosch Business School (Südafrika). Er promovierte im Bereich Führung und Personalmanagement an der Universität St. Gallen und war als Visiting Scholar am Oxford Institute of Ageing der University of Oxford (Großbritannien) tätig.

Seine Forschungsinteressen liegen im Bereich des Diversity-Managements mit Schwerpunkten auf der beruflichen Inklusion von Menschen mit Behinderung, der gesundheitsorientierten Führung sowie dem erfolgreichen Management des demografischen Wandels.

Berufliche Erfahrungen sammelte er u. a. bei Siemens, der Deutschen Telekom sowie bei Mercer Management Consulting. Als Berater und Dozent ist er regelmäßig für verschiedene internationale Unternehmen und Universitäten tätig.

John Carton (jpc1803@gmail.com) ist Chemie-Ingenieur und Mitglied (Fellow) am „Institute of Chemical Engineers". Als früherer Direktor im Bereich Global Supply Chain leitet er derzeit den Bereich „Business Excellence" für die Geschäftsbereiche der Dow-Thermosets-Gruppe. Hier wird ein ganzheitlicher und funktionsübergreifender Ansatz verfolgt, um alle Elemente der Qualitätsleistung im Unternehmen aktiv zu managen und zu verbessern. Zusätzlich ist er Mitglied im Global Steering Team des „Dow Disability Network" – ein internes Dow-Netzwerk, das sich um die Verbesserung der Wahrnehmung von Menschen mit Behinderung bemüht und deren berufliche und persönliche Entwicklung fördert.

Miriam Chávez Lambers (miriam.chavez@elumo.net) M.A., ist seit August 2009 als Verantwortliche für Marketing und Öffentlichkeitsarbeit bei der elumo GmbH tätig. Während der Entwicklungsphase von PS@Work wirkte sie an der Definition möglicher Use Cases und an der Ausgestaltung der Funktionen aus Anwendersicht mit. Zudem bereitete sie die Markteinführung vor und trägt die Verantwortung für die Softwaredokumentation. Sie studierte an der Westfälischen Wilhelms-Universität Münster und der Universität de Barcelona Neuere und Neueste Geschichte, Kultur – Kommunikation – Management und Spanische Philologie. Nach ihrem Studium arbeitete sie unter anderem im Bereich Öffentlichkeitsarbeit und Organisation für das Frauenfilmfestival Dortmund | Köln und dem medienpädagogischen Projekt „Schulkinowochen NRW". Außerdem war sie als Online-Journalistin für ein lokales Nachrichtenportal tätig.

Achim Ciolek (ciolek@hamburger-arbeitsassistenz.de) hat nach der Ausbildung zum Lehrer 1992 als Leiter des Modellprojektes Hamburger Arbeitsassistenz in der LAG Eltern für Integration e. V. begonnen. Nachfolgend war er als Initiator zahlreicher weiterer Modellprojekte zur Verbesserung beruflicher Teilhabe von Menschen mit Lernschwierigkeiten tätig. Mit der Gründung der gemeinnützigen GmbH Hamburger Arbeitsassistenz

(2000) wurde er deren Geschäftsführer. Dokumentationen und Veröffentlichungen siehe *www.hamburger-arbeitsassistenz.de*.

Susan Conza (info@asperger-informatik.ch) Eidg. Dipl. Wirtschaftsinformatikerin, ist Geschäftsführerin und Mitglied der Geschäftsleitung der Asperger Informatik AG. Sie arbeitet seit über 12 Jahren in der Informatik. Von 1997 bis 2007 hat sie den erfolgreichen Schweizer Internet Service Provider „Cyberlink AG" mit aufgebaut und geleitet. Vor der Firmengründung der Asperger Informatik AG war sie als Unternehmensberaterin tätig.

Prof. Dr. Eva Deuchert (eva.deuchert@unisg.ch) ist Direktorin des Center for Disability and Integration (CDI-HSG) und Assistenzprofessorin an der Universität St. Gallen (HSG). Ihre Forschungsinteressen liegen in gesundheits- und arbeitsmarktökonomischen Fragestellungen. Das Studium hat sie an der Universität Regensburg und dem Trinity College in Dublin absolviert, die Promotion von der Universität Freiburg i. Br. erhalten. Sie ist zudem als selbständige Beraterin tätig.

Regula Dietsche (regula.dietsche@unisg.ch) Psychologin lic. phil., ist Leitungspartnerin des IFPM-HSG Diversity Center sowie wissenschaftliche Arbeitspartnerin am Center for Disability and Integration der Universität St. Gallen (CDI-HSG). Hier forscht sie im Bereich Managing Diversity mit Schwerpunkt der beruflichen Integration von Menschen mit Behinderung. Parallel zum Studium der Arbeits- und Organisationspsychologie war sie mehrere Jahre Kaderentwicklerin bei einer größeren Bank und baute deren Fachstelle für Diversity-Management auf, welche sie auch leitete. Weiter verfügt sie über ein Diplom in Ergotherapie sowie einen Master of Advanced Studies in Corporate Innovation Management.

Dr. David J. G. Dwertmann (dd497@cornell.edu) forscht zurzeit als Visiting Fellow an der renommierten ILR School der Cornell University (USA) im Department for Human Resource Studies. Er studierte Psychologie mit Nebenfach Betriebswirtschaftslehre an der Universität Mannheim (Deutschland). Zudem forschte er an der Universität Mannheim und der San Diego State University (USA) in den Bereichen Evaluation und Methodenlehre, sowie Arbeits- und Organisationspsychologie. Praktische Erfahrung sammelte er bei der Kienbaum Management Consultants GmbH. Nach seinem Studium arbeitete er am Center for Disability and Integration (CDI-HSG) und promovierte im Bereich Management an der Universität St. Gallen (Schweiz). Seine Forschungsinteressen beinhalten insbesondere die Themen Diversity, Organisationsklima, Organisationale Identität, HR Management und Führung.

Dr. Michael Fembek (michael_fembek@baumax.com) ist seit 2010 Programmdirektor für die Essl Privatstiftung und Leiter der Abteilung Soziales der bauMax-Unternehmensgruppe mit Zuständigkeit für Mitarbeiter mit Behinderung. Nach seinem Einstieg 1985 als freier Mitarbeiter beim österreichischen Wirtschaftsmagazin GEWINN wurde er 1992 stv.

Chefredakteur, von 2000 bis 2007 Chefredakteur, dazu Organisator des Kongressteils der GEWINN-Messe. 2007 gründete er Antara Solutions, einen Forschungsverein für Bildungs- und Know-how-Transfer zu benachteiligten Menschen. Seit 2009 gibt er das jährlich erscheinende CSR-Jahrbuch für Österreich heraus.

Dr. Albert E. Frieder (albert.frieder@myhandicap.ch) ist Fachrat und Advisory Board Member des Center for Disability and Integration (CDI-HSG) an der Universität St. Gallen sowie CEO der Internationalen Stiftung MyHandicap. Er hat 35 Jahre Erfahrung in der Führung renommierter, internationaler Management Consulting Unternehmen sowie im Business-, Corporate- und Management-Development von Firmen, Organisationen und Behörden. Er war u. a. Vorsitzender der Unternehmensleitung des Malik Management Zentrums St. Gallen und des Schweizerischen Dachverbandes für Behindertensport und präsidierte das Swiss Paralympic Committee.

Corina Gerling (corina.gerling@faw.de) Diplom-Sozialpädagogin und Rehabilitationsmanagerin, ist Leiterin des Beruflichen Trainingszentrums (BTZ) Plauen der Fortbildungsakademie der Wirtschaft (FAW) gGmbH. Hier leitet sie ein multiprofessionelles Team von 35 Mitarbeitern. Seit 22 Jahren unterstützt sie im Unternehmen vor allem Menschen mit psychischen Behinderungen dabei, wieder am Arbeitsleben und dadurch gleichermaßen am gesellschaftlichen Leben teilzuhaben. Sehr engagiert ist sie auch in der Beratung und Unterstützung von Arbeitgebern sowie in der engmaschigen Netzwerkarbeit zwischen Betroffenen, den Bedarfs- und Leistungsträgern, psychiatrischen und psychosozialen Einrichtungen, den Verbänden und politischen Institutionen. Sie war Ideengeberin für das Integrationshotel und maßgeblich für die Umsetzung verantwortlich.

Annetraud Grote (Annetraud.Grote@pei.de) Assessorin jur., ist Mitarbeiterin im Referat „Personal" des Paul-Ehrlich-Instituts. Es gehört als Bundesinstitut für Impfstoffe und biomedizinische Arzneimittel zum Geschäftsbereich des Bundesministeriums für Gesundheit. Hier ist Frau Grote für die Beratung in arbeits- und sozialrechtlichen Angelegenheiten und juristische Unterstützung bei arbeitsrechtlichen Maßnahmen und Prozessführung bei arbeits- und sozialrechtlichen Streitigkeiten und zum anderen für die Koordination und Steuerung des Integrationsprojekts „ProBAs" zuständig. Außerdem ist sie Dozentin im Bereich des Schwerbehindertenrechts bei der Bundesakademie für öffentliche Verwaltung und für Verwaltungs- und Arbeitsrecht im Frankfurter Ausbildungsring. Sie studierte Rechtswissenschaften an der Philipps-Universität Marburg und absolvierte ihr Rechtsreferendariat beim Landgericht Marburg.

Monika Haider (monika.haider@equalizent.com) Mag., ist Mitbegründerin und Geschäftsführerin von equalizent Schulung und Beratung GmbH, einem Erwachsenenbildungsinstitut mit den Schwerpunkten Gehörlosigkeit, Schwerhörigkeit, Gebärdensprache und Diversity-Management. Ihre Arbeitsinhalte liegen in der Entwicklung und Begleitung von Schulungs- und Beratungsprojekten. Sie studierte an der Universität Wien, leitete von 1992–2000 das österreichische Integrationsbüro, dessen Aufgabe es war, Kindern mit Behinderungen den Zugang ins Regelschulwesen zu ermöglichen. Sie war als Lektorin der Universität Wien und Innsbruck tätig und leitet zahlreiche Forschungs- und Vernetzungsprojekte rund um das Themenfeld Behinderung für das Sozialministerium. Als Autorin verfasste sie zahlreiche Artikel. Zudem leitet sie den jährlich stattfindenden Diversity-Ball.

Rita Héjj (hejjrita@gmail.com) ist Ungarin, M.Sc. „Management and Leadership", und beschäftigt sich seit mehreren Jahren mit der sozialen Verantwortung von Unternehmen (Corporate Social Responsibility – CSR). Sie hat mehrere Jahre bei Proactive Management Consulting GmbH, der Firma, die Napra Forgó gGmbH gegründet hat und die Managementunterstützung gewährleistet, gearbeitet und mit Artikeln und Präsentationen das CSR-Konzept der Firma vertieft. Seit Ende 2010 arbeitet Rita Héjj im Ministerium. Sie war Koordinatorin des „Europäischen Jahres der Freiwilligentätigkeit" (EYV2011). Derzeit arbeitet sie im Bereich der internationalen Beziehungen und ist zuständig für Minderheiten in Ungarn.

Micheline Huber (micheline.huber@puk.zh.ch) lic. phil., ist Job-Coach der Abteilung Supported Employment der Psychiatrischen Universitätsklinik Zürich. Sie studierte Psychologie und Sozialpädagogik an der Universität Zürich. Ihre wissenschaftlichen Interessen liegen in der Vorurteilsforschung, den Zusammenhängen zwischen Migration und Gesundheit und insbesondere in der beruflichen Integration von Menschen mit psychischen Erkrankungen. Sie verfasste verschiedene Veröffentlichungen im Bereich Supported Employment.

Dr. Nils Jent (nils.jent@unisg.ch) promovierter Ökonom HSG, leitet sowohl die Angewandte Forschung des Center for Disability and Integration als auch das IFPM Diversity Center, beides an der Universität St. Gallen. Er forscht im arbeitspartnerschaftlichen Kontext, wie sich die Vielfalt und Differenz von Menschen in soziotechnischen Systemen ökonomisch und ethisch inkludieren lässt. Ablauforganisatorisch geht er der Frage nach, wie die *Abilities* der Mitarbeiter mit Behinderung zum Tragen kommen. 2002 promovierte er mit einem neuartigen Konzept zu „managing diversity" und baute anschließend das genannte Diversity Center auf. Nils Jent ist seit seinem 19. Lebensjahr stark sprech- und körperbehindert sowie blind.

Isabela Juric (info@asperger-informatik.ch) B.A. (HSG), ist Personalverantwortliche und Mitglied der Geschäftsleitung der Asperger Informatik AG. Sie studierte an der Universität St. Gallen Volkswirtschaft. Ihr Aufgabengebiet umfasst im Wesentlichen das gesamte Personalmanagement einschließlich Mitarbeiterführung, Coaching autistischer Mitarbeiter sowie Projektleitung im Bereich Webdesign/Webentwicklung.

Prof. Dr. med. Wolfram Kawohl (wolfram.kawohl@puk.zh.ch) Facharzt für Psychiatrie und Psychotherapie, ist Leitender Arzt und Stv. Chefarzt an der Psychiatrischen Universitätsklinik Zürich. Er leitet das Kriseninterventionszentrum sowie die Abteilung Supported

Employment. Wissenschaftlich beschäftigt er sich mit sozialpsychiatrischen Fragestellungen, die er mit Methoden der Versorgungsforschung und der Neurobiologie bearbeitet. Wolfram Kawohl studierte Medizin an der Rheinisch-Westfälischen Technischen Hochschule Aachen sowie als Gaststudent in Maastricht und Chicago. Die Facharztausbildung absolvierte er an Universitätskliniken in Deutschland und der Schweiz. Neben seinem Engagement im Bereich Supported Employment ist er Vorstandsmitglied im Trägerverein einer Werkstatt für Menschen mit Behinderung in Zürich.

Inbal Keha (inbal.keha1@gmail.com) M.A., ist seit 2008 Beraterin für organisationale Entwicklung bei Tandem Consultants. Inbal hat einen Master in Labor Studies an der Tel Aviv Universität absolviert. Zuvor hat sie Soziologie, Anthropologie und Deutsche Literatur an der Hebräischen Universität in Jerusalem studiert. Für ihre Studienaufenthalte an der Freien Universität und der Humboldt-Universität zu Berlin bekam sie ein Stipendium von der EVZ-Stiftung. Inbal ist auf die Vereinheitlichung von Veränderungsprozessen und Rekrutierungsprozessen in Organisationen spezialisiert. Sie ist eine führende Beraterin bei Call Yachol und dort insbesondere in den Bereichen Rekrutierung und Trainings der Mitarbeiter tätig.

Michael Kühn (michael.kuehn@arbeitsagentur.de) ist seit 2004 Geschäftsführer der Personalpolitik/Organisationsentwicklung bei der Zentrale der Bundesagentur für Arbeit in Nürnberg. Sein Aufgabengebiet umfasst die Personalpolitik und das strategische Personalwesen, die gesamte Aus- und Fortbildung einschließlich der Hochschule der Bundesagentur für Arbeit, Personalhaushalt und Personalrecht, den Bereich Obere Führungskräfte sowie die Organisationsentwicklung. Zuvor war er in verschiedenen Funktionen in der Bundesagentur für Arbeit in allen drei Ebenen, Agentur für Arbeit, Regionaldirektion, und Zentrale, tätig. Er hat verschiedene Projekte zur Weiterentwicklung der Bundesagentur für Arbeit geleitet. Dazu gehören unter anderem die Umsetzung des Projekts „Arbeitsamt 2000" und die Entwicklung des Projekts „BA – Die Agentur". Zudem war er maßgeblich an der Errichtung des BA-Service-Hauses beteiligt, deren Leitung er innehatte.

Rachel Lee (cmlee@dow.com) ist innerhalb des Personalwesens (HR) im Bereich Talentmanagement tätig und derzeit Direktorin „Diversity & Inclusion" für Europa, den Mittleren Osten und Afrika (EMEA). Sie ist Mitglied des Dow HR Leaderships für die EMEA Region und arbeitet im HR Engagement Council mit. Ziel dieses Gremiums ist es, Ideen auszutauschen und die Aktivitäten im Bereich „Diversity & Inclusion" zu koordinieren. Rachel hat die Einführung mehrerer Disability-Network-Gruppen in Ländern der EMEA-Region geleitet und zusammen mit der globalen Diversity & Inclusion Organisation von Dow ein spezielles Programm entwickelt, um Mitarbeiter zu motivieren, sich für die Unterstützung der Special Olympics 2010 in Athen (Olympiade für Menschen mit geistiger Behinderung) einzusetzen.

Helge Liebert (helge.liebert@unisg.ch) Diplom-Volkswirt, ist wissenschaftlicher Mitarbeiter am Center for Disability and Integration der Universität St. Gallen (CDI-HSG). Zuvor studierte er an der Universität Freiburg. Seine Forschungsinteressen liegen im Bereich Gesundheitsökonomie und angewandte Mikroökonometrie.

Adrian Lottenbach (adrian.lottenbach@sbb.ch) Diplom-Facility-Management FH, ist als Betriebsleiter bei SBB anyway-solutions mit dem Aufbau des neuen Bereichs Gebäudeservice betraut. Er studierte Facility Management mit Vertiefungsrichtung Hospitality Management an der Zürcher Hochschule für Angewandte Wissenschaften.

Perdita Müller (perdita.mueller.ksbv@bertelsmann.de) wurde bei der arvato services, einer Tochter von Bertelsmann, zur Schwerbehindertenvertreterin und Gesamtschwerbehindertenvertreterin gewählt. Außerdem war sie auch als freigestellte Betriebsrätin für die arvato services tätig. Nachdem sie einige Jahre als stellvertretende Konzernschwerbehindertenvertreterin für die Bertelsmann SE & Co. KGaA gearbeitet hat, ist sie heute Konzernschwerbehindertenvertreterin für die Bertelsmann SE & Co. KGaA und außerdem Schwerbehindertenvertreterin und Betriebsrat für die arvato media GmbH.

Tobias Munzel (tobias.munzel@audi.de) Diplom-Verwaltungswissenschaftler, ist Personalreferent und Arbeitgeberbeauftragter für schwerbehinderte Menschen am Standort Ingolstadt. Er ist seit 2004 im Personalwesen bei Audi beschäftigt und hat in der Funktion als Personalreferent verschiedene Fertigungsbereiche sowie die Markenlogistik betreut.

Fabian Neubauer (fabineubauer@gmx.ch) B.A. (Hons) in internationalen Beziehungen, war studentischer Mitarbeiter am Center for Disability and Integration der Universität St. Gallen (CDI-HSG). Hier beschäftigte er sich mit Themen wie Teilinvalidenrente in den OECD-Ländern und Eingliederung von Menschen mit Behinderung in den ersten Arbeitsmarkt. Er studierte an der Universität Zürich sowie an der Kingston University London. Seinen Master macht er derzeit am University College London. Zudem arbeitete er als Praktikant beim Schweizerischen Generalkonsulat in Shanghai. Dort schrieb er einen Bericht über das Gesundheitswesen von Shanghai.

Thomas Neuhaus (thomas.neuhaus@audi.de) Diplom-Kaufmann, ist Leiter des Personalreferates Beschaffung und Leiter der Arbeitsbewertung der AUDI AG. Er ist seit 1995 in verschiedenen Funktionen innerhalb des Personalwesens der AUDI AG beschäftigt und seit 2007 Integrationsbeauftragter für die Angelegenheiten schwerbehinderter Menschen am Standort Ingolstadt.

PD Dr. med. Christoph Oberlinner (christoph.oberlinner@basf.com) Facharzt für Arbeitsmedizin, ist seit 2004 in der Abteilung Arbeitsmedizin und Gesundheitsschutz der BASF tätig. Seit 2009 ist er als Vice President für die Themen Gesundheitsförderung, medizinische Diagnostik und medizinische Kommunikation und seit 2012 für die wissenschaftliche

Evaluation verantwortlich. Im Jahr 2009 habilitierte er zu dem Thema „Modernes betriebliches Gesundheitsmanagement in einem Großunternehmen vor dem Hintergrund des demografischen Wandels". 2010 erhielt er den Franz-Koelsch-Preis – verliehen vom Bayerischen Staatsministerium für Arbeit und Sozialordnung, Familie und Frauen – für seine wissenschaftlichen Leistungen in der Arbeitsmedizin.

Manfred Otto-Albrecht (manfred.otto-albrecht@faw.de) ist Diplom-Pädagoge, Fachberater für EDV-Anwendung und Organisation und Organisationsprogrammierer. Er studierte an der Justus-Liebig Universität in Gießen und an der Philips-Universität in Marburg Pädagogik mit den Nebenfächern Soziologie und Psychologie. Danach arbeitete er mehrere Jahre mit blinden und sehbehinderten Jugendlichen bei der Blista (Deutsche Blinden- und Studienanstalt) in Marburg, bevor er lange Jahre als Leiter von großen IT-Qualifizierungsprojekten in der Hamburger Wirtschaft tätig war.

Seit 2005 ist er Projektleiter des Projektes BIHA (Bildungs- und Integrationsfachdienst Hamburg) an der Fortbildungsakademie der Wirtschaft (FAW) gGmbH. Dort entwickelt und realisiert er mit seinem Team spezifische Dienstleistungen, Trainings, Veranstaltungsreihen, Kooperationspartnerschaften und Kampagnen zur Verbesserung der Beschäftigung schwerbehinderter Menschen.

Elmar Perroulaz (elmar.perroulaz@sbb.ch) ist Leiter der SBB anyway-solutions mit personeller, finanzieller und strategischer Verantwortung. Aktuell schließt er ein Studium zum Executive Master in Business Administration an der PHW in Bern ab. Nach einer technischen Grundausbildung und einer kurzen beruflichen Tätigkeit wechselte er in die Betreuung und Beratung von Menschen mit Behinderung, unter anderem bei Pro Infirmis. Parallel dazu absolvierte er ein Studium der Sozialarbeit. Anschließend war er im Coaching von Stellensuchenden und in verschiedenen Projektarbeiten tätig. Seit 1999 arbeitet Elmar Perroulaz bei der SBB. Er arbeitete 3 Jahre in der betrieblichen Sozialberatung, 2 Jahre im Aufbau und der operativen Führung des Bereichs Betreuung im CareTeam. 2004 wechselte er in die heutige Tätigkeit, Leiter von anyway-solutions.

Janik J. Porzelt (janik.porzelt@gmail.com) B.A. (HSG) studiert Economics und International Management an der Universität St. Gallen. Im Rahmen eines Forschungspraktikums und seiner Bachelorarbeit am Center for Disability and Integration der Universität St. Gallen (CDI-HSG) beschäftigte er sich mit dem Thema Integration von Menschen mit Behinderung durch den Einsatz flexibler Arbeitszeitmodelle. Zuvor war er als Mitglied des International Students' Committee (ISC) für die Organisation des 41. St. Gallen Symposiums, das den generationsübergreifenden Dialog zu gesellschaftlichen Themen fördert, verantwortlich.

Volker Ravenhorst (volker.ravenhorst@arge-sbv.de) Vorsitzender der Arbeitsgemeinschaft der Schwerbehindertenvertretungen in der Hamburger Wirtschaft (ARGE SBV – Hamburger Wirtschaft), ist Versicherungskaufmann, staatlich geprüfter Betriebswirt und arbeitet bei einem internationalen Versicherungsmakler als Account Manager. Seit vielen Jahren ist er Mitglied der verschiedenen betrieblichen Interessenvertretungen, insbesondere als Vertrauensperson der SBV für die Belange von Menschen mit Behinderung. Selbst in frühester Kindheit an Kinderlähmung erkrankt, kennt er aus eigener Erfahrung Problemstellungen, die sich aus einer Behinderung im gesellschaftlichen, privaten und beruflichen Leben ergeben.

Dr. Hans-Günther Ritz (dr.ritz@daybyday.de) ist seit 1990 in verschiedenen Fach- und Führungsaufgaben bei der Behörde für Arbeit, Soziales, Familie und Integration der Freien und Hansestadt Hamburg tätig. Er nimmt dort sowohl klassisch ministerielle Aufgaben für das Land Hamburg im Bereich des Rechts von Menschen mit Behinderung wahr als auch Planungs- und Entwicklungsaufgaben für strategische Projekte und Rechtsumsetzung. Er ist Herausgeber und Autor mehrerer behindertenrechtlicher Kommentare und Fachbücher. Seine berufliche Laufbahn begann er als wissenschaftlicher Angestellter in Dortmund und Bremen bei privaten und universitären Forschungseinrichtungen. Er publizierte im Rahmen dieser Aufgaben zu Themen des Arbeitsschutzes, der Humanisierung des Arbeitslebens, der Arbeitsplatzgestaltung und der Arbeitsmarktpolitik für Menschen mit Behinderung sowie zu demografischen und sozialgeschichtlichen Fragen.

Shirit Saks-Haim (shirit.sh@gmail.com) M.A., ist seit 2008 Partnerin bei Tandem Consultants und bereits seit 2000 als Beraterin für organisationale Entwicklung tätig. Sie studierte Psychologie und Erziehung an der Tel Aviv University und absolvierte einen Master in Organisationssoziologie an der Bar Ilan University. Shirit hat sich auf die Vereinheitlichung von Veränderungsprozessen in Organisationen sowie der Entwicklung von individuellen Methoden für „Tandem-Partner" spezialisiert. Shirit ist Hauptberaterin für die Teamleiter und das Management von Call Yachol und war maßgeblich an der Entwicklung des Tandem-Konzeptes beteiligt.

Martina Schubert (martina.schubert@obvita.ch) leitete bis November 2012 die Fachstelle für berufliche Integration der dreischiibe St. Gallen/Herisau und war dort für die Integration der Klienten in den allgemeinen Arbeitsmarkt zuständig. Sie verfügt über langjährige Erfahrung als leitende Bilanzbuchhalterin im Bereich Finanzbuchhaltung und HR. Außerdem ist sie Erwachsenenbildnerin und Eingliederungsmanagerin FH. Sie verfügt über eine systemische Ausbildung in Coaching und Beratung und arbeitet seit 2003 in der Arbeitsrehabilitation und Integration von Menschen mit psychischen Erkrankungen. Sie ist Mitbegründerin von Supported Employment Schweiz und war von 2008 -2011 Präsidentin des Vereins. Seit Januar 2013 arbeitet Martina Schubert bei obvita St. Gallen und ist für das Job-Coaching zuständig. Auch hier liegt der Schwerpunkt ihrer Arbeit in der Integration von Menschen mit Behinderung in den allgemeinen Arbeitsmarkt.

Printed by Publishers' Graphics LLC
DBT130829.15.17.8 20130829